D1665905

HEISE

Gerhard Lienemann

TCP/IP-Praxis

Design, Management, Analyse

Verlag Heinz Heise

Die Deutsche Bibliothek – CIP-Einheitsaufnahme

Lienemann, Gerhard:
TCP-IP-Praxis : Design, Management, Analyse /Gerhard Lienemann.
- Hannover : Heise, 1996

ISBN 3-88229-071-4

Printed in Germany 5 4 3 2 1
2000 99 98 97 96

Umschlaggestaltung: grafik + illustration Andreas Zickert, Hannover
Satz;   Schlierf Satz, Grafik & DTP, Celle
Druck: Lengericher Handelsdruckerei, Lengerich

ISBN 3-88229-071-4

Inhaltsverzeichnis

Vorwort

„Wer 'A' sagt, muß auch 'B' sagen"! Dieses jedermann bekannte Sprichwort habe auch ich mir zu Herzen genommen und meinem ersten Buch „TCP/IP-Grundlagen" nun ein zweites folgen lassen. Während sich das erste Buch hauptsächlich mit den theoretischen Grundlagen der TCP/IP-Protokollfamilie beschäftigt, soll das nun vorliegende Buch dem Aspekt praktischer Einsatzfälle und entsprechender Implementierungen Rechnung tragen.

Zweifelsohne sind die behandelten Themen nicht willkürlich entstanden, sondern sie ergaben sich während der täglichen Arbeit bei Aufgaben in den Bereichen Netzwerk-Design, Netzwerkmanagement und Netzwerkanalyse.

In diesem Zusammenhang möchte ich herausstellen, daß ich insbesondere bei der Entwicklung der Kapitel 2, 3 und 4 auf Software- und Literatur-Ressourcen zurückgreifen konnte, die in dem Unternehmen, bei dem ich beschäftigt bin, genutzt werden. Dafür herzlichen Dank.

Kapitel 1 gibt eine kurze Einführung in die Thematik des Buches und soll – aus unterschiedlichen Blickwinkeln betrachtet – Denkanstöße zum Einsatz von TCP/IP geben.

Kapitel 2 widmet sich der Thematik des Netzwerk-Designs. Dabei wird zu den verschiedenen Aufgaben von Routern Stellung genommen und ihre Handhabung an zwei Beispielen erläutert. Mit dem – aus meiner Sicht – wichtigen Thema der SNA-Integration in ein TCP/IP-Netzwerk beschäftigt sich Abschnitt 2.1, Der SNA-Interconnect-Controller IBM 3172 und Abschnitt 2.2, Data Link Switching.

Kapitel 3 stellt die verschiedenen Möglichkeiten eines Netzwerkmanagements vor. Beispielhaft werden sowohl einfache Kommandos als auch Managment-Tools beschrieben.

Kapitel 4 versucht, Überlegungen zum Thema „Troubleshooting in TCP/IP-Netzwerken" anzustellen. Neben einer allgemeinen Beschreibung bestimmter Netzwerk-Charakteristika steht vor allem das Netzwerk-Monitoring und die Netzwerkanalyse unter Verwendung einschlägiger Hilfsmittel im Vordergrund.

Kapitel 5 beschäftigt sich mit den Besonderheiten einer Netzwerkprogrammierung unter Verwendung der Socket- und RPC-Technologie. Einfache Beispielprogramme sollen die grundsätzliche Funktionsweise deutlich machen.

Kapitel 6 ermöglicht einen etwas detaillierteren Einblick in das „etwas andere Windows"; nämlich dem XWindows bzw. OSF/Motif. Einer ausführlichen Beschreibung der Architektur folgt eine Präsentation zweier XWindows-Display-Server-Produkte.

Kapitel 7 versucht, die Sicherheitsproblematik im TCP/IP-Umfeld näher zu beleuchten. Dies geschieht durch eine Erörterung interner und externer (z.B. Firewalls) Sicherheitsaspekte.

Kapitel 8 möchte letztlich einigen Themen aus dem mittlerweile überall diskutierten „Internet" besondere Beachtung schenken. Neben einer kurzen Beschreibung der Internet-Dienste widmet sich dieses Kapitel insbesondere der zunehmenden Kommerzialisierung im Internet und dem WWW-Publishing.

Dieses „Sammelsurium" zum Thema „TCP/IP-Praxis" repräsentiert ziemlich genau das Spektrum an Informationen, das ich für meine tägliche Arbeit in den letzten Monaten benötigt habe. Die deutlich praxisorientierten Kapitel (Kapitel 2, Netzwerkdesign-Integration; Kapitel 3, Netzwerkmanagement; Kapitel 4, Troubleshooting in TCP/IP-Netzwerken und Kapitel 6, XWindows-OSF/Motif) basieren auf Erfahrungen, die ich während des allmählichen Aufbaus eines TCP/IP-Netzwerkverbundes machen durfte.

Es werden sicher noch zahlreiche Fragen offen bleiben, die dieses Buch nicht beantworten kann. Der Wissenshorizont erweitert sich zwar kontinuierlich, jedoch stellt man immer wieder fest, daß die Kenntnisse in dem einen oder anderen Bereich doch noch sehr unvollständig sind. Neben einem Literaturstudium sind es wohl letztlich die eigenen Erfahrungen, die den Ausschlag für die erfolgreiche Problembearbeitung geben können.

Es würde mich dennoch sehr freuen, wenn die in diesem Buch berichteten Erfahrungen dazu beitragen könnten, Problemlösungsprozesse zu unterstützen.

Nottuln-Darup, im Mai 1996   Gerhard Lienemann

1 Integration heterogener Netzwerke

Nach einer umfassenden Betrachtung der Entwicklung von Rechnernetzwerken innerhalb der letzten zehn bis zwanzig Jahre stellt man fest, daß es eine Vielzahl unterschiedlicher Hersteller verstanden hat, ihre Ideen und vor allem ihre Produkte am Markt zu positionieren. Abgesehen von dem einen oder anderen (z.T. selbsternannten) Marktführer konnte sich ein relativ breites Spektrum an Produkten für verschiedene Einsatzbereiche etablieren. Unter den in diesem Zusammenhang klassischen Netzwerkkomponenten versteht man im allgemeinen LAN-Switches, Bridges, Router (oder auch die nicht eindeutig zuordbaren Brouter, die eine Synthese aus Bridges und Routern repräsentieren) und Gateways.

1.1 Problemszenario

1.1.1 Historisch gewachsene LAN-Vielfalt

In der Anfangsphase des „Networking" hat man dem Prinzip einer abgestimmten und standardisierten Netzwerkentwicklung im eigenen Unternehmen noch nicht die Bedeutung beigemessen, die ihr eigentlich zukam. Vielmehr sah man in der Etablierung verschiedener Netzstrukturen in unterschiedlichen Unternehmensbereichen die konsequente Dokumentation autonomer Abteilungen. Hier entstanden zumeist im technischen und im kaufmännischen Bereich völlig andere Netzwerke, die aus einem jeweils individuellen Anforderungsprofil hervorgingen. In den technischen Abteilungen wurden i.d.R. Bussysteme (Zugriffsverfahren: Ethernet/CSMA-CD) eingesetzt, während sich im kaufmännisch orientierten Teil des Unternehmens Ring- oder Sterntopologien etablierten (Zugriffsverfahren: allmählich setzte sich die Stern-Ring-Topologie mit dem Zugriffsverfahren Token-Ring durch). Diese völlig unabhängig voneinander entstandenen Netzwerke wurden im Laufe der Zeit mit einer Vielfalt von Netzwerkprotokollen versehen, so daß der Eindruck entstehen konnte, jede größere neue Anwendung, die im Netzwerk eingesetzt werden sollte, benötigt ihr eigenes Netzwerkprotokoll. Hinzu kamen die Rechnerarchitekturen, die von Hause aus bereits mit einem proprietären Netzwerkprotokoll ausgestattet waren. So lieferte die Firma DIGITAL ihre VAXen mit dem Protokoll DECnet bzw. der DECnet-Protokollfamilie aus, die Firma IBM unterstellte ihren Mainframe und den zugeordneten Steuereinheiten und Kommunikations-Front-Ends lediglich der SNA-Protokollarchitektur. Es dauerte daher nicht lange, bis man sich mit weiteren Protokollnamen und -architekturen wie NetBIOS, LAT, LAD, IPX, HDLC, SDLC, X.25, AppleTalk, Banyan Vines, IP, TCP, UDP, ICMP, X, ARP, RARP, NFS, SUN-RPC, SMTP, ... konfrontiert sah.

Solange die Netzwerke in einem kleinen und überschaubaren Rahmen blieben, ließen sich die Probleme, die mit der Protokollvielfalt einhergingen, noch relativ gut in den Griff bekommen. Die Notwendigkeit einer Standardisierung ließ sich noch nicht vermitteln, da man auf die unbestreitbaren Vorteile einiger spezieller Protokolle nicht verzichten wollte. Die Situation änderte sich jedoch schlagartig, als man sich – bedingt durch enorm gestiegene Informationsbedürfnisse – einem Wachstumsboom der Netzwerke gegenübersah. Die Überschaubarkeit kleiner Netzwerke war dahin. Heterogene Netzwerkstrukturen sollten zu einem drastischen Produktivitätsverlust in der Kommunikation führen. Querverbindungen über unterschiedliche Netzwerktechnologien hinweg schienen zu einem ernsten Problem zu werden. Obwohl durch die Entwicklung leistungsfähiger integrativer Hardware wie vor allem Brücken oder Router ein Großteil des übergreifenden Kommunikationsbedarfs gedeckt werden konnte, erfreute sich der Gedanke standardisierter Netzwerkprotokolle wachsender Beliebtheit.

Dies war die Stunde der schon seit langem etablierten, aber bislang nur wenig beachteten universell einsetzbaren Netzwerk-Protokollfamilie TCP/IP.

1.1.2   Das Problem eines effektiven Netzwerkmanagements

Die Komplexität der Netzwerke erforderte nun ein leistungsfähiges Netzwerkmanagement. Es wurden verschiedene Management-Tools entwickelt, die sich allerdings lediglich mit der Betreuung einer einzigen Protokollarchitektur beschäftigten. So entstand beispielsweise ein überaus mächtiges und produktives Management-Hilfsmittel für sämtliche SNA-Komponenten: NetView. Eine Vielzahl von leistungsfähigen Hilfssystemen wie z.B. NCCF (Network Communications Control Facility), NPDA (Network Problem Determination Application) und zahlreichen weiteren Tools konnte eingesetzt werden. Ähnliche Produkte anderer Hersteller wurden auf den Markt gebracht und zunächst erfolgreich verkauft. So wirkungsvoll diese Produkte auch bei der Verwaltung eigener Protokollkomponenten eingesetzt werden konnten, so sehr versagten sie ihre

Dienste bei der Betreuung von Fremdkomponenten, die in der heterogenen Netzwerkwelt nun immer mehr Einzug hielten. In der Konsequenz wurden somit verschiedene Management-Produkte angeschafft, die, jedes für sich, bedient und betreut werden mußten. Alternativ zu dieser recht kostspieligen Variante einigte man sich auf ein einziges Management-Tool für den kritischsten Netzwerkbereich und versorgte diesen mit optimaler Betreuung, während man andere Bereiche, die protokolltechnisch nicht erreicht werden konnten, völlig vernachlässigte und von der kontinuierlichen Beobachtung und Analyse ausschloß (abgesehen von einigen kleineren, im Lieferumfang der Protokollsoftware oft enthaltenen Minimal-Tools).

1.1.3 Anwendungsisolation in isolierten Netzwerken

Wie bereits beschrieben, entwickelten sich zwar in einem Unternehmen oft verschiedene Netzwerktechnologien parallel zueinander, der Bedarf an Anwendungen war jedoch in vielen Fällen vergleichbar. Selbst in so unterschiedlichen Bereichen wie den technischen und kaufmännischen Abteilungen ergab sich gleichermaßen das Bedürfnis nach gegenseitiger Kommunikation. Die Folge waren auf unterschiedlicher Protokollbasis entstandene Mail-Systeme, über die eine Verständigung untereinander oft nur sehr schwer oder überhaupt nicht möglich war.

In zentralistisch orientierten DV-Strukturen mit einem zentralen Mainframe mußte ein Zugriff auf dieses System von wirklich allen Mitarbeitern des Unternehmens realisiert werden. Hier kamen Terminal-Emulationen zum Einsatz, die wiederum auf unterschiedlichen Netzwerkprotokollen basieren mußten, sofern die Infrastruktur unterschiedliche Netztechnologien aufwies. Auch hier wäre ein einziges Netzwerkprotokoll und die damit mögliche Verwendung einer einzigen Terminal-Emulation von Vorteil.

1.2 Lösungsansätze

Die vorgenannten, beispielhaft ausgewählten Problemfelder lassen im Grunde zunächst nur eine konsequente Maßnahme zu, sofern man das Netzwerk in Eigenregie verwalten und kontrollieren möchte: Protokollreduzierung und -standardisierung. Das ist die grundsätzliche Voraussetzung für ein weiteres Vorgehen in diese Richtung, kann die Probleme allein jedoch nicht lösen. Begleitende Maßnahmen wie der Einsatz gemeinsam nutzbarer Anwendungen und ein Konzept für ein integrierendes Netzwerk-Management sind darüber hinaus erforderlich. Hier ist das Unternehmen gefordert, für eine entsprechende Ausbildung der Mitarbeiter adäquate Investitionen zu tätigen, bei denen jedoch erst mittel- bzw. langfristig positive Auswirkungen spürbar werden.

1.2.1   Schaffung einheitlicher Protokollstrukturen

Eine stark ausgeprägte Protokollvielfalt (Abbildung 1-1), wie sie heute in zahlreichen Unternehmen anzutreffen ist, wirkt im täglichen Umgang mit Netzwerkproblemen z.T. äußerst hinderlich. Jedes Netzwerkprotokoll impliziert seine eigene charakteristische Symptomatik, und diese kann oft auf andere Protokolle nicht übertragen werden. Hinzu kommt, daß der Wartungsaufwand bei einigen Protokollen immens ist, während er sich bei anderen relativ günstig darstellt.

Beispielsweise führt das sehr sensible Timeout-Verhalten beim LAN-Protokoll NetBIOS in Phasen deutlicher Netzbelastung oder gar (verbotenerweise) auf WAN-Strecken sehr schnell zu Session-Interrupts und somit zu Kommunikationsstörungen, während eine TCP-Session in dieser Hinsicht recht „geduldig" auf ihre einzelnen Frames im Netzwerk wartet und erst bei erheblichen Unterbrechungen bzw. Verzögerungen einen Abbruch der Sitzung anzeigt. Noch empfindsamer als NetBIOS reagiert da das LAT-Protokoll aus dem Hause DIGITAL.

In einem Unternehmen mit ausgeprägter „Big Blue"-Vergangenheit wird man daher die Einbeziehung des SNA in sämtliche Überlegungen zur Protokollstandardisierung nicht vermeiden können. Zu viele Anwendungen, die auf dem zumeist nur sehr schwer substituierbaren Transaktionsmonitor CICS basieren, sind in die Unternehmensorganisation integriert. Eine sofortige Umstellung dieser Anwendungen ist daher nicht empfehlenswert (wohl aber kann über eine sukzessive Anpassung in mehreren Phasen nachgedacht bzw. können Neuentwicklungen unter Berücksichtigung der neuen Netzwerkstruktur vorgenommen werden).

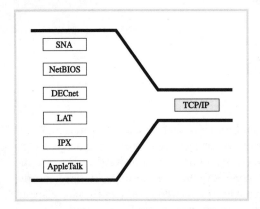

Abbildung 1-1:
Protokollstandardisierung

Gerade im Hinblick auf SNA können hilfreiche Tools verwendet werden, um einen Übergang oder zumindest eine Schwerpunktverlagerung von SNA auf TCP/IP zu realisieren. Ein Beispiel dafür ist die 3270-Terminal-Emulation, die es für Personal Computer und Workstations auf verschiedenen Betriebssystem-Plattformen gibt (DOS, DOS mit Windows, OS/2, AIX usw.). Für TCP/IP-Netzwerke wurde bereits recht früh daran gedacht, den IBM-Mainframe anzubinden und daher eine besondere TELNET-Version ins Leben zu rufen, die den 3270-Datenstrom unterstützt: TN3270. Sie unterstützt nahezu alle erforderlichen IBM-Spezifika und ist – dies ist besonders wichtig – auf fast allen TCP/IP-Implementierungen gleichermaßen verfügbar und im Lieferumfang enthalten. Wird also ein PC mit einem TCP/IP-Protokollstack versehen, so ist dann auch schon als integraler Bestandteil der Software das TN3270-Tool sofort verfügbar und kann eingesetzt werden. Voraussetzung für diese Vorgehensweise ist allerdings die Installation des TCP/IP für den VM- oder MVS-Mainframe (an späterer Stelle wird auf die sich hier bietenden Möglichkeiten noch ausführlicher hingewiesen). Ein weiterer Ansatzpunkt sind die zahlreichen Anwendungen, die auf der APPC/LU6.2-Kommunikationstechnologie beruhen. Eine über diese Technik etablierte Programm-zu-Programm-Kommunikation läßt sich beispielsweise auch über die netzübergreifend einsetzbaren RPCs abbilden. Ein auf TCP/IP basierendes Client-Modul in einem Netzwerk A kann mit einem entsprechenden Server-Modul in einem geographisch völlig anderen Netzwerk B problemlos kommunizieren. Kapitel 5 beschäftigt sich u.a. mit der Kommunikation zwischen zwei AIX-basierten Programmen. In vielen Fällen wird die Kommunikation sogar betriebssystem-neutral abgewickelt.

Die in Unternehmen mittlerweile sehr intensiv genutzten Mail-Systeme beruhen oft auf dem Netzwerkprotokoll NetBIOS. Im LAN ist dieses Protokoll auch als relativ pflegeleicht einzustufen. Die bereits angedeutete Problematik tritt in schnellen LANs sehr selten auf. Spätestens jedoch, wenn eine WAN-Anbindung verschiedener Lokationen angestrebt wird und eine Mail-Kommunikation ermöglicht werden soll, muß man versuchen, auf ein anderes Netzwerkprotokoll umzusteigen (wenn man nicht hinsichtlich der Leitungskapazität mit Kanonen auf Spatzen schießen und lediglich wegen des „Sensibelchens" NetBIOS 2MBit-Leitungen anmieten will). Hier bieten zahlreiche Hersteller von Mail-Systemen bereits in der Praxis erprobte TCP/IP-Implementierungen an.

1.2.2   Einsatz zentraler Netzwerkmanagement-Tools

In komplexen Netzwerken ist ein Management der wichtigsten Komponenten wie Router, Bridges oder auch größerer Server-Systeme unabdingbar. Von ihnen hängt in den meisten Fällen eine stabile und leistungsfähige Kommunikation einzelner Netzwerkressourcen, insbesondere der Endsysteme, untereinander ab. Für solche Netzwerke wurden aufwendige Hilfsmittel entwickelt, die nicht nur Aufgaben innerhalb des reinen Ressourcenmanagements übernehmen, sondern auch für die Analyse von Fehlersituationen und die Beobachtung von Netzwerksymptomen eingesetzt werden (Kapitel 3 widmet sich dieser Thematik ausführlich). Management-Systeme dieser Größenordnung sind äußerst kostspielig und sollten gemäß ihrem Leistungsspektrum nur von gut ausgebildetem Fachpersonal bedient werden. Aus diesen Gründen ist es sinnvoll, den Einsatz solcher Tools möglichst zu zentralisieren. Dies läßt sich allerdings nur dann realisieren, wenn ein gemeinsames Netzwerkmanagement etabliert werden kann (Abbildung 1-2). Netzwerksegmente mit unterschiedlichen, nicht miteinander kommunizierenden Netzwerkprotokollen sind daher zunächst für ein solches Vorhaben ungeeignet.

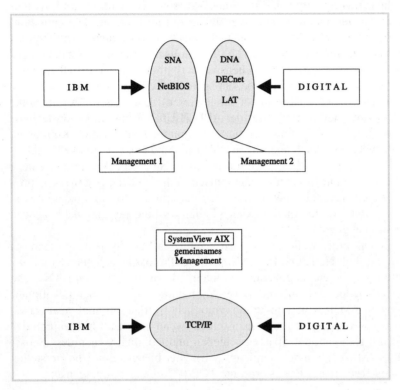

Abbildung 1-2:   *Gemeinsames Management*

Die Praxis hat allerdings gezeigt, daß eine vollständige Protokollstandardisierung nicht immer möglich, ja oft sogar nicht sinnvoll ist. Überall dort, wo ein besonderes Protokollcharakteristikum durch das geplante Standardprotokoll nur unzureichend abgedeckt und eine Umstellung nur mit großem Aufwand vorgenommen werden kann, muß der Management-Bedarf über eine vermittelnde Instanz, die sog. „Proxy Agents", befriedigt werden. Im Normalfall verfügen alle im Management-Prozeß involvierten Netzwerkkomponenten, unter Verwendung einer einheitlichen IP-Protokollbasis, über einen integrierten Software-Agenten. Dieser unterhält einen regelmäßigen Kontakt zu seiner Management-Station, wobei zur Verständigung das Protokoll SNMP (in Version 1 oder mittlerweile auch 2) Anwendung findet. In dem Fall befinden sich beide Komponenten, der Agent des Endsystems und die Management-Station, auf dem gleichen Protokoll-Level (nämlich SNMP über IP). Sollen jedoch auf der Management-Station als zentrales Kontrollinstrument auch Netzwerkinformationen abgebildet werden, die nur von einer fremden Protokollschicht bezogen werden können (beispielsweise Management-Tools, die auf der LLC-Protokollschicht den Netzwerkcontroller der Netzwerkkomponenten beobachten), so müssen die als *Proxy Agents* oder *Proxies* bezeichneten Vermittler eingesetzt werden. Dabei handelt es sich z.B. um dedizierte Submanagement-Stationen des Layer 2, die auf der einen Seite über den Protokollstandard IEEE 802.2 das Layer-2-Management ausführen, auf der anderen Seite jedoch über entsprechende SNMP-Agenten eine Verbindung zur Management-Station über die Protokolle SNMP und IP unterhalten können (der LAN Network Manager von IBM ist ein solcher *Proxy Agent*).

1.2.3   Nutzung vorhandener LAN/WAN-übergreifender Software

Es steht völlig außer Frage, daß die parallele Nutzung gleicher oder ähnlicher Anwendungen in Netzwerken mit unterschiedlichen LAN-Zugriffsverfahren als wenig sinnvoll erachtet werden muß. Obwohl eine netzwerkübergreifende Kommunikation wünschenswert wäre, gibt es keinen entsprechenden Informationsfluß, da nicht auf eine gemeinsame Datenbasis zugegriffen werden kann. Ferner wird teure Hardware redundant vorgehalten, jedoch nicht, um ein effektives Backup zu gewährleisten, sondern um zwei nicht miteinander kommunizierenden Netzwerken (daher auch kein Backup) den Betrieb einer Software zu ermöglichen. Der Aspekt z.T. beträchtlicher unnötig anfallender Lizenzgebühren ist bei dieser Betrachtung ebenso nicht zu vernachlässigen.

Die Lösung dieses Problems besteht u.a. in einer Vereinheitlichung des Netzwerkprotokolls. Beiden Netzwerken wird über ein gemeinsames Netzwerkprotokoll der Zugriff auf ein und dieselbe Hardware ermöglicht sowie der Netzbetrieb eines einzigen Software-Pakets. Bei Mail-Systemen trifft man diese Verfahrensweise besonders häufig an.

Für eine ausreichende Kommunikation zwischen zwei beliebigen Rechnern innerhalb eines Netzwerkverbundes werden in der TCP/IP-Welt Terminal-Emulationen besonderer Art eingesetzt: TELNET. TELNET ist deshalb so attraktiv, weil es auf allen Betriebssystem-Plattformen verfügbar und zudem auch leicht zu bedienen ist (Abbildung 1-3). Solange das Netzwerkprotokoll TCP/IP heißt, kann eine VAX der Firma DEC genauso mit einer RS/6000 des Herstellers IBM kommunizieren wie ein TCP/IP-fähiger Personal Computer unter DOS, OS/2 oder LINUX. TELNET wird in nahezu allen Implementierungen zur Verfügung gestellt. Nach Aufruf des gewünschten Kommunikationspartners mit dessen IP-Adresse erfolgt ein `login`, und man besitzt ein virtuelles Terminal auf dem Partnerrechner. Ähnlich einfach erfolgt die Kommunikation über das File Transfer Protocol (FTP). Es läßt sich über TCP/IP ebenso problemlos betreiben (File Transfer zwischen zwei Hostrechnern) wie auf SMTP basierende Mail-Anwendungen.

Diese äußerst preiswerte, fast unschlagbare kommunikative Flexibilität wird allerdings erkauft mit einem relativ betagten Standard, der den Sicherheitsanforderungen heutiger Netzwerke nicht mehr entspricht (z.B. keine Paßwortverschlüsselung). Innerhalb der nächsten Jahre zu erwartende Neuentwicklungen in Anlehnung an IPng versprechen Abhilfe.

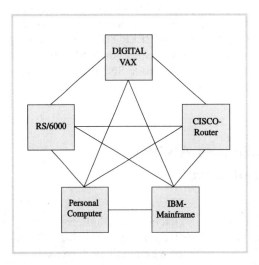

Abbildung. 1-3:
TELNET-Connectivity auf TCP/IP-Basis

Man darf allerdings nicht verschweigen, daß im Wide Area Networking der Einsatzfähigkeit von TELNET sicher mit Skepsis zu begegnen ist. Geht man von der Annahme aus, TELNET könne auch hier bedenkenlos als Standard-Terminal-Emulation genutzt werden, wird man spätestens dann auf den Boden der Tatsachen zurückgeholt, wenn plötzlich die Bandbreitenkapazität einer einfachen 64KBit-ISDN-Leitung „in die Knie" geht. Protokolltechnisch aufwendige TELNET-Sitzungen können bei einer Handvoll Anwendern, die über das WAN mit entsprechenden TCP-Partnern kommunizieren, durchaus zum Abbruch der Kommunikationsprozesse über andere Protokolle führen, die sehr Timeout-anfällig sind. Dies gilt in ähnlicher Form auch für Dateiübertragungen mit Hilfe des *File Transfer Protocol.* Die Sicherung einer 10MB-Datei zu Spitzenzeiten (z.B. kurz nach der Frühstückspause in Deutschlands Unternehmen) auf einem TCP/IP-Rechner einer externen Lokation könnte durchaus zu einem „Heißlaufen" der Telefone im Netzwerkservice führen. Denn die Sicherung einer solchen Datei dauert unter den beschriebenen Bedingungen (ISDN, 64kbit/s) etwa 22 Minuten, wenn die volle Bandbreite der Leitung genutzt werden kann (d.h. die Frühstückspause wird um ganze 22 Minuten verlängert ...). Im LAN hingegen spielen derartige Vorgänge kaum eine Rolle (wenn man einmal von der 10MB-Sicherung absieht, denn diese hat auch während der Hauptverkehrszeit im LAN nichts zu suchen). Die Leitungskapazität eines 10MBit-Ethernet liegt etwa um das 150fache höher als die Kapazität der beschriebenen ISDN-WAN-Leitung. Bei einem 100MBit-FDDI herrscht sogar die 1500fache Geschwindigkeit.

Netzwerkdesign: Integration

Der Begriff „Netzwerkdesign" könnte in die Irre führen, denn ein „Design" impliziert normalerweise die völlige Neuentwicklung eines Objektes oder einer Idee. Außerdem wird mit diesem Terminus sehr oft die Vorstellung verbunden, ein Objekt könne nur dann einem neuen Design unterworfen oder besonders gut ausgestaltet werden, wenn alle notwendigen Aktivitäten „auf der grünen Wiese" beginnen.

Betrachtet man in diesem Kontext einmal die Netzwerkthematik, so wird man „die grüne Wiese" in der Realität nur sehr selten vorfinden (es sei denn, das Rechenzentrum eines Unternehmens ist abgebrannt ...). Die in jahrelangen, unterschiedlichen Prozessen entstandenen Netzwerktechnologien, -protokolle und -topologien eines Unternehmens können nicht einfach ignoriert bzw. abgeschafft werden. Über ihre Optimierung und Anpassung an veränderte Bedingungen kann bzw. muß natürlich in regelmäßigen Zeit-intervallen nachgedacht werden. Dem kontinuierlich dynamischen Entwicklungsprozeß eines Unternehmens muß gewiß auch die Kommunikationstechnologie Rechnung tragen. Eine Radikalkur ist allerdings in den meisten Fällen nicht wünschenswert, so daß ein sinnvolles Netzwerkdesign eigentlich nur über die *Integration* in unverzichtbare bestehende Netzwerkstrukturen realisiert werden kann.

An den nun folgenden Beispielen soll der integrative Charakter einer zeitgemäßen Umstrukturierung der Kommunikationsinfrastruktur im Unternehmen gezeigt werden; die ausführliche Beschreibung von Einzelmaßnahmen liefert konkrete Hilfestellungen für die Integrationspraxis.

2.1   Der SNA-Interconnect-Controller IBM 3172

In zahlreichen Unternehmen mit klassischen DV-Strukturen hat sich im Laufe von vielen Jahren eine ausgeprägte SNA-Welt etabliert. Jene Protokollarchitektur aus dem Hause IBM, das zu Beginn der 70er Jahre seinen Siegeszug durch die Rechenzentren namhafter Unternehmen antrat, ist allmählich in die Jahre gekommen. Proprietäre (wenn auch äußerst leistungsfähige) Kommunikationstechnologie hat heute keine Marktchancen mehr, wenn die Öffnung für Fremdsysteme in heterogenen Netzwerken nicht forciert wird. So hat auch die IBM innerhalb der letzten Jahre durch konkurrenzfähige, innovative Eigenentwicklungen (z.B. High Performance Routing; HPR, aber auch durch Migrationsmöglichkeiten zum TCP/IP) bewiesen, daß sie die „Zeichen der Zeit" erkannt hat.

Dieser Abschnitt wird sich mit einer Integrationsoption beschäftigen, die allen SNA-Verhafteten einen guten Einstieg in die Welt des TCP/IP und gleichzeitig den Parallelbetrieb reinrassiger SNA-Komponenten ermöglicht. Wann bzw. ob eine völlige oder teilweise Umstellung auf TCP/IP vorgenommen werden soll, kann von den Verantwortlichen jederzeit selbst definiert werden.

Die Umsetzung dieser Möglichkeiten kann durch den *Interconnect Controller IBM 3172* vollzogen werden.

2.1.1   SNA und TCP/IP

Auch bei näherem Hinsehen ist es nahezu unmöglich, zwischen der proprietären Architektur SNA (Systems Network Architecture) aus dem Hause IBM und dem TCP/IP (Transmission Control Protocol / Internet Protocol) charakteristische Gemeinsamkeiten zu entdecken. Der Ansatz, aus dem sich beide Protokollfamilien entwickelt haben, war Ende der 60er (TCP/IP) bzw. Anfang der 70er Jahre (SNA) völlig unterschiedlich. Während TCP/IP als offenes Protokollkonzept aufgebaut werden sollte, bei dem es in erster Linie auf eine Verbindung verschiedener Netzwerke ankam, entwickelte IBM ein auf besondere Eigenschaften ihrer Hard- und Software abgestimmtes Protokollspektrum, das im Laufe der folgenden Jahre immer weiter optimiert wurde. Dennoch, bei einer vergleichenden Gegenüberstellung fällt zumindest auf, daß insbesondere das TCP-Protokoll hinsichtlich Daten- und Session-Sicherheit mit der Session Control im SNA durchaus mithalten kann. Die notwendige Implementierung einer Programm-Programm-Kommunikation für den verteilten Einsatz im Netzwerk erfolgte bei IBM durch die *LU6.2-Architektur* und *APPC-Programmierung,* im TCP/IP-Umfeld durch *Remote Procedure Calls* (siehe auch Abschnitt 5.3).

Zu der integrativen Diskussion, wie sie seit einigen Jahren geführt wird, hat also sicher nicht der gemeinsame Charakter beigetragen, sondern es war vielmehr die Erkenntnis, daß eine Isolation beider Protokollkonzepte für die Zukunft wenig fruchtbar wäre. So wurde beispielsweise in einem verhältnismäßig frühen Stadium für TCP/IP-Netzwerke die TELNET-Variante TN3270 entwickelt, die es einem TCP/IP-Knoten ermöglicht, den SNA-spezifischen 3270-Datenstrom zu empfangen, umzusetzen und dadurch eine LU2-Session zu emulieren. Andererseits entstanden im SNA-Umfeld Überlegungen zu Routing-Mechanismen wie dem APPN (Advanced Peer to Peer Networking) und HPR (High Performance Routing), die das Routing im SNA-Netzwerk aus einer relativ statischen und wenig flexiblen Struktur von Pfaden und Routen herausbringen sollten. Eine Verwandtschaft mit IP-basierten Routing-Protokollen wurde offensichtlich.

Da das Unternehmen IBM seit geraumer Zeit sein UNIX-Derivat AIX mit gutem Erfolg vermarktet und für alle anderen Betriebssysteme TCP/IP-Implementierungen zur Verfügung stellt, ist von einer SNA-TCP/IP-Konfrontation keine Rede mehr. Kein anderes Produkt könnte diese Tendenz besser dokumentieren als der *Interconnect Controller IBM 3172*.

2.1.2   Die technischen Details

Neben den klassischen SNA-Komponenten in einem streng hierarchischen SNA-Netzwerk wie beispielsweise dem Cluster Controller 3174 oder dem Communication Controller 3745 nimmt der „Interconnect Controller 3172" eine Sonderstellung ein. Er ist explizit dafür ausgelegt, den sehr schnellen LAN-Komponenten die Möglichkeit zu bieten, über schnelle Kanalverbindungen mit dem IBM-Host zu kommunizieren. Dabei kann der 3172-Controller nicht nur die reine SNA-Anbindung realisieren, sondern er ist ebenso für eine Anbindung von TCP/IP-Netzwerkkomponenten konfigurierbar. Einerseits übernimmt er also in weiten Teilen die Funktionalität herkömmlicher Communication Controller (z.B. IBM 3745), andererseits kann er dazu verwendet werden, zwischen dem IBM-Host und gleichberechtigten IP-Knoten im übrigen Netzwerk TCP/IP-basierte Anwendungen zu betreiben. Voraussetzung für letztere Möglichkeit ist natürlich die Implementierung eines TCP/IP-Protokollstacks auf dem IBM-Host (z.B. unter MVS).

Aus Abbildung 2-1 geht hervor, daß der 3172-Controller sowohl in ein Token-Ring-Netzwerk als auch in FDDI- oder Ethernet-Topologien integrierbar ist.

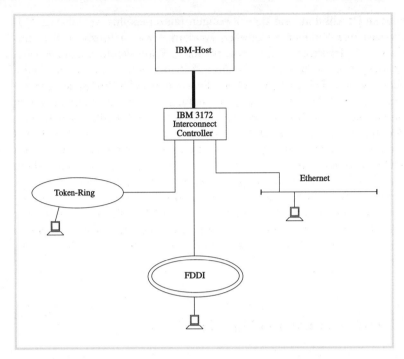

Abbildung 2-1:   *Interconnect Controller IBM 3172 im heterogenen Umfeld*

Hinter dem Gehäuse des Controllers verbirgt sich im derzeit aktuellen Modell 3 ein 60Mhz Pentiumrechner, der mit einer Festplatte als Medium für das Betriebssystem ICP (Interconnect Control Program), Version 3 ausgestattet ist. Für den monitorlosen Betrieb ist an der Frontseite des Gerätes ein kleines vierstelliges Display angebracht, auf dem die über eine Minitastatur eingebbaren Hex-Kommandos und entsprechende Returncodes abgelesen werden können. Folgende Netzwerk-Controller bzw. -anschlüsse können in Kombination miteinander eingesetzt werden:

Controllertyp	Kombi 1	Kombi 2	Kombi 3	Kombi 4
FDDI	0	0	1	1
Token-Ring, Ethernet				
oder IEEE 802.3	4	4	2	2
Parallel Channel	2	0	2	0
ESCON Channel	0	1	0	1

Tabelle 2-1:   *Netzwerk-Adapter-Kombinationen des 3172-Controllers, Modell 3*

In den nun folgenden Abschnitten wird die Konfiguration eines 3172-Controllers für den Einsatz in einem Token-Ring- und Ethernet-Netzwerk für eine kombinierte Protokollumgebung SNA-TCP/IP dargestellt (Abbildung 2-2). Schwerpunkte sind die Anbindung von PCs mit klassischer 3270-Emulation und APPC/LU6.2-Kommunikation (Software: *IBM Communications Manager / 2*) über Token-Ring und die Zuführung von PCs am Ethernet über die TELNET-Variante TN3270 (Software: *TN3270* als Komponente des *OS/2-Warp-Connect*). Der 3172-Controller wird also mit je einem Token-Ring- und einem Ethernet-Controller auf LAN-Seite und für die Verbindung zum IBM-Host mit zwei parallelen Kanaladaptern ausgestattet. Auf eine redundante Auslegung für Token-Ring und Ethernet (Einrichtung weiterer Adapter zur Ausfallsicherung) wird in diesem Beispiel verzichtet.

Zusätzlich zur Installation und Konfiguration des Basis TCP/IP für MVS erfolgt die Implementierung des FTP, so daß von jeder Workstation bzw. jedem PC grundsätzlich die Möglichkeit zum File-Transfer gegeben ist.

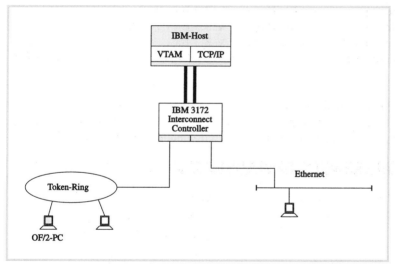

Abbildung 2-2:   *Konfigurationsbeispiel: Interconnect Controller IBM 3172*

Über den Token-Ring-Adapter werden zehn NetBIOS-Sessions definiert, die für ein Remote Operating des 3172-Controllers durch einen mit der Software *Operator Facility / 2* (OF/2) versehenen OS/2-PC erforderlich sind. Dieser Personal Computer befindet sich im Token-Ring-Netzwerk.

2.1.3   Konfiguration mit OF/2

Für die Inbetriebnahme des 3172-Controllers ist zunächst seine Installation gemäß der Hardware-Konfiguration (nach Einbau der Kanaladapter, Netzwerk-Controller usw.) erforderlich. Dieser Vorgang ist im mitgelieferten Users' Guide hervorragend beschrieben. Wesentlich interessanter ist hingegen seine Konfiguration. Zu diesem Zweck wird die Operator Facility / 2 (OF/2) auf einem OS/2-PC benötigt.

2.1.3.1   Installation des OF/2

Auf einem OS/2-PC sind für die Installation etwa 8 MB zusätzlicher Festplattenplatz erforderlich. Folgende vier Disketten werden in dieser Reihenfolge installiert:

– IBM 3172 Interconnect Controller Program V. 3.3 Base 1
– IBM 3172 Interconnect Controller Program V. 3.3 Base 2
– IBM 3172 Interconnect Controller Program V. 3.3 Base 3
– IBM 3172 Interconnect Controller Program V. 3.3 Interconnect Enhancement Feature

Anschließend erfolgt (gemäß Anweisung) eine Applikationsdefinition im OS/2 über eine Kopie des Prototypen *Programm* im *Schablonen-Ordner*. Das Startprogramm CSP.EXE aus dem Unterverzeichnis /OF2VER3 wird angegeben (Abbildung 2-3).

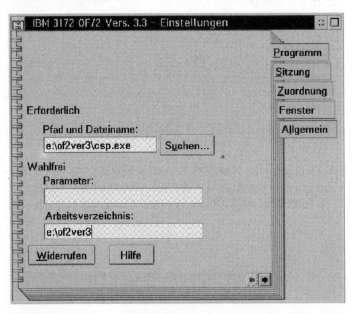

Abbildung 2-3:   *OF/2-Einbindung in die OS/2-Workplace Shell*

Nach erfolgreicher Einrichtung dieser Anwendung und Schließen des Objektfensters erscheint auf dem Desktop das entsprechende Icon (Abbildung 2-4).

Abbildung 2-4:
OF/2-Icon auf dem Desktop

2.1.3.2   Das OF/2-Menüsystem

Der übliche Doppelklick und die Authentifizierung des Anwenders über ein Paßwortfenster verschafft den gewünschten Zugang zum Konfigurationsmenü des OF/2 (Initialpaßwort heißt PASSWORD; dieses sollte allerdings umgehend geändert werden, um unbefugten Zugang zu verhindern). Für den Anfänger stehen vier verschiedene Beispielkonfigurationen zur Verfügung (Abbildung 2-5).

Operator Facility				
Session	Configure	Utilities	Code	Help
Name	**Status**		**User Data**	**Location**
SAMPLE1	Inactive		3172-3(Parallel Channel)	Token Ring connection
SAMPLE2	Inactive		3172-3(ESCON)	Ethernet OF/2 connection
SAMPLE3	Connecting		3172-3(ESCON Single Slot)	Token Ring connection
SAMPLE4			3172-3(Parallel Channel, No IEF)	Stand-alone workstation

Abbildung 2-5:   *Beispielkonfigurationen IBM 3172*

Die Beispiele können nun nach eigenen Wünschen modifiziert werden, oder es kann ein völlig neues Profil angelegt werden. Im folgenden wird die weitere Vorgehensweise für letztere Option dargestellt.

Zunächst eine Übersicht der einzelnen Pulldown-Menüs:

Session

– Establish Session
– Exit

Das *Session-Menü* ermöglicht den Zugang zum 3172-Controller über die bereits erwähnten NetBIOS-Sessions. Sobald die Session etabliert ist und die Konfigurationsdaten geladen sind, bestehen verschiedene Möglichkeiten des Operating. Dies wird an anderer Stelle näher beschrieben.

Configure

- Add 3172
- Change 3172
- Delete 3172
- Profiles

Die im ersten Schritt erforderliche Definition eines 3172 samt Profilerstellung wird innerhalb des *Configure-Menüs* vorgenommen.

Utilities

- Create working diskettes
- Display working diskettes
- View System log from diskette
- View trace log from diskette
- Create 'trace data path' command diskettes
- Backup 3172 configurations
- Restore 3172 configurations
- Passwords

Mit dem *Utilities-Menü* lassen sich einige wichtige Funktionen zur Wartung des Gerätes ausführen (wie angegeben).

Code

- Display ICP Code
- Receive ICP Code
- Remove ICP Code
- Display APARs/Patches
- Receive APARs/Patches
- Remove APARs/ Patches

Wartungsarbeiten, die in Zusammenhang mit dem Betriebssystem des 3172-Controllers stehen, werden über das *Code-Menü* gesteuert.

Help

- Help for Help
- Extended Help
- Keys Help
- Help index
- About

Eine Erläuterung zum *Hilfe-Menü* ist wohl nicht erforderlich. Seine Bedienung erfolgt intuitiv.

2.1.3.3 Definition eines 3172-Controllers

Die im folgenden beschriebenen Aktivitäten betreffen nur einen kleinen Teil der selektierbaren Menüpunkte. Lediglich diejenigen Routinen, die zur Generierung, Konfiguration und zum Betrieb des 3172-Controllers unmittelbar erforderlich sind, werden ausführlich erläutert.

Zu Beginn wird ein 3172-Objekt mit dem Namen *3172-1* definiert, indem man aus dem *Configure-Menü* die Selektion *Add 3172* vornimmt. Die anschließend angezeigte Maske wird entsprechend ausgefüllt (Abbildung 2-6).

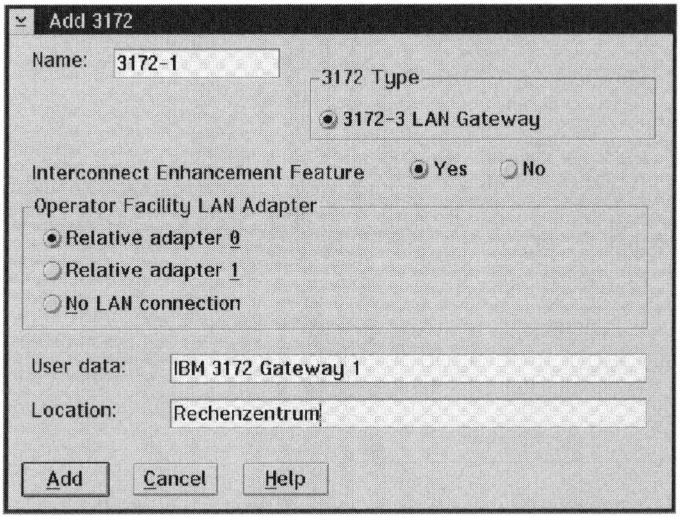

Abbildung 2-6:
Definition eines
3172-Objektes

Unter dem eingetragenen Namen ist der Controller für den zukünftigen Betrieb adressierbar (NetBIOS-Name). Anschließend wird der Button für das *Interconnect Enhancement Feature* aktiviert, damit das Gerät für SNA-Management-Services eingerichtet und als VTAM LAN Gateway betrieben werden kann. *User data* und *Location* dienen zur Identifikation und Orientierung des Administrators. Nach Betätigung des Add-Buttons wird eine neue Zeile ins Hauptmenü aufgenommen (Abbildung 2-7).

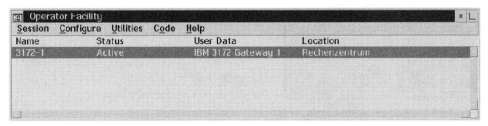

Abbildung 2-7:   *Hauptmenü mit neu definiertem 3172-Objekt*

Im nächsten Schritt erfolgt die Bildung eines Profils, das für eine exakte Beschreibung der Einzelkomponenten des 3172-Controllers verwendet wird. Erneut wird das *Configure-Menü* angesteuert und die Selektion *Profiles* aktiviert. Über die jetzt erzeugte Übersicht müssen die nach bereits erfolgter Installation des Betriebssystems identifizierten Netzwerkkomponenten nunmehr den einzelnen Slots (Einschüben) zugeordnet werden (Abbildung 2-8). Das Profil wird unter dem Namen BASIS1 gespeichert.

```
 ┌────────────────────────────────────────────────────────┐
 │ ⚷ 3172 Profile: 3172-1 Untitled              □ □        │
 │ Profiles   Edit   Help                                  │
 │ Adapters           Type              Slot               │
 │ Unassigned                            1                 │
 │  Unassigned                           2                 │
 │  Unassigned                           3                 │
 │  Unassigned                           4                 │
 │  Reserved                             5                 │
 │  Unassigned                           6                 │
 │  Unassigned                           7                 │
 │  Fixed Disk                           8                 │
 │                                                         │
 │ Functions          Type                                 │
 │                                                         │
 └────────────────────────────────────────────────────────┘
```

Abbildung 2-8:   *Zuordnung von Adaptern und Slots*

Gemäß der in Abbildung 2-2 dargestellten Konfiguration werden nun die parallelen Kanalanschlüsse definiert. In diesem Beispiel wurde der erste Kanaladapter im ersten und der zweite Kanaladapter im vierten Slot eingebaut. Der Menüpunkt *Edit* wird aktiviert und aus der daraufhin sichtbaren Maske (Abbildung 2-9) der Parallel Channel Adapter ausgewählt. Anschließend wird die Konfigurationsmaske für den Adapter entsprechend ausgefüllt (Abbildung 2-10).

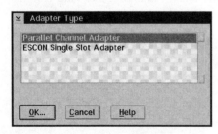

Abbildung 2-9:
Definition eines parallelen Kanaladapters

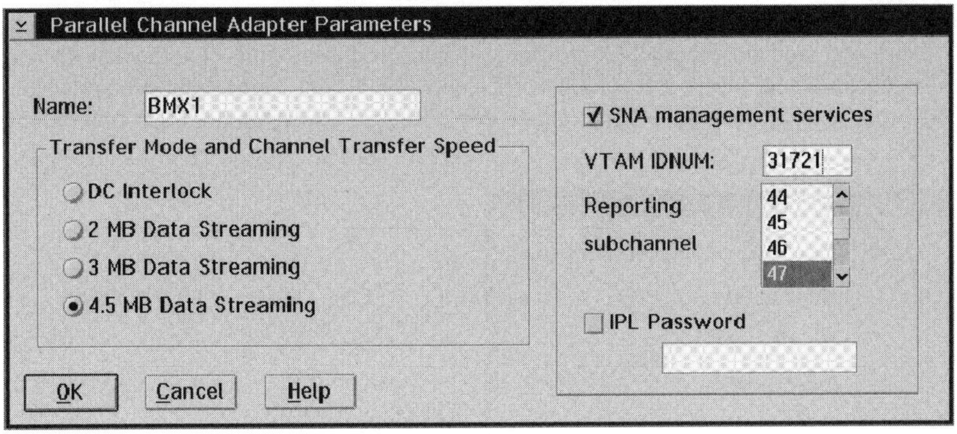

Abbildung 2-10:   *Der erste Kanaladapter wird konfiguriert*

Es ist wichtig, bereits an dieser Stelle die *SNA-Management-Services* einzuschalten, damit der 3172-Controller über die adressierbare *VTAM IDNUM* (hier: 31721) innerhalb der Management-Umgebung NetView überwacht werden kann. Ferner erfolgt hier eine Zuordnung der Kanaladresse (hier: 47) am IBM-Host. Für weitere Funktionen müssen weitere Kanaladressen zugeordnet werden, so daß sich eine vor Konfiguration vorzunehmende Reservierung mehrerer Kanaladressen (bzw. eines Adreßbereiches) empfiehlt.

Der zweite Kanaladapter muß sich einer ähnlichen Konfigurationsprozedur unterziehen; allerdings fehlt hier die Definition der *SNA-Management-Sevices*, da diese nur auf einem Adapter konfiguriert werden dürfen. Damit ist die Kanaladapter-Zuordnung abgeschlossen (Abbildung 2-11).

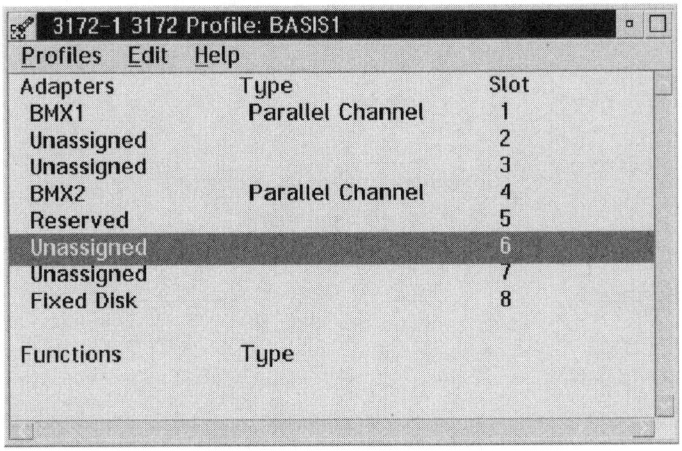

Abbildung 2-11:   *Abschluß der Kanaladapter-Zuordnung*

Es folgt nun die Zuordnung der LAN-Adapter. Gemäß Abbildung 2-2 wird jeweils ein Token-Ring- und ein Ethernet-Controller konfiguriert. In diesem Fall wurde der Token-Ring-Controller in Slot 6 und der Ethernet-Controller in Slot 7 eingebaut. Entsprechend wird nun über ein erneutes *Add Adapter* der erste LAN-Adapter definiert (Abbildung 2-12).

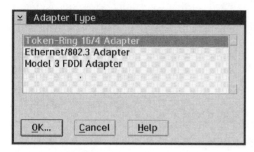

Abbildung 2-12:
Auswahl des Token-Ring-Adapters

Dabei handelt es sich, wie aus Abbildung 2-13 hervorgeht, zunächst um einen Token-Ring-Adapter für eine Geschwindigkeit von *16 Mbit/s*. Er wird beispielsweise TRN0 genannt. In der Funktion *To Operator Facility* wird Yes selektiert, um über diesen Netz-

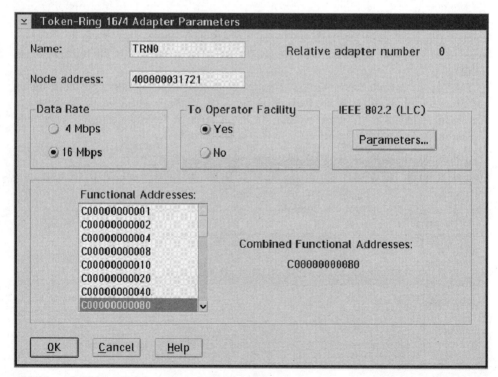

Abbildung 2-13:   *Konfiguration des Token-Ring-Adapters*

werkadapter die bereits beschriebenen, für Remote Management erforderlichen NetBIOS-Sessions etablieren zu können. Dadurch wird dem Adapter automatisch die *Funktionsadresse C00000000080* zugeordnet. Die über den Button *Parameters* möglichen Einstellungen für Token-Ring-Charakteristika (z.B. Timer-Verhalten) brauchen für den Normalbetrieb nicht verändert zu werden. Für die Konfiguration des Ethernet-Adapters, sofern dieser nicht mit dem *Remote Management Feature* ausgestattet wird, sind keinerlei weitere Angaben erforderlich (bis auf den Namen, hier *ET0*). Die Default-Einstellungen können akzeptiert werden.

Damit sind nun sämtliche Kommunikationsadapter definiert und für den Normalbetrieb ausreichend konfiguriert (Abbildung 2-14). Den Abschluß der Konfiguration bildet nun die Zuordnung einzelner Funktionen.

```
┌──────────────────────────────────────────────────┐
│ 🖉  3172-1 3172 Profile: BASIS1          □  □     │
├──────────────────────────────────────────────────┤
│ Profiles   Edit   Help                           │
│                                                  │
│ Adapters          Type              Slot         │
│ BMX1              Parallel Channel   1           │
│ Unassigned                           2           │
│ Unassigned                           3           │
│ BMX2              Parallel Channel   4           │
│ Reserved                             5           │
│ TRN0              Token-Ring 16/4    6           │
│ ET0               Ethernet/802.3     7           │
│ Fixed Disk                           8           │
│                                                  │
│ Functions         Type                           │
│                                                  │
└──────────────────────────────────────────────────┘
```

Abbildung 2-14:   *Abschluß der LAN-Adapter-Zuordnung*

Erneut wird das *Configure-Menü* angesteuert. Nun wird jedoch kein Adapter hinzugefügt, sondern durch die Selektion *Add function* erfolgt die Definition einer *LAN Gateway function* (Abbildung 2-15), zunächst für den Kanaladapter *BMX1*.

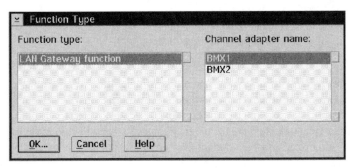

```
┌──────────────────────────────────────────────────┐
│ ⌄  Function Type                                 │
├──────────────────────────────────────────────────┤
│ Function type:              Channel adapter name:│
│ ┌──────────────────────┐   ┌────────────────────┐│
│ │ LAN Gateway function │   │ BMX1               ││
│ │                      │   │ BMX2               ││
│ │                      │   │                    ││
│ │                      │   │                    ││
│ └──────────────────────┘   └────────────────────┘│
│ ┌──────┐ ┌────────┐ ┌──────┐                     │
│ │ OK...│ │ Cancel │ │ Help │                     │
│ └──────┘ └────────┘ └──────┘                     │
└──────────────────────────────────────────────────┘
```

Abbildung 2-15:   *Zuordnung einer LAN Gateway function*

Dieser wird dem *LAN-Adapter TRN0*, also dem Token-Ring-Adapter, zugeordnet. Ferner erfolgt hier die eigentliche Gateway-Definition, indem der Protokollübergang vom LAN-Adapter, als Vertreter der unteren Kommunikationsschichten, zum Kanaladapter für VTAM-Applikationen des oberen Protokollstacks beschrieben wird. In diesem Fall erfolgt die Zuordnung von VTAM-Funktionalität über den *Subchannel 00*. Eine Modifikation der *Block delay time* und der *Maximum response length* ist für den Normalbetrieb nicht erforderlich.

Die hier (Abbildung 2-16) vorgenommenen Definitionen ermöglichen die Realisierung des vollständigen 3270-Datenstroms, einschließlich der Abbildung von LU6.2-Kommunikation. Entsprechende Emulations-Software auf den Personal Computern vor Ort (oder auch auf Downstream-Steuereinheiten des Typs IBM 3174) kann nun für Drucker-Sessions (LU-Type 1 und Type 3) und Bildschirm-Sessions (LU-Type 2) konfiguriert werden.

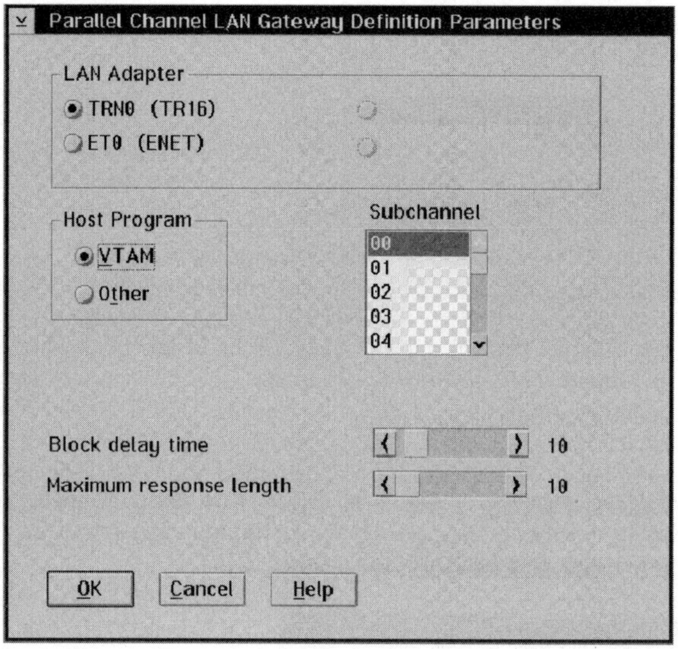

Abbildung 2-16: *Definition der Gateway-Zuordnung TRN0/BMX1*

Nun wären die über den Token-Ring erreichbaren Anwender hinsichtlich 3270-Emulation und SNA-Kommunikation ausreichend „versorgt" (Abbildung 2-2). Um eine flächendeckende SNA-Kommunikation im gesamten Netzwerk zu erreichen, müssen jetzt alle Ethernet-Anwender bzw. die dort verfügbaren Personal Computer oder Unix-Workstations über TCP/IP den erforderlichen „Anschluß" finden.

Zu diesem Zweck wird im *Configure-Menü* durch *Add function* eine neue Funktion ergänzt und dem zweiten Kanaladapter *BMX2* zugeordnet. In ähnlicher Weise, wie zuvor der Token-Ring-Adapter TRN0 zugewiesen wurde, geschieht dies nun mit dem Ethernet-Adapter *ET0* (Abbildung 2-17). Allerdings erfolgt hier keine VTAM-Zuordnung, sondern über die Applikation *Other* wird die im MVS-Host installierte TCP/IP-Implementierung (Subkanäle 24 und 25) angesteuert.

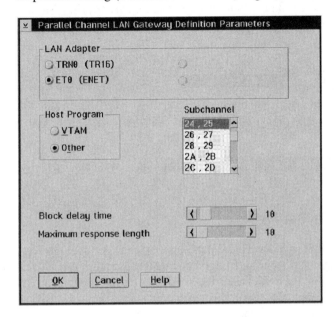

Abbildung 2-17:
Definition der Gateway-Zuordnung ET0/BMX2

Für alle TCP/IP-Knoten am Ethernet besteht nun die theoretische Möglichkeit, durch Verwendung der TELNET-Variante TN3270 über eine normale LU2-Session mit dem SNA-Host Kontakt aufzunehmen (es fehlen noch entsprechende TCP/IP-Profile im MVS-Host; siehe Abschnitt 2.1.5).

Die für den zuvor beschriebenen Zweck erforderliche Konfiguration der Gateway-Funktion ist nun abgeschlossen (Abbildung 2-18).

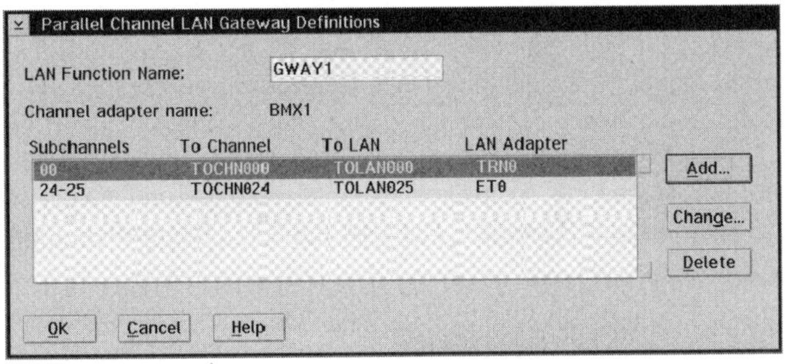

Abbildung 2-18:   *Abschluß der Gateway-Definitionen*

Aus Abbildung 2-19 ist die nun erzeugte Gesamtkonfiguration ersichtlich:

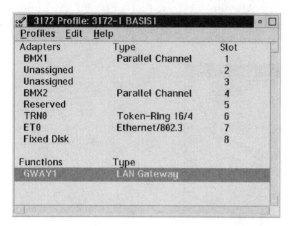

Abbildung 2-19:
Gesamtkonfiguration des
3172-Controllers in der Übersicht

2.1.3.4   Remote Management

Wie bereits mehrfach erwähnt, läßt sich der 3172-Interconnect-Controller über ein Net-BIOS-basiertes Remote Management steuern. In der Beispielkonfiguration des letzten Abschnittes wurde diese Funktion auf dem Token-Ring-Adapter TRN0 implementiert. Es sind allerdings einige Vorbereitungen zu treffen, um die entsprechenden NetBIOS-Ressourcen auch zur Verfügung stellen zu können.

Zusätzlich zu den bereits durch andere Anwendungen beanspruchten Ressourcen wird folgendes benötigt:

LINKSTATIONS   + 16
SESSIONS   + 16
COMMANDS   + 20
NAMES   + 9

Eine Anpassung dieser Objekte läßt sich entweder durch Aufruf der Konfigurations-Tools des Communications Managers / 2 oder des LAN-Requesters vornehmen. Die Ressourcenspeicherung erfolgt in der Datei \IBMCOM\PROTOCOL.INI.

Für den Aufbau einer NetBIOS-Verbindung wird im *Session-Menü* die Selektion *Establish Session* vorgenommen. Nach einer Wartezeit von mehreren Sekunden (bis zu einer Minute) erscheint das Menü für den „Operator-Betrieb" des 3172-Controllers (Abbildung 2-20).

Abbildung 2-20:   *„Operator-Menü" des 3172-Controllers*

Auch hier zunächst eine Übersicht der einzelnen Pulldown-Menüs:

Operate

– Activate
– Re-IPL
– Exit

Das Operate-Menü ermöglicht über ein Activate die Überspielung der lokal erzeugten Konfiguration in den Hauptspeicher und auf die Festplatte des Controllers. Aber Vorsicht! Anschließend wird das Gerät automatisch neu „gebootet". Das *Re-IPL* führt einen „sauberen" Systemabschluß mit Neustart durch.

Display

– Parameters
– System log
– Trace log
– Statistics
– Current ICP code
– 3172 storage
– Available disk space

Das Display-Menü bietet umfangreiche Informationen zum aktuellen Betriebszustand des 3172-Controllers. Besonders interessant ist hier der *System log*, der eine Übersicht der seit dem letzten Neustart kumulierten Fehlermeldungen darstellt.

Maintenance

– Set trace
– Stop trace when ...
– Stop all tracing
– Start all tracing
– Trace data path
– Reset trace log
– Distribute ICP code
– Get problem determination files
– Service-only command line

Im *Maintenance-Menü* stellen nützliche Funktionen Hilfsmittel zur Verfügung, die bei Störungen die Fehleranalyse erleichtern können. Es ist allerdings darauf zu achten, daß beim Einschalten von Trace-Optionen die Performance des Gerätes stark eingeschränkt ist, so daß ein selektiver Trace vorbereitet werden sollte (Aufzeichnung gezielter Datenströme statt Aufzeichnung des gesamten Datenstroms).

Profile Mismatch

– Fix Profile Mismatch

Zur Feststellung von Profilunterschieden zwischen dem aktuellen Profil im Controller und dem lokalen Profil auf der Management-Konsole dient das *Profile-Mismatch-Menü*. Es besteht außerdem die Möglichkeit, die Profile auszutauschen, d.h. entweder das aktuelle Profil auf die Management-Konsole zu holen oder aber das lokale Profil in den 3172-Controller zu übertragen. Will man lediglich die Unterschiede in Erfahrung bringen, so kann man diese Funktion gefahrlos ausführen. Ein automatischer Abgleich wird nicht vorgenommen (die Formulierung des Menüpunktes *Fix Profile Mismatch* könnte diese Vermutung nahelegen). Das Hilfe-Menü stellt sich folgendermaßen dar:

Help

– Help for Help
– Extended Help
– Keys Help
– Help index
– About

2.1.4   VTAM-Definitionen

Um den 3172-Controller dem VTAM bekannt zu machen, muß der Token-Ring-Adapter (wie im vorherigen Abschnitt konfiguriert) im XCA-Major-Node mit einer Subchannel-Adresse versehen werden. Für jeden Kanaladapter/LAN-Adapter lassen sich maximal 255 PUs definieren. Wird über diesen LAN-Adapter jedoch das Remote Management mit OF/2 realisiert, so müssen von den möglichen 255 Physical Units zehn Sessions für NetBIOS reserviert werden. Effektiv stehen somit im VTAM 245 PUs zur Verfügung. Entsprechende Definitionen werden im XCA-Major-Node vorgenommen:

```
*********************************************
*
*    XCA-MAJORNODE FUER 3172
*
*    TR-ADAPTERADRESSE: 4000 0003 1721
*
*********************************************
T31721    VBUILD TYPE=XCA
*
```

```
P31721    PORT   ADAPNO=0,
                 MEDIUM=RING,
                 CUADDR=500,
                 TIMER=60,
                 SAPADDR=4
*
G31721    GROUP  DIAL=YES,
                 ANSWER=ON,
                 AUTOGEN=(245,X,Y),
                 CALL=INOUT,
                 ISTATUS=ACTIVE
*
```

Nach Aktivierung des VTAM-Major-Nodes werden 245 virtuelle Lines (jede Line beginnt mit dem Buchstaben „X", gefolgt von der Kanal- (hier: „5") einschließlich Subkanaladresse (hier: „00") und einer fortlaufenden hexadezimalen Numerierung) und ebensoviele virtuelle Physical Units generiert (jede PU beginnt mit dem Buchstaben „Y", sonst analog der Line-Bildung).

Zur Ausübung eines SNA-Managements über das IBM-Produkt NetView/MVS muß ein weiterer Major-Node eingerichtet werden. Dieser ermöglicht den Betrieb einer SSCP-PU-Session, die für den Transport entsprechender Management-Informationen benötigt wird:

```
*****************************************************
*
*   MAJORNODE FUER 3172 (CSCF-NETVIEW) Subchannel
*
*****************************************************
T3172N    VBUILD TYPE=XCA
*
P3172N    PORT   TIMER=255,
                 MEDIUM=BOXMGR,
                 CUADDR=547
*
G3172N    GROUP
*
L3172N    LINE
*
PU3172N   PU
```

Die Physical Unit (hier: PU3172B) des 3172-Controllers wird durch die IDBLK/IDNUM-Zuordnung (siehe Abbildung 2-10) realisiert. Der dazugehörige Switched Major-Node sieht folgendermaßen aus:

```
*****************************************************
*
*    SWITCHED MAJORNODE (CSCF-NETVIEW) Physical Unit
*
*****************************************************
T3172B    VBUILD TYPE=SWNET,MAXNO=35,MAXGRP=9
*
PU3172B PU    ADDR=01,
              IDBLK=074,
              IDNUM=31721,
              MAXPATH=1,
              MAXDATA=256,
              PUTYPE=2,
              MAXOUT=1,
              PASSLIM=1,
              ISTATUS=ACTIVE,
              IRETRY=NO,
              DISCNT=YES,
              SSCPFM=USSSCS
*
PA3172B PATH  DIALNO=000000000000,PID=1,GID=1,GRPNM=G3172N
*
```

Um letztlich über eine 3270-Emulation auf VTAM-Applikationen zugreifen zu können, muß der dort konfigurierbare Parameter *destination address* mit der MAC-Adresse des 3172-Controllers versehen werden (siehe Abbildung 2-13). Sie lautet hier *400000031721*.

Ferner muß eine eigene IDBLK/IDNUM-Kombination (hier: IDBLK=05D, IDNUM=01001) zur Repräsentation der Physical Unit eingetragen werden, die mit dem Eintrag in einem separaten Switched Major-Node (für die expliziten Anwenderressourcen) übereinstimmen muß:

```
***************************************************************
*
*    SWITCHED MAJORNODE   FUER PCS AM TOKEN-RING
*
***************************************************************
TR1          VBUILD TYPE=SWNET
*
PU0001    PU ADDR=C1,
             IDBLK=05D,
             IDNUM=01001,
             MAXPATH=1,
             PUTYPE=2,
             MAXDATA=256,
             MAXOUT=7,
             PASSLIM=7,
             PACING=0,
             VPACING=0,
             MODETAB=TERMINAL,
             DLOGMOD=T327804,
             USSTAB=USSSNA1,
             DISCNT=(NO),
             SSCPFM=USSSCS
*
LU0001    LU LOCADDR=02
LU0002    LU LOCADDR=03
*
```

In diesem Major-Node werden zwei LU2-Sessions (LU0001 und LU0002) zur Verfügung gestellt und können entsprechend aus der 3270-Emulation des Anwender-PC für VTAM-Applikationen verwendet werden.

2.1.5   TCP/IP-Profile unter MVS

Zur Anbindung des aus Abbildung 2-2 ersichtlichen Ethernet-Rechners an den MVS-Host ist neben der Konfiguration des 3172-Interconnect-Controllers auch eine TCP/IP-Installation innerhalb des MVS erforderlich. Die für eine Adressierung im IP notwendige Adresse wird hier dem MVS zugeordnet, und nicht, wie man ebenfalls vermuten könnte, dem 3172-Controller.

In der derzeit aktuellen TCP/IP-MVS-Version 3.1 wird neben dem eigentlichen Installationsprozeß auch eine Konfiguration über TCP/IP-Profildateien vorgenommen. Folgendes Beispiel stellt sowohl TCP/IP selbst als auch einen FTP-Server und -Client zur Verfügung:

TCP/IP-Konfiguration

IBM-Originaldatei	Angepaßter Dateiname
TCPIP.V3R1.SEZAINST.TCPIPROC	SYSTEM.PROCLIB,TCPIP
TCPIP.V3R1.SEZAINST.SAMPROF	NET.TCPIP.PROFILE
TCPIP.V3R1.SEZAINST.TCPDATA	NET.TCPIP.DATA

Tabelle 2-2:   *TCP/IP-MVS-Konfigurationsdateien*

Hinweis: Die folgenden Dateien sind im wesentlichen der Originaldokumentation bzw. dem Original-Library-Set der Firma IBM entnommen.

Datei: SYSTEM.PROCLIB.TCPIP

```
//TCPIP PROC MODULE='TCPIP',PARMS='NOSPIE/'
//TCPIP EXEC PGM=MVPMAIN,
//             PARM='&MODULE,ERRFILE(SYSERR),HEAP(512),&PARMS',
//             REGION=7500K,TIME=1440
//STEPLIB  DD DSN=NET.VTAMLIB,DISP=SHR
//         DD DSN=TCPIP.V3R1.SEZATCP,DISP=SHR
//SYSMDUMP DD SYSOUT=*
//*       SYSPRINT contains runtime diagnostics from TCPIP.
//SYSPRINT DD SYSOUT=*
//*       SYSERR contains runtime diagnostics from Pascal.
//SYSERR   DD SYSOUT=*
//*       SYSERROR contains error messages from TCPIP that occurred
//*        while processing the PROFILE and OBEYFILEs.
//SYSERROR DD SYSOUT=*
```

```
//*       SYSDEBUG receives output that is generated when the TRACE
//*        parameter is specified in the PROFILE data set.
//SYSDEBUG DD SYSOUT=*
//*SY1DEBUG DD DSN=TCPIP.TRACE.ALT1,DISP=SHR
//*SY2DEBUG DD DSN=TCPIP.TRACE.ALT2,DISP=SHR
//*SY3DEBUG DD DSN=TCPIP.TRACE.ALT3,DISP=SHR
//*
//*       TNDBCSCN is the configuration data set for TELNET DBCS
//*       transform mode.
//*TNDBCSCN DD DSN=TCPIP.V3R1.SEZAINST(TNDBCSCN),DISP=SHR
//*       TNDBCSXL contains binary DBCS translation table codefiles
//*       used by TELNET DBCS Transform mode.
//*TNDBCSXL DD DSN=TCPIP.V3R1.SEZAXLD2,DISP=SHR
//*       TNDBCSER receives debug output from TELNET DBCS Transform
//*       mode, when TRACE TELNET is specified in the PROFILE data set.
//*TNDBCSER DD SYSOUT=*
//*
//*     The data set containing the configuration parameters for
//*     TCPIP can be explicitly allocated using the PROFILE DD
//*     statement.  If the PROFILE DD statement is not present, a
//*     hierarchical name search and dynamic allocation will be
//*     performed.  Please see "Understanding TCP/IP Data Set Names"
//*     in the Customization and Administration Guide for more
//*     information.
//*     The data set name on the PROFILE DD statement can be any
//*     sequential data set or a member of a partitioned data set (PDS)
//PROFILE  DD DSN=NET.TCPIP.PROFILE,DISP=SHR
//*
//*     SYSTCPD explicitly identifies which data set is to be
//*     used to obtain the parameters defined by TCPIP.DATA.
//*     The SYSTCPD DD statement should be placed in the TSO logon
//*     procedure or in the JCL of any client or server executed
//*     as a background task. The data set can be any sequential
//*     data set or a member of a partitioned data set (PDS).
//*
//*     For more information please see "Understanding TCP/IP Data Set
//*     Names" in the Customization and Administration Guide.
//SYSTCPD  DD DSN=NET.TCPIP.DATA,DISP=SHR
```

Datei: NET.TCPIP.PROFILE

```
;
; PROFILE.TCPIP
; =============
;
; COPYRIGHT = NONE.
;
; This is a sample configuration file for the TCPIP address space.
; The POOL sizes listed are the default values and need not be
; specified.
;
; NOTES:
;
;    The device configuration statements MUST be changed to match your
;    hardware and software configuration.
;
;    The BEGINVTAM section must be changed to match your VTAM
;    configuration.
;
;    It is recommended that you establish a TCP maintenance user ID and
;    all occurrences of TCPMAINT be changed to that user ID.
;
; For more information about this file, see "Configuring the TCPIP
; Address Space" and "Configuring the Telnet Server" in the Customization
; and Administration Guide.
;
; ----------------------------------------------------------------------
;
; The various pool sizes can be customized for your environment.
; Please see the Customization and Administration Guide for details on
; improving your system's overall performance by changing these
; values.
;
; NOTES:
;
;    If you are running Offload, use a data buffer size of 28672.  For
;    example, the statement would be:  DATABUFFERPOOLSIZE 160 28672.
;
ACBPOOLSIZE                    1000
ADDRESSTRANSLATIONPOOLSIZE     1500
CCBPOOLSIZE                    150
DATABUFFERPOOLSIZE             160   16384
ENVELOPEPOOLSIZE               750
```

```
IPROUTEPOOLSIZE              300
LARGEENVELOPEPOOLSIZE        50      8192
RCBPOOLSIZE                  50
SCBPOOLSIZE                  256
SKCBPOOLSIZE                 256
SMALLDATABUFFERPOOLSIZE      1200
TCBPOOLSIZE                  256
TINYDATABUFFERPOOLSIZE       500
UCBPOOLSIZE                  100
;
; -----------------------------------------------------------------------
;
; Inform the following users of serious errors.
;
INFORM
    OPERATOR TCPMAINT
ENDINFORM
;
; Obey the following users for restricted commands.
;
OBEY
    OPERATOR TCPMAINT SNMPD SNMPQE ROUTED NCPROUT
ENDOBEY
;
; -----------------------------------------------------------------------
;
; Flush the ARP tables every 5 minutes.
;
ARPAGE 5
;
; -----------------------------------------------------------------------
;
; The SYSCONTACT and SYSLOCATION statements are used for SNMP.
;
; SYSCONTACT is the contact person for this managed node and how to
; contact this person.  Used for MVS agent MIB variable "sysContact".
;
SYSCONTACT
   H. LIENEMANN  (Telefonnummer)
ENDSYSCONTACT
;
; SYSLOCATION is the physical location of this node.  Used for MVS
; agent MIB variable "sysLocation".
;
```

```
SYSLOCATION
    RECHENZENTRUM, RAUM XYZ
ENDSYSLOCATION
;
; You can specify DATASETPREFIX in the PROFILE.TCPIP and
; TCPIP.DATA data sets.  The character string specified as a
; parameter on DATASETPREFIX takes precedence over both the distributed
; or modified data set prefix name as changed by the EZAPPRFX
; installation job.  If this statement is used in a profile or
; configuration data set that is allocated to a client or a server, then
; that client or server dynamically allocates additional required data
; sets using the value specified for DATASETPREFIX as the data set name
; prefix.  The DATASETPREFIX parameter can be up to 26 characters long,
; and the parameter must NOT end with a period.
;
; For more information please see "Understanding TCP/IP Data Set
; Names" in the Customization and Administration Guide.
;
DATASETPREFIX TCPIP.V3R1
;
; -----------------------------------------------------------------------
;
; Set Telnet time-out to 10 minutes.
;
INTERNALCLIENTPARMS TIMEMARK 600 ENDINTERNALCLIENTPARMS
;
; -----------------------------------------------------------------------
;
; AUTOLOG the following servers.
;
AUTOLOG
      TCPFTP      ; FTP Server
   ;  LPSERVE     ; LPD Server
   ;  NAMESRV     ; Domain Name Server
   ;  NCPROUT     ; NCPROUTE Server
   ;  PORTMAP     ; Portmap Server
   ;  ROUTED      ; RouteD Server
   ;  RXSERVE     ; Remote Execution Server
   ;  SMTP        ; SMTP Server
   ;  SNMPD       ; SNMP Agent Server
   ;  SNMPQE      ; SNMP Client
   ;  TCPIPX25    ; X25 Server
   ;  MVSNFS      ; Network File System Server
ENDAUTOLOG
;
```

```
; ---------------------------------------------------------------------
;
; Reserve ports for the following servers.
;
; NOTES:
;
;     A port that is not reserved in this list can be used by any user.
;     If you have TCP/IP hosts in your network that reserve ports
;     in the range 1-1023 for privileged applications, you should
;     reserve them here to prevent users from using them.
;
;     The port values below are from RFC 1060, "Assigned Numbers."
;
PORT
      7 UDP MISCSERV              ; Miscellaneous Server
      7 TCP MISCSERV
      9 UDP MISCSERV
      9 TCP MISCSERV
     19 UDP MISCSERV
     19 TCP MISCSERV
     20 TCP TCPFTP    NOAUTOLOG ; FTP Server
     21 TCP TCPFTP              ; FTP Server
     23 TCP INTCLIEN            ; Telnet Server
;    25 TCP SMTP                ; SMTP Server
;    53 TCP NAMESRV             ; Domain Name Server
;    53 UDP NAMESRV             ; Domain Name Server
;   111 TCP PORTMAP             ; Portmap Server
;   111 UDP PORTMAP             ; Portmap Server
;   135 UDP LLBD                ; NCS Location Broker
;   161 UDP SNMPD               ; SNMP Agent
;   162 UDP SNMPQE              ; SNMP Query Engine
;   512 TCP RXSERVE             ; Remote Execution Server
;   514 TCP RXSERVE             ; Remote Execution Server
;   515 TCP LPSERVE             ; LPD Server
;   520 UDP ROUTED              ; RouteD Server
;   580 UDP NCPROUT             ; NCPROUTE Server
;   750 TCP MVSKERB             ; Kerberos
;   750 UDP MVSKERB             ; Kerberos
;   751 TCP ADM@SRV             ; Kerberos Admin Server
;   751 UDP ADM@SRV             ; Kerberos Admin Server
;  1500 TCP ADSM                ; ADSM
;  2049 UDP MVSNFS              ; NFS Server
;  3000 TCP CICSTCP             ; CICS Socket
;
```

```
; ----------------------------------------------------------------------
;
; Hardware definitions:
;
;
; L31721 is a 3172 Model 3 with 1 Ethernet adapter.
;
DEVICE L31721 LCS 0524
LINK ET0 ETHERNET 0 L31721
;
; ----------------------------------------------------------------------
;
; HOME internet (IP) addresses of each link in the host.
; For each adapter (IBM 3172) a separate IP-Address is required
; NOTE:
;
;    The IP addresses for the links of an Offload box are specified in
;    the LINK statements themselves, and should not be in the HOME list.
;

HOME
   192.44.120.5    ET0
;
; ----------------------------------------------------------------------
;
; The new PRIMARYINTERFACE statement is used to specify which interface
; is the primary interface.  This is required for specifying an Offload
; box as being the primary interface, since the Offload box's links
; cannot appear in the HOME statement.
;
; A link of any type, not just an Offload box, can be specified in the
; PRIMARYINTERFACE statement.  If PRIMARYINTERFACE is not specified,
; then the first link in the HOME statement is the primary interface,
; as usual.
;
PRIMARYINTERFACE ET0
;
; ----------------------------------------------------------------------
;
; IP routing information for the host.  All static IP routes should
; be added here.
;
```

```
GATEWAY
;
; Direct Routes -- Routes that are directly connected to my interfaces.
;
; Network  First Hop  Link Name Packet Size  Subnet Mask  Subnet Value
DEFAULTNET    192.144.120.1 ET0    DEFAULTSIZE    0
;
; ----------------------------------------------------------------------
;
; Use TRANSLATE to specify the hardware address of a specific IP
; address.  See the Customization and Administration Guide for more
; information.
;
TRANSLATE
;
; ----------------------------------------------------------------------
;
; Turn off all tracing.  If tracing is to be used, comment out the
; NOTRACE command and insert the TRACE statements here.
NOTRACE
; TRACE      <trace_parameter>
; MORETRACE <trace_parameter>
SCREEN
;
; ----------------------------------------------------------------------
; Use ASSORTEDPARMS NOFWD to prevent the forwarding of IP packets
; between different networks.  If NOFWD is not specified IP packets
; will be forwarded between networks.
ASSORTEDPARMS
  ALWAYSWTO
ENDASSORTEDPARMS
;
; ----------------------------------------------------------------------
;
; Define the VTAM parameters required for the Telnet server.
;
BEGINVTAM
   ; Define logon mode tables to be the defaults shipped with the latest
   ; level of VTAM
  3278-3-E NSX32703 ; 32 line screen -- default of NSX32702 is 24 line screen
  3279-3-E NSX32703 ; 32 line screen -- default of NSX32702 is 24 line screen
  3278-4-E NSX32704 ; 48 line screen -- default of NSX32702 is 24 line screen
  3279-4-E NSX32704 ; 48 line screen -- default of NSX32702 is 24 line screen
  3278-5-E NSX32705 ; 132 column screen -- default of NSX32702 is 80 columns
```

```
      3279-5-E NSX32705 ; 132 column screen -- default of NSX32702 is 80 columns
         ; Define the LUs to be used for general users.
         ; VTAM-Major-Node for these LUs is: NET.VTAMLST.ATCPLUS
   DEFAULTLUS
           A00TCP02
           A00TCP03
           A00TCP04
           A00TCP05
    ENDDEFAULTLUS
    LUGROUP TCPLU A00TCP01 ENDLUGROUP
    LUMAP    TCPLU 192.144.120.2
    DEFAULTAPPL A00TSO ;SET THE DEFAULT APPLICATION FOR ALL TELNET SESSIONS.
    ALLOWAPPL *      ; Allow all applications to be accessed
 ;   Map Telnet sessions from 31721 to display USSTAB1-screen.
 ; USSTCP USSTAB1 ET0
 ENDVTAM
 ;
 ; ----------------------------------------------------------------------
 ;
 ; Start all the defined devices.
 ;
 START L31721
```

Datei: NET.TCPIP.DATA

```
 ;
 ;**************************************************************************
 ;                                                                       *
 ;   Name of Data Set:     TCPIP.DATA                                    *
 ;                                                                       *
 ;   COPYRIGHT = NONE.                                                   *
 ;                                                                       *
 ;   This data, TCPIP.DATA, is used to specify configuration            *
 ;   information required by TCP/IP client programs.                     *
 ;                                                                       *
 ;                                                                       *
 ;   Syntax Rules for the TCPIP.DATA configuration data set:            *
 ;                                                                       *
 ;   (a) All characters to the right of and including a ; will be       *
 ;        treated as a comment.                                         *
 ;                                                                       *
 ;   (b) Blanks and <end-of-line> are used to delimit tokens.           *
 ;                                                                       *
 ;   (c) The format for each configuration statement is:                *
 ;                                                                       *
```

```
;         <SystemName||':'>  keyword  value                           *
;                                                                      *
;         where <SystemName||':'> is an optional label that can be    *
;         specified before a keyword; if present, then the keyword-   *
;         value pair will only be recognized if the SystemName matches *
;         the node name of the system, as defined in the IEFSSNxx     *
;         PARMLIB member.  This optional label permits configuration  *
;         information for multiple systems to be specified in a single *
;         TCPIP.DATA data set.                                        *
;                                                                      *
;         NOTE:  You should define the SystemName in the IEFSSNxx     *
;                PARMLIB member to be the same as your JES2 or JES3   *
;                node name.  This is required for correct delivery of *
;                SMTP mail.                                           *
;                                                                      *
;**********************************************************************
; TCPIPJOBNAME specifies the name of the started procedure that was
; used to start the TCPIP address space.   TCPIP is the default.
;
TCPIPJOBNAME TCPIP
;
; HOSTNAME specifies the TCP host name of this system.  If not
; specified, the default HOSTNAME will be the node name specified
; in the IEFSSNxx PARMLIB member.
;
; For example, if this TCPIP.DATA data set is shared between 2
; systems, OURMVSNAME and YOURMVSNAME, then the following 2 lines
; will define the HOSTNAME correctly on each system.
;
; OURMVSNAME      HOSTNAME  HOSTMVS
; YOURMVSNAME:    HOSTNAME  YOURTCPNAME
;
; DOMAINORIGIN specifies the domain origin that will be appended
; to host names passed to the resolver.  If a host name contains
; any dots, then the DOMAINORIGIN will not be appended to the
; host name.
;
; DOMAINORIGIN  YOUR.DOMAIN.NAME
;
; NSINTERADDR specifies the IP address of the name server.
; LOOPBACK (14.0.0.0) specifies your local name server.  If a name
; server will not be used, then do not code an NSINTERADDR statement.
; (Comment out the NSINTERADDR line below).  This will cause all names
; to be resolved via site table lookup.
;
```

```
; NSINTERADDR  14.0.0.0

;

; NSPORTADDR specifies the foreign port of the name server.
; 53 is the default value.

;

; NSPORTADDR 53

;

; RESOLVEVIA specifies how the resolver is to communicate with the
; name server.  TCP indicates use of TCP virtual circuits.  UDP
; indicates use of UDP datagrams.  The default is UDP.

;

; RESOLVEVIA UDP

;

; RESOLVERTIMEOUT specifies the time in seconds that the resolver
; will wait to complete an open to the name server (either UDP or TCP).
; The default is 30 seconds.

;

; RESOLVERTIMEOUT 30

;

; RESOLVERUDPRETRIES specifies the number of times the resolver
; should try to connect to the name server when using UDP datagrams.
; The default is 1.

;

; RESOLVERUDPRETRIES 1

;

; TRACE RESOLVER will cause a complete trace of all queries to and
; responses from the name server or site tables to be written to
; the user's console.  This command is for debugging purposes only.

;

; TRACE RESOLVER

;

; You can specify DATASETPREFIX in the PROFILE.TCPIP and TCPIP.DATA
; data sets.  The character string specified as a parameter on
; DATASETPREFIX takes precedence over both the distributed or modified
; data set prefix name as changed by the EZAPPRFX installation job.
; If this statement is used in a profile or configuration
; data set that is allocated to a client or a server, then
; that client or server dynamically allocates additional required data
; sets using the value specified for DATASETPREFIX as the data set name
; prefix.  The DATASETPREFIX parameter can be up to 26 characters long
; and the parameter must NOT end with a period.
; For more information please see "Understanding TCP/IP Data Set
; Names" in the Customization and Administration Guide.

;
```

```
DATASETPREFIX TCPIP.V3R1
;
; MESSAGECASE MIXED indicates to the FTP server, FTP client, TELNET
; client, and PING client that all messages should be displayed in
; mixed case.  MESSAGECASE UPPER indicates to the FTP server, FTP
; client, TELNET client, and PING client that all messages should
; be displayed in uppercase.  Mixed case inserts in messages will
; not be uppercased.
; If MESSAGECASE is not specified, mixed case messages will be used.
;
; MESSAGECASE MIXED
; MESSAGECASE UPPER
;
; LOADDBCSTABLES indicates to the FTP server and FTP client which DBCS
; translation tables should be loaded at initialization time. Remove
; from the list any tables that are not required. If LOADDBCSTABLES is
; not specified, no DBCS tables will be loaded.
;
; LOADDBCSTABLES JIS78KJ JIS83KJ SJISKANJI EUCKANJI HANGEUL KSC5601
;                TCHINESE
;**********************************************************************
;
; End of file.
```

FTP-Konfiguration

IBM-Originaldatei	Angepaßter Dateiname
TCPIP.V3R1.SEZAINST.EZAFTSRV	SYSTEM.PROCLIB.TCPFTP
TCPIP.V3R1.SETAINST.CFTPDATA	NET.TCPIP.FTP

Tabelle 2-3:   *FTP-MVS-Konfigurationsdateien*

Datei: SYSTEM.PROCLIB.TCPIP

```
//TCPFTP   PROC MODULE='EZAFTSRV',PARMS=''
//TCPFTP   EXEC PGM=&MODULE,PARM='/&PARMS',REGION=7500K,TIME=1440
//STEPLIB  DD DSN=TCPIP.V3R1.SEZATCP,DISP=SHR
//         DD DSN=EDC.V2R2M0.SEDCLINK,DISP=SHR
//         DD DSN=PLI.V2R3M0.SIBMLINK,DISP=SHR
//SYSPRINT DD SYSOUT=*,DCB=(RECFM=F,LRECL=132,BLKSIZE=132)
//SYSERR   DD SYSOUT=*
//SYSMDUMP DD SYSOUT=*
//SYSFTPD  DD DSN=NET.TCPIP.FTP,DISP=SHR
```

```
//SYSTCPD  DD DSN=NET.TCPIP.DATA,DISP=SHR
//SYSDEBUG DD SYSOUT=*,DCB=(RECFM=F,LRECL=132,BLKSIZE=132)
//JESDEBUG DD SYSOUT=*,DCB=(RECFM=F,LRECL=132,BLKSIZE=132)
//*
//*     EZAFTSMS explicitly identifies which data set is to be used
//*     for the FTP server messages repository.
//*     The data set can be any sequential data set or
//*     a member of a partitioned data set (PDS).
//*
//*     The EZAFTSMS DD statement is optional.  If it is not present,
//*     the search order for the messages repository is:
//*         jobname.EZAFTS.MSGS
//*         tcpip.v3r1.EZAFTS.MSGS                              •
//*
//*     If no EZAFTS.MSGS data set is found, the messages
//*     repository contained within the FTP server is used.
//*
//*EZAFTSMS DD DISP=SHR,DSN=TCPIP.V3R1.SEZAINST(EZAFTS)
//*
//*     SYSFTSX explicitly identifies which data set is to be used
//*     for as the EBCDIC-ASCII translation table.
//*     The data set can be any sequential data set or
//*     a member of a partitioned data set (PDS).
//*
//SYSFTSX DD DISP=SHR,DSN=TCPIP.V3R1.STANDARD.TCPXLBIN
```

Datei: NET.TCPIP.FTP

```
;*************************************************************************
;                                                                       *
;   Name of File:      FTP.DATA                                         *
;                                                                       *
;   COPYRIGHT = NONE.                                                   *
;                                                                       *
;   This file, FTP.DATA, is used to specify default file and disk      *
;   parameters used by the FTP C server.  Different FTP.DATA files      *
;   might be in effect, depending on where the FTP server is executing.*
;                                                                       *
;   Syntax Rules for the FTP.DATA Configuration File:                  *
;                                                                       *
;   (a) All characters to the right of and including a ; will be       *
;         treated as a comment.                                        *
;                                                                       *
;   (b) Blanks and <end-of-line> are used to delimit tokens.           *
;                                                                       *
```

```
;     (c) The format for each statement is:                        *
;                                                                  *
;          parameter value                                         *
;                                                                  *
;******************************************************************
;
;ANONYMOUS                        ; anonymous login accepted
AUTOMOUNT       TRUE             ; automatic mount of unmounted volume
AUTORECALL      TRUE             ; automatic recall of migrated data sets
BLOCKSIZE       6233             ; new data set allocation blocksize
CONDDISP        C                ; data sets catalogued if transfer fails
;DATACLASS      SMSDATA          ; sms data class name
;DB2            DB2              ; db2 subsystem name
;DCBDSN         MODEL.DCB        ; new data set allocation model dcb name
;DEST           USER14@MVSL      ; files destination for store
DIRECTORY       27               ; new data set allocation directory blocks
DIRECTORYMODE FALSE              ; directory mode vs. data set mode
EXTRATASKS      10               ; number of extra tasks for server
FILETYPE        SEQ              ; file transfer mode
INACTIVE        300              ; inactive time out
JESLRECL        80               ; lrecl of jes jobs
JESPUTGETTO     600              ; timeout for remote job submission put/get
JESRECFM        F                ; recfm of jes jobs
LRECL           256              ; new data set allocation lrecl
;MGMTCLASS      SMSMGMT          ; sms mgmtclass name
;MIGRATEVOL     MIGRAT           ; migration volume volser
PORT            21               ; server port
PRIMARY         1                ; new data set allocation primary space
RECFM           VB               ; new data set allocation record format
RETPD                            ; new data set allocation retention period
SECONDARY       1                ; new data set allocation secondary space
;SMF            76               ; SMF record subtype for all SMF records
;SMFAPPE        70               ; SMF record subtype for APPE records
;SMFDEL         71               ; SMF record subtype for DELE records
;SMFEXIT                         ; load SMF user exit FTPSMFEX
;SMFJES                          ; SMF recording when filetype=jes
;SMFLOGN        72               ; SMF record subtype for LOGN records
;SMFREN         73               ; SMF record subtype for REN records
;SMFRETR        74               ; SMF record subtype for RETR records
;SMFSQL                          ; SMF recording when filetype=sql
;SMFSTOR        75               ; SMF record subtype for STOR/STOU records
SPACETYPE       TRACK            ; new data set allocation space type
SPREAD          FALSE            ; sql output format
SQLCOL          N                ; sql output column headings
```

```
;STORCLASS    SMSSTOR        ; sms storclass name
;TRACE                       ; trace active
;UNITNAME     3380           ; new data set allocation unit
;VOLUME       WRKLB2         ; new data set allocation volume serial
WRAPRECORD    FALSE          ; data wrapped to next record
XLATE         SYSFTSX        ; translation table dd name
```

Erläuterungen zu *SYSTEM.PROCLIB.TCPIP*

Dieser Job wird zum Start des TCP/IP im MVS verwendet.

Erläuterungen zu *NET.TCPIP.PROFILE*

Neben einigen allgemeinen Daten über verschiedene Pool-Sizes werden hier u.a. folgende Angaben gemacht:

– SYSCONTACT- und SYSLOCATION-Variablen für SNMP-Management
– Start der gewünschten Server-Daemons
– Zuordnung von Kanaladresse und LAN-Interface
– Definition der eigenen IP-Adresse
– Definition potentieller statischer Routen (Gateway-Einträge)
– Definition von VTAM-LU-Pools bzw. Definition von LU-IP-Mapping
– Angabe einer eigenen (zuvor definierten) USSTAB

Erläuterungen zu *NET.TCPIP.DATA*

In dieser Datei sind Parameter hinterlegt, die zur Namensauflösung und für den Einsatz von Domain Name Services (DNS) verwendet werden.

Erläuterungen zu *SYSTEM.PROCLIB.TCPFTP*

Dieser Job wird zum Start des FTP im MVS verwendet.

Erläuterungen zu *NET.TCPIP.FTP*

Hier werden Eigenschaften des FTP-Servers festgelegt. Sie werden dann aktiv, wenn eine beliebige Client-Server-Session etabliert wird.

Unter Verwendung einer TN3270-Implementierung läßt (über TCP/IP) sich somit ebenso wie direkt über die in Abschnitt 2.1.4 erörterte 3270-Emulation eine LU2-Bildschirm-Session betreiben. Die in Abbildung 2-21 verwendete TN3270-Session wird vom Hersteller Hummingbird zur Verfügung gestellt.

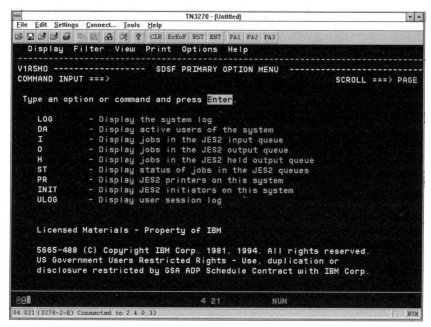

Abbildung 2-21:   *TN3270-Software von Hummingbird*

Abschließend muß darauf hingewiesen werden, daß nicht nur die *direkte* Zuordnung eines Ethernet-Netzwerkadapters im 3172-Interconnect-Controller zum IBM-MVS-Host die gewünschte Funktionalität erbringt.

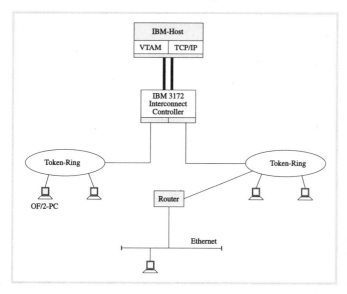

Abbildung 2-22:
Router-Alternative zur Anbindung von Ethernet-Rechnern

Die Definition eines zweiten Token-Ring-Adapters im 3172-Controller (anstelle des Ethernet-Adapters) und die Zwischenschaltung eines Routers zwischen Token-Ring- und Ethernet-Netzwerk ermöglichen ebenso den Betrieb von LU2-Sessions aus dem Ethernet-Netzwerk (Abbildung 2-22).

Fazit: Die hier vorgenommene Darstellung des Einsatzbereiches eines 3172-Interconnect-Controllers macht deutlich, daß ein bislang reinrassiges SNA-Umfeld relativ behutsam entweder völlig oder teilweise zu einem TCP/IP-basierten Netzwerk migrieren kann. Während SNA-Anwendungen ohne Einschränkung weiterhin benutzt werden können, ist der kontinuierliche Aufbau einer TCP/IP-Connectivity mit dem IBM-MVS-Host möglich.

In einem zweiten Schritt könnten überall dort, wo es sinnvoll erscheint, alte SNA-Anwendungen durch TCP/IP-basierte Applikationen substituiert werden. So wäre beispielsweise eine Übernahme von LU6.2/APPC-Kommunikation durch eine RPC-Konzeption realisierbar (siehe Kapitel 5).

2.2   LAN-WAN-Integration durch Data Link Switching (DLSw)

Neben der Netzwerkintegration verschiedener Hardware-Komponenten stellt eine LAN/WAN-übergreifende Kommunikation eines der Hauptziele heutiger Netzwerkpolitik dar. Es geht dabei nicht nur um die simple Herstellung physikalischer oder logischer Verbindungen zwischen Netzwerken, sondern vielmehr um eine Anpassung und Integration verschiedener Protokolleigenschaften der im LAN bzw. WAN beheimateten Protokolle. Bestimmte Eigenschaften der LAN-Protokolle verlieren ihre Wirkung ganz oder zum Teil, wenn sie beispielsweise über WAN-Strecken geführt werden (z.B. Timer-Problematik). Außerdem sind die Anforderungen an heutige Kommunikationskonzepte derart hoch, daß instabile WAN-Verbindungen oder längere Antwortzeiten nicht mehr akzeptiert werden.

Eine der Lösungen für die Etablierung schneller und sicherer LAN-WAN-Verbindungen ist die Adaption der Netzgeschwindigkeit im WAN an die des LAN. Seit Begriffe wie „Data-Highway" oder „Datenautobahn" in aller Munde sind, scheint der Aufbau eines Hochgeschwindigkeitsnetzes nur noch eine Formsache zu sein. Die enormen Fixkosten, die bei einem Betrieb solcher Datenleitungen anfallen, werden erst bei näherem Hinsehen bemerkt. Ein grundsätzlicher Schwenk zu einer Vervielfältigung der Bandbreite im WAN kommt also nicht in Frage. Eine weitere, viel kostengünstigere Lösung könnte in einer besseren Ausnutzung vorhandener Ressourcen liegen.

Ein bedeutender Schritt in diese Richtung wurde mit der Entwicklung von Encapsulationverfahren gemacht, bei denen die weit besseren WAN-Eigenschaften einiger spezieller Protokolle genutzt werden, um WAN-sensible oder auch WAN-ungeeignete Protokolle darin zu „verpacken". Eines der entscheidenden Verfahren auf diesem Sektor ist das „Data Link Switching" (DLSw).

Das Problem: Entwicklung eines Mechanismus zum Transport des SNA- und des NetBIOS-Protokolls als nicht routbare Protokolle im LAN/WAN-Verbund.

Ein erster Versuch, die Problematik des Transports von SNA und NetBIOS in den Griff zu bekommen, brachte im Jahre 1993 den RFC 1434 hervor:

```
1434  I    R. Dixon, D. Kushi, "Data Link Switching: Switch-to-Switch
           Protocol", 03/17/1993. (Pages=33) (Format=.txt, .ps)
```

In einer Gemeinschaftsaktion insbesondere der Unternehmen IBM und CISCO entstand zwei Jahre später der RFC 1795, der den heute aktuellen Stand des *Data Link Switching* repräsentiert:

```
1795  I    L. Wells, A. Bartky, "Data Link Switching: Switch-to-Switch
           Protocol AIW DLSw RIG:DLSw Closed Pages, DLSw Standard Version
           1.0", 04/25/1995. (Pages=91) (Format=.txt)
```

2.2.1   DLSw-Konzeption

Ein Data Link Switch – repräsentiert durch zwei miteinander und im Netzwerk mit anderen Komponenten kommunizierende Router – unterstützt SNA-Systeme der PU-Type 2, PU-Type 2.1 und PU-Type 4 sowie NetBIOS-Komponenten in einem IEEE-802.2-konformen LAN. Ebenso werden SNA-PU-Type 2 (primary oder secondary) und -PU-Type 2.1 für SDLC-Verbindungen unterstützt, wobei sich jede SDLC-PU gegenüber dem SSP (Switch-to-Switch-Protocol; wird an anderer Stelle erläutert) als MAC/SAP-Adreßpaar darstellt. Für Token-Ring-Netzwerke stellt sich der Data Link Switch als Source Routing Bridge dar, die über WAN erreichbaren Token-Ring-Netzwerke als benachbarte-„adjacent"-Netze.

Da SNA und NetBIOS auf verbindungsorientierten Protokollkonzepten beruhen, wird als Data Link Control Type 2 des LLC verwendet. Dieser LLC-Typ geht in seinem Protokollalgorithmus von der Annahme aus, daß die Netzlaufzeit (network transit delay) gemäß LAN-Charakteristika sehr kurz ist. Es wird daher ein Fix-Timer verwendet, um Paketverluste zu ermitteln. Bei Bridging im WAN-Bereich, insbesondere bei geringen Geschwindigkeiten, stellt sich eine größere, bei WAN-Überlast sogar variable Netzverzögerungszeit ein. Wenn also der LLC2-Timer abläuft, erfolgt eine Paketwiederholung (packet retransmit), die u.U. dazu führen kann, daß der LLC-Algorithmus nicht mehr korrekt arbeitet und die Verbindung abbricht, denn die Wiederholung erfolgt auch dann, wenn sich das Paket lediglich verzögert und nicht vollständig verlorengegangen ist.

Data Link Switching versucht nun folgender SRB (Source Route Bridging)-Problematik zu begegnen:

- DLC-Timeouts
- DLC-WAN-Acknowledgements
- Datenfluß- und Überlastkontrolle
- Broadcast-Kontrolle für Pakete zum Verbindungsaufbau
- Restriktionen zum SR-Hop-Count

Der grundlegende Unterschied zwischen DLSw und SRB besteht darin, daß der LLC-Datenverkehr durch DLSw im Gegensatz zum SRB beendet wird (Abbildung 2-23). Er wird *nicht* ins WAN geführt. Statt dessen übernimmt eine TCP-Verbindung zwischen den Data Link Switches die Verbindungskontrolle mehrerer potentieller LLC-Verbindungen (Multiplexing). Für eine Synchronisation der LAN-seitigen LLC-Kommunikation an beiden Data Link Switches darf nur ein Protokoll eingesetzt werden, das über ausgereifte Sicherheitsmechanismen wie Datenflußkontrolle oder Fehlertoleranz verfügt. Eine herkömmliche IP-Encapsulation kann die geforderte Sicherheit daher nicht bieten.

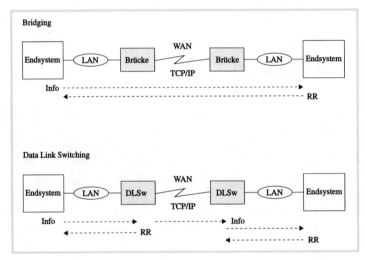

Abbildung 2-23:   *Source Route Bridging kontra Data Link Switching*

Ein weiterer Aspekt sind die beim SRB üblichen LLC-Type2-Acknowledgements (RR; Receive Ready), die auch über WAN-Verbindungen transportiert werden. DLSw fängt diese ab und läßt sie nicht passieren. Für SDLC-Verbindungen wird zur Aufrechterhaltung aktiver Links das „lokale Polling" eingesetzt. Dieser Mechanismus simuliert gegenüber der jeweiligen LAN-Seite den fiktiven WAN-Kommunikationspartner und vermeidet somit ein WAN-übergreifendes *Polling*.

Wenn ein Data Link Switch bereits die MAC-Adresse eines Zielrechners kennt, leitet er entsprechende Broadcasts (z.B. für einen Verbindungsaufbau) lediglich an den Port weiter, über den die gewünschte Zieladresse erreichbar ist (MAC Address Caching). Andere Ports werden für die Broadcasts gesperrt.

Data Link Switching bedient sich der LAN-Adressierung, um Verbindungen zwischen SNA-Systemen zu etablieren. SDLC-Komponenten werden mit MAC- und SAP-Adressen versehen, damit sie im LAN adressiert werden können. Für NetBIOS-Komponenten werden NetBIOS-Namen verwendet, um den NetBIOS-Session-Aufbau und -Datentransport zu ermöglichen. Zur Herstellung von LLC-Verbindungen für SNA-Systeme werden TEST- oder auch XID-Frames an den Null-SAP (SAP = x'00') gesandt. NetBIOS verwendet hier einen Adreßauflösungs-Algorithmus, der über *Name Query Frames* und *Name Recognized Frames* eine *end-to-end-session* etabliert. Eine Differenzierung von SNA- und NetBIOS-Frames erfolgt durch die unterschiedlichen SAPs. So stehen die SAPs x'04', x'08' und x'0C' für SNA- und der SAP x'F0' für NetBIOS-Frames.

Ähnlich dem *MAC Address Caching* bei SNA- bzw. SDLC-Verbindungen existiert für NetBIOS ein *NetBIOS Name Caching;* eine Tabelle, die alle durch einen Data Link Switch erreichbaren NetBIOS-Komponenten enthält.

2.2.2   Das Switch-to-Switch Protocol (SSP)

Ein Data Link Switch unterhält einerseits *interne Verbindungen,* die aus den verschiedenen DLC-Verbindungen im Multiplexing bestehen, und andererseits *externe Verbindungen* zu anderen Multiprotokoll-Routern mit DLSw-Funktionalität. Für die internen Verbindungen wird das Protokoll TCP allerdings nicht verwendet. Es verursacht einen zu großen Protokolloverhead. Zwischen den Data Link Switches im externen Verkehr stellt TCP stabile Verbindungen zur Verfügung, die für einen Austausch von *SSP-Messages* (Switch-to-Switch Protocol) verwendet werden und zur Etablierung von *Circuits* als Verbindungen zweier LANs führen. Diese Circuit-Konzeption geht aus Abbildung 2-24 hervor.

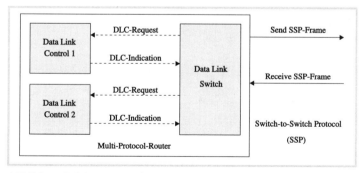

Abbildung 2-24:   *Interne und externe DLSw-Kommunikation*

Für jeden Circuit werden innerhalb eines Data Link Switches eindeutige Identifikations-
nummern vergeben. Ein end-to-end-circuit mit lokalem und remotem Endpunkt kann
somit eindeutig identifiziert werden. Der Initiator eines Circuits wird *Origin Switch,*
sein Kommunikationspartner *Target Switch* genannt.

Es existieren zwei Message-Header-Formate, die zwischen den Data Link Switches
übertragen werden: *Control* und *Information.* Der *Control-Message-Header* (Tabelle
2-4) wird für alle Messages verwendet. Ausgenommen sind Information Frames (IN-
FOFRAMES) und Independent Flow Control Messages (IFCM). Diese werden im *In-
formation-Message-Header-Format* (Tabelle 2-5) übertragen. Die Message-Header IN-
FOFRAME, KEEPALIVE und IFCM umfassen je 16 Bytes, der Control-Message-Header insgesamt 72 Bytes.

Byte-Offset	Feldbezeichnung
00	Version Number
01	Header Length (=72)
02	Message Length
04	Remote Data Link Correlator
08	Remote DLC Port ID
12	Reserved Field
14	Message Type
15	Flow Control Byte
16	Protocol ID
17	Header Number
18	Reserved Field
20	Largest Frame Size
21	SSP Flags
22	Circuit Priority
23	Message Type (obsolete)
24	Target MAC Address (non-canonical format)
30	Origin MAC Address (non-canonical format)
36	Origin Link SAP
37	Target Link SAP
38	Frame Direction
39	Reserved Field
40	Reserved Field
42	DLC Header Length
44	Origin DLC Port ID
48	Origin Data Link Correlator
52	Origin Transport ID
56	Target DLC Port ID
60	Target Data Link Correlator
64	Target Transport ID
68	Reserved Field
70	Reserved Field

Tabelle 2-4:
Control-Message-Header

Byte-Offset	Feldbezeichnung
00	Version Number
01	Header Length (= 16)
02	Message Length
04	Remote Data Link Correlators
08	Remote DLC Port ID
12	Reserved Field
14	Message Type
15	Flow Control Byte

Tabelle 2-5:
Information-Message-Header

Die einzelnen DLSw-Verbindungen bzw. Circuits lassen sich durch Priorisierung unterschiedlich gewichten. Eine solche Festlegung muß allerdings *vor* Verbindungsaufbau getroffen werden und bleibt während der gesamten Laufzeit einer Verbindung aktiv. Der Verbindungsaufbau wird durch eine Abstimmung bestimmter Funktionen und Parameter eingeleitet, die von den betroffenen Switches unterstützt werden. Erst nach erfolgreicher „Vereinbarung" wird ein Circuit generiert. Dem RFC 1795 ist die nun folgende Aufstellung entnommen:

```
The Capabilities Exchange Subfields are listed in the table below and
are described in the following sections:
```

ID	Required @ Startup	Length	Repeatable*	Allowed @ Runtime	Order	Content
0x81	Y	0x05	N	N	1	Vendor ID
0x82	Y	0x04	N	N	2	DLSw Version
0x83	Y	0x04	N	N	3	Initial pacing window
0x84	N	>=0x02	N	N	5+	Version String
0x85	N	0x03	N	Y	5+	MAC Address Exclusivity
0x86	Y	0x12	N	Y	4	Supported SAP List
0x87	N	0x03	N	N	5+	TCP Connections
0x88	N	0x03	N	Y	5+	NetBIOS Name Exclusivity
0x89	N	0x0E	Y	Y	5+	MAC Address List
0x8A	N	<=0x13	Y	Y	5+	NetBIOS Name List
0x8B	N	0x05	Y	Y	5+	Vendor Context
0xD0	N	varies	Y	Y	5+	Vendor Specific

Bis heute haben namhafte Hersteller wie IBM, CISCO, PROTEON, 3COM und Bay Networks bereits DLSw-Verfahren gemäß RFC 1795 entwickelt. Die Firma CISCO wartet sogar mit einer Weiterentwicklung unter dem Namen DLSw+ auf.

2.3   Router im LAN/WAN-Verbund

Zum besseren Verständnis der Aufgaben eines Routers im LAN oder/und WAN bzw. seiner charakteristischen Eigenschaften sollen hier einige wesentliche Aspekte angeführt und grundsätzliche Aktivitäten erörtert werden. Für diese Thematik lieferte der RFC 1812 „Requirements for IP Version 4 Routers" vom Juni 1995 entscheidende Informationen.

2.3.1   Router-Charakteristika

Ein Internet-Router hat folgende Aufgaben zu erfüllen:

– *Anpassung an spezielle Internet-Protokolle,* einschließlich IP, ICMP oder andere.
– *Verbindung zweier oder mehrerer paketorientierter Netzwerke.* Er muß dabei in seiner Funktionsweise den Anforderungen eines jeden Netzwerkes Rechnung tragen. Diese umfassen in der Regel:

   – Ein- und Auspacken (Encapsulation, Decapsulation) von Datenframes der jeweiligen Netzwerke
   – Versand und Empfang von IP-Datagrammen bis zu der maximal möglichen Größe. Diese wird durch die MTU (Maximum Transfer Unit) repräsentiert.
   – Umsetzung der IP-Zieladresse in die entsprechende MAC-Adresse des jeweiligen Netzwerktyps.
   – Reaktion auf Datenflußsteuerung und Fehlerbedingungen, sofern vorhanden.

Ein IP-Router empfängt und versendet IP-Datagramme und benutzt dabei wichtige Mechanismen wie beispielsweise *Speichermanagement* oder *Überlastkontrolle.*
       Er erkennt Fehlermeldungen und reagiert darauf mit der Erzeugung geeigneter ICMP-Meldungen.
       Wenn der TTL-Timer (Time To Live) eines Datenpaketes abgelaufen ist, so muß das Paket aus dem Netzwerk entfernt werden, um unendlich zirkulierende Datenframes im Netzwerk zu vermeiden.
       Eine weitere sehr wichtige Funktionalität stellt die Fähigkeit dar, Datagramme zu fragmentieren. Sehr große Pakete werden in mehrere der MTU-Größe entsprechende Teilpakete unterteilt und später wieder zusammengesetzt.
       Gemäß den ihm in der Routing-Datenbasis vorliegenden Informationen bestimmt der Router den *nächsten Ziel-Hop* für das zu transportierende Datenpaket.
       Über bestimmte Formalismen bzw. unter Verwendung eines IGP (Interior Gateway Protocol) werden *Routing-Informationen* zwischen den Routern eines Netzwerkes ausgetauscht. Für die Kommunikation mit anderen Netzwerken werden Mechanismen in-

nerhalb von EGPs (External Gateway Protocol) eingesetzt (z.B. Austausch von Topologieinformationen).

Für ein umfassendes *Netzwerk- und eigenes Systemmanagement* stehen leistungsfähige Funktionen zur Verfügung wie beispielsweise Debugging, Tracing, Logging oder Monitoring.

Es bestehen besondere Anforderungen an Router-Systeme, die zunehmend für die Verbindung von LANs über z.T. weit gestreute WAN-Konstruktionen verantwortlich sind; man spricht hier von *Global Interconnect Systems:*

Fortschrittliche Routing- und Transport-Algorithmen
Diese Router benötigen höchst dynamische Routing-Algorithmen mit minimierter Prozessor- und Kommunikationslast und bieten Type-Of-Service-Routing. Das Problem der Überlast ist allerdings noch nicht vollständig gelöst. An einer Verbesserung wird zur Zeit in den Forschungslabors der Hersteller gearbeitet.

Hohe Verfügbarkeit
Ein ausfallsicherer Betrieb muß bei diesem Router-Typ „rund um die Uhr" gewährleistet sein, denn die Auswirkungen von Störungen sind nicht mehr lediglich lokal, sondern auch in externen Lokationen über WAN-Strecken spürbar. Die Basisfunktionalität darf bei den Routern selbst dann nicht gefährdet sein, wenn diese extremen Fremdeinflüssen im Netzwerk ausgesetzt sind (z.B. Broadcast-Stürme oder Ausfall anderer Netzwerkkomponenten).

Leistungsstarke O&M (Operation & Maintenance)-Fähigkeiten
Router unterstehen normalerweise keiner kontinuierlichen Beobachtung. Sie arbeiten als „unattended components". Es muß daher dafür gesorgt sein, daß ein Monitoring und Management dieser Geräte über Netzwerk realisiert werden kann (z. B. TELNET-Sessions als Konsolenbetrieb zu Installations-, Konfigurations- und Management-Zwecken).

Hohe Leistungsfähigkeit
Router müssen an die unterschiedlichsten Technologien für WAN- bzw. LAN-Zugriffsgeschwindigkeiten angepaßt werden können. Der Betrieb einer relativ langsamen 64KBit-ISDN-Festverbindung muß ebenso ermöglicht werden wie der Anschluß an ein 100MBit-FDDI-Ringsystem.

Heterogene Connectivity
Für den Einsatz in bereits bestehenden Rechnernetzen muß das Zusammenspiel der Router unterschiedlicher Hersteller (mit natürlich unterschiedlichen Betriebssystemen) ohne nennenswerte Probleme realisiert werden können. Nach Festlegung eines gemeinsamen Routing-Protokolls muß die Verständigung heterogener Router-Systeme untereinander einwandfrei arbeiten.

2.3.2   Der Time To Live Wert (TTL)

Ein Router hat die Aufgabe, jeden Header eines IP-Paketes genau zu überprüfen. Er tut dies, bevor irgendeine inhaltsabhängige Aktion vorgenommen werden kann. Dadurch ist er in der Lage, fehlerhafte Pakete vor Weiterleitung an andere Netzwerkressourcen zu verwerfen. In diesem Zusammenhang spielt der TTL-Wert (Time To Live) eine große Rolle. Er gibt das aktuelle Alter eines Datagramms an und veranlaßt den Router, in folgender Weise zu verfahren:

Der TTL darf vom Router dann nicht überprüft werden, wenn dieser das entsprechende IP-Datagramm nicht weiterleiten muß.

Ein Router darf kein Datagramm mit einem TTL-Wert von „0" erzeugen oder weiterleiten.

Die Tatsache, daß ein TTL-Wert von „0" oder „1" vorliegt, darf einen Router nicht dazu veranlassen, das entsprechende Datagramm zu verwerfen. Wenn es an ihn selbst gerichtet ist oder andere relevante Gründe vorliegen, muß er den Versuch unternehmen, es zu empfangen.

Die wesentliche Funktion des TTL-Feldes in einem IP-Datagramm stellt die Vermeidung von endlos im Netzwerk kreisenden IP-Paketen bzw. die Beendigung von Internet-Routing-Schleifen dar. Obwohl der TTL einen Zeitwert in Sekunden repräsentiert, besitzt er gleichermaßen den Charakter eines Hop-Counts, da sein Wert durch jeden Router um mindestens 1 reduziert werden muß (Dekrementierung), wenn er ihn passiert. Einfache Ziel-Hosts dürfen an diesem Dekrementierungsprozeß nicht teilnehmen, es sei denn, sie übernehmen ebenfalls Router-Funktionen und leiten Datagramme weiter.

Der TTL wird allerdings auch von einigen Transportprotokollen verwendet, um bestimmte IP-Ressourcen zu suchen und zu lokalisieren. Dabei ist die Wahl des entsprechenden TTL-Wertes so zu treffen, daß er normalerweise die theoretische Ausdehnung des IP-Netzwerkes um das Doppelte übertrifft. Bei einem großen Router-Netzwerk von ca. 20 Routern sollte der TTL also mindestens den Wert 40 besitzen; ein üblicher Default-Wert liegt bei 64.

2.3.3   Funktionsweise des Transportalgorithmus

Die Beschreibung des Algorithmus für den Transport von IP-Datagrammen wird nun in mehreren Phasen beschrieben. Ein allgemeiner Teil bezieht sich auf alle Datagrammtypen. Anschließend erfolgt eine Darstellung von Aktivitäten für den *Unicast-*, *Multicast-* und den *Broadcast*-Typ.

2.3.3.1   Allgemeines

Für alle Formen der Weiterleitung von Datenpaketen (Unicast, Multicast und Broad-cast) gelten folgende Vorschriften: Der Router erhält das IP-Datagramm vom Layer 2, dem Data Link Layer.

Es erfolgt eine Auswertung des IP-Headers nach folgenden Gesichtspunkten:

– Die vom Link Layer angegebene Paketgröße muß für die Aufnahme des IP-Data-gramms ausreichend dimensioniert sein. Es sind mindestens 20 Bytes erforderlich.
– Die IP-Checksumme muß korrekt sein.
– Da zur Zeit lediglich die IP-Version 4 eingesetzt wird, muß im Versionsfeld des IP-Headers die „4" eingetragen sein.
– Das IP-Datagramm-Header-Feld muß für die Aufnahme des IP-Headers ausreichend dimensioniert sein. Dieser Wert umfaßt die 20 Bytes Fix-Header und zusätzlich mögliche Optionfelder.
– Das IP-Datagramm-Total-Length-Feld muß die Größe des IP-Headers samt IP-Daten umfassen.

Der Router vollzieht eine erste Paketbehandlung nach den im IP-Header angegebenen Optionen. Die Paketbehandlung für weitere Optionen wird zu einem späteren Zeitpunkt fortgesetzt. Der Router nimmt eine Auswertung der Ziel-IP-Adresse nach folgenden Kriterien vor:

– Das IP-Datagramm ist für den Router selbst bestimmt und muß zu Reassembly-Zwecken zwischengespeichert werden.
– Das IP-Datagramm ist nicht für den Router bestimmt und muß zwecks Weiterleitung zwischengespeichert werden.
– Das IP-Datagramm muß zwischengespeichert werden, da es einerseits weitergeleitet werden muß und andererseits (eine Kopie) an den Router selbst gerichtet ist.

2.3.3.2   Unicast

Wenn ein Datenpaket durch einen Router an eine Unicast-Adresse weitergereicht wer-den soll, muß er den nächsten *IP-Adreß-Hop* bestimmen. Dabei überprüft der Router die Zieladresse im Datenpaket und versucht zunächst unter Verwendung geeigneter Algo-rithmen zu ermitteln, ob er das Datenpaket direkt über sein Interface im benachbarten (adjacent) Netzsegment zustellen kann oder ob ein weiterer Router mit dem Transport beauftragt werden muß. Die Wahl des zu verwendenden Netzwerkinterface wird hier ebenfalls vorgenommen.

In einem nächsten Schritt wird überprüft, ob das Datagramm überhaupt weitergelei-tet werden darf. Hierzu ist eine Analyse der Quell- und Zieladresse erforderlich. Handelt es sich bei der Zieladresse beispielsweise um eine Broadcast- oder Multicast-Adresse, so darf das Datenpaket nicht transportiert werden. Ähnliches gilt für Pakete mit Adressen, die über Paketfilter oder Access-Listen explizit nicht übertragen werden dürfen.

Der Router vermindert nunmehr den TTL-Wert um mindestens 1 und überprüft, ob dieser den Wert 0 angenommen hat. Ist dies der Fall, so muß das IP-Datagramm verworfen werden.

Ein Teil der Paketbehandlung gemäß den im IP-Header angegebenen Optionen wurde bereits vor Festlegung der zuvor erläuterten Routing-Verfahren vorgenommen. An dieser Stelle werden nun die restlichen Optionen „verarbeitet".

Jetzt erfolgt die *IP-Fragmentierung*. Da dieser Schritt **nach** Bestimmung des Netzwerkinterface ausgeführt wird, fließt jedes Fragment desselben Paketes über dasselbe Interface.

Anschließend führt der Router die Bestimmung der MAC-Adresse des nächsten IP-Hops durch, packt das IP-Datagramm in einen geeigneten LLC-Frame ein (z.B. IEEE 802.3) und stellt es in die Output-Queue (Zwischenspeicher für den Ausgang) des selektierten Netzwerkinterface.

2.3.3.3   Multicast

Handelt es sich bei der IP-Zieladresse um eine Multicast-Adresse, so ergibt sich folgender (nicht standardisierter) Ablauf:

Basierend auf den IP-Quell- und Zieladressen, die dem Datagrammheader entnommen sind, ermittelt der Router, ob das Datagramm auf dem für die Weiterleitung vorgesehenen Interface empfangen worden ist. Wenn nicht, wird das Datagramm stillschweigend verworfen. Die Methode zur Ermittlung des korrekten Interface für den Empfang hängt von den aktiven Multicast-Routing-Algorithmen ab. Eines der simpelsten Verfahren ist das RPF (Reverse Path Forwarding), bei dem das geeignete Empfangsinterface dadurch ermittelt wird, daß man per Unicast für eine fiktive Übertragung vom Multicast-Empfänger zum eindeutigen Multicast-Versender das geeignete Versandinterface festlegt.

Auf der Basis der IP-Quell- und Zieladressen aus dem Datagrammheader ermittelt der Router die ausgehenden Interfaces des Datagramms. Um einen IP-Multicast für eine ausgedehnte Ringsuche zu implementieren, wird für jedes ausgehende Interface ein *Minimum-TTL-Wert* festgelegt. Auf jedem Interface, dessen TTL-Wert kleiner oder gleich dem TTL-Wert des Datagrammheaders ist, wird eine Kopie des Multicast-Datagramms versendet. Alle weiteren Schritte werden nun auf jedem Interface parallel ausgeführt. Der Router reduziert den Paket-TTL um den Wert 1.

Wie bei dem Unicast-Datagramm erfolgt nun die Fortsetzung der Verarbeitung aller restlichen Optionen, die Durchführung der IP-Fragmentierung, die Ermittlung der MAC-Adressen für den nächsten IP-Hop, die entsprechende IP-Encapsulation in den LLC-Frame und die Überstellung in den Zwischenspeicher des jeweiligen Output-Interface.

2.3.3.4 Broadcasts

Es gibt zwei Haupttypen von IP-Broadcast-Adressen: *Limited Broadcasts* und *Directed Broadcasts*. Die Directed Broadcasts werden nach drei weiteren Subtypen unterschieden: Broadcasts, die an ein spezifiziertes Netzwerkprefix gerichtet sind, an ein Subnetz gerichtete Broadcasts und Broadcasts, die an alle Subnetze eines Netzwerkes gerichtet sind. Die Klassifizierung eines Broadcast hängt stets von ihrer Adresse und der Kenntnis des Routers von der Struktur des Zielsubnetzes ab. Von anderen Routern wird dieselbe Broadcast möglicherweise anders interpretiert.

Beispiele: Eine *Limited Broadcast* besteht aus binären Einsen bzw. entspricht der Broadcast-Adresse 255.255.255.255.

Eine Netzwerkprefix-gerichtete Broadcast besteht aus dem Netzwerkprefix der IP-Adresse und binären Einsen, je nach IP-Klasse. Eine Class-A-Broadcast-Adresse könnte beispielsweise 5.255.255.255 lauten, wobei die Zahl 5 das Netzwerkprefix repräsentiert. Eine Class-B-Broadcast-Adresse wird demnach in der allgemeinen Syntax x.y.255.255 dargestellt. Die Adresse 0.0.0.0 stellt die veraltete Form einer Netzwerkprefix-gerichteten Broadcast dar.

2.3.4 Betrieb und Wartung

Bei der Thematik „Betrieb und Wartung von Routern" lassen sich folgende Schwerpunkte definieren:

– Diagnose von Hardware-Problemen des Router-Prozessors, seiner Netzwerk-Interfaces, seiner angebundenen Netzwerke, Modems oder Kommunikationsleitungen
– Installation neuer Hardware
– Installation neuer Software
– Neustart oder Reboot eines Routers nach erfolgtem Ausfall
– Konfiguration oder Rekonfiguration des Routers
– Ermittlung von IP-Problemen wie Überlast, Routing-Schleifen, fehlerhafte IP-Adressen, Broadcast-„Stürme" oder Fehlverhalten von Hosts
– Modifikation der Netzwerktopologie, entweder temporär (Aufbau alternativer Routen bei vorübergehenden Leitungsproblemen im Netzwerk) oder permanent
– Erstellung von Netzwerkstatistiken, um eine vernünftige Netzwerkplanung zu realisieren
– Koordination vorgenannter Aktivitäten mit geeigneten Herstellern und Spezialisten aus dem Bereich der Telekommunikation

In vielen Fällen ist das Router-Management zentralistisch ausgelegt: es basiert auf einem gut ausgebildeten Team von Netzwerkspezialisten, die den oder die Router in der Regel zentral über Netzwerkverbindungen installieren, konfigurieren und steuern können. Dabei beschränkt sich der Zugang oft nicht auf eine klassische Netzwerkverbindung, sondern es werden separate Wählleitungen installiert, die auch im Falle schwerer Netzwerkstörungen den Router-Zugang ermöglichen. Hilfsmittel für das Netzwerkmanagement und für die Beobachtung des Netzwerks und seiner Komponenten (Monitoring) müssen dem Spezialistenteam zur Verfügung stehen. Ihr Einsatz muß allerdings ausgewogen sein und genau geplant werden. So führt beispielsweise überflüssiges Monitoring zu einer zusätzlichen Netzbelastung, die einem optimierten Netzwerkbetrieb entgegensteht. Zu den Themen *Netzwerkmanagement* und *Netzwerkanalyse* wird in den Kapiteln 3 und 4 ausführlich Stellung genommen.

Im folgenden werden einige wichtige Überlegungen zur O&M (Operation and Maintanance) beschrieben.

2.3.4.1   Router-Initialisierung

Wenn ein (neuer) Router in ein Netzwerk integriert werden soll, so ist er in der Regel mit der Basis-Software bzw. seinem Betriebssystem vorinstalliert. In vielen Fällen ist dann auch bereits eine mit Default-Werten versehene Vorkonfiguration vorhanden, die allerdings immer den eigenen Bedürfnissen angepaßt werden muß. Fehlt beispielsweise eine Definition von IP-Adressen oder Subnetzmasken für einzelne Netzwerkinterfaces, so sind bei einer Inbetriebnahme des Routers keinerlei Probleme zu erwarten. Geht der Router jedoch mit voreingestellten IP-Adressen ins Netz, so kann dies zu nicht vorhersehbaren Problemen führen. Eine individuelle Konfiguration sollte daher immer zu den ersten Aktivitäten vor Inbetriebnahme eines Routers gehören.

Die Betriebsbereitschaft eines Routers läßt sich grundsätzlich auf zwei verschiedenen Wegen herstellen. Entweder erfolgt die Installation bzw. Konfiguration manuell, wobei diese Informationen permanent gespeichert werden, so daß er nach Störungen jederzeit wieder rekonfigurierbar ist, oder seine vollständige System-Software wird über das Netzwerk durch einen dedizierten Boot-Rechner unter Verwendung des BOOTP- und TFTP-Protokolls zur Verfügung gestellt.

BOOTP ist ein Protokoll, das zur Ermittlung von Rechnern dient, von denen ein Endsystem sein Betriebssystem und Konfigurationsparameter bezieht. Zu diesem Zweck wird vom Router ein BOOTP-Request generiert, der die Hardware-Adresse des eigenen Netzwerkinterface enthält. Derjenige BOOTP-Server, der diese empfangene Hardware-Adresse kennt, übermittelt dem Router die ihm bekanntgegebene IP-Adresse des Routers, seine eigene IP Adresse und den Namen des Bootfile-Image. Nach Empfang dieser BOOTP-Response (und seiner lokalen permanenten Speicherung) besitzt der Router alle erforderlichen Informationen, um den Boot-Vorgang als vollwertiger IP-Knoten mit seinem Kommunikationspartner durchzuführen zu können. Dieser Prozeß wird allerdings nicht über das BOOTP-Protokoll abgewickelt, sondern es wird ein File-Transfer-Protokoll benötigt. In den meisten Fällen ist dies das TFTP (Trivial File Transfer Protocol).

Trotz möglicher Automatismen bei Installation und Konfiguration ist es zwingend erforderlich, daß ein Router nicht nur direkt steuerbar ist - z.b. über eine angeschlossene Konsole oder über eine lokal bedienbare proprietäre Tastatur, sondern auch über eine Netzwerkverbindung kontrolliert werden kann. Die erforderliche Kommunikation sollte dann über Standardprotokolle bzw. -anwendungen wie TELNET, FTP oder SNMP möglich sein.

2.3.4.2   Out-Of-Band-Access

Bei anhaltenden Fehlersituationen in einem Netzwerk ist es oft nicht mehr möglich, einen Router über die Netzwerkverbindung (TELNET) zu erreichen. Eine Fehleranalyse (ein Blick in die relevanten LOG-Dateien) oder ein Absetzen wichtiger Kommandos kann dann nicht mehr vorgenommen werden, so daß ein direkter Zugang zum Router notwendig wird. Wenn sich der Router jedoch außerhalb des direkten Einzugsbereiches befindet und möglicherweise in einer anderen Lokation (viele Kilometer entfernt) untergebracht ist, würde sehr viel Zeit verstreichen, bis man vor Ort ein entsprechendes Operating durchführen könnte.

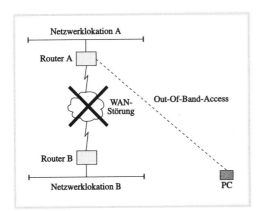

Abbildung 2-25:
Out-Of-Band-Access

Es ist daher zu empfehlen, einen Remote Access durchzuführen, der vom eigentlichen Netzwerk unabhängig implementiert ist. Dieser Out-Of-Band-Access (OOB) läßt sich beispielsweise durch eine separate Wählleitung (analog oder digital) über Modem realisieren, wobei natürlich für diese Art der Fernwartung in jedem Router ein zusätzliches Interface eingebaut und konfiguriert werden muß (Abbildung 2-25). Von jedem beliebigen Standort aus, der über einen entsprechenden Wählanschluß verfügt, kann man sich somit einen Zugang zum Router verschaffen und die Operationen ausführen, die zur Beseitigung des Problems erforderlich sind.

In diesem Zusammenhang ist auch darauf zu achten, daß die OOB-Verbindung keinerlei Einschränkungen in den wesentlichen Funktionen des Router-Managements unterliegt.

2.3.4.3   Hardware-Diagnose

Für die Überprüfung der rudimentären Betriebs- und Funktionsfähigkeit des Routers müssen in der Basis-Software Tools zur Verfügung stehen, die Aufschluß über den aktuellen Zustand des Gerätes geben können. Die Ausführung von Diagnoseprogrammen oder die Durchführung von Selbsttests (einschließlich aller angeschlossenen Interfaces) ist obligatorisch. Ferner sollte es die Möglichkeit geben, einen System-Dump (Hauptspeicherauszug) zu erzeugen.

2.3.4.4   Router-Steuerung

Zur automatischen Recovery innerhalb von Störungssituationen ist ein Automatismus erforderlich, der ein Reboot oder ein Restart des Routers auslöst. Nicht immer ist es sinnvoll, so lange zu warten, bis das Netzwerkteam den Fehler erkennt, analysiert und anschließend die Fehlersituation beseitigt. Wenn der Router automatisch bootet, ist es allerdings wünschenswert, daß die Fehlersituation nicht nur lokal in einer Berichtsdatei gesichert, sondern möglichst auch ein Memory-Dump ausgeführt wird. Mit diesen Hilfsmitteln sollte das Netzwerkmanagement in der Lage sein, den Fehler ausreichend präzise „post-event" zu analysieren.

Für die bereits in Abschnitt 2.3.4.1 erwähnte Router-Konfiguration ist es oft notwendig, einen Systemstop bzw. einen Neustart vorzunehmen. Einige der konfigurierbaren Parameter werden unmittelbar nach Einrichtung aktiv, einige erfordern ein Reboot. Die Planung von Konfigurationsänderungen sollte diesen Sachverhalt berücksichtigen, da ein Restart bzw. ein Reboot des Routers stets mit einem Ausfall der betroffenen Netzwerkverbindungen einhergeht. Erfahrungsgemäß empfiehlt sich eine Durchführung dieser Wartungsarbeiten in fest eingeplanten Wartungsintervallen oder, sofern es diese „Wartungsfenster" nicht gibt, an Wochenenden oder Feiertagen. Bei in ihren potentiellen Nebeneffekten gut überschaubaren Modifikationen lassen sich kurze Reboots auch während der Pausenzeiten vornehmen, sofern alle involvierten Netzwerkkomponenten der gleichen Arbeitszeitstruktur unterliegen (Problem: unterschiedliche Pausenzeiten in den Produktionsstätten und der Verwaltung).

Für zukünftige Implementierungen ist ein Mechanismus denkbar, der die Standardkonfiguration eines Routers automatisch vornimmt. Dabei „erkundigt" sich der eingeschaltete Router über geeignete Protokolle bei seinen „Kollegen" nach den netzwerkrelevanten Informationen, setzt sie in Parameter um und trägt diese in seinen Konfigurationsdateien ein. Für besondere Situationen oder Anforderungen ist natürlich die manuelle Konfigurationstätigkeit eines Netzwerkspezialisten erforderlich. Im interaktiven Verfahren vorgenommene Eingaben müssen allerdings durch leistungsfähige Prüfalgorithmen verifiziert werden, um absehbare Fehlersituationen vermeiden zu können. Nicht alle Fehler lassen sich so abfangen, da der Router über keine ausreichende Intelligenz verfügt, die alle denkbaren Situationen eines komplexen Netzwerkes abdeckt. Außerdem muß eine Flexibilität gewährleistet sein, die bewußt gegen statisches Regelwerk gerichtete Individualkonfigurationen ermöglicht.

2.3.4.5   Sicherheitsaspekte

Ein äußerst umstrittenes Thema ist das *Auditing* und das *Accounting*. Es besteht die aus Sicherheitsgründen verständliche Anforderung, wesentliche Konfigurationsänderungen im Router-Profil zu protokollieren, damit jederzeit nachvollzogen werden kann, wer welche Änderungen zu welchem Zeitpunkt vorgenommen hat. Verletzungen der Filtering-Vorschriften oder Autorisationsmängel (z.B. falsche Paßworte, ungültige SNMP-Communities usw.) sind ebenso Auditing-relevant. Ferner ist es wünschenswert, jeden Anwender in dem Maße, wie er den Router in Anspruch nimmt, mit anfallenden fixen und vor allem variablen Kosten zu belasten (z. B. Hard- und Software Leasing, Leitungskosten). Man spricht dabei auch vom *Packet Accounting*.

Damit die geforderten Informationen zur Verfügung gestellt werden können, bedarf es einer Fülle von Prozessen, die zusätzlich zum „normalen" Datenverkehr auf dem Router betrieben werden müssen. Die Performance des Routers wird dadurch natürlich mehr oder weniger stark beeinträchtigt. In diesem Interessenkonflikt muß versucht werden, ein individuelles, aber ausgewogenes Konzept zu entwickeln, das allen Anforderungen in vernünftigem Umfang entsprechen kann.

2.4   Router-Konfiguration

In den nun folgenden zwei Abschnitten wird versucht, die zuvor dargestellten theoretischen Überlegungen zu Routern und ihrer Konfiguration in einigen Beispielen praktisch umzusetzen. Zu diesem Zweck werden zwei Router der namhaften Hersteller CISCO und PROTEON in Grundzügen vorgestellt. Es soll gezeigt werden, welche Konfigurationshilfsmittel zur Verfügung gestellt und wie sie bedient werden.

2.4.1   Beispiel: PROTEON

Aus der Produktpalette des Netzwerkspezialisten PROTEON werden nun beispielhaft einige charakteristische Merkmale des *Bridging Router CNX 500* (Abbildung 2-26) vorgestellt. Wie bereits der Produktname verrät, handelt es sich hier um ein Gerät mit doppelter Funktionalität: Bridging und Routing in einem (auch Brouter genannt). Folgende wesentliche Merkmale lassen sich nennen:

- RISC-Prozessor 29000 des Herstellers AMD
- Drei Einschübe mit maximal sechs möglichen Anschlüssen

- Flash Memory
- Serielle Leitungen: RS-232-C, RS-449, V.35 und X.21
- LAN-Interfaces: IEEE 802.3, Ethernet V.1 und V.2, IEEE 802.5 und FDDI
- WAN-Interfaces: DDS, X.25, T1/E1, Frame Relay
- Protokolle: TCP/IP mit RIP und OSPF, OSI CLNP mit ES-IS und IS-IS, AppleTalk I und II, IPX, XNS, Apollo Domain, PPP, Banyan Vines, DNA IV, IV+ und V, NetBIOS
- Bridging: Adaptive Source Routing Transparent Bridge mit Transparent Bridging (Spanning Tree Bridge), Source Route Bridging, Source Routing Transparent Bridging, Source Routing - Transparent Bridging
- SNMP-Netzwerkmanagement (MIB II, FDDI MIB, PROTEON MIB)
- SNA-Transport über DLSw-Technologie durch OpenROUTE internetworking Software (mit Datenkompression bis zu 50 %)

Abbildung 2-26:
PROTEON Bridging Router CNX 500

2.4.1.1   Die Prozesse

Während zahlreiche Hardware-Hersteller mittlerweile dazu übergegangen sind, ihre gesamten Handbücher lediglich auf CDs auszuliefern, erhält man von der Firma PROTEON erfreulicherweise noch gut strukturierte Ordner mit Inlets, die ein gezieltes Vorgehen bei Installation oder Konfiguration ermöglichen. Bei der nun folgenden Beschreibung bildet eine TELNET-Session die Grundlage für eine Kommunikation mit dem PROTEON-Brouter.

```
% telnet proteon1

login:

Password:
```

Jede Eingabe wird mit der <Enter>-Taste quittiert. Nach Paßworteingabe führt ein doppeltes <Enter> zum OPCON-Prompt * (Operator Console Process). Von diesem Prompt-Level können alle weiteren Prozesse bzw. Menüs erreicht werden.

Unter dem MOS-Betriebssystem (Micro Operating System) des Brouters ist folgende Prozeßstruktur implementiert:

TASKER

Der TASKER repräsentiert die eigentliche Netzwerk-Software. Der Network Handler ist für den Pakettransfer zwischen Hardware und Packet Forwarder zuständig. Er führt die Encapsulation und Decapsulation auf DLC-Ebene aus (Einpacken, Auspacken). Der Packet Forwarder übernimmt den Pakettransport zwischen zwei Netzwerksegmenten.

MONITR

Dieser Prozeß empfängt ELS-Messages (Event Logging System) und zeigt diese auf dem Konsolenmonitor an. Sie umfassen folgende Feldinformationen:

Subsystem – Ein vordefiniertes Namenskürzel weist auf diejenige Netzkomponente hin, die für die Generierung des Events verantwortlich ist. Dies kann ein Protokoll, aber auch ein Interface sein.

Event Number – Dabei handelt es sich um eine vordefinierte eindeutige Eventnummer, die immer in Kombination mit einem Subsystem angezeigt wird (getrennt durch einen Punkt). Beide Felder identifizieren gemeinsam einen individuellen Event.

Logging Level – Jeder Event wird durch einen Logging-Level klassifiziert. Tabelle 2-6 zeigt eine Liste der möglichen Logging-Levels.

Logging-Level	Typ
UI-ERROR	unusual internal error
CI-ERROR	common internal error
UE-ERROR	unusual external error
CE-ERROR	common external error
ERROR	Typ für alle vorgenannten Error-Levels
U-INFO	unusual informational comment
C-INFO	common informational comment
INFO	Typ für alle vorgenannten Info-Levels
STANDARD	Typ für alle vorgenannten Error- und Info-Levels
P-TRACE	per packet trace
U-TRACE	unusual operation packet trace message
C-TRACE	common operation packet trace message
TRACE	Typ für alle vorgenannten Trace-Levels
ALL	Typ für alle Logging-Levels

Tabelle 2-6:
Logging-Levels

Groups – Hier lassen sich eigene Gruppen von Events definieren.

Message Text – Dieses Feld nimmt den Klartext für den jeweiligen Event auf. Der Message- Text besteht aus einer Angabe über die Informationskategorie (z.B. nt für network), Netzwerknummern, Interface-Typen usw.

OPCON

Der Operator-Konsolenprozeß stellt den Root-Prozeß des Userinterface dar und ermöglicht den Zugang zu den Second-Level-Prozessen GWCON (Gateway Console Process) und CONFIG (Configuration Process). Ferner lassen sich aus diesem Prozeß neben der Anzeige von Statusinformationen aktiver Prozesse ein Software-Reload und ein Restart vornehmen.

GWCON

Über den Gateway-Konsolenprozeß können folgende Aktivitäten ausgeführt werden:

– Anzeige der aktuell konfigurierten Protokolle und Interfaces
– Anzeige der Speicher-, Netzwerk- und Interface-Statistik
– Definition der ELS-Parameter
– Test dedizierter Netzwerkinterfaces
– Kommunikation mit Third-Level-Prozessen

CONFIG

Über den CONFIG-Prozeß lassen sich folgende Aktivitäten ausführen:

– Anzeige der aktuellen Konfiguration
– Definition oder Anzeige verschiedener Konfigurationsparameter
– Aktivieren oder Deaktivieren des Konsolenlogins und der Modemsteuerung
– Löschen der im SRAM (Static RAM) gespeicherten Konfiguration

QUICK CONFIG

Der QUICK-CONFIG-Prozeß ermöglicht in einfachster Art und Weise Konfigurationsaktivitäten.

STANDALONE CONFIG

Wie der CONFIG-Prozeß, allerdings mit *Restart-Option*.

2.4.1.2   Das PROTEON-Menüsystem

Die Bedieneroberfläche des PROTEON-Brouters ist relativ gewöhnungsbedürftig, da selbst eine einfache textorientierte Menüstruktur mit Selektionsbalken und/oder Auswahlziffern fehlt. Dennoch ist (nach einiger Zeit der Übung) erkennbar, daß die verschiedenen Funktionen für das Management in gut strukturierten List-Menüs zur Verfügung stehen und so ein Brouter-Management für geübte Insider ermöglichen. Die folgenden Management-Befehle sollen einen Eindruck vermitteln, wie ein PROTEON-Brouter von Netzwerkadministratoren gesteuert werden kann.

Nach Anmeldung und Authentifizierung über das TELNET-Login gelangt man auf die OPCON-Kommandoebene. Dies erkennt man eindeutig an dem charakteristischen Stern *. Der status-Befehl gibt eine Übersicht über die verfügbaren Prozesse und ihren Status:

```
*status

Pid  Name     Status  TTY  Comments
1    COpCon   IOW     TTY0
2    Monitr   DET     -
3    Tasker   RDY     -
4    MOSDDT   DET     -
5    CGWCon   IOW     -
6    Config   IOW     -
7    ROpCon   IDL     TTY1
8    ROpCon   RDY     TTY2 field
```

Für alle weiteren Betrachtungen werden lediglich einige Kommandos aus den Prozessen CGWCon (Prozeß-Id 5) und CONFIG (Prozeß-Id 6) näher beschrieben. Die Kommunikationsaufnahme mit dem MONITR-Prozeß (Prozeß-Id 2) führt, sofern vorhanden, zur Anzeige von aktuellen Konsolenmeldungen.

Die Selektion von vorgenannten Prozessen erfolgt über den talk-Befehl, indem bei Aufruf die gewünschte Prozeß-Id als Parameter übergeben wird. Eine Liste der jeweils möglichen Befehle wird über die Eingabe eines Fragezeichens angefordert. Soll beispielsweise der MONITR-Prozeß angesprochen werden, so geschieht dies durch die Eingabe:

```
*talk 2
```

bzw. in der Kurzform

```
*t 2
```

Folgende Ausgabe könnte dadurch produziert werden:

```
IN TCP TN unexpected char 10 after CR TCB 11691CC

4490 messages flushed

 SRT.042: STE LF lowered (4399 to 2052) 030000A00270->030000000001 from
port 2, nt 1 int TKR/0

 SRT.042: CC20 8100 870C 8804 8324 F720 LF lowered (2052 to 1470)
030000A00170->030000000001 from port 4, nt 3 int SL/1
```

```
SRT.042: CC20 8100 870C 8804 8324 F720 LF lowered (2052 to 1470)
030000C00140->030000000800 from port 4, nt 3 int SL/1

SRT.042: CC20 8100 870C 8804 8324 F720 LF lowered (2052 to 1470)
01AA00076EE9->00805F20778B from port 4, nt 3 int SL/1

SRT.042: CC20 8100 870C 8804 8324 F720 LF lowered (2052 to 1470)
01AA00076EE9->00805F20779B from port 4, nt 3 int SL/1

IN TCP TN unexpected char 10 after CR TCB 1168F0C

SRT.042: CC20 8100 870C 8804 8324 F720 LF lowered (2052 to 1470)
01AA006D6AA2->00805F20779B from port 4, nt 3 int SL/1

SRT.042: CC20 8100 870C 8804 8324 F720 LF lowered (2052 to 1470)
01AA00AE2755->00805F20779B from port 4, nt 3 int SL/1
```

Aus dieser Konsolenausgabe läßt sich beispielsweise erkennen, daß es im Source Routing beim Übergang von Port 4 und Netzwerk 3 auf das serielle Interface 1 offenbar zu einer Frame-Reduzierung von 2052 auf 1470 Bytes kommt (2052 Bytes sind z.B. von Ethernet-Netzwerken nicht zu verkraften, da ihr Wert für die Maximum Transfer Unit bei 1500 Bytes liegt).

Die kontinuierlich durchlaufenden Konsolenmeldungen lassen sich durch die Tastenkombination <STRG> <P> unterbrechen. Man befindet sich anschließend wieder auf der OPCON-Kommandoebene.

Eine Kontaktaufnahme mit der Prozeß-Id 5, also dem CGWCon-Prozeß, ermöglicht den Zugriff auf folgende Befehle bzw. Informationen:

```
*talk 5

+?
BOOT information
CLEAR statistics
CONFIGURATION of gateway
DISABLE interface
EVENT logging
FEATURE commands
INTERFACE statistics
LOG level
MEMORY statistics
NETWORK commands
PROTOCOL commands
STATISTICS of network
TEST network
UPTIME of gateway
```

Die Abfrage der Statistik von Netzwerkinterfaces erfolgt durch die Verwendung des statistics-Befehls:

```
+statistics

Nt Intrfc No In:    Pkts     Bytes  Ovfl  Out:    Pkts     Bytes  Ovfl  Disc

0  Eth    0      870957  89078536     0  569584    159760     0  1633

1  TKR    0     1996598 231759801     0  665811   1514211     0  3282

2  SL     0           0         0     0    2431   3646500     0     0

3  SL     1      561979 113851330     0 1814240 187590514     0     0
```

Der Befehl memory zeigt eine Übersicht der aktuellen Speichersituation:

```
+memory

Number of bytes:  Busy = 615688,  Idle = 17776,  Free = 611071

Number of buffers:  Total = 200,  Free = 134,  Fair = 17,  Low = 40

Packet size:  Pkt = 2052,  Hdr = 128,  Trl = 4,  Wrap = 72,  Total = 2256
```

Der interface-Befehl zeigt den aktuellen Zustand der Netzwerkinterfaces:

```
+interface

Nt Intrfc No CSR      Vec SlfTst:  Pass Fail Maint:  Fail Errs:  Input Output

0  Eth    0 80000000  44  1        0                 0           0     0

1  TKR    0 80001000  48  2        1                 0           0     0

2  SL     0 80002000  4C  0        2431              0           0     0

3  SL     1 80002000  4C  1        0                 0           0     0

+
```

Durch den exit-Befehl erreicht man wieder die OPCON-Kommandoebene und kann nun mit dem Prozeß CONFIG (Prozeß-Id 6) Kontakt aufnehmen:

```
*talk 6

Config>?

ADD
BOOT
CHANGE
CLEAR
DELETE
```

```
DISABLE
ENABLE
EVENT
FEATURE
LIST
NETWORK
PROTOCOL
QCONFIG
SETUP
DATE
```

Der Command-Prompt wechselt auf `Config>`, und die Eingabe des Fragezeichens zeigt eine Liste möglicher Kommandos. Ein Befehl, der umfangreiche Informationen über verschiedene Komponenten liefern kann, ist der `list`-Befehl:

Config>list ?

```
DEVICES
CONFIGURATION
USERS
```

Config>list devices

```
Ifc 0 (Ethernet): CSR 80000000, vector 68
Ifc 1 (Token Ring): CSR 80001000, vector 72
Ifc 2 (Dual Serial Line): CSR 80002000, vector 76
Ifc 3 (Dual Serial Line): CSR 80002000, vector 76
```

Config>list configuration

```
Hostname: PROTEON1
Maximum packet size: [autoconfigured]
Maximum number of buffers: 200
Number of Restarts before a Reload/Dump: 64
Logging disposition: detached
Console inactivity timer (minutes): 0
Physical console login: enabled
Remote Diagnostics: enabled
Modem control: disabled
Contact person for this node: [none]
Location of this node: [none]


Configurable Protocols:

Num Name  Protocol
0   IP    DOD-IP
3   ARP   Address Resolution
```

```
4    DN    DNA Phase IV
7    IPX   NetWare IPX
8    OSI   ISO CLNP/ESIS/ISIS
11   SNMP  Simple Network Management Protocol
12   OSPF  Open SPF-Based Routing Protocol
23   SRT   Source Routing Transparent Enhanced Bridge
24   HST   TCP/IP Host Services

Configurable Features:

Num Name  Feature
1   BRS   Bandwidth Reservation

124704 bytes of configuration memory free

Config>list users

     USER       PERMISSION
     root       Admin
     manage     Admin

Console login is enabled
```

2.4.1.3   Konfigurationsbeispiel: Einrichtung einer IP-Adresse

Im nun folgenden Beispiel wird dem Netzwerkinterface 1 die IP-Adresse 198.144.37.15 zugeordnet; die dazugehörige Subnetzmaske lautet 255.255.255.0 (die Subnetzbildung umfaßt die ersten drei Oktette):

```
IP Config>add address 1 198.144.37.15  255.255.255.0
```

Das hier verwendete add-Kommando wird auch für folgende Objekte eingesetzt:

```
add accept-rip-route [IP-network/subnet]
add access-control [type] [IP-source] [source mask] [IP-destination]
[destination mask]
add address [interface-number] [IP-address] [address-mask]
add bootp-server [server-IP-address]
add egp-neighbor [neighbor-IP-address] [neighbor-AS]
add filter [destination-IP-address] [address-mask]
add egp-as-info [neighboring-AS] [interchange-flag]
add input-interchange [neighboring-AS] [IP-network metric]
add output-interchange [neighboring-AS] [source-AS] [IP-network metric]
add route [IP-network/subnet] [IP-mask] [next-hop] [cost]
```

2.4.1.4   Konfigurationsbeispiel: Definition einer statischen Route

Unter Verwendung nachstehender Befehle werden statische Routeneinträge vorgenommen bzw. diese modifiziert:

```
IP config>add route 198.144.38.0

Destination Mask [255.255.255.0]?

Via Gateway at? 198.144.37.15

cost[1]?
```

bzw.

```
IP config>change route 198.144.40.0

Destination Mask [255.255.255.0]?

Via Gateway at [198.144.37.15]? 198.144.37.55

cost[1]?
```

2.4.1.5   Konfigurationsbeispiel: Aktivierung von Protokollfiltern

Für die Konfiguration der Protokollfilter muß ASRT (Adaptive Source Routing Transparent) als Protokolltyp im CONFIG-Prozeß gewählt werden:

```
*talk 6

Config> p srt

ASRT config>
```

Um nun beispielsweise einen Filter für das Protokoll DEC LAT für Ethernet-Pakete definieren zu können, müssen folgende Eingaben erfolgen:

```
ASRT config> add prot-filter ether

Protocol Type in hex (600 - FFFF) ? 6004

        Filter packets arriving on all ports? (Yes or No):

        Filter packets arriving on port 1 - Yes or No:

        Filter packets arriving on port 2 - Yes or No:
```

Neben dem Ethernet-Typ sind auch der DSAP (Destination Service Access Point)- oder der SNAP (Subnetwork Access Protocol)-Pakettyp definierbar. DSAP-Typen sind beispielsweise 0xF0 (NetBIOS) oder E0 (Novell IPX).

SNAP-Typen umfassen z.B. 08-00-07-80-9B für AppleTalk Phase II oder 00-00-00-80-F3 für Apple ARP Phase II. Tabelle 2-7 stellt eine Übersicht der Ethernet-Typen dar:

Protokoll	Ethernet-Typ (hexadezimal)	
IP	0800	
ARP	0806	
DECnet	6003	
DECnet LAT	6004	
XNS	0600	
Novell Netware IPX	8137	*Tabelle 2-7:*
		Ethernet-Typen

2.4.1.6   Konfigurationsbeispiel: Aktivierung des dynamischen Routings

Zur Aktivierung des dynamischen Routings wird das Routing-Protokoll OSPF angewählt und konfiguriert:

```
*talk 6

Config> p ospf

OSPF config> enable ospf

Estimated # external routes [0]? 25

Estimated # OSPF routers [0] ? 4
```

Schließlich muß jedes Interface, das im OSPF-Routing integriert werden soll, individuell konfiguriert werden. Das entsprechende Kommando für die Eingabe diverser Parameter lautet:

```
OSPF config> set interface
```

2.4.2   Beispiel: CISCO

Alternativ zu dem zuvor beschriebenen PROTEON-Brouter soll nun die Handhabung eines CISCO-Routers exemplarisch dargestellt werden. Aus der CISCO-Produktpalette wurde zu diesem Zweck der Typ 2500 gewählt, der allerdings in verschiedenen Ausprägungen (Tabelle 2-8) bzw. mit unterschiedlicher Netzwerkinterface-Bestückung eingesetzt werden kann:

Typ	Ethernet	Token-Ring	Seriell	BRI	Asynchron
2501	1	0	2	0	0
2502	0	1	2	0	0
2503	1	0	2	1	0
2504	0	1	2	1	0
2509	1	0	2	0	8
2510	0	1	2	0	8
2511	1	0	2	0	16
2512	0	1	2	0	16
2513	1	1	2	0	0
2514	2	0	2	0	0
2515	0	2	2	0	0

Tabelle 2-8:   *Auszug CISCO-Router der Typenreihe 2500*

Ein universell einsetzbares Gerät ist der CISCO Dual LAN/Multiprotocol Router 2513. Er besitzt LAN-seitig ein Token-Ring- und ein Ethernet-Interface. Zusätzlich kann er über WAN-Verbindungen auf zwei seriellen Leitungen (z.B. ISDN-Festverbindungen) angeschlossen werden.

Die Geräte 2503 und 2504 besitzen ein ISDN-BRI (Basic Rate Interface), das für Fernwartungszwecke innerhalb des *bandwidth-on-demand* eingesetzt werden kann. Die seriellen Leitungen „vertragen" eine maximale Geschwindigkeit von 2 Mbit/s. Folgende Protokolle werden unterstützt:

LAN: IP, IPX, AppleTalk, Banyan Vines, CLNS, XNS, APPN routing
WAN: Frame Relay, X.25

Zur Unterstützung des *tunneling* für IBM-Datenverkehr ist Data Link Switching (DLSw) implementiert.

Die technische Basisausstattung umfaßt einen 20 MHz-Motorola-Prozessor 68030, 4 Mbyte Flash Memory und einen RAM-Speicher von 2 Mbyte (aufrüstbar bis 18 Mbyte)

2.4.2.1   Die Bedieneroberfläche

Wie bei dem Prozeßsystem von PROTEON existiert auch auf den CISCO-Routern kein
Menüsystem im eigentlichen Sinne. Die Anmeldung auf dem Router über eine TEL-
NET-Session führt zu einer Kommandoumgebung, in der bestimmte Befehle ohne zu-
sätzliche Autorisierung ausgeführt werden können:

```
telnet cisco1

User Access Verification

Password:

CISCO1>
```

Die Eingabe eines Fragezeichens führt zur Ausgabe einer Liste der ausführbaren Kommandos:

```
CISCO1>?

Exec commands:
    <1-99>           Session number to resume
    connect          Open a terminal connection
    disable          Turn off privileged commands
    disconnect       Disconnect an existing network connection
    enable           Turn on privileged commands
    exit             Exit from the EXEC
    help             Description of the interactive help system
    lat              Open a lat connection
    lock             Lock the terminal
    login            Log in as a particular user
    logout           Exit from the EXEC
    name-connection  Name an existing network connection
    pad              Open a X.29 PAD connection
    ping             Send echo messages
    ppp              Start IETF Point-to-Point Protocol (PPP)
    resume           Resume an active network connection
    rlogin           Open an rlogin connection
    show             Show running system information
    slip             Start Serial-line IP (SLIP)
    systat           Display information about terminal lines
    telnet           Open a telnet connection
    terminal         Set terminal line parameters
    tn3270           Open a tn3270 connection
    traceroute       Trace route to destination
    tunnel           Open a tunnel connection
    where            List active connections
    x3               Set X.3 parameters on PAD
    xremote          Enter XRemote mode
```

Zu dieser Gruppe der nicht privilegierten Kommandos gehört beispielsweise auch das show-Kommando. Es führt zu einer Statusanzeige aller definierten Netzwerkinterfaces. Die Formulierung einer selektiven Anzeige ist ebenso möglich:

```
CISCO1>show interface

Ethernet0 is up, line protocol is up
  Hardware is Lance, address is aa00.0400.0344 (bia 0000.0c31.02cc)
  Internet address is 192.15.1.1 255.255.255.0
  MTU 1500 bytes, BW 10000 Kbit, DLY 1000 usec, rely 255/255, load 1/255
  Encapsulation ARPA, loopback not set, keepalive set (10 sec)
  ARP type: ARPA, ARP Timeout 4:00:00
  Last input 0:00:00, output 0:00:01, output hang never
  Last clearing of "show interface" counters 1w0d
  Output queue 0/40, 0 drops; input queue 0/75, 0 drops
  30 second input rate 6000 bits/sec, 8 packets/sec
  30 second output rate 0 bits/sec, 0 packets/sec
     5577944 packets input, 626815636 bytes, 0 no buffer
     Received 4787293 broadcasts, 0 runts, 0 giants
     0 input errors, 0 CRC, 0 frame, 0 overrun, 0 ignored, 0 abort
     0 input packets with dribble condition detected
     422717 packets output, 99452183 bytes, 0 underruns
     22 output errors, 6305 collisions, 8 interface resets, 0 restarts
     0 output buffer failures, 0 output buffers swapped out


Serial0 is up, line protocol is up
  Hardware is HD64570
  Internet address is 192.16.1.1 255.255.255.0
  MTU 1500 bytes, BW 64 Kbit, DLY 20000 usec, rely 255/255, load 47/255
  Encapsulation HDLC, loopback not set, keepalive set (10 sec)
  Last input 0:00:00, output 0:00:00, output hang never
  Last clearing of "show interface" counters 1w0d
  Output queue 0/40, 3176 drops; input queue 1/75, 0 drops
  30 second input rate 2000 bits/sec, 7 packets/sec
  30 second output rate 12000 bits/sec, 6 packets/sec
     6350912 packets input, 555701549 bytes, 0 no buffer
     Received 178200 broadcasts, 0 runts, 0 giants
   1217 input errors, 1212 CRC, 71 frame, 0 overrun, 0 ignored, 580 abort
     6440527 packets output, 1247226968 bytes, 0 underruns
     0 output errors, 0 collisions, 259 interface resets, 0 restarts
     0 output buffer failures, 0 output buffers swapped out
     12 carrier transitions    DCD=up  DSR=up  DTR=up  RTS=up  CTS=up
```

Serial1 is up, line protocol is up
 Hardware is HD64570 Internet address is 192.17.1.1 255.255.255.0
 MTU 1500 bytes, BW 64 Kbit, DLY 20000 usec, rely 255/255, load 1/255
 Encapsulation HDLC, loopback not set, keepalive set (10 sec)
 Last input 0:00:02, output 0:00:01, output hang never
 Last clearing of "show interface" counters 1w0d
 Output queue 0/40, 0 drops; input queue 0/75, 0 drops
 30 second input rate 0 bits/sec, 0 packets/sec
 30 second output rate 0 bits/sec, 0 packets/sec
     150560 packets input, 12565391 bytes, 0 no buffer
     Received 70647 broadcasts, 0 runts, 0 giants
     9 input errors, 9 CRC, 1 frame, 0 overrun, 0 ignored, 0 abort
     153655 packets output, 13718870 bytes, 0 underruns
     0 output errors, 0 collisions, 0 interface resets, 0 restarts
     0 output buffer failures, 0 output buffers swapped out
     0 carrier transitions
     DCD=up DSR=up DTR=up RTS=up CTS=up

TokenRing0 is up, line protocol is up
 Hardware is TMS380, address is 5500.2000.0000 (bia 0000.308c.0000)
 Internet address is 192.14.1.1 255.255.255.0
 MTU 4464 bytes, BW 16000 Kbit, DLY 630 usec, rely 255/255, load 1/255
 Encapsulation SNAP, loopback not set, keepalive set (10 sec)
 ARP type: SNAP, ARP Timeout 4:00:00 Ring speed: 16 Mbps
 Multiring node, Source Route Transparent Bridge capable
 Source bridging enabled, srn 1056 bn 9 trn 3907 (ring group)
 proxy explorers enabled, spanning explorer enabled,
 NetBIOS cache enabled

Group Address: 0x00000000, Functional Address: 0x1800011A
 Ethernet Transit OUI: 0x000000
 Last input 0:00:00, output 0:00:00, output hang never
 Last clearing of "show interface" counters 1w0d
 Output queue 0/40, 0 drops; input queue 0/75, 32 drops
 30 second input rate 15000 bits/sec, 14 packets/sec
 30 second output rate 10000 bits/sec, 9 packets/sec
     10996800 packets input, 1556430980 bytes, 0 no buffer
     Received 6055436 broadcasts, 0 runts, 0 giants
     0 input errors, 0 CRC, 0 frame, 0 overrun, 0 ignored, 0 abort
     7387713 packets output, 1204769439 bytes, 0 underruns
     0 output errors, 0 collisions, 0 interface resets, 0 restarts
     0 output buffer failures, 0 output buffers swapped out
     0 transitions

Die Anzeige umfaßt Statusinformationen über ein Ethernet-Interface (Ethernet0), zwei serielle Interfaces (Serial0 und Serial1) und ein Token-Ring-Interface (TokenRing0).

Für die Zusammenstellung der aktuellen Konfigurationsparameter ist allerdings über den Befehl `enable` eine weitere Autorisierung erforderlich:

```
CISCO1>show running
             ^
% Invalid input detected at '^' marker.

CISCO1>enable

Password:

CISCO1#show running

Building configuration...

Current configuration:

!
! Last configuration change at 11:46:47 UTC Thu Feb 22 1996
!

version 10.3
service timestamps debug uptime
service password-encryption
service udp-small-servers
service tcp-small-servers

!
hostname CISCO1
!

buffers middle permanent 300
buffers middle max-free 300
buffers middle min-free 40
buffers Ethernet0 permanent 100
buffers Ethernet0 max-free 100
buffers Ethernet0 min-free 20
enable password 8 0924404F0F1A160C

!
no ip domain-lookup
ipx routing 0000.0c31.c0c1
!
```

```
decnet routing iv-prime 4.2
decnet node-type area
!
source-bridge ring-group 3907
source-bridge remote-peer 3907 tcp 194.14.1.1
source-bridge remote-peer 3907 tcp 194.22.0.1 local-ack
source-bridge remote-peer 3907 tcp 194.25.0.5 local-ack
!
interface Ethernet0
 ip address 192.15.1.1 255.255.255.0
 load-interval 30
 decnet cost 4
!

interface Serial0
 ip address 192.16.1.1 255.255.255.0
 no ip route-cache
 bandwidth 64
 load-interval 30
 decnet cost 6
 no decnet route-cache
!
interface Serial1
 ip address 192.17.1.1 255.255.255.0
 no ip route-cache
 bandwidth 64
 load-interval 30
!
interface TokenRing0
 ip address 192.14.1.1 255.255.255.0
 load-interval 30
 decnet cost 5
 ethernet-transit-oui standard
 ring-speed 16
 multiring all
 source-bridge 1056 9 3907
 source-bridge spanning
 source-bridge proxy-explorer
 lnm password 0 KlB7ZX
 lnm password 1 UIZ700
 netbios enable-name-cache
```

```
!
router ospf 1
 network 192.14.1.0 0.0.0.255 area 0
 network 192.16.1.0 0.0.0.255 area 0
 network 192.17.1.0 0.0.0.255 area 0
 network 192.25.1.0 0.0.0.255 area 0
 network 192.27.1.0 0.0.0.255 area 0
 network 192.33.1.0 0.0.0.255 area 0
!
ip host CISCO2 192.22.1.1
ip host CISCO3 192.25.1.1
ip host CISCO4 192.27.1.1
ip host CISCO5 192.33.1.1
logging trap debugging
logging 192.14.1.38
access-list 202 permit 0x0004 0x0101
access-list 202 permit 0x0400 0x0101
access-list 202 permit 0x0404 0x0101
access-list 202 permit 0x00F4 0x0101
access-list 202 permit 0xF400 0x0101
access-list 202 permit 0xF4F4 0x0101
access-list 202 permit 0x00F0 0x0101
access-list 202 permit 0xF000 0x0101
access-list 202 permit 0xF0F0 0x0101
access-list 202 deny    0x0000 0x0000
access-list 202 deny    0x0000 0xFFFF
priority-list 1 protocol rsrb high
priority-list 1 default low
snmp-server community TCPIP1 RO
snmp-server location RECHENZENTRUM
snmp-server contact G.LIENEMANN
snmp-server host 192.14.1.38 TCPIP1
!
!
bridge 1 protocol dec
!
line con 0
line aux 0
 transport input all
line vty 0
 exec-timeout 480 0
 password 8 1516
 login
line vty 1
```

```
 password 8 0644
 login
line vty 2
 password 8 0302
 login
line vty 3
 password 8 1516
 login
line vty 4
 password 8 1236
login
!
end
```

Über das `config`-Kommando gelangt man in den Konfigurationsmodus. Dort stehen folgende Befehle zur Verfügung:

```
CISCO1#config

Configuring from terminal, memory, or network [terminal]?
Enter configuration commands, one per line.  End with CNTL/Z.

CISCO1(config)#?

Configure commands:
aaa                     Authentication, Authorization and Accounting
access-list             Add an access list entry
alias                   Create command alias
apollo                  Apollo global configuration commands
appletalk               Appletalk global configuration commands
arap                    Appletalk Remote Access Protocol
arp                     Set a static ARP entry
async-bootp             Modify system bootp parameters
autonomous-system       Specify local AS number to which we belong
banner                  Define a login banner
boot                    Modify system boot parameters
bridge                  Bridging Group
buffers                 Adjust system buffer pool parameters
busy-message            Display message when connection to host fails
cdp                     Global CDP configuration subcommands
chat-script             Define a modem chat script
clns                    Global CLNS configuration subcommands
clock                   Configure time-of-day clock
config-register         Define the configuration register
decnet                  Global DECnet configuration subcommands
default-value           Default character-bits values
```

```
dialer-list                 Create a dialer list entry
dlsw                        Data Link Switching global configuration
dnsix-dmdp                  Provide DMDP service for DNSIX
dnsix-nat                   Provide DNSIX service for audit trails
downward-compatible-config  Generate a config. compatible with older software
dspu                        DownStream Physical Unit Command
enable                      Modify enable password parameters
end                         Exit from configure mode
exit                        Exit from configure mode
frame-relay                 global frame relay configuration commands
help                        Description of the interactive help system
hostname                    Set system's network name
interface                   Select an interface to configure
ip                          Global IP configuration subcommands
ipx                         Novell/IPX global configuration commands
keymap                      Define a new keymap
lat                         DEC Local Area Transport (LAT) transmission protocol
line                        Configure a terminal line
lnm                         IBM Lan Manager
locaddr-priority-list       Establ. queueing priorit. based on LU address
logging                     Modify message logging facilities
login-string               Define a host-specific login string
map-class                   Configure static map class
map-list                    Configure static map list
menu                        Define a user-interface menu
mop                         Configure the DEC MOP Server
netbios                     NETBIOS access control filtering
no                          Negate a command or set its defaults
ntp                         Configure NTP
printer                     Define an LPD printer
priority-list               Build a priority list
privilege                   Command privilege parameters
prompt                      Set system's prompt
queue-list                  Build a custom queue list
resume-string               Define a host-specific resume string
rif                         Source-route RIF cache
route-map                   Create route-map/enter route-map command mode
router                      Enable a routing process
rsrb                        RSRB LSAP/DSAP filtering
sap-priority-list           Establ. queueing priorit. based on SAP and/or
                            MAC address(es)
scheduler                   Scheduler parameters
```

```
service                   Modify use of network based services
snmp-server               Modify SNMP parameters
source-bridge             Source-route bridging ring groups
state-machine             Define a TCP dispatch state machine
stun                      STUN global configuration commands
tacacs-server             Modify TACACS query parameters
terminal-queue            Terminal queue commands
tftp-server               Provide TFTP service for netload requests
tn3270                    tn3270 configuration command
translate                 Translate global configuration commands
ttycap                    Define a new termcap
username                  Establish User Name Authentication
vines                     VINES global configuration commands
vty-async                 Enable virtual async line configuration
x25                       X.25 Level 3
x29                       X29 commands
xns                       XNS global configuration commands
xremote                   Configure XRemote

CISCO1(config)#^Z

CISCO1#exit
```

Die nun folgenden Abschnitte sollen anhand einiger konkreter Aufgabenstellungen die Handhabung der Bedieneroberfläche des CISCO-Routers beschreiben.

2.4.2.2   Erstkonfiguration und Inbetriebnahme

Bei der Installation eines CISCO-Routers muß dieser mit einer ersten Konfiguration versehen werden, damit er überhaupt funktionsfähig ist. Eine Default-Konfiguration ist nicht verfügbar. Jedes einzelne Netzwerk-Interface und jedes individuelle Netzwerkprotokoll muß eingerichtet werden. Damit diese Aktivitäten ordentlich ausgeführt werden können, setzt CISCO einen *System Configuration Dialog* ein, der zu Beginn einer Konfiguration und nach Einschalten des Gerätes aktiviert wird.

Ein Router wird normalerweise nicht mit einem Monitor ausgeliefert. Für jedwede Konfigurationstätigkeit muß daher zu Beginn ein einfaches Terminal (RS-232-C) oder ein Personal Computer mit Terminal-Programm mit dem Router verbunden werden. Dazu dient der auf jedem Router vorhandene *Console-Port*.

Eine Konfiguration muß natürlich gut vorbereitet werden. Es ist nicht ratsam, die Konfiguration erst während des Dialogs zu planen bzw. die entsprechenden Eingaben „on-the-fly" vorzunehmen. Um sich bereits vorher einen Überblick über die erforderlichen in einem Dialog abgefragten Parameter verschaffen zu können, folgt nun der Ablauf des System *Configuration Dialog:*

```
- System Configuration Dialog -

At any point you may enter a question mark "?" for help.
Refer to the "Getting started" Guide for additional help.
Default settings are in square brackets "[]".
Continue with configuration dialog? [yes]:

(Use Ctrl-c to abort configuration at any prompt)

Configuration global Parameters:

  Enter host name [Router]: CISCO1
  Enter enable password: tcpip
  Enter virtual terminal password: xyz
  Configure SNMP Network Management ? [no]: yes
  Configure IP ? [yes]:
  Configure IGRP routing? [yes]:
    YourIGRP autonomous system number [1]: 20
  Configure DECnet? [no]: yes
    Your area number [1]:
    Your node number [1]:
    Area (level 2) routing? [no]: yes
  Configure XNS? [no]: yes
  Configure Novell? [no]: yes
  Configure Apollo? [no]: yes
    Apollo routing number [12345]: 567
  Configure AppleTalk? [no]: yes
    Multizone networks? [no]: yes
  Configure CLNS? [yes]:
    CLNS router tag [area_1]: group1
    CLNS domain [49]: 65.7666
    CLNS area [0001]: 0012
    CLNS station id [0000.034C.D002]:
  Configure Vines? [no]: yes
  Configure bridging? [no]: yes


Configuring interface parameters:

Configuring interface Token Ring0:
  Is this interface in use? [yes]:
  Token ring ring speed (4 or 16)? [16]:
  Configure IP on this interface? [no]: yes
    IP address for this interface: 190.15.16.1
    Number of bits in subnet field [0]:
```

```
      Class B network is 190.15.0.0, 0 subnet bits; mask is 255.255.0.0
   Configure DECnet on this interface? [yes]
      DECnet cost [10]:
   Configure XNS on this interface? [no]: yes
      XNS network number [1]:
   Configure Novell on this interface? [no]: yes
      Novell network number [1]:
   Configure Apollo on this interface? [no]: yes
      Apollo network number [1]:
   Configure AppleTalk on this interface? [no]: yes
      AppleTalk starting cable range [0]: 3677
      AppleTalk ending cable range [3677]:
      AppleTalk zone name [myzone]: zone1
      AppleTalk zone name: zone2
      AppleTalk zone name:
   Configure CLNS on this interface? [yes]:
   Configure Vines on this interface? [yes]:
   Configure bridging on this interface? [yes]:

Configuring interface Ethernet 0:
   Is this interface in use? [yes]:
   Token ring ring speed (4 or 16)? [16]:
   Configure IP on this interface? [no]: yes
      IP address for this interface: 190.15.16.2
      Number of bits in subnet field [0]:
      Class B network is 190.15.0.0, 0 subnet bits; mask is 255.255.0.0
   Configure DECnet on this interface? [yes]
      DECnet cost [10]:
   Configure XNS on this interface? [no]: yes
      XNS network number [2]:
   Configure Novell on this interface? [no]: yes
      Novell network number [2]:
   Configure Apollo on this interface? [no]:
   Configure AppleTalk on this interface? [yes]:
      Extended AppleTalk network? [no]: yes
      AppleTalk starting cable range [0]: 3677
   Configure CLNS on this interface? [yes]:
   Configure Vines on this interface? [yes]:
   Configure bridging on this interface? [yes]:

Configuring interface Serial0:
   Is this interface in use? [yes]:
Configure IP on this interface? [no]: yes
      IP address for this interface: 190.15.16.3
      Number of bits in subnet field [0]:
```

```
      Class B network is 190.15.0.0, 0 subnet bits; mask is 255.255.0.0
   Configure DECnet on this interface? [yes]: no
   Configure XNS on this interface? [yes]: no
   Configure Novell on this interface? [yes]: no
   Configure Apollo on this interface? [no]:
   Configure AppleTalk on this interface? [yes]: no
   Configure CLNS on this interface? [yes]:
   Configure Vines on this interface? [yes]:
   Configure bridging on this interface? [yes]:

   Configuring interface Fddi0:
     Is this interface in use? [yes]:
     Configure IP on this interface? [yes]: no
     Configure DECnet on this interface? [yes]: no
     Configure XNS on this interface? [yes]: no
     Configure Novell on this interface? [yes]: no
     Configure Apollo on this interface? [no]:
     Configure AppleTalk on this interface? [yes]: no
       AppleTalk Starting cable range [0]:
     Configure CLNS on this interface? [no]:
     Configure Vines on this interface? [no]:
     Configure bridging on this interface? [no]:
```

Aus den vorgenannten Informationen wird nun ein Script-File zusammengestellt, das die Abfolge der erforderlichen Konfigurationskommandos aufnimmt:

```
hostname CISCO1
enable password tcpip
line vty 0 4
password xyz
snmp-server community
!
ip routing
decnet routing 1.1
xns routing
novell routing
apollo routing
appletalk routing
clns routing
router iso-igrp group1
net 49.0001.0000.034C.D002.00
vines routing
bridge 1 protocol dec
!
!
!
```

```
interface TokenRing0
ip address 190.15.16.1 255.255.0.0
xns network 1
novell network 1
appletalk cable-range 3677-3677
appletalk zone zone1
clns router iso-igrp group1
vines metric
bridge-group 1
!
interface Ethernet0
ip address 190.15.16.2 255.255.0.0
xns network 2
novell network 2
appletalk cable-range 0-0
appletalk discovery
clns router iso-igrp group1
bridge group1
!
interface Serial0
ip address 190.15.16.3 255.255.0.0
clns router iso-igrp group1
vines metric
bridge-group 1
!
interface Fddi0
no ip address
appletalk cable-range 0-0 0.0
appletalk discovery
!
router igrp 109
network 190.15.0.0
!
end

Use this configuration [yes/no]: yes
[OK]
Use the enabled mode "configure" command to modify this configuration.

Press RETURN to get started!
```

Damit ist die Erstkonfiguration abgeschlossen und der Router betriebsbereit.

2.4.2.3   Konfigurationsänderungen

Im Laufe des Betriebes wird mitunter eine Modifikation der bestehenden Konfiguration notwendig. Dafür sind mehrere Gründe denkbar:

– Erweiterung des Netzwerkes und damit Aufnahme bzw. Ergänzung von Routenein-
  trägen
– Änderung von IP-Adressen, weil sich beispielsweise die IP-Adreßstruktur ändert
– Modifikation von Parametern zum dynamischen Routing
– Wechsel des Routing-Protokolls (z. B. von IGRP auf OSPF)
– Einschalten bzw. Ausschalten der Bridging-Funktionalität
– Software-Update

usw.

Für die meisten der vorzunehmenden Modifikationen muß vor ihrer eigentlichen Durchführung der *configure*-Modus angewählt werden (zusätzliche Autorisation). Wie bereits
in Abschnitt 2.4.2.1 beschrieben, können innerhalb dieses Modus verschiedene Konfigurationsaktivitäten vorgenommen werden. Hier einige Beispiele.

Für die Definition der IP-Adresse wird folgendes Kommando eingegeben:

```
CISCO1#config
CISCO1(config)#
ip address 190.15.18.1 255.255.0.0
```

Will man das entsprechende Interface mit einer alternativen IP-Adresse versehen (secondary address), so gibt man ein:

```
ip address 2.4.254.1 255.255.0.0 sec
```

Die Beendigung des configure-Modus und der TELNET-Session erfolgt mit:

```
CISCO1(config)#^Z
CISCO1#exit
```

Nun ist das Interface über beide IP-Adressen erreichbar. Dieses Verfahren wird gern bei
IP-Netzwerkumstellungen verwendet, bei denen sich die IP-Adreßstruktur ändert (z.B.
Wechsel von einem Class-B-Netzwerk zu einem Class-C-Netzwerk oder auch bei Ände-
rungen des Netzwerkprefix).

In einem weiteren Beispiel wird das SRB (Source Route Bridging) für diejenigen
Token-Ring-Interfaces eingeschaltet, die über LAN/WAN-Verbindungen erreicht werden müssen.

```
source-bridge remote-peer 3907 190.15.16.1
source-bridge remote-peer 3907 190.17.5.1 local-ack
source-bridge remote-peer 3907 190.18.5.1 local-ack
```

Für die WAN-Token-Ring-Interfaces sollte ein *local acknowledgement* aktiviert werden, damit der über den SRB-Algorithmus produzierte Basis-LAN-Verkehr nicht über das WAN-Netzwerk mit geringer Bandbreite (z.B. 64 KBit/s) transportiert wird. Das Token-Ring-Interface des lokalen Routers wird über 190.15.16.1 adressiert. Dieser im LAN erreichbare Router braucht kein local acknowledgement, denn der relevante Traffic zu diesem Kommunikationspartner ist im LAN mit hoher Bandbreite (z.B. 16 MBit/s) unkritisch.

2.4.2.4   CISCO Works

Auf der Basis des SNMP (Simple Network Management Protocol) realisiert die Netzwerkmanagement-Software CISCO Works, insbesondere für alle CISCO-Komponenten, ein Management gemäß der Management-Disziplinen. Verschiedene Plattformen stehen für die Implementierung von CISCO Works zur Verfügung. Es wird für den SunNet Manager, HP OpenView oder auch für IBM NetView/6000 angeboten (eine Beschreibung dieser Management-Software kann an dieser Stelle jedoch nicht vorgenommen werden, da dies den Rahmen dieses Buches sprengen würde). Nähere Informationen sind unter dem CISCO-WebServer *http://www.cisco.com* nachzulesen.

3

Netzwerkmanagement

In einer Welt heterogener Netzwerke ist es besonders problematisch, im gesamten Netzwerkverbund „Ordnung" zu halten. Nicht daß es an geeigneten Werkzeugen fehlte, um verschiedenartige Netzwerkkomponenten zu steuern (oder neudeutsch: „zu managen"). Jeder namhafte Hersteller hat in die Entwicklung eigener Management-Tools gehörig investiert, um sie heutigen Anforderungen im Netzwerk-Management anzupassen. Komplexe Management-Plattformen sind allerdings nicht gerade preiswert, und so müssen in der Regel fünfstellige Summen für die Einrichtung moderner Management-Arbeitsplätze einkalkuliert werden. Wenn dann auch noch weitere Tools für andere Netzwerkkomponenten oder Systemumgebungen beschafft werden müssen, um einer unternehmensweiten Management-Strategie zu entsprechen, hört oft das Verständnis der Geldgeber auf (Abbildung 3-1).

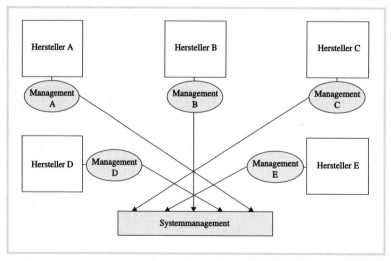

Abbildung 3-1:   *Heterogene Netzwerkkomponenten und heterogenes Management*

Die Alternative kann demnach nur in einem integrativen Werkzeug liegen, das eine transparente Plattform mit Hardware- und Software-unabhängigen Mechanismen zum Systemmanagement zur Verfügung stellt (Abbildung 3-2). Ein solches *Systemmanagement* kümmert sich primär um die Komponenten *Netzwerk, Server* bzw. *Workstations* und die *Anwendungen.* In diesem Bereich muß sichergestellt werden, daß eine hohe Verfügbarkeit der Ressourcen durch „Frühwarnsysteme" sowie eine schnelle Reaktionszeit bei aktuellen Störungen erreicht werden kann. Darüber hinaus ist es für die Topologieentwicklung in der Netzwerk- und Anwendungslandschaft eines Unternehmens äußerst wichtig, daß entsprechende Informationen aus Teilbereichen des Systemmanagements gewonnen werden können.

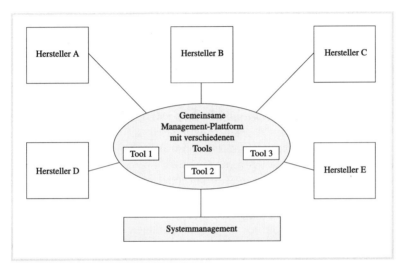

Abbildung 3-2:   *Zentrales Management auf einer gemeinsamen Plattform*

Zu den bereits genannten Problemfeldern gehört sicher auch ein Bereich, der per Definition nicht zu den „klassischen Management-Disziplinen" gerechnet wird, jedoch nach meiner persönlichen Einschätzung unbedingt beachtet werden muß. Es ist der überaus wichtige Bereich der *Anwendungen.* Wenn man es sich einmal genau überlegt, handelt es sich dabei sogar um den eigentlichen produktiven Teil jedes Kommunikationsverhaltens. Netzwerk und Transport sind im Grunde lediglich Mittel zum Zweck. Es ist die individuelle Anwendung, die den betriebswirtschaftlichen oder technischen Datenstrom so bearbeitet, daß er letztlich zu unternehmensrelevanten Entscheidungen führen kann. Wenn also Informationen aus diesem Bereich extrahiert werden können, die Aufschluß über den Produktivitätsgrad der jeweiligen Anwendungen geben (z.B. Antwortzeitverhalten), so muß ein so entwickeltes *Application Management* zu einer sinnvollen Erweiterung des Systemmanagements führen. Erfahrungen aus der Praxis haben gezeigt, daß für die Analyse einer bestimmten Störungssymptomatik die Anwendung selbst oft hilfreiche Informationen liefern kann (die plötzlich auftretende Netzcharakteristik deutlich erhöhter Netzlast wird in vielen Fällen von unbeabsichtigt kodierten „Loops" bzw. „Schleifen" ausgelöst).

Ein nach heutigen Gesichtspunkten leistungsfähiges Systemmanagement sollte daher den (nach ISO/OSI festgeschriebenen) Protokollstack über alle sieben Kommunikationsschichten umfassen und Management-Tools für jede dieser Schichten implementieren können. Die nunmehr sieben Disziplinen des Systemmanagements stellen sich wie folgt dar:

Configuration Management
Implementierungen dieser Management-Disziplin erlauben nicht nur das manuelle Konfigurieren einer Netzwerktopologie durch Hinzufügen, Verändern und Entfernen von Ressourcen, sondern sie stellen meist als *Auto-Discovery* eine Funktionalität zur Verfügung, die ein Netzwerk selbständig analysieren, erkennen und seine Komponenten zuordnen kann. Dabei ist der Zugriff auf Ressourcendatenbanken für eine korrekte Zuordnung besonders wichtig. Liegen nämlich ausreichend Informationen über die Eigenschaften einer Netzwerkkomponente vor (z.B. durch eine in der jeweiligen Netzwerk-Komponente hinterlegte *Management Information Base; MIB*), so kann eine exakte Ressourcenidentifikation vorgenommen werden. Voraussetzung für diese Aktivität ist allerdings ein in jeder der zu einem Netzwerk gehörenden Komponenten implementierter „SNMP-Agent". SNMP (Simple Network Management Protocol) ist ein Protokoll, das es erlaubt, Informationen der MIB auszulesen und über ein spezielles Kommando aktives Management zu betreiben. Die dafür erforderliche, permanent aktive Resident-Software in der betreffenden Netzwerkkomponente nennt sich *SNMP-Agent*.

Ein weiterer Einsatzbereich des Configuration Managements liegt in einer nahezu vollständigen Inventarisierung vorhandener Netzwerkressourcen. Allerdings bezieht sich diese Inventur ebenfalls nur auf die Komponenten mit SNMP-Agenten. Alle anderen Komponenten werden nicht erfaßt (sofern diese wenigstens eine IP-Adresse besitzen, sind sie zumindest im Netzwerk „erkennbar"; nähere Informationen lassen sich jedoch aufgrund fehlender MIB-Informationen nicht ermitteln).

Performance Management
Treten im Netzwerk Fehler oder abnormale Symptome auf, so müssen diese analysiert und entsprechend beseitigt werden. Als äußerst leistungsfähiges Hilfsmittel in diesem Sektor des Systemmanagements hat sich das Software-Produkt *DSS – Distributed Sniffer Server* der Firma *Network General* etabliert (Kapitel 4 wird sich ausführlich mit diesem Monitoring- und Analyzing Tool beschäftigen). Ob es um eine langfristig angelegte Lastmessung in Teilen des Netzwerkes geht oder um ein kontinuierliches Monitoring, um sich ankündigende Problemfälle bereits im Ansatz bekämpfen zu können – der DSS liefert die relevanten Informationen.

Das Performance Management wird besonders dann eingesetzt, wenn Umstellungen innerhalb des Netzwerkes unmittelbar bevorstehen. Entsprechende Ist-Analysen der aktuellen Netzcharakteristik werden den nach Umstellung ermittelten Netzdaten gegenübergestellt. Die daraus gewonnenen Aussagen werden für kurzfristig erforderliche Anpassungen im Netzwerkdesign verwendet oder führen gar zum Einsatz völlig neuer Netzwerktechnologien.

Für eine sinnvolle Auswertung festgestellter Netzwerkanomalien ist es allerdings besonders wichtig, möglichst zahlreiche Messungen von „Normalsitationen" archiviert zu haben. In störungsfreien Zeiten sollten daher verschiedene Messungen vorgenommen werden, die den „Normalfall" dokumentieren (z.B. ordnungsgemäßer Session-Aufbau zwischen zwei TCP-Knoten oder das Broadcast-Verhalten von Routern). Erst dadurch wird es möglich, im Störungsfall diesen korrekt zu bewerten (in einem Netzwerk A ist ein frequentes Auftreten von Retransmissions durchaus normal, während es in Netzwerk B zu einer deutlich spürbaren Performance-Einbuße führt). Es gilt, den *Normalfall* zunächst einmal zu definieren.

Change Management
In einem Unternehmen ist eine sich ständig verändernde Verfügbarkeit von Ressourcen an der Tagesordnung. Der Begriff „Ressource" ist in diesem Fall äußerst umfassend zu verstehen, da es sich beispielsweise um Möbel handeln kann, die wegen eines Umzugs von der ersten in die vierte Etage gebracht werden müssen, aber auch um Rechner, die ihren Standort verändern und an anderer Stelle in das Netzwerk des Unternehmens integriert werden sollen. Auch die zu installierende und zu verteilende Software für eine Gruppe von Anwendern gehört zu der Menge von planbaren Ressourcen. Für all diese Komponenten ist eine zentrale Verwaltungsinstanz wünschenswert, die eine Verfügbarkeitstransparenz und eine Operationalität ermöglicht, so daß sich zu jedem Zeitpunkt Aussagen über den physikalischen Standort der verfügbaren Ressourcen machen lassen und der Einsatz dieser Ressourcen gezielt gesteuert werden kann (Software-Verteilung, Lizenzverwaltung usw.).

Auf verschiedenen Plattformen sind Software-Produkte erhältlich, die ein solches Change Management realisieren können. So gibt es Produkte, die unter Verwendung bestimmter Profildateien eine für einzelne Anwender oder Anwendergruppen ausgelegte Software-Installation über Netzwerk vornehmen können, ohne dabei vor Ort am PC oder der Workstation eine Disketten- oder CD-Installation durchführen zu müssen.

Der Umzug einer Gruppe von Mitarbeitern gemeinsam mit ihren Rechnern bedarf keiner umfangreichen manuellen Anpassung von Ressourcendatenbeständen, sondern eine standardisierte Charakteristik von Objekteigenschaften (SNMP und MIBs) ermöglicht die automatisierte Identifikation des Rechners bzw. des Netzwerk-Controllers an seinem neuen Standort. Hier erfolgt ein fließender Übergang ins *Configuration Management*.

Operations Management
Der eigentliche operationale Teil des Systemmanagements für die Netzwerkkommunikation, das *Netzwerkmanagement,* wird der Disziplin des *Operations Management* zugeordnet. Vorbereitende Maßnahmen wie eine detaillierte Netzwerkanalyse und ein Netzwerkmonitoring sind für das anschließend umzusetzende Tuning oder die Recovery erforderlich. Permanent aktive Netzwerkmonitore sammeln kontinuierlich Daten über die Netzwerkcharakteristik und können somit Probleme aufspüren, die entweder

durch optische und/oder akustische Signale dem Netzwerkoperator mitgeteilt werden. Er kann dann entweder selbst manuell geeignete Maßnahmen durchführen, oder entsprechende Gegenmaßnahmen werden über einen Automatismus (ereignisgesteuerte Prozeduren oder Programmskripte) eingeleitet.

Ein wichtiger Bestandteil des *Operations Management* ist eine dokumentarisch entwickelte Sammlung von Problemen und ihren Lösungen, auch Trouble Ticketing genannt. Jedem Fehlerereignis wird ein Ticket zugeordnet. Die für den Lösungsprozeß entscheidenden Maßnahmen werden automatisch registriert, zusammengetragen und in einem Trouble Ticket festgehalten. Erst wenn ein Problem gelöst ist, die „Problemakte" also geschlossen wird, erfolgt auch eine Terminierung des jeweiligen Trouble Ticket. Aus einem Trouble Ticket gehen stets alle in den Problemlösungsprozeß involvierten Mitarbeiter, Instanzen und konkreten Maßnahmen hervor; es beinhaltet eine umfangreiche Datensammlung mit praxisnahen Informationen, auf die jederzeit zugegriffen werden kann.

Problem/Fault Management

Eine dem *Operations Management* sehr nahestehende Disziplin ist das *Problem-* bzw. *Fault Management*. Es umfaßt in der Regel den eigentlichen Prozeß der Erkennung von Problemsituationen, ihre Analyse (z.B. durch eine Ablaufverfolgung, den *Trace*) bis hin zu ihrer Beseitigung.

Business Management

Unter der Disziplin *Business Management* werden alle Management-Systeme vereinigt, die sich in irgendeiner Weise mit einer Bestandsverwaltung bzw. Inventarisierung beschäftigen, Finanzverwaltungsfunktionen bieten oder Planungsinstrumente zur Verfügung stellen, die jede Art von Ressourcen steuern (z.B. Datenbestände, Maschinen, Anlagen, aber auch Personal oder Termine). Für nahezu jeden dieser Teilbereiche existiert mittlerweile eine respektable Zahl an Software-Produkten, die auf verschiedenen Plattformen angeboten werden. Das Spektrum der Plattformanbieter konzentriert sich dabei auf *SystemView* von IBM, *POLYCENTER* von DEC, *OpenView* von Hewlett-Packard und den *SunNet Manger* von Sun Microsystems.

Application Management

Nahtlos gliedert sich das *Application Management* in die Reihe der Management-Disziplinen ein. Leistungsfähige Anwendungen können heute nicht mehr allein danach beurteilt werden, **ob** ein geplantes Ergebnis erreicht werden kann, sondern das „Wie" ist mindestens ebenso relevant. Wenn für die Erzielung eines bestimmten Ergebnisses die erforderlichen Ressourcen (Netzwerkkapazität, CPU-Leistung, Hauptspeicher usw.) nicht rational eingesetzt werden, so wird sich die Anwendung als unternehmerisches Entscheidungsinstrumentarium nicht durchsetzen können. Bereits im frühen Entwicklungsstadium sind Grundsätze des Software-Engineering genau zu befolgen, damit nicht in einer späteren Phase unnötig nachgebessert werden muß. Anwendungen des Application Management sind in der Lage, Schwachstellen zu offenbaren und somit eine Basis für korrigierende Maßnahmen zu schaffen.

Die Produktfamilie *PATROL* aus dem Hause *BMC Software* repräsentiert eine Software, die auf verschiedenen Plattformen (z.B. HP OpenView, IBM NetView for AIX, POLYCENTER Manager on NetView oder Solstice SunNet Manager) für diese Zwecke eingesetzt werden kann. Insbesondere lassen sich über solche Management-Produkte wichtige Aussagen über die Leistungsfähigkeit von Client-Server-Systemen machen. Ein gesondert entwickeltes Produkt für das Datenbankmanagement und -monitoring für Oracle-Systeme liefert weitere äußerst wichtige Informationen über die Anwendungsschicht.

Im weiteren Verlauf dieses Kapitels wird innerhalb der IBM-Produktstrategie *SystemView* die Management-Plattform *NetView for AIX* (früher: NetView/6000) näher beschrieben, und mögliche Einsatzbereiche werden repräsentativ für andere Plattformen erläutert.

3.1 Einfachstes Netzwerkmanagement

In mittelgroßen oder größeren Netzwerken ist ein leistungsfähiges Netzwerkmanagement nur unter Einsatz entsprechender Plattformen und Anwendungen realisierbar. Eine solche Plattform hat IBM innerhalb der *SystemView*-Architektur durch das Produkt *NetView for AIX* zur Verfügung gestellt. In Abschnitt 3.2 wird diese Management-Philosophie ausführlich beschrieben und die praktische Arbeit am System von der Installation bis zum operativen Management detailliert erläutert. Aus der täglichen Arbeit mit Netzwerkproblemen ist jedoch zu erfahren, daß eine Vielzahl von Störungen auch außerhalb der etablierten Management-Systeme bearbeitet werden können. Dazu werden lediglich einige gängige, in nahezu allen TCP/IP-Implementierungen verfügbare (und damit kostenlose) Hilfsmittel benötigt: die eigentlich allerorts bekannten `ping`-, `traceroute`- und `netstat`-Kommandos. Ob man sich in einer reinen UNIX-Umgebung befindet, auf einem Windows NT oder einem OS/2 Warp Connect, überall existieren (zum Teil unterschiedliche) Implementierungen dieser äußerst hilfreichen Utililties. Die Informationen, die aus einer Verwendung dieser Tools bezogen werden können, reichen in vielen Fällen (vor allem in einer ersten Phase des First Level Supports) bereits aus, um eine vernünftige Fehlerdiagnose vornehmen zu können. Kleinere Netzwerke, deren Management ohnehin ohne komplexe (und auch kostspielige) Management-Anwendungen auskommen muß, sind auf die Verfügbarkeit solcher Werkzeuge unbedingt angewiesen.

3.1.1   Das „ping"-Kommando

Der *Ping* ist gewissermaßen als Versuch zu verstehen, einen Kommunikationspartner auf einer bestimmten Protokollschicht zu erreichen. Er basiert auf dem innerhalb des Layer 3 gelegenen (IP; Internet Protocol), aber bereits an Layer 4 angrenzenden Protokoll ICMP (Internet Control Message Protocol) und verwendet zur Adressierung seines Partners die IP-Adresse.

Soll also beispielsweise überprüft werden, ob ein bestimmter IP-Host über das IP-Netzwerk erreicht werden kann, so ist dies mit der Eingabe:

`ping <hostname>` oder `ping <ip-adresse>`

möglich.

Beispiel:

Wenn ein IP-Host innerhalb des IP-Netzwerkes erreichbar bzw. adressierbar ist, ruft die Eingabe `ping 190.122.45.33` folgende Anzeige hervor:

```
PING 190.122.45.33 (190.122.45.33): 56 data bytes
64 bytes from 190.122.45.33: icmp_seq=0 ttl=255 time=2 ms
64 bytes from 190.122.45.33: icmp_seq=1 ttl=255 time=2 ms
64 bytes from 190.122.45.33: icmp_seq=2 ttl=255 time=2 ms
64 bytes from 190.122.45.33: icmp_seq=3 ttl=255 time=2 ms
64 bytes from 190.122.45.33: icmp_seq=4 ttl=255 time=2 ms
^C
--- 190.122.45.33 ping statistics ---
5 packets transmitted, 5 packets received, 0% packet loss
round-trip min/avg/max = 2/2/2 ms
```

Es werden zum Ziel-Host ohne weitere Angabe von Parametern (Default-Einstellung) ICMP-Frames in einer Größe von 64 Bytes versendet. Entsprechend den ICMP-Protokollkonventionen nennt man den von der sendenden Station abgehenden Frame *ICMP-Request* und den von der Zielstation empfangenen Frame *ICMP-Reply* (Abbildung 3-3). Diese Frames bestehen aus 8 Bytes Header-Informationen und 56 Bytes Daten. Die jeweils benötigte Zeit für einen „Ping-Zyklus", d.h. für den Weg zum Ziel-Host und wieder zurück, wird in Millisekunden angegeben.

Der Ping wird normalerweise durch die Tastenkombination <ctrl-c> abgebrochen. Anschließend wird das Ergebnis angezeigt. In obigem Beispiel wurden fünf Frames (Datenpakete) versendet und ebensoviele empfangen. Die verlustfreie Übertragung wird durch `0% packet loss` dokumentiert. Sollten in einer solchen Datagrammsendung

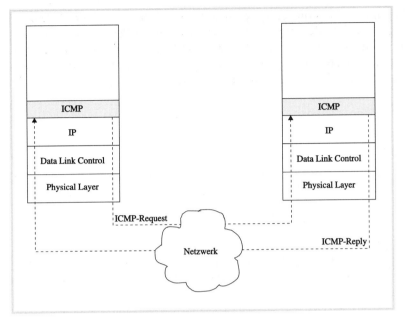

Abbildung 3-3:   *ICMP-Messages beim „Ping"*

Störungen auftreten, so enthält die Übertragungssequenz „Aussetzer". Das sind fehlende
ICMP-Replies; die Anzeige sieht dann beispielsweise folgendermaßen aus:

```
PING 190.122.45.33 (190.122.45.33): 56 data bytes
64 bytes from 190.122.45.33: icmp_seq=0 ttl=255 time=120 ms
64 bytes from 190.122.45.33: icmp_seq=1 ttl=255 time=250 ms
64 bytes from 190.122.45.33: icmp_seq=2 ttl=255 time=828 ms
64 bytes from 190.122.45.33: icmp_seq=4 ttl=255 time=200 ms
64 bytes from 190.122.45.33: icmp_seq=5 ttl=255 time=572 ms
64 bytes from 190.122.45.33: icmp_seq=8 ttl=255 time=1052 ms
64 bytes from 190.122.45.33: icmp_seq=9 ttl=255 time=452 ms
^C
--- 190.122.45.33 ping statistics ---
10 packets transmitted, 7 packets received, 30% packet loss
round-trip min/avg/max = 120/496/1052 ms
```

Die hier sichtbaren hohen Antwortzeiten von durchschnittlich etwa einer halben Sekunde sind für den Normalbetrieb in einem LAN völlig unüblich. Dort werden in aller
Regel kaum meßbare Verzögerungen auftreten und daher ein *Delay* (time = x) von 0 bis
5 ms ermittelt werden. In diesem Fall liegen entweder erhebliche LAN-Störungen vor,
oder es handelt sich um eine stark überlastete WAN-Verbindung mit geringer Bandbreite.

In einigen Ping-Implementierungen lassen sich beim Aufruf sogar mehrere Parameter angeben, so daß gezielte Messungen vorgenommen werden können (z.B. Umfang des Datenanteils im ICMP-Frame, Zeit-Intervall zwischen den einzelnen ICMP-Requests, Anzahl der durchzuführenden „Pings" usw.). Eine Syntaxanweisung läßt sich zumeist durch den parameterlosen Aufruf des Ping erzwingen:

```
ping [ -d] [  -n ] [  -q ] [ -r] [ -v] [  -R ]
     [  -c Count ] [ -f |  -i Wait ] [  -l Preload ]
     [  -p Pattern ] [  -s  PacketSize ]
     Host [  Packet-Size [  Count ] ]
```

Wieder andere Implementierungen verfügen lediglich über eine einfache Ping-Version, die nur Auskunft darüber gibt, ob der Ziel-Host erreicht werden kann, etwa durch:

```
node 190.122.45.33 alive
```

Folgt auf einen Ping-Aufruf jedoch keinerlei Reaktion, so muß davon ausgegangen werden, daß der Ziel-Host über IP nicht angesprochen werden kann und somit auch andere Anwendungen übergeordneter Protokolle (z.B. TELNET oder FTP) nicht erfolgreich eingesetzt werden können.

Die Ursache für ein Fehlschlagen des Ping ist jedoch nicht immer eine Netzwerkstörung, sondern es ist natürlich auch möglich, daß aufgrund der unterschiedlichen Netzwerkstruktur mit dem Ziel-Host nicht kommuniziert werden kann. Befinden sich nämlich beide IP-Hosts in unterschiedlichen Subnetzen und fehlt ein entsprechender Routing-Eintrag (z.B. die Default-Route), dann kann ein *ARP-Request* nicht aufgelöst werden (Address Resolution Protocol; ein ARP-Request wird genau dann versendet, wenn der sendende IP-Host nicht über Adreßinformationen des gewünschten Zielknotens verfügt). Ein Router, der weitere „Erkundigungen" hätten einholen können, sollte schließlich nicht bemüht werden (fehlender Routing-Eintrag).

3.1.2   Das „traceroute"-Kommando

Für die Verfolgung eines Datenframe innerhalb eines Netzwerkverbundes und die Überprüfung seiner Route läßt sich das traceroute-Kommando einsetzen. Die auf seinem Wege passierten Router werden mit ihrer IP-Adresse angegeben:

```
0   190.122.45.33 (190.122.45.33)  32 ms  31 ms  63 ms
1   190.115.12.1 (190.115.12.1)  62 ms  32 ms  62 ms
2   190.144.0.5 (190.144.0.5)  94 ms  125 ms  94 ms
```

Auf diese Art und Weise kann auch eine Laufzeitbestimmung für Datenpakete vorgenommen werden, denn die Laufzeit zu jedem Router wird, ebenso wie beim Ping, ermittelt und ausgegeben.

3.1.3   Das „netstat"-Kommando

Eine Fülle unterschiedlicher Informationen über den Netzwerkstatus des eigenen Rechners lassen sich über das `netstat`-Kommando abrufen. Mehrere Parameter sind einsetzbar. Der parameterlose Aufruf des Kommandos führt zur Anzeige der einzelnen Optionen:

```
netstat

Usage: netstat [ -? ] | [ -mtuisprcna ]

Where:
m - mbufs
t - tcp
u - udp
i - ip
s - sockets
r - routes
c - icmp
n - interfaces
a - address
p - arp
? - help
```

Als Grundlage für eine Beurteilung des Informationsgehaltes der einzelnen Optionen, werden die wichtigsten von ihnen im folgenden anhand von Beispielen vorgestellt:

```
netstat -t

connections initiated                0
connections accepted                 0
connections established              0
connections dropped                  0
embryonic connections dropped        0
conn. closed (includes drops)        0
segs where we tried to get rtt       0
times we succeeded                   0
delayed acks sent                    0
conn. dropped in rxmt timeout        0
retransmit timeouts                  0
persist timeouts                     0
keepalive timeouts                   0
keepalive probes sent                0
connections dropped in keepalive     0
total packets sent                   0
```

```
data packets sent                      0
data bytes sent                        0
data packets retransmitted             0
data bytes retransmitted               0
ack-only packets sent                  0
window probes sent                     0
packets sent with URG only             0
window update-only packets sent   0
control (SYN|FIN|RST) packets sent 0
RST packets sent                       0
total packets received                 0
packets received in sequence           0
bytes received in sequence             0
packets received with ccksum errs 0
packets received with bad offset  0
packets received too short             0
duplicate-only packets received        0
duplicate-only bytes received          0
packets with some duplicate data  0
dup. bytes in part-dup. packets   0
out-of-order packets received          0
out-of-order bytes received            0
packets with data after window         0
bytes rcvd after window                0
packets rcvd after close               0
rcvd window probe packets              0
rcvd duplicate acks                    0
rcvd acks for unsent data              0
rcvd ack packets                       0
bytes acked by rcvd acks               0
rcvd window update packets             0


netstat -i

total packets received 156
checksum bad 0
packet too short 0
not enough data 0
ip header length < data size 0
ip length < ip header length 0
fragments received 0
frags dropped (dups, out of space) 0
fragments timed out 0
packets forwarded 0
```

```
packets rcvd for unreachable dest 110
packets forwarded on same net 0
requests for transmission 30
output packets discarded because no route could be found 0
input packets delivered successfully to user-protocols 46
input packets with an unknown protocol 0
output packets successfully fragmented 0
output fragments created 0
fragmentation failed 0
successfully assembled packets 0
```

```
netstat -r
```

destination	router	refcnt	use	flags	snmp metric	intrf
default	190.122.0.5	0	18	UG	-1	lan0
190.122.0.0	190.122.45.33	0	0	U	-1	lan0

Die hier verwendeten Abkürzungen bedeuten:

U: aktiv
G: Route verwendet Gateway

```
netstat -n
```

```
Interface 0: 802.5
physical address    400000035661      MTU 1500
```

```
speed 4000000 bits/sec
unicast packets received 35
broadcast packets received 189
total bytes received 25306
unicast packets sent 33
broadcast packets sent 2
total bytes sent 2388
packets discarded on transmission 0
packets discarded on reception 0
received packets in error 0
errors trying to send 0
packets received in unsupported protocols 0
```

```
netstat -a
```

```
addr   190.122.45.33 interface 0 mask ffff0000 broadcast  190.122.255.255
```

```
netstat -p

        ARP table contents:
interface      hardware address        IP address    minutes since
                                                           last use
    0          550020008128            190.122.0.5      3
    0          100020038888            190.122.12.51    0
```

Einzelheiten zu den hier vorgestellten Tools und anderen interessanten Werkzeugen für Monitoring- und Management-Zwecke finden sich in folgendem RFC:

```
1470 I R. Enger, J. Reynolds, "FYI on a Network Management
        Tool Catalog: Tools for Monitoring and Debugging
        TCP/IP Internets and Interconnected Devices",
        06/25/1993. (Pages=216) (Format=.txt)
        (FYI 2) (Obsoletes RFC1147)
```

3.2   NetView for AIX

Eine vom konzeptionellen Ansatz her sehr gute Plattform für die Integration verschiedener Management-Systeme stellt das Produkt *NetView for AIX* von IBM dar. Innerhalb der eigenen SystemView-Philosophie stellt IBM damit eine Software zur Verfügung, die mit dem zur Zeit auf dem Markt verfügbaren Potential an Management-Anwendungen (auch von Fremdanbietern) nahezu das gesamte Spektrum des Systemmanagements abdecken kann. Die Vielfalt und Leistungsfähigkeit einzelner Anwendungen für Net-View erlaubt es daher nicht, auf diese näher einzugehen (siehe Abschnitt 3.2.9). Die Ausnahme bildet hier der im nächsten Kapitel ausführlich behandelte *Distributed Sniffer Server (DSS)* von Network General, ein hervorragendes Monitoring- und Analyse-Tool, das weltweit wohl als Marktführer eingeschätzt werden kann.

NetView for AIX wird von IBM auch in einer „Entry-Version" angeboten, die für ein zentrales Management von bis zu 32 Netzwerkkomponenten gedacht ist. Es fungiert somit als preiswerte Alternative für kleinere Netzwerke.

3.2.1 Herkunft und Vererbung des Produkts

In einer überaus engen Bindung stehen die drei Produkte HP OpenView, IBM NetView for AIX und DEC Polycenter/Netview. Alle Plattformen entstammen der Entwicklerriege von Hewlett-Packard und haben OpenView als Basiskomponente für ihre eigenen Werkzeuge auserkoren. IBM hat die wesentlichen Bestandteile von HP OpenView in Lizenz übernommen und nach eigenen Vorstellungen modifiziert. Diese Komponente wurde später bei DEC für Polycenter/Netview in analoger Weise übernommen. Jedes Unternehmen hat aus seiner Sicht relevante proprietäre oder allgemeine Leistungsmerkmale hinzugefügt und unter eigener Flagge auf den Markt gebracht.

Alle Produkte basieren primär auf SNMP, dem Simple Network Management Protocol, das für jeden Transport von Monitoring-, Analyzing- und Management-Informationen zuständig ist. Die implementierten Anwendungen verwenden den SNMP-Protokoll

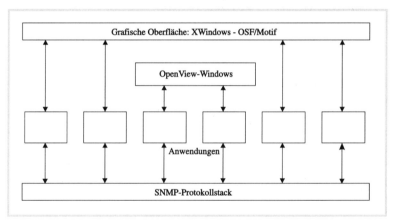

Abbildung 3-4:   *OpenView-Architektur*

stack und reichen die Informationen an die übergeordneten grafischen Oberflächen weiter (Abbildung 3-4). Dabei werden als Network Node Manager (Basismodul) folgende Funktionen innerhalb der Systemmanagement-Disziplinen unterstützt:

- Automatisches Konfigurieren von Netzwerkknoten
- Automatisches Entdecken von Netzwerkknoten
- Automatische Erkennung von Veränderungen im Netzwerk
- Ermittlung des Netzwerkstatus
- Durchführung einer Netzwerkdiagnose
- Ereignissteuerung unter Aufsicht des Operators
- Überwachung von Systemressourcen
- Darstellung von Statistiken zum Datenverkehr
- Zusammenspiel mit Datenbanken für das Objektmanagement

■ Implementierung verschiedener MIBs (MIB-Loader, MIB-Browser)
■ SNMP-Eventmonitor
■ Einbindung eigener ereignissensitiver Anwendungen

Das von IBM weiterentwickelte NetView for AIX (in den nachfolgenden Abschnitten wird die Version 3.1 zugrunde gelegt) wurde als Basis für Polycenter/Netview von DEC in Lizenz genommen und für die Integration eigener Netzwerkkomponenten und -protokolle entsprechend modifiziert. Will man dies auch für das IBM-Produkt erreichen, d.h. sollen auch DECnet-Komponenten ins Management integriert werden, so benötigt man für diese Aufgaben eine zusätzliche Anwendung (z.B. das Produkt DNM der Firma KI Networks, Incorporated).

3.2.2   Management-Applikationen

Ohne bereits auf einzelne Leistungsmerkmale von NetView for AIX einzugehen, lassen sich grundsätzlich zwei Ansätze verfolgen. Sollten ausreichend finanzielle Ressourcen zur Verfügung stehen und aufgrund der Komponentenvielfalt sichere Management-Funktionen benötigt werden, so ist der Einsatz von Management-Applikationen geboten. Will man jedoch in kleineren Netzwerken ganz besondere, nicht standardisierbare Management-Ziele realisieren und den finanziellen Aufwand in Grenzen halten, so sollte man über die Entwicklung eigener Anwendungen für die Integration in NetView nachdenken.

Natürlich macht ein „Ausschließlichkeitsdenken" hier keinen Sinn. Man kann nicht den Einsatz von Management-Applikationen favorisieren und dabei Eigenentwicklungen in Form von Skripten oder Prozeduren völlig ablehnen. Lediglich dort, wo der Aufwand zur Entwicklung eigener Prozeduren zu groß ist, sollten gekaufte Applikationen, am besten direkt vom Hersteller (z.B. CISCO Works), zum Einsatz kommen. Die Absicht, eigene Anwendungen für das Management von CISCO-Routern zu entwickeln, sollte man schnell verwerfen.

Es sei hier nochmals explizit darauf hingewiesen, daß die Anschaffung einer Plattform wie NetView for AIX lediglich *den ersten Schritt* zum Systemmanagement bedeutet. Die Plattform selbst bietet noch keinerlei effektives Management, sondern stellt lediglich einige Monitoring-Funktionen zur Verfügung (von einigen Basisfunktionen einmal abgesehen: grafische Darstellung der Netzwerktopologie, Erkennung von Ressourcen und ihren Statusänderungen usw.). Das eigentliche Management steht und fällt mit den zu implementierenden Anwendungen (siehe Abschnitt 3.2.9) oder eigenen Entwicklungen.

Wie bereits erwähnt, sollte das mitunter sehr mühselige Herstellen eigener Anwendungen nicht völlig außer acht gelassen werden. Oft liegen in bestimmten Bereichen des Netzwerkes Situationen vor, die durch Standardmaßnahmen, wie sie durch die Fremdapplikationen der Komponentenhersteller angeboten werden, nicht ausreichend abgedeckt werden können. NetView ermöglicht die Integration drei unterschiedlicher Anwendungstypen.

3.2.2.1 Drop-in-applications

Eine *Drop-in-application* ist eine Anwendung, die lediglich in die Menüstruktur des NetView eingefügt werden kann, ohne dabei das NetView-API zu verwenden. Es handelt sich dabei in der Regel um Einzelanwendungen (stand alone applications), die mit internen NetView-Mechanismen nur wenig zu tun haben. Diese Anwendungen müssen lediglich in ein *Application Registration File* (ARF) aufgenommen werden, das auch das Kommando definiert, das bei Aktivierung des entsprechenden Menüeintrages ausgeführt werden soll. Es ist sogar möglich, die Ausführung des Programms vom Typ des Objektes abhängig zu machen, das zum Zeitpunkt der Ausführung markiert ist (das Kommando wird beispielsweise nur dann ausgeführt, wenn es sich bei dem selektierten Objekt um einen Gateway handelt). Die in Kapitel 4 behandelte Anwendung *DSS* (Distributed Sniffer Server) von Network General ist eine solche Drop-in-application.

Die Dateien zur Registrierung für die NetView-Menüstruktur befinden sich im Verzeichnis `/usr/OV/registration/C`. Die Syntax der einzelnen Menüdefinitionen sind mit der Syntax der Programmiersprache C nahe verwandt. Die Definition des NetView-Standardmenüs ist in der Datei `ovw` hinterlegt und sieht folgendermaßen aus:

```
Application "NetView Windows"
{
    Description {
        "Main User Interface",
        "Submap Windows and Function Menus"
    }

    Version "V3R1";

    Copyright {
      "Licensed Program Product:",
      " NetView for AIX",
      "(C) COPYRIGHT International Business Machines Corp. 1992,1994",
      "(C) COPYRIGHT Hewlett-Packard Co. 1992",
      "    All Rights Reserved",
      "US Government Users Restricted Rights - Use, duplication,",
      "or disclosure restricted by GSA ADP Schedule Contract with",
      "IBM Corp. and its licensors",
      ""
    }
```

```
HelpDirectory "OVW";


/*
**
** OVw MenuBars
**
*/


/*
**  File
*/


MenuBar <100> File _F
{
    <100>    "New Map..."              _N      f.new_map;
    <100>    "Open Map..."             _O      f.avail_maps;
    <100>    "Describe Map..."         _M      f.map_desc;
    <100>    "Refresh Map"             _R      f.refresh_map;
    <100>    "Save Map As..."          _A      f.save_map;
    <100>    "Delete Map..."           _D      f.avail_maps;
    <100>    "Map Snapshot"            _h      f.menu "Map Snapshot";
    <0>      "Exit"                    _E      Ctrl<Key>E      f.exit;
}


Menu "Map Snapshot"
{
    <100>    "Open..."                 _O      f.avail_snaps;
    <100>    "Create..."               _r      f.create_snap;
    <100>    "Delete..."               _D      f.avail_snaps;
    <100>    "Describe..."             _s      f.snap_desc;
    <100>    "Close"                   _C      f.close_snapshot;
}



/*
**  Edit
*/


MenuBar <100> "Edit" _E
{
    <100>    "Add"                     _A      f.menu "Add";
    <100>    "Create Submap..."        _r      f.new_submap;
    <100>    "Cut"                     _t      f.menu Cut;
    <100>    "Copy"                    _C      f.menu Copy;
```

```
    <100>   "Paste"                              _P
Ctrl<Key>P       f.paste;
    <100>   "Modify/Describe"                    _M
f.menu "Modify Description";
    <100>   "Hide Objects"                       _H       f.menu Hide;
    <100>   "Show Hidden Objects"                _S
f.menu "Show Hidden";
    <100>   "Delete Object"                      _D       f.menu Delete;
    <100>   "Delete Submap"                      _e
f.menu "Delete Submap";
    <100>   "Select Background Picture..."  _B       f.submap_desc;
}


Menu "Delete Submap"
{
    <100>   "This Submap"            _T       f.delete_smap;
    <100>   "Any Submap..."          _A       f.list_submaps;
}


Menu "Modify Description"
{
    <100>   "Object..."             _O Ctrl<Key>O f.obj_desc;
    <100>   "Submap..."             _S       f.submap_desc;
    <100>   "Map..."                _M       f.map_desc;
    <100>   "Snapshot..."           _h       f.snap_desc;
}
Menu "Add"
{
    <100>   "Object..."             _O       f.add_obj;
    <100>   "Connection..."         _C       f.add_conn;
}


Menu Copy
{
    <100>   "From This Submap"      _T Ctrl<Key>C f.copy_obj_smap;
    <100>   "From All Submaps"      _A       f.copy_obj;
}


Menu Cut
{
    <100>   "From This Submap"      _T       f.cut_obj_smap;
    <100>   "From All Submaps"      _A       f.cut_obj;
}
```

```
Menu Delete
{
    <100>    "From This Submap"      _T        f.delete_obj_smap;
    <100>    "From All Submaps"      _A        f.delete_obj;
}


Menu Hide
{
    <100>    "From This Submap"      _T        f.hide_obj_smap;
    <100>    "From All Submaps"      _A        f.hide_obj;
}


Menu "Show Hidden"
{
    <100>    "For This Submap"       _T        f.unhide;
    <100>    "For All Submaps"       _A        f.unhide_all;
}


/*
**  View
*/

MenuBar <100> View _V
{
    <100>    "Highlights"            _H        f.menu Highlights;
    <100>    "User Plane"            _U        f.menu "User Plane";
    <100>    "Automatic Layout"      _A        f.menu "Automatic Layout";
    <100>    "Redo Layout"           _R        f.redolayout;
    <100>    "Open Submap..."        _O        f.list_submaps;
}


Menu "User Plane"
{
    <100>    "For This Submap"       _T        f.submap_user_plane;
    <100>    "For All Submaps"       _A        f.map_user_plane;
}


Menu "Automatic Layout"
{
    <100>    "For This Submap"       _T        f.submap_layout;
    <100>    "For All Submaps"       _A        f.map_layout;
}
```

```
Menu Highlights
{
    <100>   "Select Highlights"     _S    Ctrl<Key>H     f.select_highlighted;
    <100>   "Undo Highlights"       _U                   f.clear_highlights;
}



/*
**  Locate
*/

MenuBar <100> "Locate" _L
{
    <100>   "Selected Objects List..."     _L    Ctrl<Key>L    f.sel_objs;
    <100>   "Objects"                      _O                  f.menu Objects;
    <100>   "Submap..."                    _S    Ctrl<Key>S    f.list_submaps;
}

Menu Objects
{
    <100>   "By Selection Name..."   _N Ctrl<Key>N    f.locate_name;
    <100>   "By Attribute..."        _A Ctrl<Key>A    f.locate_attr;
    <100>   "By Comment..."          _C    f.locate_comment;
    <100>   "By Symbol Status..."    _S    f.locate_status;
    <100>   "By Symbol Type..."      _T    f.locate_type;
    <100>   "By Symbol Label..."     _L    f.locate_label;
}

/*
**  Options
*/

MenuBar <100> "Options" _p
{
    <100>   "Manage Objects"       _M    f.manage_objects;
    <100>   "Unmanage Objects"     _U    f.unmanage_objects;
    <100>   "Acknowledge"          _A    f.acknowledge;
    <100>   "Unacknowledge"        _n    f.unacknowledge;
    <50>    "Set Default Map..."   _D    f.avail_maps;
    <50>    "Set Home Submap..."   _H    f.sh_submap;
}
```

```
MenuBar <100> "Monitor" _M
{
}

MenuBar <100> "Test" _T
{
}

MenuBar <100> "Tools" _o
{
}

MenuBar <100> "Administer" _A
{
}

MenuBar <100> "Help" _H
{
    <100>  "Indexes"                    _I      f.menu "Help Index";
    <100>  "NetView for AIX Help"       _P      f.product_help;
    <100>  "NetView for AIX Library"    _R      f.action nv_library;
    <100>  "On Help"                    _H      f.on_help;
    <100>  "Legend"                     _L      f.disp_legend;
    <100>  "AIX Base OS InfoExplorer"   _B      f.action base_infoexpl;
    <100>  "On Version"                 _V      f.on_version;
}

Menu "Help Index"
{
    <100>   "Applications" _A      f.app_index;
    <100>   "Tasks"        _T      <Key>F1        f.task_index;
    <100>   "Functions"    _F      f.function_index;
}

/******* Popups ***/

Objectmenu
{
    <100>   "Edit"      _E          f.menu P_Edit;
    <100>   "View"      _V          f.menu P_View;
    <100>   "Options"   _p          f.menu P_Options;
    <100>   "Monitor"   _M          f.menu P_Monitor;
```

```
    <100>    "Test"              _T           f.menu P_Test;
    <100>    "Tools"             _o           f.menu P_Tools;
    <100>    "Administer"        _A           f.menu P_Administer;
}


/*
**  Edit Popup
*/

Menu "P_Edit"
{
    <100>    "Cut"                       _t    f.menu P_Cut;
    <100>    "Copy"                      _C    f.menu P_Copy;
    <100>    "Hide"                      _H    f.menu P_Menu_Hide;
    <100>    "Delete"                    _D    f.menu P_Menu_Delete;
    <100>    "Set Star Center"           _S    f.star_center;
    <100>    "Change Symbol Type..."     _y    f.change_symbol;
    <100>    "Modify/Describe"           _M    f.menu P_Modify_Description;
}


Menu P_Cut
{
    <100>    "From This Submap"          _T    f.cut_obj_smap;
    <100>    "From All Submaps"          _A    f.cut_obj;
}


Menu P_Copy
{
    <100>    "From This Submap"    _T Ctrl<Key>C    f.copy_obj_smap;
    <100>    "From All Submaps"    _A               f.copy_obj;
}


Menu P_Menu_Hide
{
    <100>    "Symbol..."           _y               f.hide_symbol;
    <100>    "Object..."           _O Ctrl<Key>O    f.menu P_Hide;
}


Menu P_Hide
{
    <100>    "From This Submap"          _T    f.hide_obj_smap;
    <100>    "From All Submaps"          _A    f.hide_obj;
}
```

```
Menu P_Menu_Delete
{
    <100>    "Symbol..."              _y              f.delete_symbol;
    <100>    "Object..."              _O Ctrl<Key>O   f.menu P_Delete;
}


Menu P_Delete
{
    <100>    "From This Submap"       _T      f.delete_obj_smap;
    <100>    "From All Submaps"       _A      f.delete_obj;
}


Menu P_Modify_Description
{
    <100>    "Symbol..."              _y              f.desc_symbol;
    <100>    "Object..."              _O Ctrl<Key>O   f.desc_object;
}


/*
**  View Popup
*/


Menu P_View
{
    <100>    "Open"                   _O      f.open_symbol;
}


/*
**  Options Popup
*/


Menu "P_Options"
{
    <100>    "Manage Object"          _M      f.manage_objects;
    <100>    "Unmanage Object"        _U      f.unmanage_objects;
    <100>    "Acknowledge"            _A      f.acknowledge;
    <100>    "Unacknowledge"          _n      f.unacknowledge;
}


Menu "P_Monitor"
{
}


Menu "P_Test"
```

```
    {
    }

    Menu "P_Tools"
    {
    }

    Menu "P_Administer"
    {
    }

/*******/

    /* action for Dynatext */
    Action nv_library {
        Command "${info:-/usr/ebt/bin/dtext}";
    }
    /* action for Base InfoExplorer  */
    Action base_infoexpl {
        Command "${info:-/usr/bin/info}";
    }
}
```

Für eine Menüintegration der DSS-Anwendung von Network General wird die Datei ngc_smx_apps mit folgendem Aufbau eingerichtet (wird bei der DSS-Installation automatisch vorgenommen):

```
/*
 * $Id: ngc_smx_apps,v 3.6 1995/03/21 01:43:07 hon Exp $
 * $Log: ngc_smx_apps,v $
 * Revision 3.6  1995/03/21  01:43:07
 */


Application "Network General Apps" {
        Version "3.0";
        Description {
                "This menu handles the Network General",
                "Programs:",
                "",
                "Alarmmanager -- provides information",
                "  about current Sniffer Server alarms.",
                "SniffMaster -- provides virtual access",
                "  to a Sniffer server.",
                "SniffView -- provides a list of Sniffer",
```

```
                "  Servers and a current status."
        }
        Copyright {
                "(C) 1993 -- 1995 Network General Corporation"
        }


        MenuBar <100> "Diagnose" _D
        {
         <100> "Network General Apps" _N f.menu "NGC";
        }


        Menu "NGC"
        {
         <100> "SniffMaster" _S f.action "sniffmaster";
         <100> "Alarmmanager" _A f.action "alarmmanager";
         <100> "SniffView" _V f.action "sniffview";
        }


        Action "sniffmaster"
        {
                SelectionRule isSnifferServer;
                MinSelected 1;
                MaxSelected 1;
                Command "smx xsniffmaster -server ${OVwSelection1}";
        }


        Action "alarmmanager"
        {
                Command "smx alarmmanager";
        }


        Action "sniffview"
        {
                Command "smx sniffview";
        }


}
```

Werden lediglich einfache Programmaufrufe in die Menüstruktur integriert, so muß beispielsweise folgendes kodiert werden:

```
Application "Verwaltung" {

        MenuBar <100> "Verwaltung" _V
        {
         <100> "Telnet" _T f.menu "Telnet";
        }

        Menu "Telnet"
        {
         <100> "Host 190.122.45.33" _1 f.action "host1";
         <100> "Host 190.122.45.35" _2 f.action "host2";
        }

        Action "host1"
        {
                Command "telnet 190.122.45.33";
        }

        Action "host2"
        {
                Command "telnet 190.122.45.35";
        }

}
```

3.2.2.2   Tool Applications

Tool Applications sind Anwendungen, die sich nahtlos in die NetView-Plattformkonzep-
tion einfügen lassen. Sie verwenden die NetView-for-AIX-Programming-Interfaces und
bedienen sich dadurch einer Vielzahl von Bibliotheksfunktionen. Sie verwenden *Application Tools*, die sich aus einer Menge integrierter Funktionen zusammensetzen und
dem Anwender in einem oder mehreren Fenstern präsentiert werden. Tool Applications
besitzen folgende Merkmale:

▨ Tool Applications werden über NetView-Menüs oder ausführbare Symbole aktiviert.
▨ Tool Applications können Map-Objekte manipulieren.
▨ Tool Applications nutzen ein Subset von NetView-API-Routinen.

Auch wenn Tool Applications das Erscheinungsbild von Maps verändern können (z.B.
Highlighting von Objekten), so erfolgt jedoch keine Modifikation des Map-Inhaltes oder
Manipulation der Objektdatenbank.

Tool Applications greifen ebenso wie Drop-in-applications auf die *Application Registration Files* zu.

3.2.2.3   Map Applications

Map Applications verändern in erster Linie die Inhalte der Maps und führen außerdem Modifiktionen in der Objektdatenbank durch. Sie stellen gewissermaßen das operative Instrument für eine Abbildung der realen Netzwerkstruktur auf der Management-Plattform zur Verfügung. Beziehungen zu Objekten werden hergestellt und in geeigneter Form grafisch dargestellt. Es können „Kind-Objekte", die *Submaps*, generiert werden, die eine Teilmenge der übergeordneten Map beinhalten und verwalten. Für die grafische Darstellung selbst ist nicht die Map Application zuständig, sondern das grafische Interface von NetView for AIX. Es realisiert die Vermittlungsschnittstelle zwischen dem Anwender und der Map Application.

3.2.3   Installation

Wenn man mit der Installation von Software auf Personal Computern vertraut ist, wird man nun feststellen, daß das entsprechende Verfahren auf einer RS/6000 völlig anders abläuft. Hier wird keine Installation über Disketten vorgenommen, sondern es werden Massendatenträger wie CD oder auch Bandkassetten verwendet. Zum Zeitpunkt dieser Installation war eine Version auf CD noch nicht verfügbar, so daß nun eine Beschreibung des Installationsvorganges über ein Bandlaufwerk erfolgt.

3.2.3.1   Systemvoraussetzungen

Für eine Installation wird folgende Hard- und Software benötigt:

- Systemeinheit RS/6000 (verschiedene Modelle)
- Hauptspeicher von mindestens 128 MBytes (empfohlen)

Die Dimensionierung des Hauptspeichers ist direkt abhängig von der Anzahl von Objekten in der Objektdatenbank (Tabelle 3-1).

Anzahl Objekte	Hauptspeicherempfehlung
bis 2000	64 MB
bis 5000	64 MB
bis 10000	80 MB
bis 15000	96 MB

Tabelle 3-1:
Hauptspeicherbedarf in Abhängigkeit zur Anzahl von Objekten

Ferner sollten für jeden weiteren User etwa 32 MB eingerechnet werden. Das gilt auch für weitere Anwendungen (z.B. CISCO WORKS oder Trouble Ticket), die unter der NetView-Plattform implementiert werden sollen.

▨ Mindestens 1 GByte Festplatte (empfohlen)

Für die Installation der Software selbst werden 100 MBytes benötigt. Für je 200 Nodes muß pro Map ein MByte berücksichtigt werden. Für 5000 Nodes und vier User, die je eine Map betreiben, sind das 25 x 4 x 1 = 100 MBytes. Für den Einsatz einer relationalen Datenbank werden weitere 20 bis 30 MBytes Festplattenplatz benötigt; die Online-Help beansprucht 15 MBytes.

Für den Mindest-Hauptspeicherbedarf muß ein Paging Space von 192 MBytes eingerichtet werden. Höherer Hauptspeicherbedarf erfordert entsprechend höheren Paging Space (Tabelle 3-2).

Hauptspeicher	Paging Space
64 MB	192 MB
80 MB	240 MB
96 MB	288 MB
128 MB	320 MB
160 MB	400 MB
192 MB	480 MB
>256 MB	Wert: doppelter Hauptspeicher

Tabelle 3-2:
Hauptspeicher/Paging Space

Ein System mit 5000 Nodes, zwei Usern und einer Anwendung erfordert demnach mindestens: 128 MBytes Hauptspeicher und 500 bis 600 MB Festplattenplatz.

▨ AIX-Version 3, Release 2.5 mit folgenden PTFs:

```
prereq bosnet.snmpd.obj v=3 r=2 p=U428290
prereq X11rte.obj v=1 r=2 m=3 p=U431144
prereq X11rte.obj v=1 r=2 m=3 p=U432909
prereq X11rte.obj v=1 r=2 m=3 p=U428199
prereq X11rte.obj v=1 r=2 m=3 p=U428198
prereq X11rte.motif1.2.obj v=1 r=2 m=3 p=U432350
prereq X11rte.motif1.2.obj v=1 r=2 m=3 p=U428196
prereq X11rte.motif1.2.obj v=1 r=2 m=3 p=U433184
```

- XWindow-System-Version 11, Release 5
- X11-Schriften (fonts):

  X11fnt.ibm850.pc.fnt
  X11fnt.coreX.fnt
  X11fnt.kanji.aixfnt

- OSF/Motif-Version 1, Release 2 (mit den jüngsten PTFs)
- SNMP-Agent

3.2.3.2   Installation über das SMIT

Die Verwendung des SMIT (System Management Interface Tool) ist für die Installation jeder Software obligatorisch, denn nur so lassen sich Unachtsamkeiten während einer manuellen Installation über die Kommandozeile vermeiden. SMIT stellt ein geführtes Installationsverfahren zur Verfügung, das alle erforderlichen Aktivitäten selbständig

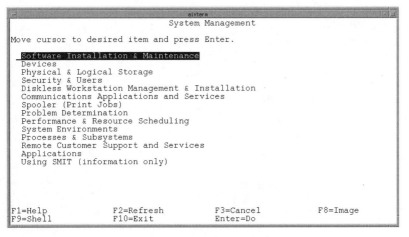

Abbildung 3-5:   *SMIT – textorientiert*

ausführt. Er läßt sich in zwei Modi starten. Bei Aufruf von `smitty` wird es im Textmodus aktiviert (Abbildung 3-5). Die Bedienung in diesem Modus ist in der Regel schneller, da sie auf eine aufwendige grafische Darstellung verzichtet. Bei Eingabe von `smit` wird die grafische Version gestartet (Abbildung 3-6).

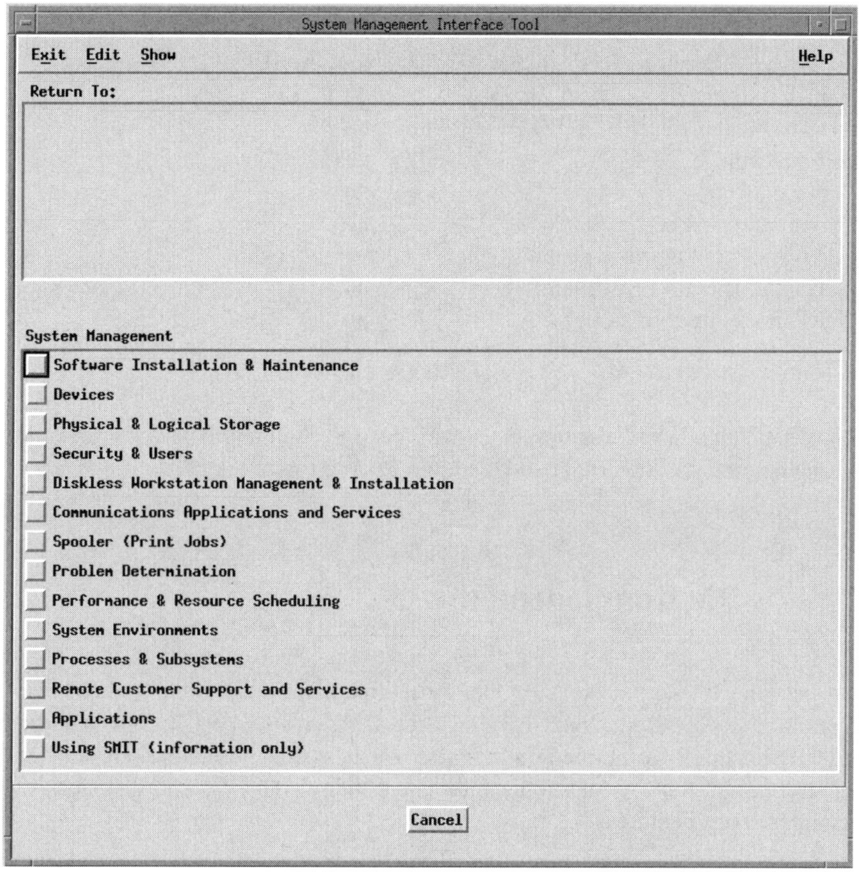

```
┌─────────────────────────────────────────────────────────────────┐
│ ─        System Management Interface Tool            ▪ ▫ │
│ Exit  Edit  Show                                      Help │
│ Return To:                                                        │
│ ┌───────────────────────────────────────────────────────────┐ │
│ │                                                           │ │
│ │                                                           │ │
│ │                                                           │ │
│ │                                                           │ │
│ │                                                           │ │
│ └───────────────────────────────────────────────────────────┘ │
│                                                                   │
│ System Management                                                 │
│ ┌─────────────────────────────────────────────────────────────┐ │
│ │☐ Software Installation & Maintenance                        │ │
│ │  Devices                                                    │ │
│ │  Physical & Logical Storage                                 │ │
│ │  Security & Users                                           │ │
│ │  Diskless Workstation Management & Installation             │ │
│ │  Communications Applications and Services                   │ │
│ │  Spooler (Print Jobs)                                       │ │
│ │  Problem Determination                                      │ │
│ │  Performance & Resource Scheduling                          │ │
│ │  System Environments                                        │ │
│ │  Processes & Subsystems                                     │ │
│ │  Remote Customer Support and Services                       │ │
│ │  Applications                                               │ │
│ │  Using SMIT (information only)                               │ │
│ └─────────────────────────────────────────────────────────────┘ │
│                                                                   │
│                          │ Cancel │                              │
└─────────────────────────────────────────────────────────────────┘
```

Abbildung 3-6:   *SMIT – grafisch orientiert*

Folgende Schritte sollten für die Installation ausgeführt werden (Anmeldung als Root-User):

▪ Das Band mit der NetView-Software wird in das Bandlaufwerk gelegt.
▪ Das SMIT wird aufgerufen.
▪ Auswahl *Software Installation & Maintenance*
▪ Auswahl *Install / Update Software*
▪ Auswahl *Install / Update Selectable Software (Custom Install)*
▪ Auswahl *Install Software at Latest Available Level*
▪ Auswahl des List-Buttons am Feld *INPUT device / directory for software*
▪ Aus der angezeigten Liste wird das Device `/dev/rmt0.1` ausgewählt, sofern ein 8mm-Bandlaufwerk angeschlossen und aktiviert ist.

▨ Anschließend sind folgende Optionen einzutragen bzw. zu übernehmen:

* INPUT device / directory for software	/dev/rmt0.1
* SOFTWARE to install	ALL
Automatically install PREREQUISITE software	no
COMMIT software?	yes
SAVE replaced files?	no
VERIFY software?	no
EXTEND file system if space needed?	yes
REMOVE input file after installation?	no
OVERWRITE existing versions?	no

▨ Der Do-Button wird aktiviert.

Nach erfolgreicher Installation, die durchaus zwei bis drei Stunden dauern kann, ist das SMIT zu verlassen und die RS/6000 neu zu starten (`shutdown -Fr`).

3.2.4   Die Komponenten

Die vier auf der Oberfläche des NetView hervortretenden Komponenten sind *Submap-Window, Control Desk Window, Tools Window* und *Navigation Tree Window*. Während die beiden letztgenannten Komponenten lediglich zur besseren Bedienbarkeit und Orientierung gedacht sind, repräsentieren die Submap-Windows und der Control Desk die eigentlichen operativen Features.

3.2.4.1   Submap-Window

Das Submap-Window beinhaltet die grafische Abbildung des realen Netzwerkes mit all seinen Komponenten, Eigenschaften und Beziehungen. Ein System von Submaps bildet eine hierarchisch strukturierte Aufteilung in verschiedene Sichten auf Teilbereiche des Netzes. Ausgehend von einer Root-Struktur (oberste Sicht) kann in mehrere Unterschichten verzweigt werden, und zwar vertikal, aber auch horizontal (Abbildung 3-7).
Neben der grafischen Darstellung erfolgt innerhalb des Submap-Windows über eine Menüleiste (menu bar) die Bedienung einzelner Kommandos in Verbindung mit selektierten Netzobjekten. Menü: File, Edit, View, Locate, Options, Monitor, Test, Tools, Administer
   Ein Gesamteindruck des Submap-Windows geht aus den Abbildungen 3-8 und 3-9 hervor.

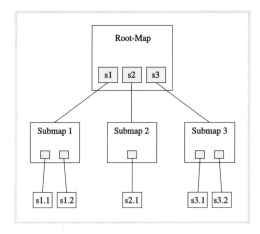

Abbildung 3-7:
Submap-Hierarchie

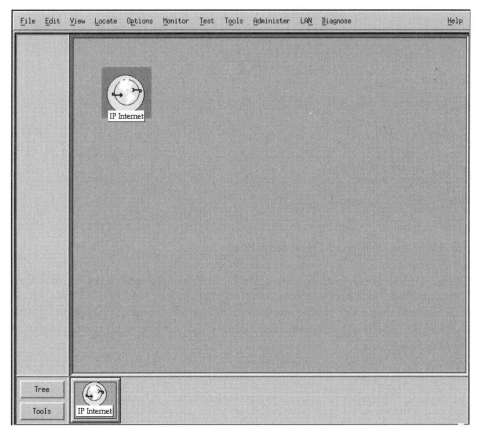

Abbildung 3-8:   *Root-Submap*

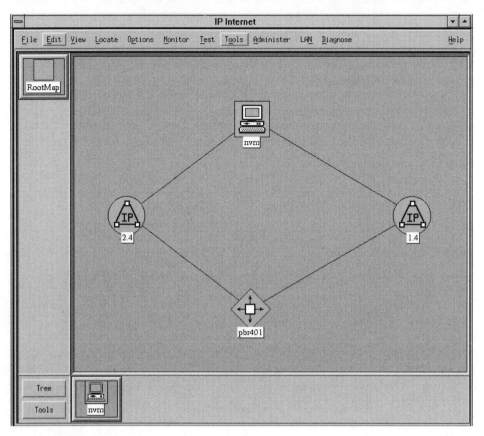

Abbildung 3-9:   *Submap 1*

3.2.4.2   Control Desk Window

Das *Control Desk Window* enthält die jeweils aktuellen Anwendungen. Nach einem Sytemstart befindet sich hier, in Form von Karteikarten oder als Liste, die Ereignisanzeige (Events Display) der im Netzwerk vorhandenen Ressourcen (Abbildung 3-10). Allerdings läßt sich an dieser Stelle auch eine grafisch aufbereitete Statistik plazieren (Abbildung 3-11).

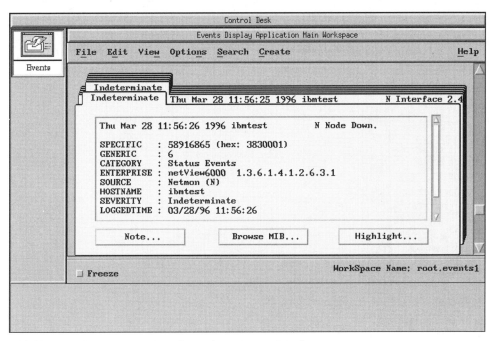

Abbildung 3-10: *Control Desk Window – Events Display*

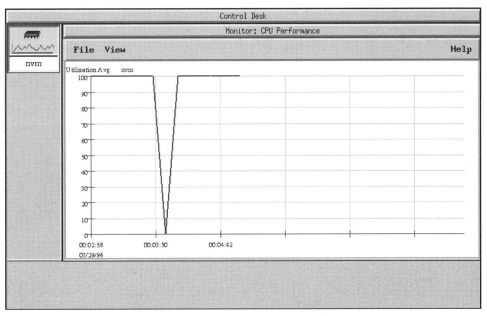

Abbildung 3-11: *Control Desk Window – Grafik: CPU Performance*

3.2.4.3   Tools Window

Das Tools Window bietet die Möglichkeit, einen schnellen Zugriff auf bestimmte, häufig benutzte Anwendungen zu realisieren. Ein Mausklick auf das gewünschte Icon genügt (Abbildung 3-12).

Abbildung 3-12:
Tools Window

3.2.4.4   Navigation Tree Window

Zur besseren Orientierung im sonst erdrückenden Fensterdschungel erlaubt ein Blick auf die Struktur des *Navigation Tree Window* den direkten Zugriff auf die gewünschte Submap. Das relativ umständliche „Wühlen" in sich überlagernden Fenstern auf dem Bildschirm entfällt (Abbildung 3-13).

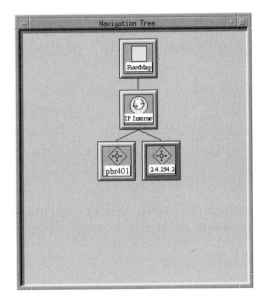

Abbildung 3-13:
Navigation Tree Window

3.2.5   Map-Konfiguration

Es existieren wohl zwei Ansätze, um das reale Netzwerk im *NetView for AIX* abzubilden. Die erste Möglichkeit ist relativ einfach. Man definiert die erforderlichen Polling-Intervalle für die Auto-Discovery-Option und veranlaßt damit den *netmon-daemon* (Network Monitor), alle SNMP-Agenten zu kontaktieren, um die Netzwerktopologie zu ermitteln (Abbildung 3-14).

Die andere Möglichkeit besteht in der sukzessiven manuellen Entwicklung einer Map-Struktur, die sich auf ein Management der wichtigsten Netzwerkressourcen beschränkt. Es macht keinen Sinn, jeden einzelnen IP-Knoten in das Management aufzunehmen und auf der Map-Topologie abzubilden. Dies würde beispielsweise dazu führen, daß die von Endanwendern benutzten Personal Computer nach ihrem Ausschalten zum Feierabend im NetView eine Flut von Störungsmeldungen auslösen könnten. Ein Effekt, der sicher unerwünscht ist und die Bearbeitung tatsächlicher Problemsituationen deut-

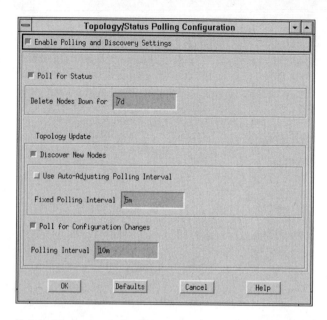

Abbildung 3-14:
Polling-Intervalle für Auto-
Discovery

lich behindern würde. Es werden also nur diejenigen Netzwerkressourcen in die Maps aufgenommen, die einer kontinuierlichen Überwachung bedürfen (z. B. wichtige Server, Router usw.).

3.2.5.1   NetView „lernt" die Topologiestruktur

Solange der Network Monitor aktiv ist, wird jede Änderung im Netzwerk gemäß den eingestellten Parametern der *Topology/Status Polling Configuration* (Abbildung 3-14) zu einer Anpassung der grafischen Anzeige führen. Wenn ein bislang bekannter Knoten sieben Tage nicht mehr aktiv geworden ist, wird er aus der Topologie entfernt. Wird ein IP-Host jedoch in das Netzwerk übernommen, so erfolgt seine Darstellung als Icon kurze Zeit später in der Topology Map. Erst eine Deaktivierung der Auto-Discovery beendet diesen Automatismus.

Trotz der beschriebenen Dynamik beim automatischen Erkennen von Netzwerkressourcen hat der Netzwerkadminstrator die Aufgabe, für eine *geeignete* Übersicht der Topologiegrafik zu sorgen. Werden keine manuellen Änderungen vorgenommen, so bildet sich im Laufe der Zeit zwar eine vollständige Grafik von Netzwerkkomponenten; jedoch sie ist u.U. derart unübersichtlich, daß sie für ein effektives Monitoring oder Management nicht verwendet werden kann. Sich überlagernde Verbindungslinien einzelner Ressourcen sowie ihre zufällige Anordnung bedürfen einer manuellen Korrektur.

3.2.5.2   Manuelle Modifikation der Topologie

Die Position der Netzwerkkomponenten auf der Topology Map kann durch Tastatur- und Mausaktivitäten problemlos variiert werden. Zu dem Zweck muß das entsprechende Objekt mit einem Mausklick markiert werden. Anschließend wird der Positionierungsmodus durch gleichzeitiges Drücken der <Strg>- und der rechten Maustaste (bei Drei-Tasten-Mäusen) bzw. beider Maustasten aktiviert. Nun kann durch Verändern der Mausposition das Objekt-Icon auf der Map verändert werden.

Zu jedem Objekt gibt es außerdem ein *Objektmenü* (oder auch *Kontextmenü*), das durch Betätigung der rechten Maustaste auf den Bildschirm gebracht werden kann. Hier lassen sich Aktionen ausführen, die sich lediglich auf das markierte Objekt beziehen. Diese objektorientierte Vorgehensweise sorgt für ein direktes Objektmanagement und grenzt jede einzelne Netzwerkresource von anderen eindeutig ab (Abbildung 3-15).

Analog erfolgt die Zuordnung einer Funktion. Soll für ein bestimmtes Objekt eine Statistik (z.B. CPU-Auslastung oder Netz-Traffic) erstellt werden, so wird es markiert und über das Objektmenü beispielsweise der Menüpunkt „Monitor" angewählt. Andere Funktionen wie „Protocols" oder „LAN" werden ebenso zugeordnet.

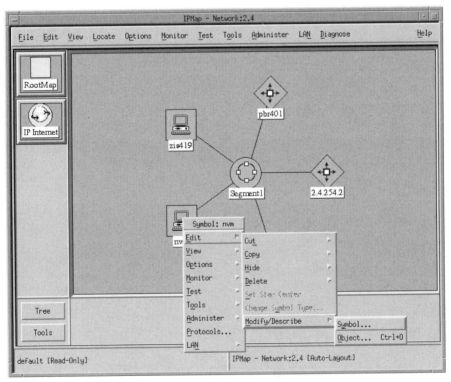

Abbildung 3-15:   *Objektmenüs*

3.2.5.3   Die Topologieobjekte und ihr Status

NetView verfügt über eine umfangreiche Sammlung von Icons, die den einzelnen Netzwerkressourcen manuell oder auch automatisch (über die Informationen ihrer SNMP-
Agenten) zugeordnet werden können (Abbildung 3-16). Leider läßt sich diese Bibliothek nicht mehr erweitern, so daß kreative Eigenentwicklungen unberücksichtigt bleiben
müssen. Folgende Statusfarben stehen zur Verfügung:

– Für Objektendpunkte (keine weiteren Verzweigungen mehr möglich; z.B. Netzwerk-
Controller):

Grün – Objekt ist in Betrieb, arbeitet also störungsfrei.
Rot – Objekt unterliegt einer Störung.

– Für Objekte mit weiteren, hierarchisch unterhalb positionierten Objekten (weitere
Verzweigungen sind vorhanden; z.B. Netzwerksymbole, die in weiteren Schichten
die einzelnen Rechner des Netzwerkes mit ihren Netzwerk-Controllern beinhalten):

Grün – Sämtliche untergeordnete Objekte arbeiten störungsfrei.
Gelb – Einige untergeordnete Objekte arbeiten nicht störungsfrei.
Rot – Alle untergeordneten Objekte unterliegen einer Störung.

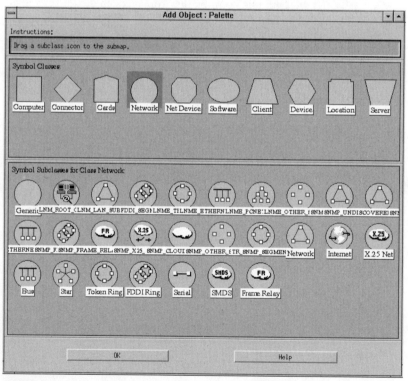

Abbildung 3-16:   *Beispiele verschiedener Objekt-Icons*

Bei jeder Neugenerierung einer Map (aber auch bei Modifikation einer bestehenden) ist das Verfahren festzulegen, nach dem eine farblich erkennbare Statusveränderung bei Objekten mit weiteren Schichten eintreten soll. Drei Verfahren sind möglich:

Default – Das übergeordnete Objekt verfärbt sich rot, wenn alle Objekte der jeweiligen Ebene ausgefallen sind, sich also im red-alert-Status befinden. Sind nicht alle Objekte gestört, so erfolgt eine Gelbfärbung. Liegt keine Störung vor, so erhält das übergeordnete Objekt eine grüne Färbung.

Propagate most critical – Die Rotfärbung des übergeordneten Objektes wird bereits durch den Ausfall einer einzigen untergeordneten Netzwerkressource ausgelöst.

Propagate at threshold values – Hier wird die Farbreaktion vom Erreichen bestimmter Schwellwerte abhängig gemacht.

3.2.5.4   Die Management Information Base (MIB)

Für die Beschreibung und Charakterisierung von Netzwerkressourcen wird eine virtuelle Datenbank verwendet (MIB), die alle Informationen zur Verfügung stellt, die bei einer Kommunikation zwischen dem SNMP-Agenten und der *Network Management Station,* dem NetView, benötigt werden. Die Anfrage des Managers an die entsprechende Netzwerkkomponente wird über den dort implementierten SNMP-Agenten abgewickelt. Dieser greift auf die MIB zu und extrahiert die gewünschten Informationen, die er anschließend unter Verwendung des Protokolls SNMP an den Manager übermittelt. Ein streng hierarchisch organisiertes System von Pointern gewährleistet einen raschen und gezielten Zugriff auf einzelne Informationseinheiten innerhalb der MIB.

In den meisten Management-Systemen stehen MIB-Browser zur Verfügung, die dem Bediener des Management-Tools die vom Hersteller der jeweiligen Netzwerkressource hinterlegten Informationen präsentiert (Abbildung 3-17).

Leider läßt sich mit den so gewonnenen Informationen in der Regel nicht viel anfangen, da sie für Interpretationszwecke meist nicht ausreichend dokumentiert sind. In dem aus Abbildung 3-17 hervorgehenden Beispiel läßt sich dem Objekt `ifEntry.ifIndex.1` eine Wertezuordnung von „1" entnehmen. Es ist natürlich völlig unklar, was dieser Wert bedeutet. Eine Interpretation ist lediglich über den Einsatz entsprechender Management-Anwendungen möglich. Diese führen eine interne Auswertung von MIB-Werten durch und bereiten diese zu einer aussagefähigen Anzeige auf.

Auf Einzelheiten der MIBs, ihrer Notation und der Objektgruppen wird hier nicht näher eingegangen (siehe *TCP/IP-Grundlagen, Protokolle und Routing,* ISBN 3-88229-070-6).

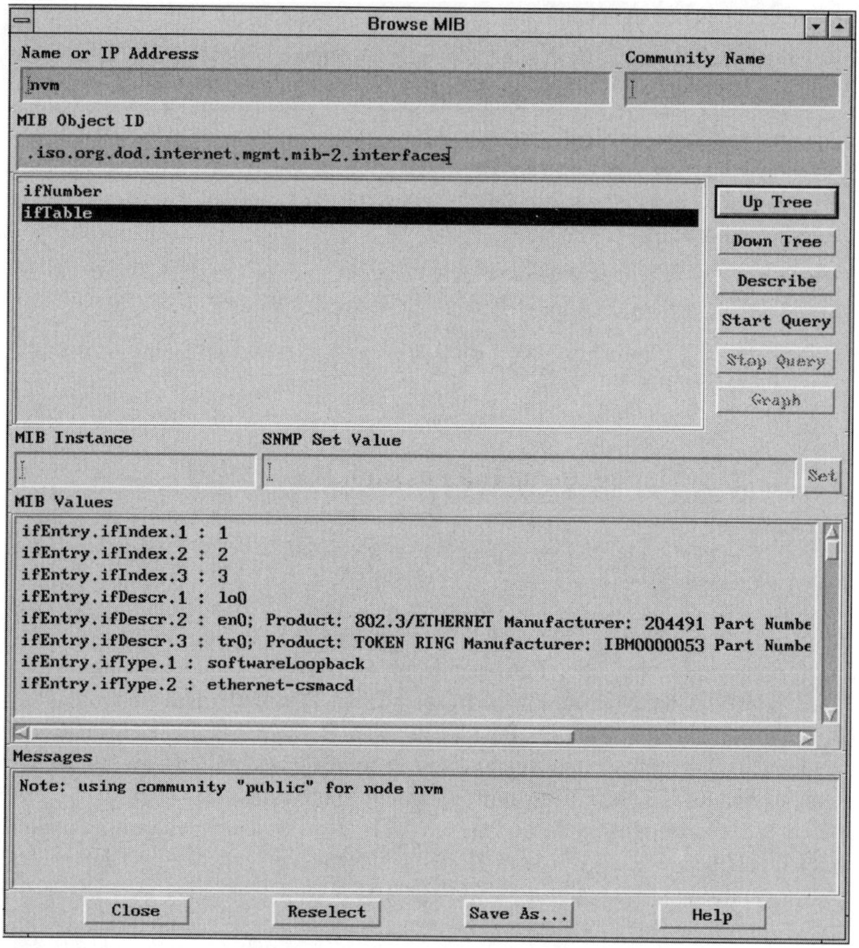

```
┌─────────────────────────────────────────────────────────────────────┐
│ ▭                          Browse MIB                        ▼ ▲     │
│ Name or IP Address                         Community Name            │
│ ┌────────────────────────────────────┐   ┌──────────────────────┐   │
│ │nvm                                 │   │I                     │   │
│ └────────────────────────────────────┘   └──────────────────────┘   │
│ MIB Object ID                                                        │
│ ┌─────────────────────────────────────────────────────────────────┐ │
│ │.iso.org.dod.internet.mgmt.mib-2.interfaces│                      │ │
│ └─────────────────────────────────────────────────────────────────┘ │
│ ┌──────────────────────────────────────────┐   ┌─────────────────┐  │
│ │ ifNumber                                 │   │    Up Tree      │  │
│ │▐ifTable                                  │   └─────────────────┘  │
│ │                                          │   ┌─────────────────┐  │
│ │                                          │   │   Down Tree     │  │
│ │                                          │   └─────────────────┘  │
│ │                                          │   ┌─────────────────┐  │
│ │                                          │   │   Describe      │  │
│ │                                          │   └─────────────────┘  │
│ │                                          │   ┌─────────────────┐  │
│ │                                          │   │  Start Query    │  │
│ │                                          │   └─────────────────┘  │
│ │                                          │   ┌─────────────────┐  │
│ │                                          │   │   Stop Query    │  │
│ │                                          │   └─────────────────┘  │
│ │                                          │   ┌─────────────────┐  │
│ │                                          │   │     Graph       │  │
│ └──────────────────────────────────────────┘   └─────────────────┘  │
│ MIB Instance          SNMP Set Value                                │
│ ┌──────────────────┐  ┌─────────────────────────────────┐ ┌──────┐  │
│ │I                 │  │I                                │ │ Set  │  │
│ └──────────────────┘  └─────────────────────────────────┘ └──────┘  │
│ MIB Values                                                          │
│ ┌─────────────────────────────────────────────────────────────────┐ │
│ │ ifEntry.ifIndex.1 : 1                                           │ │
│ │ ifEntry.ifIndex.2 : 2                                           │ │
│ │ ifEntry.ifIndex.3 : 3                                           │ │
│ │ ifEntry.ifDescr.1 : lo0                                         │ │
│ │ ifEntry.ifDescr.2 : en0; Product: 802.3/ETHERNET Manufacturer: 204491 Part Numbe│
│ │ ifEntry.ifDescr.3 : tr0; Product: TOKEN RING Manufacturer: IBM0000053 Part Numbe│
│ │ ifEntry.ifType.1 : softwareLoopback                            │ │
│ │ ifEntry.ifType.2 : ethernet-csmacd                             │ │
│ └─────────────────────────────────────────────────────────────────┘ │
│ Messages                                                            │
│ ┌─────────────────────────────────────────────────────────────────┐ │
│ │ Note: using community "public" for node nvm                     │ │
│ │                                                                 │ │
│ └─────────────────────────────────────────────────────────────────┘ │
│  ┌─────────┐    ┌──────────┐    ┌───────────┐      ┌────────┐       │
│  │  Close  │    │ Reselect │    │ Save As...│      │  Help  │       │
│  └─────────┘    └──────────┘    └───────────┘      └────────┘       │
└─────────────────────────────────────────────────────────────────────┘
```

Abbildung 3-17:   *MIB-Browser*

3.2.6   Management mit SNMP

Die einzige leistungsfähige „Sprache", die man im Netzwerkmanagement „spricht",
heißt SNMP (Simple Network Management Protocol). Sie ermöglicht eine durchgängi-
ge Kommunikation zwischen Netzwerkkomponenten und der NMS (Network Management Station). Überall dort, wo SNMP aufgrund fehlender Protokoll-Kompatibilität
nicht direkt eingesetzt werden kann, werden *Proxy Agents* (z.B. der *LAN Network Ma-
nager/2* von IBM) zwischengeschaltet, die auf der einen Seite über SNMP mit der NMS

in Verbindung stehen und sich auf der anderen Seite desjenigen Netzwerkprotokolls bedienen, das von der zu überwachenden Netzwerkkomponente verwendet wird (Abbildung 3-18).

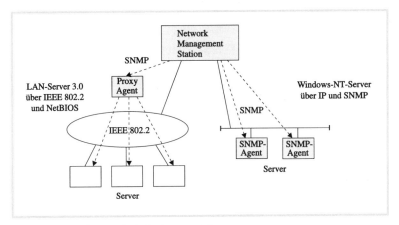

Abbildung 3-18: *SNMP-Connectivity*

Die Konfiguration der SNMP-Agenten und ihre Definition in der Network Management Station kann relativ problemlos vorgenommen werden.

3.2.6.1 SNMP-Konfiguration im NetView

Zunächst muß sichergestellt sein, daß der SNMP-Serverprozeß auf dem NMS-Rechner aktiv ist. Er bildet die zentrale Steuerungsinstanz. Die für ihn wichtigen Parameter werden im NetView for AIX wie folgt gefunden: Aus der Menüleiste der Root-Map wird *Options* ausgewählt und anschließend die Funktion *SNMP-Configuration* selektiert. Sodann erscheint eine Eingabemaske, die folgendermaßen ausgefüllt werden muß:

Proxy
Sofern der zu definierende Host über einen zwischengeschalteten Proxy Agent erreicht wird, muß hier seine IP-Adresse oder der Hostname angegeben werden.

Target
Hier wird die IP-Adresse oder der Hostname des aufzunehmenden Host eingetragen.

Community
Für die Verwendung der SNMP-Befehle `Get` und `GetNext` muß ein zu Autorisierungszwecken erforderlicher Community Name definiert und sowohl bei der NMS als auch bei dem jeweiligen Endknoten eingetragen werden.

Set Community
Dieser Community Name wird für die Autorisierung zum SNMP-Befehl `Set` benötigt. Ist der SNMP-Agent nicht in der Lage, diese Differenzierung vorzunehmen, so gilt auch hier der Community Name für die Befehle `Get` und `GetNext`.

Timeout
Der hier einzutragende Wert gibt (in Sekunden) an, wie lange die NMS auf eine SNMP-Response wartet, bevor sie den SNMP-Request wiederholt.

Retry Count
Hier wird hinterlegt, wie oft versucht werden darf, die Zielstation zu erreichen. Nach Erreichen dieses Wertes gilt der Endknoten als unerreichbar.

Remote Port
Der Standard-UDP-Port für den Transport von SNMP-Informationen lautet 161.

Status Polling
Dieser Wert gibt an, in welchen Zeitintervallen ein SNMP-Polling vorgenommen wird. Je kleiner der Wert, desto aktueller der sichtbare Status des Objektes. Wird ein großer Wert gewählt, so büßt man zwar Aktualität ein, aber die Netzlast wird erheblich reduziert. Nach Ablauf der angegebenen Zeit (z.B. 25s für 25 Sekunden oder 10m für 10 Minuten usw.) wird der Netzwerkstatus des Objektes überprüft und ggf. die Statusfarbe geändert.

Die entsprechenden Eintragungen sind Abbildung 3-19 zu entnehmen.

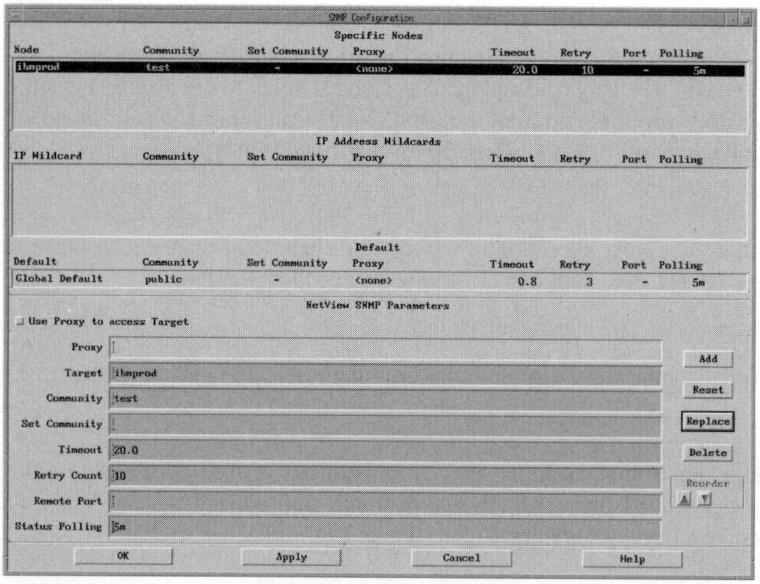

Abbildung 3-19:
SNMP-Definition der NMS

3.2.6.2 Herstellung der Funktionsfähigkeit von SNMP-Agenten

Für die Aufnahme der Konfigurationsparameter für das Verhalten und die Funktionalität der SNMP-Agenten (der „Gesprächspartner" der NMS) ist die Datei `/etc/snmpd.conf` zuständig. Sie enthält Namen, Typ und Größe von LOG-Dateien, Autorisierungsmechanismen für den SNMP-Zugriff, IP-Adresse der Network Management Station und den zugelassenen View des Zugriffsbaumes für die MIB-Struktur. Hier ein Beispiel für die `/etc/snmpd.conf`-Datei (in Nicht-Unix-Systemen wird man systembedingt auch andere Dateinamen antreffen):

```
logging        file=/usr/tmp/snmpd.log        enabled
logging        size=0  level=0

community      test      190.122.45.10
community      public    190.122.45.10
community      system    190.122.45.10 255.255.0.0  readWrite 1.17.2

view           1.17.2    system enterprises view

trap           public    127.0.0.1        1.2.3    fe   # loopback
```

Die einzelnen Parameter haben folgende Bedeutung:

logging
Das Logging kann innerhalb der SNMP-Konfigurationsdatei definiert werden. Für die Festlegung der vollständigen Parameterliste sind zwei Zeilen vorzusehen, beginnend mit dem Schlüsselwort `logging`:

```
logging        </path/filename>        enabled|disabled
logging        size=<limit>    level=<debug level>
```

`/path/filename` beschreibt den vollständigen Pfad- und Dateinamen, die Attribute `enabled/disabled` schalten das Logging ein bzw. aus.

`limit` enthält einen Wert, der die maximale Anzahl Bytes repräsentiert, die das LOG-File verbrauchen darf. Der debug level kann Werte zwischen 0 und 3 annehmen, je nach erforderlichem Umfang der Debug-Informationen.

community
Zu dem Schlüsselwort `community` wird eine Art Paßwort definiert (hier: test, public und system), das einen unberechtigten Zugriff (Anforderung von MIB-Daten über SNMP-Requests) auf diesen SNMP-Agenten verhindern soll. Ergänzt wird dieses Paßwort durch folgende Restriktionen:

```
community <name> <address> <netmask> <permissions> <view name>
```

Während `name` das eigentliche Paßwort darstellt, bezeichnet `address` die IP-Adresse oder den Hostnamen der Network Management Station und `netmask` die Subnetzmaske. Der optionale Parameter `permissions` regelt die Zugriffsart (none, readonly, writeonly, readwrite). Schließlich grenzt der `view name` den Zugriff auf die MIB-Baumstruktur ein. Er muß als eindeutiger *Object Identifier* in gepunkteter Notation eingegeben werden.

view
Der view wird in folgender Notation definiert:

```
view <view name> <MIB subtree> <MIB subtree> ...
```

Auch hier muß der `view name` als eindeutiger *Object Identifier* in gepunkteter Notation angegeben werden. Er wird gefolgt von Teilbäumen aus der gesamten MIB-Struktur. Fehlen diese MIB-Subtrees, so wird ein Zugriff auf die gesamte MIB-Struktur ermöglicht.

trap
Einige NMS, so auch das NetView for AIX, können `traps` (Indikatoren für das Auftreten bestimmter Ereignisse) vom SNMP-Agenten empfangen und auswerten. Eine festgelegte Syntax ist auch hier erforderlich:

```
trap <community> <address> <view name> <trap mask>
```

Die Schlüsselworte `community` und `address` geben auch hier das kodierte Paßwort und die IP-Adresse bzw. den Hostnamen der auf Traps „lauschenden" NMS an (der „Lauscher" hört auf UDP-Portnummer 162). Der `view name` muß ebenfalls als eindeutiger *Object Identifier* in gepunkteter Notation angegeben werden. Die `trap mask` ist eine hexadezimal dargestellte Bitfolge mit folgenden Einzelbedeutungen:

Hex-Wert	Binärumsetzung	Beschreibung
80	10000000	coldStart trap
40	01000000	warmStart trap
20	00100000	linkDown trap
10	00010000	linkUp trap
8	00001000	authenticationFailure trap
4	00000100	egpNeighborLoss trap
2	00000010	enterpriseSpecific trap

Tabelle 3-3:
Trap Mask

Die entsprechenden Kombinationen lassen sich durch Addition der Binärwerte leicht ermitteln:

Alle Traps aktiv, allerdings wird das *linkDown trap* deaktiviert:	11011110	DE
Alle Traps sind gesperrt:	00000000	00

Alle Traps inaktiv,
bis auf *linkDown trap* und *linkUp trap:*   00110000   30
usw.

Das achte Bit (rechts außen) erhält stets den Wert „0".

3.2.6.3   SNMP-Kommandos

Letztlich sind die in den letzten beiden Abschnitten vorgenommenen Konfigurationen als Voraussetzungen zu betrachten, damit über entsprechende Anwendungen (z.B. CISCO Works) die gewünschten Informationen über die SNMP-Agenten der einzelnen Netzwerkressourcen bezogen werden können. Die simpelste Methode, sich diese Informationen zu beschaffen, ist die Benutzung eines MIB-Browsers. Er liefert jedoch lediglich eine unstrukturierte und kaum lesbare Zahlenflut. Welches Verfahren auch verwendet wird, es basiert immer auf einer Formulierung von SNMP-Requests bzw. einem Empfang der entsprechenden Responses. Folgende Befehle sind verfügbar:

Kommando	Beschreibung
GetRequest	NMS führt gezielte Abfrage der MIB-Variablen von Knotenelementen beim SNMP-Agenten durch. Beispiel: `snmpget   190.123.45.22   1.3.6.1.2.1.1.1.0` ermittelt den Wert der sysDescr-Variablen.
GetNextRequest	NMS führt sequentielle Abfrage der MIB-Variablen durch; genaue Anzahl der Blattelemente eines Knotenelements ist nicht bekannt.
GetResponse	Antwort auf den GetRequest und GetNextRequest
SetRequest	Veränderung von Werten der MIB-Variablen. Beispiel: `snmpset 190.123.45.22 1.3.6.1.2.1.1.4.0 Klaus Mertens` Der Name „Klaus Mertens" wird in der Variablen sysContact.0 gespeichert.
Trap	Über UDP-Port 162 (sonstige SNMP-Kommunikation wird über Port 161 abgewickelt) können vom SNMP-Agenten Traps an die NMS geschickt werden.

Tabelle 3-4:   *SNMP-Kommandos*

SNMP-Kommandos lassen sich auch in eigene Skripte oder Prozeduren einfügen.

Es ist darauf zu achten, daß bei einem durchgängigen und konsequenten SNMP-Management auf jedem NMA (Network Management Agent; das sind die einzelnen Netzwerkkomponenten, die einem Management unterliegen) der SNMP-Agent-Prozeß läuft. Auf Multitasking-Systemen werden diese Prozesse meist im Hintergrund aktiv, in Single-Task-Systemen (z.B. MS-DOS) wird ein entsprechendes TSR-Programm gestartet. Sind diese Agenten nicht aktiv, so ist ein SNMP-Management nicht möglich, und die einzelnen Netzwerkkomponenten lassen sich – sofern sie denn IP-Knoten sind – lediglich durch die in Abschnitt 3.1 beschriebenen Kommandos `ping`, `netstat` und `traceroute` „managen" bzw. analysieren.

3.2.7   Monitoring – Event Log

In Ergänzung zur optischen Information durch Farbveränderungen in den einzelnen Submaps liefert der Event Log Details zu dem aufgetretenen Ereignis. Der Event Log bedient sich zweier Mechanismen, die ihm die erforderlichen Informationen zutragen:

Traps – Unter einem *Trap* versteht man Mitteilungen, die von einem Network Management Agent (als SNMP-Client bzw. -Agent) unaufgefordert ausgelöst werden und der Network Management Station (als SNMP-Server) übermittelt werden. Sie dokumentieren in der Regel Statusveränderungen des eigenen Systems im Rahmen der verfügbaren Informationen aus der Management Information Base (MIB).

Events – Ein *Event* repräsentiert die Reaktion der Network Management Station, also des NetView for AIX, auf den Empfang von *Traps*. Sie dienen dazu, dem Bedienungspersonal die im Netzwerk an verschiedenen Stationen auftretenden Statusveränderungen mitzuteilen. Je nach Art und Schwere der Statusveränderung führt ein *Event* zu Farbveränderungen auf der grafischen Objektoberfläche der Submaps.

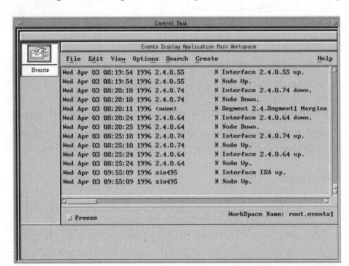

Abbildung 3-20:
Event Logging als Liste

Grundsätzlich sind zwei Verfahren zum Event Logging anwendbar. Für ein stets aktuelles Netzwerkbild werden alle Events unmittelbar nach Generierung in einem Workspace angezeigt. Dabei ist die Anzeige in Form einer Liste (Abbildung 3-20), aber auch einzelner Karteikarten möglich (Abbildung 3-21). Andererseits lassen sich die generierten

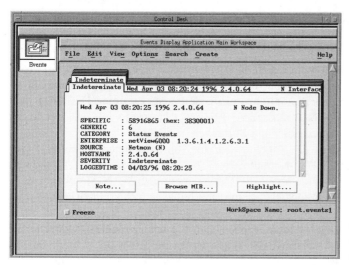

Abbildung 3-21:
Event Logging als
Karteikarte

Events auch in LOG-Dateien umleiten, so daß erst durch ein explizites Aktivieren des *monitor-events-history*-Menüs (menubar) ein Zugriff auf die gewünschten Events erfolgt.

Eine interessante Funktion wird über die in Abbildung 3-21 aktivierbare *Note...*-Funktion zur Verfügung gestellt. Auf Mausklick wird hier nämlich ein kleiner Editor eingeblendet, der einige Notizen zu diesem Event aufnehmen kann. Diese Notizen sind jederzeit wieder abrufbar und ermöglichen dadurch bereits ein einfaches *Trouble Ticketing*.

Die Funktion *Highlight...* bietet ein weiteres „Schmankerl". Ein Klick auf diese Aktionsfläche führt zu einem sofortigen Einblenden der betroffenen Ressourcen auf der grafischen Submap (Abbildung 3-22).

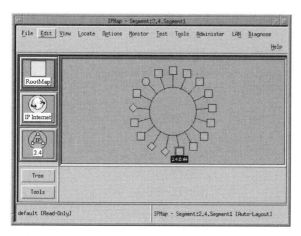

Abbildung 3-22:
Highlight und Anzeige von
Ressourcen

3.2.8   Schwellwerte für die Management-Sensibilität

Bei der Definition von Schwellwerten steht man eigentlich immer zwischen zwei Fronten. Einerseits soll die Information über die im Netzwerk integrierten Ressourcen so genau und so lückenlos wie eben möglich sein. Andererseits darf eine Definition von kurzen Polling-Intervallen das Netzwerk nicht unnötig belasten. Es gilt daher (wie bei vielen anderen Dingen auch), den goldenen Mittelweg zu finden.

Bei diesen Überlegungen ist die Netzwerkstruktur von besonderer Bedeutung: Liegen die einzelnen Management Agents innerhalb eines LAN, oder sind einige von ihnen lediglich über WAN-Strecken erreichbar? Ein Management über WAN-Strecken bedeutet eine erhebliche Bandbreitenreduzierung, die sich auf eine WAN-Netzwerklast u.U. negativ auswirkt.

Gesetzt den Fall, Messungen haben ergeben, daß die beanspruchte Bandbreite für Management-Verkehr im LAN (16MBit/s Token-Ring) bei etwa 0,2% liegt, bei 50 Netzwerkkomponenten. Müssen nun über eine 64KBit/s-ISDN-Festverbindung 20 weitere Netzwerkkomponenten mit ähnlicher Management-Charakteristik gesteuert werden, so bedeutet dies eine benötigte Bandbreite im WAN von etwa 20%. Was im LAN als vernachlässigbare zusätzliche Netzlast betrachtet wird, wächst im WAN zu einer nicht tolerierbaren Zusatzbelastung und wird den produktiven Datenverkehr deutlich behindern. Auf eine unterschiedliche Kalibrierung der Schwellwerte für LAN- und WAN-Komponenten muß daher unbedingt geachtet werden.

3.2.9   Produktübersicht: Management-Anwendungen

Die folgende Aufstellung zeigt eine Übersicht[*] leistungsfähiger Management-Anwendungen für verschiedene Disziplinen des Systemmanagements:

Anwendungsname	Hersteller/Vertrieb
AIX Trouble Ticket/6000	IBM Corporation
AIX SNA Manager/6000	IBM Corporation
AIX LAN Management Utilities/6000	IBM Corporation
AIX LAN Network Management/6000	IBM Corporation
AIX Router and Bridge Manager/6000	IBM Corporation
AIX ADSTAR Distributed Storage Manager	IBM Corporation
ATM Campus Manager	IBM Corporation
AppleTalk Gateway (ATG)	Stanford University

Anwendungsname	Hersteller/Vertrieb
DBA Workcenter for DEC OSF/1 AXP Enterprise SQL Server Manger	Datametrics Systems Corporation
eXceed PC X Servers	Hummingbird Communications Ltd.
Foundation Manager for UNIX	Network General Corporation
HUBwatch for DEC OSF/1 AXP	Digital Equipment Corporation
PATROL	BMC Software, Inc.
POLYCENTER DECnet Manager for DEC OSF/1	Digital Equipment Corporation
POLYCENTER Security Compliance Manager	Digital Equipment Corporation
RMONitor for AIX	IBM Corporation
SniffMaster for X	Network General Corporation
Wellfleet Site Manager for RISC 6000	Wellfleet Communications, Inc.

[*] Für Vollständigkeit und Richtigkeit der Liste kann keine Gewähr übernommen werden.

4 Troubleshooting in TCP/IP-Netzwerken

Wohl dem, der sich entspannt zurücklehnen kann und sagt: „Mit meinem Netzwerk habe ich keinerlei Probleme. Ein ordentliches Design zahlt sich eben aus ...“ Bei diesem „Netzwerk-Träumer“ handelt es sich entweder um einen hoffnungslos von sich überzeugten Ignoranten, der den Blick für die Realität verloren hat, oder aber ihm sind Hilfsmittel für die Netzwerkanalyse fremd, die ihm aufschlußreiche Details „seines“ Netzwerkes offenbaren könnten. Ein Netzwerk, das beispielsweise von vornherein überdimensioniert wurde (drastisch überhöhte Bandbreite), ist in der Lage, zahlreiche Probleme zu „schlucken“ und sie nicht sichtbar werden zu lassen. Unnötige Netzlast, die z.B. durch Broadcast-Stürme oder Retransmissions ausgelöst wird, wirkt sich nicht auf die Netzwerk-Performance aus, da beispielsweise ein 16MBit/s-Token-Ring, der lediglich einige wenige Arbeitsstationen versorgen muß und vielleicht nur zu 5% ausgelastet ist, Störungen problemlos „wegstecken“ kann, die ggf. eine Verdopplung des Traffic auf 10% hervorrufen. Aber wehe, wenn sich die Anzahl der Arbeitsstationen verdreifacht oder vervierfacht, ohne daß die bestehende Problematik analysiert und die Störungen behoben wurden. Bei einer durchschnittlichen echten Netzlast von 20% könnte die Gesamtlast, inclusive des *Error Traffics*, leicht auf 40 bis 50% steigen. Nun kommt man allmählich in einen Status, der die Netzwerkqualität schon deutlich beeinträchtigen kann.

Um eine möglichst optimale Netzwerkleistung zu erzielen, ist es erforderlich, das Netzwerk kontinuierlich zu beobachten, um bei Auftreten bestimmter Symptome rechtzeitig gegensteuern zu können. Dazu sind einerseits allgemeine Kenntnisse über charakteristisches Netzwerkverhalten (aus der Praxis) erforderlich und andererseits die Verfügbarkeit leistungsfähiger Hilfsmittel, die zur Netzwerkanalyse eingesetzt werden können. Beide Bedingungen sind eigentlich untrennbar miteinander verbunden, denn die Sammlung konkreter und vor allem analysierter Erfahrungen läßt sich vorzugsweise mit einschlägigen Analyse-Tools realisieren.

4.1 Netzcharakteristika und -symptome

Bevor nun anhand konkreter Hilfsmittel ein Netzwerkmonitoring bzw. eine Netzwerkanalyse vorgestellt werden soll, ist die Klärung einiger wichtiger Begriffe und Mechanismen erforderlich.

4.1.1 Backbone-Konzept

In der Vergangenheit hat sich infolge stark zunehmender Vernetzung die Notwendigkeit ergeben, integrierende, gleichzeitig aber auch isolierende Mechanismen zu entwickeln, um den Anforderungen einer optimierten Netzkonzeption gerecht zu werden. Die integrierende Funktionalität besteht darin, verschiedene physikalisch unabhängige Netzwerke eines Unternehmens zu einer homogenen Kommunikationsinfrastruktur zusammenzuführen. Dabei ist allerdings darauf zu achten, daß der Datenfluß auf solche Netzwerkbereiche beschränkt wird, die für den entsprechenden Transport unbedingt benötigt werden. Datenframes für eine Fertigungssteuerung haben in einem Netzwerkbereich für rein kaufmännische Datenkommunikation oder für Entwicklung nichts zu suchen.

Die hier geforderte Konzeption ist der *Backbone*. Er ermöglicht durch den Einsatz von Koppelelementen – das sind hauptsächlich Brücken und Router – einerseits eine Lasttrennung, und andererseits bildet er einen zentralen Knotenpunkt, der den kürzesten Weg zwischen den Arbeitsstationen aus zwei Netzwerken zur Verfügung stellt (Abbildung 4-1). Er vermeidet ungünstige „Kaskadierungen" von Netz-Segmenten und reduziert den *hop count,* d. h. die Anzahl von Koppel-Elementen, die ein Frame passieren muß, um zu seiner Zielstation zu gelangen. Ferner sorgen die eingesetzten Brücken und Router durch die Einrichtung von Filtern für eine Abschottung unerwünschten Datenverkehrs (z. B. Broadcast-Traffic).

Ein Backbone wird in der Regel mit einer höheren LAN-Geschwindigkeit ausgestattet, da hier der Datenverkehr aus allen übrigen LAN-Segmenten zusammen- bzw. durchfließt. Eine typische Konstellation ist ein 16MBit/s-Token-Ring-Backbone bei 4MBit/s-Segmenten an seiner Peripherie oder FDDI-Backbones mit zugeführten Token-Ring- und Ethernet-Segmenten.

Wie der Name Backbone bereits verrät, bildet er das „Rückgrat" der Unternehmenskommunikation. Er stellt das Medium für eine Vielzahl verschiedener Netzwerkprotokolle zur Verfügung und wird daher auch *Multiprotokoll-Backbone* genannt (demzufolge gibt es natürlich auch *Einzelprotokoll-Backbones;* diese existieren jedoch lediglich in Netzwerken mit einer homogenen Protokolllandschaft oder aber in peripheren Bereichen eines Netzwerkes). Entscheidendes Kriterium für die Fähigkeit, mehrere Protokolle aufnehmen zu können, sind in erster Linie die Eigenschaften der Koppelelemente.

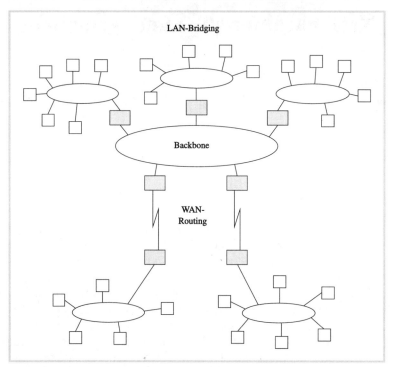

Abbildung 4-1:   *LAN/WAN-Backbone-Konzept*

Besitzt ein Router beispielsweise nicht die entsprechende Intelligenz, parallel DECnet, TCP/IP oder IPX zu routen, so kann der vorgeschaltete Backbone diese Protokolle auch nicht transportieren. Analog gilt dies für Bridges. Die Parallelität von NetBIOS, LAT oder SNA ermöglicht erst den Betrieb von Multiprotokoll-Backbones.

Es ist allerdings nicht unbedingt erforderlich, die Bridging- und Routing-Funktionalität in dedizierter Hardware zur Verfügung zu stellen. Geräte, die Bridging- und Routing-Aufgaben übernehmen können, werden als *Brouter* bezeichnet.

4.1.1.1   Collapsed Backbones

Ein besonderer Backbone-Typ, der vor allem in den letzten Jahren ins Gespräch gekommen ist, ist der *Collapsed Backbone*. Der negativ vorbelastete Name führt eigentlich in die Irre, denn es handelt sich keineswegs um einen „zusammengebrochenen" oder „kollabierten" Backbone, sondern vielmehr um einen Backbone, der auf physikalisch kleinste Abmessungen „geschrumpft" ist.

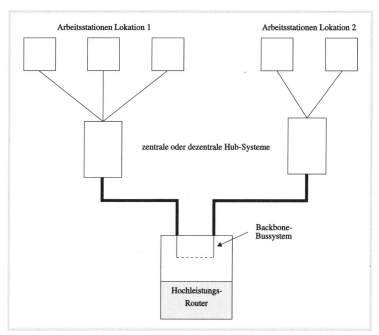

Abbildung 4-2:   *Collapsed Backbone*

Er wird meist durch spezielle Bussysteme von Hochleistungs-Routern oder auch durch äußerst kompakte Verkabelungssysteme (z.B. einzelne Token-Ring-Ringleitungsverteiler mit hohen Geschwindigkeiten) repräsentiert (Abbildung 4-2).

Die Flexibilität solcher Backbones liegt in ihrer Modularität und hervorragenden Austauschbarkeit. Während man bei „normalen" Backbones, die oft aus umfangreichen FDDI-Verkabelungen bestehen, nur mit erheblichem Aufwand ein Upgrade auf neue Verkabelungstechniken vornehmen kann, ist der Austausch einzelner Einschübe der genannten Router mit erheblich geringerem Kostenaufwand möglich. Es ist daher offensichtlich, daß diejenigen Unternehmen, die diesen Überlegungen auf die eine oder andere Art Rechnung getragen haben, gerade jetzt, wo der „Quantensprung" auf Hochleistungsnetze für *Corporate-Network-Konzepte* oder multimediale „Datenfluten" unmittelbar bevorsteht, wesentlich besser dastehen als Unternehmen, die ihr Netzwerk nach konventionellen Methoden konstruiert haben.

4.1.2   Bridging-Mechanismen

Im Zusammenhang mit Bridging-Mechanismen bzw. -Verfahren sind folgende Definitionen relevant:

–   Unter *Source Routing* (bzw. Source Route Bridging) versteht man ein Bridging-Verfahren (für Token-Ring-Netzwerke), bei dem die einzelnen Brücken, die bei der Kontaktaufnahme mit einer Zielstation passiert werden, die jeweilige Routeninformation (Brücken- und Segmentnummer) in das Routing Information Field des Datenframe eintragen. Dieser Frame wird dann genau über diese Route von der Quellstation zur Zielstation transportiert.

–   Der Begriff *Spanning Tree* bezeichnet einen von der Firma DEC entwickelten Bridging-Algorithmus (für Ethernet-Netzwerke), der letztlich durch kontinuierliches (je nach Netzwerkstatus) Aktivieren und Deaktivieren von Routen zwischen Brücken lediglich einen einzigen Pfad zwischen Quell- und Zielstation zuläßt und dabei eine Zyklenbildung vermeidet. Es entsteht eine vermaschte Baumstruktur.

–   Eine verfeinerte Weiterentwicklung wird durch das *Transparent Bridging* (TB) beschrieben. Hier werden über ein eigenes Protokoll BPDU-Frames (Bridge Protocol Data Unit) zwischen den einzelnen Brücken ausgetauscht, um die Spanning-Tree-Topologie zu generieren. Dieses Verfahren sorgt für die Erzeugung eines schnellen Backup-Weges, wenn Teilbereiche des Netzwerkes ausfallen sollten.

–   Brücken, die sowohl das Source Routing als auch das Transparent Bridging beherrschen, werden auch als *Source Routing Transparent* Bridges (SRT) bezeichnet.

Die folgenden Abschnitte befassen sich mit Verfahren innerhalb des Source Routing zur Routenermittlung.

4.1.2.1   All Routes Broadcast – Non-broadcast return

Eine Quellstation generiert eine *All Routes Broadcast* (oder auch *All Paths Exploration* genannt), d.h. sie verschickt einen Broadcast-Typ, der von allen auf dem Weg zur Zielstation passierenden Brücken bearbeitet (bzw. ergänzt) wird. Bei parallelen Brücken werden somit mehrere Broadcast-Frames bei der Zielstation eintreffen. Jeder dieser Broadcast-Frames wird von der Zielstation mit der jeweils im Routing Information Field generierten Route als normaler Frame (nicht mehr als Broadcast, daher: *Non-broadcast Return*) mit „gedrehtem" *Direction Bit* auf genau der nun ermittelten Route zurückgeschickt (Abbildung 4-3). Die Empfangsstation wählt dann für jede weitere Kommunikation mit der Zielstation normalerweise diejenige Route aus, die auf dem zuerst eingetroffenen Antwortframe abgebildet ist. Alle später eintreffenden Antwortframes werden dann samt ihrer Routeninformation ignoriert.

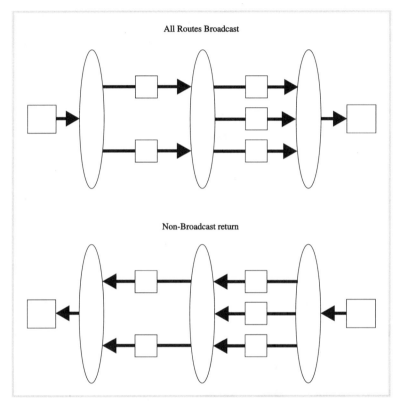

Abbildung 4-3:   *All Routes Broadcast – Non-broadcast return*

4.1.2.2   Single Route Broadcast – All Routes Return

Hier wird ein *Single Route Broadcast* generiert und nach dem im Spanning-Tree-Verfahren eindeutigen Weg von Brücke zu Brücke weitergereicht. Es kommt also lediglich ein einziger Broadcast bei der Zielstation an. Nun wird jedoch ein Broadcast-Frame erzeugt, der nach dem gleichen Verfahren wie in dem zuvor beschriebenen *All Routes Broadcast* die Routeninformation sukzessive bei jeder Brückenpassage entsprechend erweitert (Abbildung 4-4). Auch hier treffen über sämtliche Brückenpfade entsprechende Antwortframes ein (allerdings nicht als „normale", sondern als Broadcast-Frames), die nach dem Zeitpunkt ihres Eintreffens von der Empfangsstation bewertet werden.

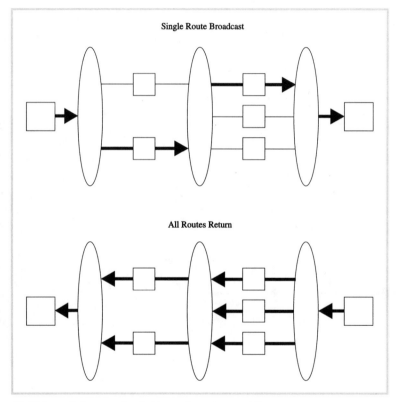

Abbildung 4-4:   *Single Route Broadcast – All Routes Return*

Der Vorteil dieses Verfahrens liegt in der Traffic-Reduzierung, denn der Broadcast für den Hinweg entfällt. Außerdem wird bei Nichterreichen einer Zielstation überhaupt kein Broadcast erzeugt (der Broadcast für den Hinweg ist ja gar nicht erst entstanden, so daß lediglich ein einziger Frame über den Single Route Broadcast transportiert wurde, der nun nicht beantwortet werden kann).

IBM-Brücken, die das *Single Route Broadcast*-Verfahren nicht beherrschen, lassen sich entweder manuell konfigurieren, oder es besteht die Möglichkeit, einen *Automatic Single Route Broadcast* zu implementieren. Von der manuellen Methode ist aufgrund äußerst umfangreicher Wartungsarbeiten im Störungsfalle dringend abzuraten; wird eine Brücke manuell für den *Single Route Broadcast* konfiguriert, so ist im Falle ihres Defektes ggf. das gesamte Netzwerk manuell neu zu konfigurieren. Im *Automatic Single Route Broadcast mode* sorgt der Spanning-Tree-Algorithmus (er ist im manuellen Modus nicht verfügbar) für den erforderlichen Automatismus bei Ausfall einer Brücke. Der *Single Route Broadcast* wird dann von einer parallelen Brücke ausgeführt.

4.1.3   Backup-Konzepte

Ein stabiles Netzwerk hängt nicht allein von einem störungsfreien Betrieb der einzelnen Koppelelemente ab, sondern auch von einer ausreichend berücksichtigten Backup-Konzeption. Heutzutage sind allerdings aufwendige Backup-Konzepte äußerst umstritten, da die Vorhaltung redundanter Hard- und Software erhebliches Kapital bindet und zudem nicht unmittelbar produktiv zum Betriebsergebnis beiträgt. Dennoch gibt es einige Ansätze, die auch im Rahmen heutiger Kostenreduktion eine vernünftige Option darstellen.

Im täglichen Netzwerkbetrieb sind Totalausfälle ganzer Ressourcenbereiche (z.B. Rechenzentrum) durch Zerstörung oder Verlust (Feuer, Explosion, Materialermüdung, Diebstahl usw.) eher selten. Wesentlich realistischer ist beispielsweise der Defekt eines Netzwerk-Controllers in einem Router oder der Ausfall einer ISDN-Leitung zwischen zwei Standorten.

Dem defekten Controller kann man beispielsweise durch eine eigene Lagerhaltung der wichtigsten Komponenten oder durch Abschluß geeigneter Wartungsverträge mit ausreichend kurzen Reaktionszeiten begegnen. Netzwerke mit 24stündiger Verfügbarkeit, wie z.B. das Netz der Auszahlungsautomaten der Banken oder technische Netzwerke in der Energieversorgung, können sich auch geringe Ausfallzeiten von wenigen Stunden nicht leisten. In dem Fall empfiehlt sich trotz mehr oder weniger hoher Kapitalbindung eine Lagerhaltung von Hardware. In den meisten übrigen Unternehmen ist jedoch diese kostspielige Maßnahme nicht erforderlich; hier bieten Wartungsverträge meist eine ausreichende Ausfallsicherung.

Oft sind diese alternativen Überlegungen jedoch gar nicht erforderlich. Gerade was den Ausfallschutz von Datenleitungen anbelangt, gibt es Backup-Konzepte, die bei relativ geringem finanziellem Aufwand einen verzögerungsfreien Betrieb rund um die Uhr gewährleisten können. In einem Beispiel soll folgendes Problem gelöst werden:

Ein Unternehmen mit insgesamt vier weiteren Standorten stellt Rechnerkapazitäten zur Verfügung, damit seine Filialen kontinuierlich auf die zentralen Datenbanken zugreifen können. Das Unternehmensnetzwerk ist ein Router-Netzwerk, basierend auf

TCP/IP-Kommunikation. In den einzelnen Lokationen sind Router im Einsatz, die über ISDN-Festverbindungen mit einer Kapazität von jeweils 64 KBit/s an das Hauptwerk angebunden sind.

Um nun ein ordentliches Leitungs-Backup-Konzept zu etablieren, sind zunächst zwei grundsätzliche Ansätze möglich.

4.1.3.1   Individuelle ISDN-Backups

Die sternförmig strukturierte WAN-Vernetzung läßt sich durch die Installation von vier Backup-Leitungen (für jede Lokation eine) als Wählleitungen sichern. Die Router erhalten für diese Option jeder ein weiteres ISDN-Interface, das allerdings im Normalfall nicht in Betrieb ist. Lediglich dann, wenn die ISDN-Leitung ausfällt, sorgt die Router-Intelligenz für ein automatisches Aktivieren der Wählverbindung und kann somit den neugeschaffenen Alternativweg für eine Fortsetzung der Datenkommunikation verwenden (Abbildung 4-5). Bei diesem Verfahren ist es allerdings sehr wichtig, daß sämtliche Backup-ISDN-Verbindungen auf einem anderen Installationsweg auf das Gelände des Unternehmens geführt werden, denn wenn der berühmte „Bagger" zupackt und die ISDN-Hauptleitung und das Backup-Kabel sich im selben Kabelkanal befinden, funktioniert anschließend natürlich auch der Backup-Weg nicht.

Ein weiteres Problem liegt im ISDN-Dienst selbst. Fällt beispielsweise der Knotenrechner des Service-Providers aus (Deutsche Telekom oder auch andere), so ist möglicherweise auch die Backup-Leitung gestört. Eine Alternative könnte hier in der Wahl eines völlig anderen Telekommunikationsdienstes liegen (z.B. Datex-P, dedizierte Standleitungen o.Ä.).

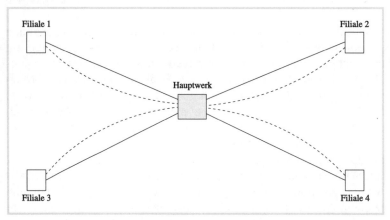

Abbildung 4-5:   *Individuelle Backup-Leitungen*

4.1.3.2 Vermaschte Netzstruktur

Eine weitere Möglichkeit zur Ausfallsicherung stellt eine vollständig vermaschte Netz-konstruktion dar. Dies bedeutet die Schaltung von weiteren Leitungen zwischen den einzelnen Standorten, so daß im Falle von Leitungsproblemen kein expliziter Backup-Weg zum Hauptwerk geschaltet werden muß, sondern die ohnehin jederzeit verfügbaren Querverbindungen zwischen den einzelnen Filialen für Alternativrouten verwendet werden können (Abbildung 4-6). Dieser Weg ist insbesondere dann vorzuziehen, wenn zwischen den einzelnen Lokationen ohnehin Kommunikation stattfindet. In dem Fall ist lediglich die Konfiguration eines leistungsfähigen Routing-Protokolls wie OSPF erforderlich, um einen dynamischen Backup zu garantieren.

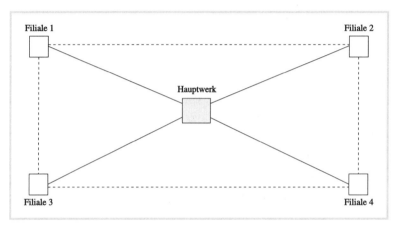

Abbildung 4-6: *Vermaschte Netzstruktur*

Wenn beispielsweise die direkte Leitung von Filiale 3 zum Hauptwerk ausfällt, so sorgt OSPF dafür, daß die Verbindung zum Hauptwerk entweder über die Verbindung zur Filiale 4 oder über Filiale 1 realisiert wird. Dieser Vorgang erfolgt automatisch, und der Endanwender wird – zumal das gegenüber Timeouts unempfindliche TCP-Protokoll eingesetzt wird – von einem Leitungsausfall überhaupt nichts bemerken.

4.1.4 Broadcast-Stürme

Broadcast-Stürme (broadcast storms) sind die am häufigsten auf Layer 2 (Data Link Control – Datensicherungsschicht) beobachteten Symptome in einem Netzwerk. Broad-casts können einerseits den Betrieb eines ganzen Netzwerkes lahmlegen, werden jedoch andererseits für den Verbindungsaufbau in Kommunikations-Sessions zwischen zwei Arbeitsstationen unbedingt benötigt. So bedienen sich beispielsweise der Source-Routing- und der Spanning-Tree-Algorithmus der Broadcasts, um den optimalen Weg für die Kommunikation zwischen zwei Stationen im Netzwerk zu ermitteln (siehe Abschnitt 4.1.2).

4.1.4.1   Broadcast-Filter

In einem komplexen logischen Netzwerk, das aus mehreren Einzelsegmenten besteht und eine entsprechende Anzahl von Brücken einsetzt, ist das Auftreten von Broadcasts naturgemäß relativ hoch. Wenn keine Gegenmaßnahmen durchgeführt werden, wird ein Broadcast von Brücke zu Brücke weitergereicht und durchläuft somit die gesamte Netztopologie. Auch vor den LAN-Grenzen macht ein Broadcast nicht halt, wenn das Bridging auf entsprechenden Koppelelementen „eingeschaltet" ist. Ein Broadcast, der in einem Netz-Segment in Düsseldorf generiert wurde, würde somit auch in einem Netzsegment in Chicago auftauchen, sofern beide Lokationen über Brücken verbunden sind. Da aber in der Regel zwischen Arbeitsstationen in Düsseldorf und Chicago über schmalbrüstige WAN-Strecken keine direkten Kommunikationsverbindungen etabliert werden, ist eine Filterung dieses LAN-Traffic am LAN/WAN-Übergang dringend zu empfehlen. Dies gilt natürlich auch für den Datenverkehr im LAN selbst. Es macht wenig Sinn, Broadcasts im gesamten LAN zu verteilen, wenn sich die Kommunikationspartner im selben LAN-Segment befinden. Ein solides Netzdesign ist daher von entscheidender Bedeutung.

Das Problem der Broadcast-Infiltration ist jedoch nur dann aus der Welt zu schaffen, wenn geeignete Hilfsmittel zu ihrer Identifizierung zur Verfügung stehen. Überflüssige Broadcasts werden in der Regel nicht bemerkt, da sie zum „Netz-Grundrauschen" gerechnet und – sofern sie keine kritischen Lastwerte erreichen – leider oft genug akzeptiert werden. Es wird dabei jedoch übersehen, daß ein zu hoher aber geduldeter Broadcast-Traffic potentielle Broadcast-Stürme begünstigt. Wenn das Netzwerk nicht sorgfältig genug geplant wird und die Möglichkeiten von Filtern nicht ausreichend genutzt werden, können sich kleinere Broadcast-Probleme, die normalerweise die vitalen Bereiche eines Netzwerkes nicht behindern, leicht zu gefährlichen „Broadcast-Hurricanes" hochschaukeln und die Netzwerk-Performance gewaltig in die Knie zwingen.

Ein Broadcast wird dadurch gebildet, daß die Zieladresse in einem Token-Ring- oder Ethernet-Frame mit einem bestimmten Bitmuster versehen wird. Sie enthält dann nicht die MAC-Adresse eines dedizierten Kommunikationspartners, sondern z.B. den Wert hex 'FF FF FF FF FF FF' bzw. binäre „Einsen". Ein Frame dieses Aufbaus, völlig gleich, ob es sich um einen kleinen oder großen Frame handelt, *muß* von *jeder* Station im Netzwerk bearbeitet werden.

4.1.4.2   Broadcasts im Routing Information Protocol

Verschiedene Situationen in einem Netzwerk führen zur Generierung von Broadcasts. So bedient sich beispielsweise das Routing-Protokoll RIP (Routing Information Protocol) der Broadcasts, um alle 30 Sekunden seine Routing-Tabellen im Netzwerk zu verteilen.

4.1.4.3   Broadcasts im Address Resolution Protocol

Eine weitere kritische Situation tritt dann auf, wenn es in einem Netzwerk zum selben Zeitpunkt zahlreiche TCP-basierte Verbindungsverluste gibt und die integrierten Sicherungsmechanismen erfolglos bleiben. Schließlich wird versucht werden, die Session-Recovery auf einer unteren Protokollschicht durchzuführen, z.B. auf dem Address Resolution Protocol (ARP). Sobald nämlich ein neuer ARP-Request zur Ermittlung der MAC-Adresse des Kommunikationspartners generiert werden muß, wird dieser als Broadcast „auf die Reise geschickt". Ereignet sich dieser Prozeß bei einer großen Anzahl von Arbeitsstationen gleichzeitig (dies ist bei globalen Verbindungsverlusten wahrscheinlich), so entsteht ein Broadcast-Sturm, der die Netzwerk-Performance deutlich reduziert.

Das vermehrte Auftreten von Broadcasts entwickelt sich bereits bei einer Anzahl von 30 bis 40 Broadcasts pro Sekunde zu einem „Sturm". In größeren Netzwerken von mehreren hundert beteiligten Arbeitsstationen kann diese Frequenz sogar auf weit über hundert Broadcasts pro Sekunde steigen.

4.1.4.4   Broadcasts im BOOT-Protokoll

Für den Initialisierungsvorgang beim Booten über das Netz generiert der entsprechende IP-Host einen Broadcast, der die eigene Hardware-Adresse enthält. Dieser Frame wird als BOOTP-Request bezeichnet. Derjenige IP-Host, der die anfragende Maschine kennt (Hardware-Adresse ist bekannt), übermittelt seine IP-Adresse, die IP-Adresse des BOOTP-Servers und den Namen der BOOTP-Datei. Diese Informationen werden als BOOTP-Reply gesendet (mittlerweile gibt es Implementierungen, die auf diese BOOTP-Initialisierung verzichten und bereits beim Einschalten des Rechners über die relevanten Netzinformationen verfügen, da diese in residenten Konfigurationsumgebungen hinterlegt wurden) und führen dazu, daß der anfragende Host nun als vollwertiger IP-Knoten mit anderen Knoten kommunizieren kann.

4.1.4.5   Remote Polling

Ein mittlerweile recht erfolgreich praktiziertes Verfahren zur Lastreduzierung bei den Broadcast-ähnlichen Polling-Mechanismen ist das Poll Spoofing oder Remote Polling. Normalerweise kontinuierlich in kurzen Zeitintervallen emittierte „Lebenszeichen" einer Station werden bei zwischengeschalteten WAN-Strecken oder stark belasteten LAN-Backbones durch eine z.B. auf einem lokalen Router implementierte Software beantwortet (Abbildung 4-7).

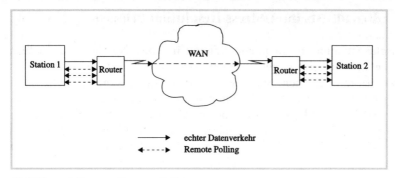

Abbildung 4-7:   *Remote Polling*

Dies geschieht sowohl auf seiten der pollenden als auch auf der die Polls erwartenden Station.

Das hier stattfindende Verfahren von Polling und Acknowledgement läßt sich durch folgende Konversation charakterisieren:

Station 2: „Hallo, Station 1! Lebst du noch?"
Station 1: „Ja, ich lebe, ja, ich lebe, ja, ich lebe, ...!"
Station 2: „Hallo, Station 1! Lebst du noch?"
Station 1: „Ja, ich lebe, ja, ich lebe, ja, ich lebe, ...!"
usw.

Erst, wenn reale Daten übertragen werden sollen, wird die Verbindung freigegeben und eine tatsächliche End-to-End-Verbindung etabliert.

4.1.5   Retransmissions

Das wiederholte Senden von Dataframes (Retransmission) ist einerseits ein überaus wichtiger Mechanismus, der bei Übertragungsfehlern unverzichtbar ist, führt jedoch andererseits auch oft zu einer drastischen Erhöhung der Netzlast und damit zu einem hohen Performance-Verlust im Netzwerk. Insbesondere schlechte Leitungsverbindungen verursachen Retransmissions, da der Datenfluß zwischen zwei Kommunikationspartnern durch Störungen oft unterbrochen wird und daher die fehlenden Pakete neu angefordert werden.

Die Steuerung von Retransmissions wird hauptsächlich durch Timer (beim TCP ist dies der Timer RTT, *Round Trip Time* Timer) vorgenommen. Wird ein Datenpaket innerhalb eines definierten Zeitintervalls nicht vollständig übertragen, so läuft der entsprechende Timer ab, und der Versand des Datenpaketes wird wiederholt. Eine Erhöhung des Timers (sofern möglich) könnte ggf. die Anzahl der Retransmissions reduzieren und die Netzwerk-Performance verbessern, auch wenn dadurch nicht die eigentliche Ursache behoben wird.

Allerdings gibt es auch andere Situationen, die zu Retransmissions führen können. Bei dieser Betrachtung spielen die Paketlänge und definierte Timeout-Defaults bestimmter Protokollalgorithmen eine große Rolle. Folgendes allgemeine Beispiel macht die Problematik deutlich:

Angenommen, für eine Kommunikation zwischen Arbeitsstation A und Arbeitsstation B steht die gesamte Bandbreite einer ISDN-Festverbindung (WAN-Strecke), nämlich 64KBit/s, zur Verfügung. Über eine UDP-basierte Anwendung (z.B. NFS; Network File System) sollen 8K-Frames übertragen werden. Innerhalb des NFS ist allerdings ein Timeout-Wert von 700ms definiert. Für die vollständige Übertragung eines 8K-Frame wird bei voller Bandbreitenausnutzung theoretisch genau 1 Sekunde benötigt (64KBit = 64000 Bits = 8000 Bytes = ca. 8KByte). Bereits nach 700 Millisekunden läuft jedoch der Timeout-Wert im NFS ab, so daß der Frame erneut angefordert wird, da er ja im vorgegebenen Zeitintervall von 700ms noch nicht eingetroffen ist. Dies hat zur Konsequenz, daß jeder Frame wiederholt werden muß, wenn bereits erhaltene Fragmente nach Timer-Ablauf wieder verworfen werden. Eine Erhöhung des Timeout auf beispielsweise 1500ms könnte dieses Dilemma wahrscheinlich beheben. Allerdings müßte dann noch eine realistischere Bandbreitenbetrachtung vorgenommen werden, denn es ist äußerst unwahrscheinlich, daß einer Anwendung die gesamte Bandbreite einer ISDN-Verbindung zugeteilt wird. Wenn sie nur die Hälfte erhält, so dauert der 8K-Transfer sogar 2 Sekunden, und der Timer müßte erneut angepaßt werden.

4.1.6   Maximum Transfer Unit (MTU)

Für den Betrieb zweier durch Brücken verbundener Netzwerksegmente mit unterschiedlichen LAN-Zugriffsverfahren stellt die *Maximum Transfer Unit* einen wichtigen konfigurierbaren Parameter dar. Sie beschreibt die für jedes LAN-Zugriffsverfahren maximale Frame-Größe. Da eine Brücke nicht in der Lage ist, einen Frame zu fragmentieren und zu reassemblieren (teilen und wieder zusammensetzen), sollte die MTU in „gebridgeten" Netzen nicht differieren. Sie muß auf einen einheitlichen Wert fixiert werden. Die MTUs in den einzelnen Netzwerken bzw. ihren Zugriffsverfahren weichen z.T. erheblich voneinander ab:

Netzwerk-Typ/Zugriffsverfahren	Anzahl Bytes MTU
Token-Ring (16 Mbit/s)	17914
Token-Ring (4 Mbit/s)	4464
Ethernet	1500
IEEE 802.3	1492
X.25	576

Tabelle 4-1:
Maximum Transfer Unit
(MTU)

Wird beispielsweise in einem Ethernet-Segment die MTU von 1500 Bytes (Default-Wert) verwendet und der Default-Wert in einem 4MBit/s-Token-Ring (4464 Bytes) bleibt unverändert, so gelangt ein 4K-Frame, der aus einem Token-Ring-Segment stammt, nicht in das Ethernet-Segment, da er von der Brücke ignoriert (discarded) wird.

Es ist daher unbedingt zu empfehlen, daß in logischen, durch Brücken verbundenen Netzwerken die MTU für alle Zugriffsverfahren gleich ist.

Beim Einsatz von Routern (Router sind Layer-3-Koppelelemente und beherrschen daher das IP-Protokoll und damit auch *fragmentation*) hingegen spielt die Größe der MTU ein untergeordnete Rolle, denn durch die hier durchgeführte Fragmentierung wird ein Frame, die die jeweilige MTU übersteigt, in kleinen Teilsegmenten ordnungsgemäß beim Router-Übergang übertragen und später beim Zielknoten wieder zusammengesetzt (Reassembly). Die einzelnen Teilsegmente sind eigenständige IP-Datagramme mit eigenem IP-Header.

Es wird daher u.a. aus den vorgenannten Gründen eine goldene Regel für Netzwerkübergänge abgeleitet:

> Sollen zwei Netzwerke mit unterschiedlichen LAN-Zugriffsverfahren miteinander verknüpft werden, so soll dies durch *Routing* und nicht durch *Bridging* erfolgen!

4.1.7   Buffer-Probleme

Performance-Probleme im Netzwerk lassen sich vielfach auch durch Buffer-Engpässe in Routern herleiten. Der zur Verfügung stehende Arbeitsspeicher eines Routers ist normalerweise aufgeteilt in einen Bereich, der für den Betrieb der Protokollprozesse unterschiedlicher Stacks (bei Multiprotokoll-Routern) benutzt wird, und einen weiteren Bereich, der für das Buffering (Zwischenspeichern) von Datenframes verwendet wird. Ist der reservierte Bereich dieser Buffer zu klein oder erhöht sich das Verkehrsaufkommen im Netz derart, daß die zuvor dimensionierten Buffer-Größen nicht mehr ausreichen, so kann es je nach Protokolltyp zu Performance-Verlusten im Netzwerk kommen.

TCP-basierte Protokolle (z.B. FTP; File Transfer Protocol) verändern bei Ressourcenknappheit ein angepaßtes Acknowledgement-Verhalten. Das bei TCP-Verbindungen praktizierte *Windowing* wird bei Verbindungsaufbau vereinbart. Es wird festgelegt, wie viele Pakete bzw. Bytes übertragen werden dürfen, bevor eine Bestätigung erfolgt. Je mehr Buffer-Reserven zur Verfügung stehen, desto größer darf die Window-Size gewählt werden. Können allerdings keine Pakete mehr vom Router aufgenommen werden, so wird die Window-Size kontinuierlich bis zum Wert „0" reduziert, es findet also praktisch kein Windowing mehr statt. Jedes einzelne Paket muß daher bestätigt werden, bevor ein neues verschickt werden darf. Dieser Zustand wird auch als *Frozen Window* bezeichnet. Erst wenn sich die Buffer-Situation entspannt, wird die Window-Size allmählich wieder erhöht.

Bei UDP-basierten Protokollen wird die Retransmission-Rate erheblich zunehmen, da zum Empfang anstehende Datagramme vom Router nicht mehr angenommen werden können. Seine Buffer reichen für eine Zwischenspeicherung einfach nicht mehr aus. Der Verlust von Datenpaketen bewirkt ihre wiederholte Sendung, wie bereits in Abschnitt 4.1.5 beschrieben.

4.2   Netzwerkmonitoring

Wenn man sich heute für den privaten Bereich technische Geräte anschafft, so ist man in aller Regel einigermaßen detailliert über ihre Funktionsweise informiert. Dennoch gibt es Situationen bzw. Zustände, die im verborgenen bleiben und sich daher der Beurteilung des Bedieners entziehen. Aus diesem Grund werden heute zunehmend Indikatoren oder Sensoren eingebaut, die über bevorstehende oder aktuelle Problemsituationen und Defekte informieren. Es sind Batteriekontrolllampen, Füllstandsanzeigen bei Kraftfahrzeugen oder auch die Anzeige für die Fehlmenge Klarspüler bei Geschirrspülmaschinen, die uns über einen mehr oder weniger bedrohlichen Betriebszustand mitteilen. Diese Informationen werden ausschließlich deshalb bekanntgegeben, damit der störungsfreie Betrieb der Geräte gewährleistet ist.

Genau diesen Mechanismus gibt es auch bei dem Betrieb von Netzwerken. Das Kommunikationsverhalten in Netzwerken wird stets durch eine kontinuierlich variierende Symptomatik charakterisiert. Retransmissions weisen ggf. auf schlechte Leitungsverbindungen oder Buffer-Probleme hin, Broadcast-Stürme im Ethernet-Segment oder Beacons (speziell aufgebautes Bitmuster als Störungsindikator) im Token-Ring könnten auf defekte Verkabelung hindeuten. Diese und weitere Symptome erfordern eine kontinuierliche Netzwerkbeobachtung, für eine Problemfrüherkennung oder auch für die Analyse plötzlich auftretender, aktueller Störungen. Dieses Netzwerkmonitoring kann jedoch nur mit geeigneten Hilfsmitteln vorgenommen werden. Einige Beispiele werden in Abschnitt 4.4 vorgestellt.

4.2.1   Netzwerkdesign

Die kontinuierliche Beobachtung eines Netzwerkes ist in zweierlei Hinsicht interessant. Einerseits werden aktuelle Probleme offensichtlich und können beseitigt werden, andererseits können mittel- bzw. langfristig angelegte Performance-Messungen für eine Überarbeitung des Netzwerkdesigns herangezogen werden.

Ein Netzwerk ist ein dynamisches Gebilde, das sich stets den sich verändernden Anforderungen der Unternehmenskommunikation anpaßt. Es werden neue Netzsegmente geschaffen, neue Brücken und Router werden eingesetzt sowie neue Arbeitsstationen ins Netz „gehängt". Zahlreiche unternehmensinterne Umzüge stellen für den Netzwerkadministrator einen höchst unerfreulichen zusätzlichen Unterhaltungswert dar. Mit anderen Worten: das Netzwerk verändert sich kontinuierlich. Ebenso „abwechslungsreich" sind die im Netzwerk auftretenden, unterschiedlichen und ohne entsprechende Hilfsmittel kaum interpretierbaren Symptome. Sie hängen direkt mit dem „dynamischen Komponentenfluß" zusammen.

Ein Netzwerkmonitoring mit klar umrissenen Aufgabenstellungen ist in der Lage, die mittel- bzw. langfristig ermittelten Statistiken in reale Entscheidungen umzusetzen. So ist es beispielsweise sinnvoll, eine Segmentstruktur so umzukonfigurieren, daß direkt miteinander kommunizierende Netzwerkkomponenten, die zunächst durch Brücken oder Router voneinander getrennt sind, in das gleiche Segment überführt werden (Abbildung 4-8). Gute Netzwerkmonitore liefern die dazu erforderlichen Mechanismen („Wer spricht mit wem?").

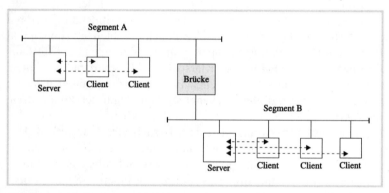

Abbildung 4-8:   *Vermeidung segmentübergreifender Kommunikation*

4.2.2   Schwellwert-Kalibrierung

Jedes Netzwerk hat sein eigenes, charakteristisches Profil. Verschiedene Einflußfaktoren bestimmen seine Individualität. Es existieren Abhängigkeiten zu den jeweils verwendeten Anwendungen:

- Online-Verarbeitung/Batch-Verarbeitung
- File-Transfer (z.B. bei Sicherungen)
- Client-Server-Anwendungen
- SNA-Anwendungen (3270-Datenstrom)
- Programm-Programm-Kommunikation

▓ Echtzeit-Verarbeitung
▓ CAD-Anwendungen
usw.

Ebenso ist die Netzwerkstruktur von Bedeutung:

▓ organisatorischer Aufbau
▓ physikalische Medien
▓ LAN-Zugriffsverfahren
▓ WAN-Kommunikation
▓ eingesetzte Netzwerk-Controller samt Treiber-Software
▓ unterschiedliche Geschwindigkeiten
usw.

Für ein aussagefähiges Netzwerkmonitoring ist es daher sehr wichtig, daß vor Ermittlung verwertbarer Statistiken ein erstes Netzwerkprofil generiert wird. Im Normalbetrieb (störungsfrei) müssen Daten gesammelt und danach die jeweils für bestimmte Symptome relevanten Schwellwerte genau festgelegt werden. Die unkritische Übernahme von Default-Werten macht wegen der zahlreichen, für jedes Netzwerk völlig anderen Abhängigkeiten keinen Sinn. Empfohlene, vom Hersteller vorgegebene Defaults lassen sich nur dann übernehmen, wenn das Netzwerkverhalten eben einem Default-Verhalten entspricht.

Für einen Einstieg in die Materie läßt sich zwar zunächst mit diesen Werten arbeiten, man muß sich allerdings vergegenwärtigen, daß ein aktives Monitoring nur *ungefähre* Aussagen über den Netzwerkstatus zuläßt. Es werden ggf. unberechtigte Events oder Alarme erzeugt, oder der Monitor reagiert trotz kritischer Situation überhaupt nicht, weil der auslösende Schwellwert für das Netzwerk völlig falsch definiert wurde.

4.2.3   Logging mit dem Syslog-Daemon

Eine recht simple Methode, Netzwerkereignisse auf verschiedenen Ebenen über einen Router zu beobachten, bietet der Syslog-Daemon. Er wird auf einem UNIX-Host aktiviert (z.B. einer RS/6000, wie in diesem Beispiel), und die entsprechende Parameterdatei `syslog.conf` im Verzeichnis `/etc` wird konfiguriert:

```
#
# (C) COPYRIGHT International Business Machines Corp. 1988, 1989
# All Rights Reserved
# Licensed Materials - Property of IBM
#
```

```
# US Government Users Restricted Rights - Use, duplication or
# disclosure restricted by GSA ADP Schedule Contract with IBM Corp.
#
# /etc/syslog.conf - control output of syslogd
#
# Each line must consist of two parts:-
#
# 1) A selector to determine the message priorities to which the
#    line applies
# 2) An action.
#
# The two fields must be separated by one or more tabs or spaces.
#
# format:
#
# <msg_src_list>              <destination>
#
# where <msg_src_list> is a semicolon separated list of
# <facility>.<priority>
# where:
#
# <facility> is:
#       * - all (except mark)
#       mark - time marks
#       kern,user,mail,daemon, auth,...
# (see syslogd(AIX Commands Reference))
#
# <priority> is one of (from high to low):
#       emerg/panic,alert,crit,err(or),warn(ing),notice,info,debug
#       (meaning all messages of this priority or higher)
#
# <destination> is:
#       /filename - log to this file
#       username[,username2...] - write to user(s)
#       @hostname - send to syslogd on this machine
#       * - send to all logged in users
#
local6.info              /usr/adm/log/router1
```

Die LOG-Datei für Router1 lautet /usr/adm/log/router1 und enthält Informationen des lokalen Routers. Die erforderlichen Logging-Parameter des Routers selbst (in diesem Fall ein CISCO-Router) müssen wie folgt definiert werden:

Eine TELNET-Session zum Router1 fragt zunächst das Paßwort ab und führt zum Command-Prompt:

```
router1#
```

Anschließend wird nach Eingabe des `enable`-Kommandos (und erneuter Paßwortabfrage) der Konfigurationsmodus aufgerufen:

```
router1# config
router1(config)#
```

Die IP-Adresse des Host, an den die Logging-Informationen geschickt werden sollen, wird durch:

```
router1(config)# logging 190.123.40.35
```

angegeben.

Durch Eingabe der Kommandos `logging trap ?` wird eine Liste der möglichen Logging-Level angezeigt:

```
router1(config)# logging trap ?
```

```
alerts          Immediate action needed
critical        Critical condition
debugging       Debugging messages
emergencies     System is unusable
errors          Error condition
informational   Informational messages
notification    normal but significant conditions
warnings        Warning conditions
```

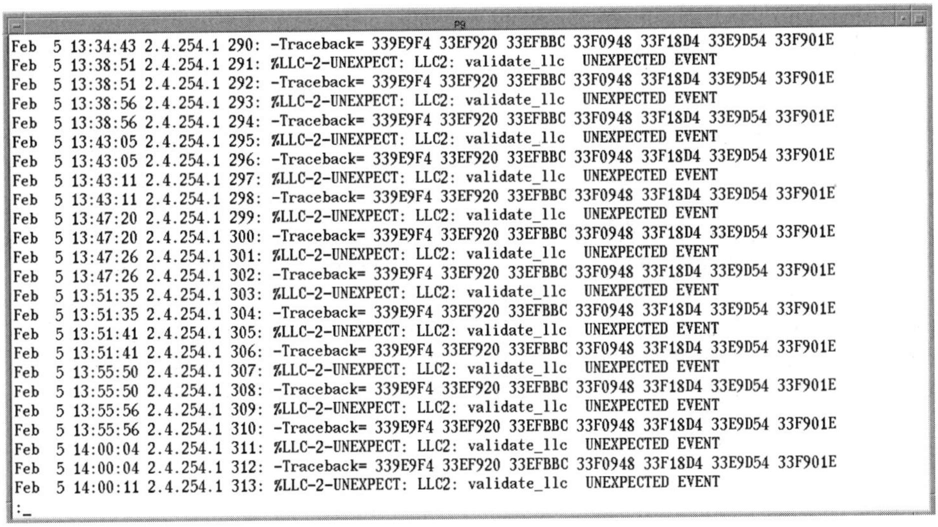

```
                                        P9
Feb  5 13:34:43 2.4.254.1 290: -Traceback= 339E9F4 33EF920 33EFBBC 33F0948 33F18D4 33E9D54 33F901E
Feb  5 13:38:51 2.4.254.1 291: %LLC-2-UNEXPECT: LLC2: validate_llc  UNEXPECTED EVENT
Feb  5 13:38:51 2.4.254.1 292: -Traceback= 339E9F4 33EF920 33EFBBC 33F0948 33F18D4 33E9D54 33F901E
Feb  5 13:38:56 2.4.254.1 293: %LLC-2-UNEXPECT: LLC2: validate_llc  UNEXPECTED EVENT
Feb  5 13:38:56 2.4.254.1 294: -Traceback= 339E9F4 33EF920 33EFBBC 33F0948 33F18D4 33E9D54 33F901E
Feb  5 13:43:05 2.4.254.1 295: %LLC-2-UNEXPECT: LLC2: validate_llc  UNEXPECTED EVENT
Feb  5 13:43:05 2.4.254.1 296: -Traceback= 339E9F4 33EF920 33EFBBC 33F0948 33F18D4 33E9D54 33F901E
Feb  5 13:43:11 2.4.254.1 297: %LLC-2-UNEXPECT: LLC2: validate_llc  UNEXPECTED EVENT
Feb  5 13:43:11 2.4.254.1 298: -Traceback= 339E9F4 33EF920 33EFBBC 33F0948 33F18D4 33E9D54 33F901E
Feb  5 13:47:20 2.4.254.1 299: %LLC-2-UNEXPECT: LLC2: validate_llc  UNEXPECTED EVENT
Feb  5 13:47:20 2.4.254.1 300: -Traceback= 339E9F4 33EF920 33EFBBC 33F0948 33F18D4 33E9D54 33F901E
Feb  5 13:47:26 2.4.254.1 301: %LLC-2-UNEXPECT: LLC2: validate_llc  UNEXPECTED EVENT
Feb  5 13:47:26 2.4.254.1 302: -Traceback= 339E9F4 33EF920 33EFBBC 33F0948 33F18D4 33E9D54 33F901E
Feb  5 13:51:35 2.4.254.1 303: %LLC-2-UNEXPECT: LLC2: validate_llc  UNEXPECTED EVENT
Feb  5 13:51:35 2.4.254.1 304: -Traceback= 339E9F4 33EF920 33EFBBC 33F0948 33F18D4 33E9D54 33F901E
Feb  5 13:51:41 2.4.254.1 305: %LLC-2-UNEXPECT: LLC2: validate_llc  UNEXPECTED EVENT
Feb  5 13:51:41 2.4.254.1 306: -Traceback= 339E9F4 33EF920 33EFBBC 33F0948 33F18D4 33E9D54 33F901E
Feb  5 13:55:50 2.4.254.1 307: %LLC-2-UNEXPECT: LLC2: validate_llc  UNEXPECTED EVENT
Feb  5 13:55:50 2.4.254.1 308: -Traceback= 339E9F4 33EF920 33EFBBC 33F0948 33F18D4 33E9D54 33F901E
Feb  5 13:55:56 2.4.254.1 309: %LLC-2-UNEXPECT: LLC2: validate_llc  UNEXPECTED EVENT
Feb  5 13:55:56 2.4.254.1 310: -Traceback= 339E9F4 33EF920 33EFBBC 33F0948 33F18D4 33E9D54 33F901E
Feb  5 14:00:04 2.4.254.1 311: %LLC-2-UNEXPECT: LLC2: validate_llc  UNEXPECTED EVENT
Feb  5 14:00:04 2.4.254.1 312: -Traceback= 339E9F4 33EF920 33EFBBC 33F0948 33F18D4 33E9D54 33F901E
Feb  5 14:00:11 2.4.254.1 313: %LLC-2-UNEXPECT: LLC2: validate_llc  UNEXPECTED EVENT
:_
```

Abbildung 4-9:   *Logging-Datei – generiert durch Syslog-Daemon*

Aus Abbildung 4-9 geht der mögliche Inhalt einer syslogd-Logging-Datei hervor. Je nach Wahl des Logging-Levels läßt sich die Informationsdichte variieren. In diesem Beispiel wurde der *Debug-Level* definiert.

4.3   Netzwerkanalyse

Will man Netzwerkmonitoring und Netzwerkanalyse zeitlich einordnen, so erfolgt die Analyse gewiß *nach* dem Monitoring. Natürlich gibt es auch analytisch konzipierte Monitore, die bereits während der Beobachtung bestimmte Netzcharakteristika als Symptome identifizieren können. Treten solche Symptome auf, so kann anschließend ein gezielter *Trace* (Ablaufverfolgung) aktiviert werden, der letztlich Detailinformationen über eine bestimmte Kommunikationssituation liefern soll. Explizite Beispiele werden in Abschnitt 4.4 nachgereicht.

Ebenso wie ein Netzwerkmonitoring den individuellen „Normalzustand" eines Netzwerkes erst durch Langzeitmessungen ermitteln muß, besteht bei der Netzwerkanalyse der Bedarf nach einer umfangreichen Sammlung störungsfreier Kommunikationsmuster:

- TCP-Session-Aufbau und -Abbau
- Ablauf einer FTP-Session
- Ablauf einer TELNET-Session
- Session-Auf- und -Abbau bei 3270-Ressourcen
- Einfügen einer Token-Ring-Station in den Ring
- Routenverfolgung bei SRB
- Erfassung der Charakteristika verschiedener Protokolle
- Kommunikationsverhalten der Routing-Protokolle (OSPF, RIP usw.)
usw.

Diese verfügbaren Kommunikationsmuster werden bei Traces, die eine Fehler- oder Störsituation aufzeichnen, immer wieder zu Vergleichszwecken herangezogen.

Bei der Erstellung von Traces ist die Einrichtung von Filtern besonders wichtig. Abstrakte, nicht näher spezifizierte Trace-Läufe nehmen eine extrem große Menge an Kommunikationsdaten auf und verwischen damit möglicherweise den Blick auf die entscheidenden Phasen. Restriktive Trace-Optionen führen zu einer wesentlich genaueren Aufzeichnung und damit zu einer schnelleren Analyse des fokussierten Kommunikationsverhaltens.

4.3.1 Die Wahl des Standorts

Bei der Anschaffung von Monitoring- und Analyse-Tools ist zu überlegen, ob die Installation eines einzigen Tools ausreicht oder ob an verschiedenen Stellen im Netzwerk entsprechende Komponenten positioniert werden müssen. Um zwei miteinander kommunizierende Arbeitsstationen zu beobachten, die sich in unterschiedlichen Netzwerksegmenten befinden, müssen schon zwei Analyse-Tools eingerichtet werden: eines im Segment von Arbeitsstation A und eines im Segment von Arbeitsstation B. Erst dann kann der vollständige Datenfluß zwischen den Kommunikationspartnern *lückenlos* über *alle* Kommunikationsschichten aufgezeichnet werden (Abbildung 4-10).

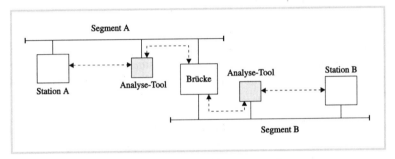

Abbildung 4-10:   *Analyse-Tools in jedem Netzwerksegment*

Sendet Station A einen Frame, so erhält ihn das Analyse-Tool aus Segment A und dokumentiert somit den Kommunikationsstatus *vor* Segmentübergang an der Brücke. Die Brücke kopiert den Frame und gibt ihn an Segment B ab. Dort wird der Frame vom Analyse-Tool erfaßt, bevor er an die Zielstation B übertragen wird. Somit ist auch bekannt, wie der Frame *nach* Segmentübergang „aussieht". Analog erfolgt die Erfassung in Gegenrichtung.

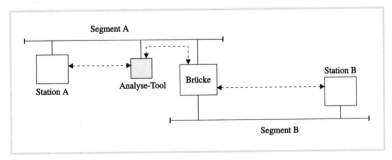

Abbildung 4-11:   *Analyse-Tool in einem einzigen Netzwerksegment*

Würde hingegen lediglich ein einziges Analyse-Tool installiert, so könnten die Daten-frames des benachbarten Segmentes B bis zur Brücke nicht zweifelsfrei analysiert wer-den (dies gilt zumindest für Layer-2-Kommunikation). Nur diejenigen Frames werden vom Analyse-Tool „gesehen", die von der Brücke „durchgelassen" werden. Potentielle Fehlerframes bleiben beispielsweise auf der Strecke (Abbildung 4-11).

Die Einrichtung fest installierter Analyse-Tools als Standgeräte sollte nur dort vorge-nommen werden, wo eine kontinuierliche Beobachtung oder Analyse erforderlich ist. Für wechselnde Einsatzorte ist die Verwendung mobiler Geräte zu empfehlen.

4.3.2   Der Netzwerk-Trace

Will man in die Welt der Protokollanalytiker vordringen, so gelingt das nur, wenn man bereit ist, mit der Hand am Bit in die Tiefen des Tracing abzutauchen. Dort wird man den faszinierenden Regeln verschiedener Formen der Kommunikation begegnen und schließlich begreifen, wie sie funktioniert.   *(Anm. d. Autoren)*

Diese etwas bildhafte Schilderung der Netzwerkanalyse durch Traces (Ablaufverfolgun-gen) gibt das Umfeld, in dem sich der Netzwerkanalytiker bewegt, ziemlich genau wie-der. Zugegeben, das Lesen und Interpretieren von Traces ist eine äußerst langwierige und mitunter sehr nervenaufreibende Tätigkeit, die ein Höchstmaß an Konzentration er-fordert; allerdings kann man sich einer gewissen Faszination im Hinblick auf die Aussa-gefähigkeit von Traces nicht entziehen. Sie bilden ohnehin oft die einzige Möglichkeit, Kommunikationsstörungen zu identifizieren, relevante Zusammenhänge zu erkennen und daraus die notwendigen Schlüsse zu ziehen. Das ermittelte Ergebnis muß letztlich zu klar umsetzbaren Maßnahmen führen, die das Kommunikationsproblem lösen.

Grundsätzlich läßt sich ein Netzwerk-Trace als die Aufzeichnung einer Kommunika-tion verstehen, wie sie zwischen zwei oder mehreren Kommunikationspartnern stattge-funden hat. Oft werden Traces nur zur Beurteilung bestimmter Passagen einer Kommu-nikation benötigt, beispielsweise für die Analyse des Beginns einer Konversation (Ses-sion-Aufbau). Da es zahlreiche verschiedenartige Netzwerkprotokolle, also „Gesprächs-regeln", gibt, sieht die Kommunikation zwischen zwei Partnern über das TCP-Protokoll völlig anders aus als über SNA oder NetBIOS.

Außerdem werden Traces für die Überprüfung von Datenströmen eingesetzt. Für die Beurteilung von Problemsituationen sind nämlich nicht nur die Kommunikationsregeln der Netzwerkprotokolle relevant, sondern auch die Daten selbst können einen wertvol-len Beitrag zur Netzwerkanalyse leisten. Stellt man durch einen Trace beispielsweise fest, daß sich der Inhalt eines Datensatzes nach Versand durch die Sendestation im Ver-laufe des Transports durch das Netzwerk verändert hat, so wird diese Feststellung dazu führen, daß der bereits vorgenommene Trace verfeinert wird. Durch eine Detailbetrachtung jedes einzelnen Frame, jedes Bytes und jedes Bits wird versucht herauszufinden, welches Ereignis bzw. welcher Prozeß für den Kommunikations- bzw. Protokollfehler verantwortlich gemacht werden kann.

4.3.3 Netzwerkstatistik

Die meisten Analyse-Tools bieten auch integrierte Möglichkeiten zur Durchführung statistischer Messungen. Dabei wird der Datenstrom Frame für Frame nach Protokollheadern überprüft und nach der Häufigkeit ihres Auftretens zu Protokollkategorien kumuliert. So ergibt sich nach einer angemessenen Kumulationszeit ein relativ genaues Bild des Protokollspektrums im Netzwerk bzw. Netzwerksegment.

Das Protokollprofil eines Netzwerkes liefert für Design, Management und Analyse wichtige Informationen. Messungen, die über einen längeren Zeitraum durchgeführt werden, ermöglichen beispielsweise Aussagen über bevorstehende Bandbreitenengpässe, so daß rechtzeitig Maßnahmen zur Optimierung vorgenommen werden können.

Außerdem bieten aktuelle Statistikmessungen einen kontinuierlichen Überblick über die Protokollsituation im Netzwerk. Wird beispielsweise irgendwo im Netzwerk ein Rechner mit einem bislang fremden Protokoll ins Netz „gehängt", so wird dies sofort bemerkt.

Wichtige Informationen hinsichtlich eines wechselnden Lastverhaltens können ebenfalls ermittelt werden:

- Zu welchen Tageszeiten treten Lastspitzen auf ?
- Treten die „Spitzen" regelmäßig auf ?
- Ist eine Kommunikationsverteilung durch organisatorische Maßnahmen möglich?

4.4 Netzwerkanalyse-Tools

Üblicherweise führt die Beschäftigung mit den Produkten einiger Hersteller von LAN-Analyzern zu einer den eigenen Anforderungen am ehesten entsprechenden Konzeption, und die Wahl fällt schließlich auf ein geeignetes Produkt. Es fällt natürlich auf, daß verschiedene Produkte auch unterschiedliche Philosophien verfolgen und vielfach nur für eine bestimmte Protokollfamilie oder Hardware-Plattform geeignet sind.

Aus dieser Menge treten erfreulicherweise zwei Produkte hervor, die sich durch ein breites Einsatzspektrum in einer heterogenen Netzwerkumgebung auszeichnen. Dies ist zum einen das in den letzten Jahren immer mehr zu einer Standardphilosophie herangereifte *Remote Network Monitoring* (RMON), das als explizit herstellerunabhängige Produktkonzeption aus den RFCs 1757 und 1513 hervorgegangen ist:

```
1757  DS   S. Waldbusser, "Remote Network Monitoring Management
           Information Base", 02/10/1995. (Pages=91)
           (Format=.txt) (Obsoletes RFC1271)
1513  PS   S. Waldbusser, "Token Ring Extensions to the Remote Network
           Monitoring MIB", 09/23/1993. (Pages=55) (Format=.txt)
           (Updates  RFC1271)
```

Das andere Produkt hat sich aufgrund zahlreicher Überarbeitungen als Quasi-Standard etabliert und besitzt einen außergewöhnlich hohen Grad an Akzeptanz. Die Entwicklung aus dem Hause *Network General* hat sich unter dem Namen „Sniffer" bzw. DSS, Distributed Sniffer Server, eine marktführende Position erarbeitet und gehört weltweit wohl zu den leistungsfähigsten Werkzeugen seiner Art.

Das RMON, als herstellerunabhängiger „Draft Standard" (gemäß RFC 1757) und der DSS als Quasi-Standard von Network General sollen hier in einigen ihrer Leistungsmerkmale näher betrachtet werden.

4.4.1   Remote Network Monitoring (RMON)

Grundlage des RMON ist eine gegenüber der MIB II (Management Information Base II) um zahlreiche *Groups* und *Managed Objects* erweiterte RMON-MIB. Auf Basis einer Client-Server-Kommunikation erfolgt ein kontinuierlicher Austausch von Management-Informationen zwischen dem RMON-Agenten (auch RMON-Probe genannt) und der Network Management Station (z.B. RMON-NMS auf der Plattform des NetView for AIX).

4.4.1.1   Konzeption

RMON-Komponenten sind in der Regel Hard- und/oder Software-Komponenten, die dazu verwendet werden, innerhalb eines Netzwerkes analytische, aber auch Management-Aufgaben zu übernehmen. Es handelt sich dabei entweder um reine Software-Implementierungen, die auf geeigneter, bereits vorhandener Hardware eingesetzt werden können, oder um eine dediziert entwickelte Hard- und Software-Kombination als Standalone-Gerät in Netzwerken oder Netzwerksegmenten.

Solche RMON-Probes werden oft dafür verwendet, entfernte, nicht direkt erreichbare Ressourcen zu beobachten bzw. zu „managen". Dies geschieht häufig bei Service-Providern, die auf diesem Wege das geographisch entfernte Netzwerk ihres Kunden betreuen (Abbildung 4-12).

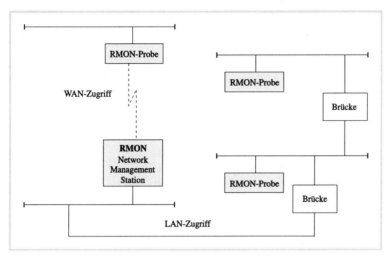

Abbildung 4-12: *RMON-Konzept*

4.4.1.2   Die RMON-MIB

Als integraler Bestandteil der *Structure and Identification of Management Information* (SMI) geht die Position, an der sich die Gruppen der RMON-MIB befinden, aus Abbildung 4-13 hervor. Die Beschreibung der einzelnen *Managed Objects* innerhalb der Gruppen erfolgt in der Abstract Syntax Notation One (ASN/1). Die fünf Beschreibungsfelder *object, syntax, definition, access* und *status* beziehen sich jeweils auf ein einzelnes *Managed Object*.

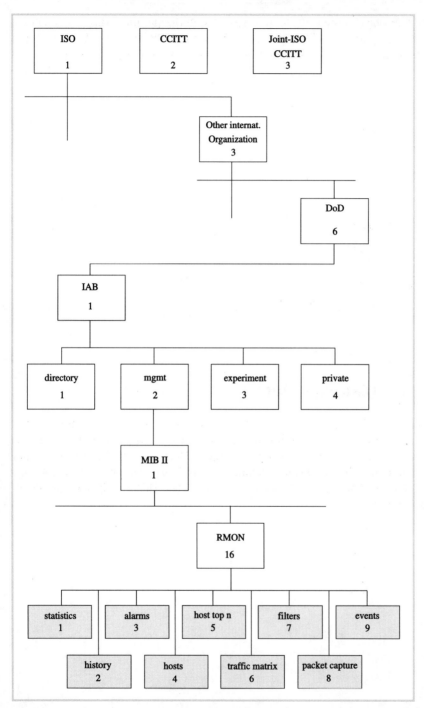

Abbildung 4-13:   *Die Gruppen der RMON-MIB*

Die einzelnen Objekte werden in neun Gruppen zusammengefaßt:

The Ethernet Statistics Group

Innerhalb dieser Gruppe ermitteln die einzelnen Probes Statistikinformationen eines jeden Ethernet-Netzwerkinterface. Weitere geplante Objektdefinitionen beziehen sich auf Token-Ring und FDDI. Folgende Objekte stehen zur Verfügung (verkürzte Darstellung):

```
etherStatsTable OBJECT-TYPE
                SYNTAX SEQUENCE OF EtherStatsEntry
                ACCESS not-accessible
                STATUS mandatory
                DESCRIPTION
                    "A list of Ethernet statistics entries."
                ::= { statistics 1 }


etherStatsEntry OBJECT-TYPE
                SYNTAX EtherStatsEntry
                ACCESS not-accessible
                STATUS mandatory
                DESCRIPTION
                    "A collection of statistics kept for a particular
                    Ethernet interface.  As an example, an instance of the
                    etherStatsPkts object might be named etherStatsPkts.1"
                INDEX { etherStatsIndex }
                ::= { etherStatsTable 1 }


        EtherStatsEntry ::= SEQUENCE {
            etherStatsIndex                 INTEGER (1..65535),
            etherStatsDataSource            OBJECT IDENTIFIER,
            etherStatsDropEvents            Counter,
            etherStatsOctets                Counter,
            etherStatsPkts                  Counter,
            etherStatsBroadcastPkts         Counter,
            etherStatsMulticastPkts         Counter,
            etherStatsCRCAlignErrors        Counter,
            etherStatsUndersizePkts         Counter,
            etherStatsOversizePkts          Counter,
            etherStatsFragments             Counter,
            etherStatsJabbers               Counter,
            etherStatsCollisions            Counter,
            etherStatsPkts64Octets          Counter,
            etherStatsPkts65to127Octets     Counter,
```

```
            etherStatsPkts128to255Octets        Counter,
            etherStatsPkts256to511Octets        Counter,
            etherStatsPkts512to1023Octets       Counter,
            etherStatsPkts1024to1518Octets      Counter,
            etherStatsOwner                      OwnerString,
            etherStatsStatus                     EntryStatus
        }
```

The History Control and Ethernet History Group

Diese Gruppe steuert periodisches Sampling der Statistics Group. Die einzelnen Sampling-Intervalle sind konfigurierbar. Folgende Objekte stehen zur Verfügung (verkürzte Darstellung):

```
historyControlTable OBJECT-TYPE
        SYNTAX SEQUENCE OF HistoryControlEntry
        ACCESS not-accessible
        STATUS mandatory
        DESCRIPTION
            "A list of history control entries."
        ::= { history 1 }


    historyControlEntry OBJECT-TYPE
        SYNTAX HistoryControlEntry
        ACCESS not-accessible
        STATUS mandatory

        DESCRIPTION
            "A list of parameters that set up a periodic sampling
            of statistics.  As an example, an instance of the
            historyControlInterval object might be named
            historyControlInterval.2"
        INDEX { historyControlIndex }
        ::= { historyControlTable 1 }


    HistoryControlEntry ::= SEQUENCE {
        historyControlIndex            INTEGER (1..65535),
        historyControlDataSource       OBJECT IDENTIFIER,
        historyControlBucketsRequested INTEGER (1..65535),
        historyControlBucketsGranted   INTEGER (1..65535),
        historyControlInterval         INTEGER (1..3600),
        historyControlOwner            OwnerString,
        historyControlStatus           EntryStatus
        }
```

```
etherHistoryTable OBJECT-TYPE
    SYNTAX SEQUENCE OF EtherHistoryEntry
    ACCESS not-accessible
    STATUS mandatory
    DESCRIPTION
        "A list of Ethernet history entries."
    ::= { history 2 }


etherHistoryEntry OBJECT-TYPE
    SYNTAX EtherHistoryEntry
    ACCESS not-accessible
    STATUS mandatory
    DESCRIPTION
        "An historical sample of Ethernet statistics on a
        particular Ethernet interface.  This sample is
        associated with the historyControlEntry which set up
        the parameters for a regular collection of these
        samples.

    INDEX { etherHistoryIndex , etherHistorySampleIndex }
    ::= { etherHistoryTable 1 }

EtherHistoryEntry ::= SEQUENCE {
    etherHistoryIndex                 INTEGER (1..65535),
    etherHistorySampleIndex           INTEGER (1..2147483647),
    etherHistoryIntervalStart         TimeTicks,
    etherHistoryDropEvents            Counter,
    etherHistoryOctets                Counter,
    etherHistoryPkts                  Counter,
    etherHistoryBroadcastPkts         Counter,
    etherHistoryMulticastPkts         Counter,
    etherHistoryCRCAlignErrors        Counter,
    etherHistoryUndersizePkts         Counter,
    etherHistoryOversizePkts          Counter,
    etherHistoryFragments             Counter,
    etherHistoryJabbers               Counter,
    etherHistoryCollisions            Counter,
    etherHistoryUtilization           INTEGER (0..10000)
}
```

The Alarms Group

Diese Gruppe realisiert einen Mechanismus, der bei Auslösung bestimmter definierter Schwellwerte Alarme generiert. Für die Implementierung dieser Gruppe ist außerdem die *Events Group* erforderlich. Folgende Objekte stehen zur Verfügung (verkürzte Darstellung):

```
alarmTable OBJECT-TYPE
            SYNTAX SEQUENCE OF AlarmEntry
            ACCESS not-accessible
            STATUS mandatory
            DESCRIPTION
                "A list of alarm entries."
            ::= { alarm 1 }


        alarmEntry OBJECT-TYPE
            SYNTAX AlarmEntry
            ACCESS not-accessible
            STATUS mandatory
            DESCRIPTION
                "A list of parameters that set up a periodic checking
                for alarm conditions.  For example, an instance of the
                alarmValue object might be named alarmValue.8"
            INDEX { alarmIndex }
            ::= { alarmTable 1 }


        AlarmEntry ::= SEQUENCE {
            alarmIndex                   INTEGER (1..65535),
            alarmInterval                INTEGER,
            alarmVariable                OBJECT IDENTIFIER,
            alarmSampleType              INTEGER,
            alarmValue                   INTEGER,
            alarmStartupAlarm            INTEGER,
            alarmRisingThreshold         INTEGER,
            alarmFallingThreshold        INTEGER,
            alarmRisingEventIndex        INTEGER (0..65535),
            alarmFallingEventIndex       INTEGER (0..65535),
            alarmOwner                   OwnerString,
            alarmStatus                  EntryStatus
        }
```

The Hosts Group

In dieser Gruppe werden zu jedem Host innerhalb eines Segments Statistikdaten gesammelt, wie versendete und empfangene Pakete bzw. Bytes, Broadcasts, Multicasts usw. Folgende Objekte stehen zur Verfügung (verkürzte Darstellung):

```
hostControlTable OBJECT-TYPE
                SYNTAX SEQUENCE OF HostControlEntry
                ACCESS not-accessible
                STATUS mandatory
                DESCRIPTION
                    "A list of host table control entries."
                ::= { hosts 1 }


        hostControlEntry OBJECT-TYPE
            SYNTAX HostControlEntry
            ACCESS not-accessible
            STATUS mandatory
            DESCRIPTION
                "A list of parameters that set up the discovery of
                hosts on a particular interface and the collection
                of statistics about these hosts.  For example, an
                instance of the hostControlTableSize object might be
                named hostControlTableSize.1"
            INDEX { hostControlIndex }
            ::= { hostControlTable 1 }


        HostControlEntry ::= SEQUENCE {
            hostControlIndex            INTEGER (1..65535),
            hostControlDataSource       OBJECT IDENTIFIER,
            hostControlTableSize        INTEGER,
            hostControlLastDeleteTime   TimeTicks,
            hostControlOwner            OwnerString,
            hostControlStatus           EntryStatus
        }



hostTable OBJECT-TYPE
                SYNTAX SEQUENCE OF HostEntry
                ACCESS not-accessible
                STATUS mandatory
                DESCRIPTION
                    "A list of host entries."
                ::= { hosts 2 }
```

```
hostEntry OBJECT-TYPE
    SYNTAX HostEntry
    ACCESS not-accessible
    STATUS mandatory
    DESCRIPTION
        "A collection of statistics for a particular host
        that has been discovered on an interface of this
        device.  For example, an instance of the
        hostOutBroadcastPkts object might be named
        hostOutBroadcastPkts.1.6.8.0.32.27.3.176"

    INDEX { hostIndex, hostAddress }
    ::= { hostTable 1 }

HostEntry ::= SEQUENCE {
    hostAddress             OCTET STRING,
    hostCreationOrder       INTEGER (1..65535),
    hostIndex               INTEGER (1..65535),
    hostInPkts              Counter,
    hostOutPkts             Counter,
    hostInOctets            Counter,
    hostOutOctets           Counter,
    hostOutErrors           Counter,
    hostOutBroadcastPkts    Counter,
    hostOutMulticastPkts    Counter
}


hostTimeTable OBJECT-TYPE
        SYNTAX SEQUENCE OF HostTimeEntry
        ACCESS not-accessible
        STATUS mandatory
        DESCRIPTION
            "A list of time-ordered host table entries."
        ::= { hosts 3 }

    hostTimeEntry OBJECT-TYPE
        SYNTAX HostTimeEntry
        ACCESS not-accessible
        STATUS mandatory
        DESCRIPTION
            "A collection of statistics for a particular host
            that has been discovered on an interface of this
```

```
        device.  This collection includes the relative
        ordering of the creation time of this object.  For
        example, an instance of the hostTimeOutBroadcastPkts
        object might be named
        hostTimeOutBroadcastPkts.1.687"
    INDEX { hostTimeIndex, hostTimeCreationOrder }
    ::= { hostTimeTable 1 }


HostTimeEntry ::= SEQUENCE {
    hostTimeAddress              OCTET STRING,
    hostTimeCreationOrder        INTEGER (1..65535),
    hostTimeIndex                INTEGER (1..65535),
    hostTimeInPkts               Counter,
    hostTimeOutPkts              Counter,
    hostTimeInOctets             Counter,
    hostTimeOutOctets            Counter,
    hostTimeOutErrors            Counter,
    hostTimeOutBroadcastPkts     Counter,
    hostTimeOutMulticastPkts     Counter
}
```

The Host Top N Group

Hier können sortierte Statistiken, die auf der *Hosts Group* basieren, erzeugt werden.
Folgende Objekte stehen zur Verfügung (verkürzte Darstellung):

```
hostTopNControlTable OBJECT-TYPE
        SYNTAX SEQUENCE OF HostTopNControlEntry
        ACCESS not-accessible
        STATUS mandatory
        DESCRIPTION
            "A list of top N host control entries."
        ::= { hostTopN 1 }


    hostTopNControlEntry OBJECT-TYPE
        SYNTAX HostTopNControlEntry
        ACCESS not-accessible
        STATUS mandatory
        DESCRIPTION
            "A set of parameters that control the creation of a
            report of the top N hosts according to several
            metrics.  For example, an instance of the
            hostTopNDuration object might be named
            hostTopNDuration.3"
```

```
            INDEX { hostTopNControlIndex }
            ::= { hostTopNControlTable 1 }

        HostTopNControlEntry ::= SEQUENCE {
            hostTopNControlIndex      INTEGER (1..65535),
            hostTopNHostIndex         INTEGER (1..65535),
            hostTopNRateBase          INTEGER,
            hostTopNTimeRemaining     INTEGER,
            hostTopNDuration          INTEGER,
            hostTopNRequestedSize     INTEGER,
            hostTopNGrantedSize       INTEGER,
            hostTopNStartTime         TimeTicks,
            hostTopNOwner             OwnerString,
            hostTopNStatus            EntryStatus
        }


hostTopNTable OBJECT-TYPE
            SYNTAX SEQUENCE OF HostTopNEntry
            ACCESS not-accessible
            STATUS mandatory
            DESCRIPTION
                "A list of top N host entries."
            ::= { hostTopN 2 }

        hostTopNEntry OBJECT-TYPE
            SYNTAX HostTopNEntry
            ACCESS not-accessible
            STATUS mandatory
            DESCRIPTION
                "A set of statistics for a host that is part of a
                top N report.  For example, an instance of the
                hostTopNRate object might be named
                hostTopNRate.3.10"
            INDEX { hostTopNReport, hostTopNIndex }
            ::= { hostTopNTable 1 }

        HostTopNEntry ::= SEQUENCE {
            hostTopNReport                INTEGER (1..65535),
            hostTopNIndex                 INTEGER (1..65535),
            hostTopNAddress               OCTET STRING,
            hostTopNRate                  INTEGER
        }
```

The Traffic Matrix Group

In dieser Gruppe läßt sich eine Verkehrsmatrix für die Host-Host-Kommunikation erstellen. Die einzelnen Ressourcen werden anhand ihrer MAC-Adressen identifiziert.
Folgende Objekte stehen zur Verfügung (verkürzte Darstellung):

```
matrixControlTable OBJECT-TYPE
            SYNTAX SEQUENCE OF MatrixControlEntry
            ACCESS not-accessible
            STATUS mandatory
            DESCRIPTION
                "A list of information entries for the
                traffic matrix on each interface."
            ::= { matrix 1 }


        matrixControlEntry OBJECT-TYPE
            SYNTAX MatrixControlEntry
            ACCESS not-accessible
            STATUS mandatory
            DESCRIPTION
                "Information about a traffic matrix on a particular
                interface.  For example, an instance of the
                matrixControlLastDeleteTime object might be named
                matrixControlLastDeleteTime.1"
            INDEX { matrixControlIndex }
            ::= { matrixControlTable 1 }


        MatrixControlEntry ::= SEQUENCE {
            matrixControlIndex          INTEGER (1..65535),
            matrixControlDataSource     OBJECT IDENTIFIER,
            matrixControlTableSize      INTEGER,
            matrixControlLastDeleteTime TimeTicks,
            matrixControlOwner          OwnerString,
            matrixControlStatus         EntryStatus
        }


matrixSDTable OBJECT-TYPE
            SYNTAX SEQUENCE OF MatrixSDEntry
            ACCESS not-accessible
            STATUS mandatory
            DESCRIPTION
                "A list of traffic matrix entries indexed by
                source and destination MAC address."
            ::= { matrix 2 }
```

```
      matrixSDEntry OBJECT-TYPE
          SYNTAX MatrixSDEntry
          ACCESS not-accessible
          STATUS mandatory
          DESCRIPTION
              "A collection of statistics for communications between
              two addresses on a particular interface.  For example,
              an instance of the matrixSDPkts object might be named
              matrixSDPkts.1.6.8.0.32.27.3.176.6.8.0.32.10.8.113"
          INDEX { matrixSDIndex,
                  matrixSDSourceAddress, matrixSDDestAddress }
          ::= { matrixSDTable 1 }


      MatrixSDEntry ::= SEQUENCE {
          matrixSDSourceAddress       OCTET STRING,
          matrixSDDestAddress         OCTET STRING,
          matrixSDIndex               INTEGER (1..65535),
          matrixSDPkts                Counter,
          matrixSDOctets              Counter,
          matrixSDErrors              Counter
      }



matrixDSTable OBJECT-TYPE
          SYNTAX SEQUENCE OF MatrixDSEntry
          ACCESS not-accessible
          STATUS mandatory
          DESCRIPTION
              "A list of traffic matrix entries indexed by
              destination and source MAC address."
          ::= { matrix 3 }


      matrixDSEntry OBJECT-TYPE
          SYNTAX MatrixDSEntry
          ACCESS not-accessible
          STATUS mandatory
          DESCRIPTION
              "A collection of statistics for communications between
              two addresses on a particular interface.  For example,
              an instance of the matrixSDPkts object might be named
              matrixSDPkts.1.6.8.0.32.10.8.113.6.8.0.32.27.3.176"
          INDEX { matrixDSIndex,
                  matrixDSDestAddress, matrixDSSourceAddress }
          ::= { matrixDSTable 1 }
```

```
MatrixDSEntry ::= SEQUENCE {
    matrixDSSourceAddress        OCTET STRING,
    matrixDSDestAddress          OCTET STRING,
    matrixDSIndex                INTEGER (1..65535),
    matrixDSPkts                 Counter,
    matrixDSOctets               Counter,
    matrixDSErrors               Counter
}
```

The Filters Group

Diese Gruppe ermöglicht die Definition von Paketfiltern, die nach unterschiedlichen Kriterien ausgewählt werden können. Durch logische Verknüpfungen (AND, OR, NOT, XOR, EQUAL, NOT-EQUAL) können die Filter auch untereinander kombiniert werden. Folgende Objekte stehen zur Verfügung (verkürzte Darstellung):

```
filterTable OBJECT-TYPE
        SYNTAX SEQUENCE OF FilterEntry
        ACCESS not-accessible
        STATUS mandatory
        DESCRIPTION
            "A list of packet filter entries."
        ::= { filter 1 }


filterEntry OBJECT-TYPE
        SYNTAX FilterEntry
        ACCESS not-accessible
        STATUS mandatory
        DESCRIPTION
            "A set of parameters for a packet filter applied on a
            particular interface.  As an example, an instance of
            the filterPktData object might be named
            filterPktData.12"
        INDEX { filterIndex }
        ::= { filterTable 1 }


FilterEntry ::= SEQUENCE {
    filterIndex                  INTEGER (1..65535),
    filterChannelIndex           INTEGER (1..65535),
    filterPktDataOffset          INTEGER,
    filterPktData                OCTET STRING,
    filterPktDataMask            OCTET STRING,
    filterPktDataNotMask         OCTET STRING,
```

```
        filterPktStatus              INTEGER,
        filterPktStatusMask          INTEGER,
        filterPktStatusNotMask       INTEGER,
        filterOwner                  OwnerString,
        filterStatus                 EntryStatus
    }


channelTable OBJECT-TYPE
        SYNTAX SEQUENCE OF ChannelEntry
        ACCESS not-accessible
        STATUS mandatory
        DESCRIPTION
            "A list of packet channel entries."
        ::= { filter 2 }

    channelEntry OBJECT-TYPE
        SYNTAX ChannelEntry
        ACCESS not-accessible
        STATUS mandatory
        DESCRIPTION
            "A set of parameters for a packet channel applied on a
            particular interface.  As an example, an instance of
            the channelMatches object might be named
            channelMatches.3"
        INDEX { channelIndex }
        ::= { channelTable 1 }

    ChannelEntry ::= SEQUENCE {
        channelIndex                 INTEGER (1..65535),
        channelIfIndex               INTEGER (1..65535),
        channelAcceptType            INTEGER,
        channelDataControl           INTEGER,
        channelTurnOnEventIndex      INTEGER (0..65535),
        channelTurnOffEventIndex     INTEGER (0..65535),
        channelEventIndex            INTEGER (0..65535),
        channelEventStatus           INTEGER,
        channelMatches               Counter,
        channelDescription           DisplayString (SIZE (0..127)),
        channelOwner                 OwnerString,
        channelStatus                EntryStatus
    }
```

The Packet Capture Group

Diese Gruppe läßt eine Definition der Trace-Buffer gemäß der konfigurierten Parameter innerhalb der *Filters Group* zu. Folgende Objekte stehen zur Verfügung (verkürzte Darstellung):

```
bufferControlTable OBJECT-TYPE
            SYNTAX SEQUENCE OF BufferControlEntry
            ACCESS not-accessible
            STATUS mandatory
            DESCRIPTION
                "A list of buffers control entries."
            ::= { capture 1 }


        bufferControlEntry OBJECT-TYPE
            SYNTAX BufferControlEntry
            ACCESS not-accessible
            STATUS mandatory
            DESCRIPTION
                "A set of parameters that control the collection of
                a stream of packets that have matched filters.  As
                an example, an instance of the
                bufferControlCaptureSliceSize object might be named
                bufferControlCaptureSliceSize.3"
            INDEX { bufferControlIndex }
            ::= { bufferControlTable 1 }


        BufferControlEntry ::= SEQUENCE {
            bufferControlIndex              INTEGER (1..65535),
            bufferControlChannelIndex       INTEGER (1..65535),
            bufferControlFullStatus         INTEGER,
            bufferControlFullAction         INTEGER,
            bufferControlCaptureSliceSize   INTEGER,
            bufferControlDownloadSliceSize  INTEGER,
            bufferControlDownloadOffset     INTEGER,
            bufferControlMaxOctetsRequested INTEGER,
            bufferControlMaxOctetsGranted   INTEGER,
            bufferControlCapturedPackets    INTEGER,
            bufferControlTurnOnTime         TimeTicks,
            bufferControlOwner              OwnerString,
            bufferControlStatus             EntryStatus
        }
```

```
captureBufferTable OBJECT-TYPE
          SYNTAX SEQUENCE OF CaptureBufferEntry
          ACCESS not-accessible
          STATUS mandatory
          DESCRIPTION
              "A list of packets captured off of a channel."
          ::= { capture 2 }

      captureBufferEntry OBJECT-TYPE
          SYNTAX CaptureBufferEntry
          ACCESS not-accessible
          STATUS mandatory
          DESCRIPTION
              "A packet captured off of an attached network.  As an
              example, an instance of the captureBufferPacketData
              object might be named captureBufferPacketData.3.1783"
          INDEX { captureBufferControlIndex, captureBufferIndex }
          ::= { captureBufferTable 1 }

      CaptureBufferEntry ::= SEQUENCE {
          captureBufferControlIndex   INTEGER (1..65535),
          captureBufferIndex          INTEGER (1..2147483647),
          captureBufferPacketID       INTEGER,
          captureBufferPacketData     OCTET STRING,
          captureBufferPacketLength   INTEGER,
          captureBufferPacketTime     INTEGER,
          captureBufferPacketStatus   INTEGER
      }
```

The Events Group

Die innerhalb der übrigen RMON-MIB definierten Schwellwerte sind für die Generierung von Events verantwortlich. Diese protokollieren die Ereignisse entweder lokal, oder sie bilden SNMP-Traps, die über das Netzwerk zur NMS übertragen werden. Die Events werden mit einem Time-Stamp und einer erklärenden Beschreibung versehen. Folgende Objekte stehen zur Verfügung (verkürzte Darstellung):

```
eventTable OBJECT-TYPE
          SYNTAX SEQUENCE OF EventEntry
          ACCESS not-accessible
          STATUS mandatory
          DESCRIPTION
              "A list of events to be generated."
          ::= { event 1 }
```

```
eventEntry OBJECT-TYPE
     SYNTAX EventEntry
     ACCESS not-accessible
     STATUS mandatory
     DESCRIPTION
         "A set of parameters that describe an event to be
         generated when certain conditions are met.  As an
         example, an instance of the eventLastTimeSent object
         might be named eventLastTimeSent.6"
     INDEX { eventIndex }
     ::= { eventTable 1 }


EventEntry ::= SEQUENCE {
     eventIndex           INTEGER (1..65535),
     eventDescription     DisplayString (SIZE (0..127)),
     eventType            INTEGER,
     eventCommunity       OCTET STRING (SIZE (0..127)),
     eventLastTimeSent    TimeTicks,
     eventOwner           OwnerString,
     eventStatus          EntryStatus
}



logTable OBJECT-TYPE
        SYNTAX SEQUENCE OF LogEntry
        ACCESS not-accessible
        STATUS mandatory
        DESCRIPTION
            "A list of events that have been logged."
        ::= { event 2 }


logEntry OBJECT-TYPE
        SYNTAX LogEntry
        ACCESS not-accessible
        STATUS mandatory
        DESCRIPTION
            "A set of data describing an event that has been
            logged.  For example, an instance of the
            logDescription object might be named
            logDescription.6.47"
        INDEX { logEventIndex, logIndex }
        ::= { logTable 1 }
```

```
LogEntry ::= SEQUENCE {
    logEventIndex          INTEGER (1..65535),
    logIndex               INTEGER (1..2147483647),
    logTime                TimeTicks,
    logDescription         DisplayString (SIZE (0..255))
}


risingAlarm TRAP-TYPE
        ENTERPRISE rmon
        VARIABLES { alarmIndex, alarmVariable, alarmSampleType,
                   alarmValue, alarmRisingThreshold }
        DESCRIPTION
            "The SNMP trap that is generated when an alarm
            entry crosses its rising threshold and generates
            an event that is configured for sending SNMP
            traps."
        ::= 1


fallingAlarm TRAP-TYPE
        ENTERPRISE rmon
        VARIABLES { alarmIndex, alarmVariable, alarmSampleType,
                   alarmValue, alarmFallingThreshold }
        DESCRIPTION
            "The SNMP trap that is generated when an alarm
            entry crosses its falling threshold and generates
            an event that is configured for sending SNMP
            traps."
        ::= 2
```

Die zahlreichen Objekte der beschriebenen RMON-MIB dokumentieren die Informationsfülle, die bei einem Einsatz von RMON-basierten Anwendungen zur Verfügung gestellt werden kann. Entsprechende Erweiterungen für Token-Ring wurden bereits im Jahre 1993 als *Proposed Standard* im RFC 1513 veröffentlicht.

4.4.2   Network General: Distributed Sniffer Server (DSS)

Der DSS von Network General stellt innerhalb seiner Produktkonzeption Monitoring- und Analyse-Tools zur Verfügung, die eine pro-aktive Kontrolle des Netzwerkes ermöglichen. Der Netzwerkadministrator gibt zunächst bei der Kalibrierung von Schwellwerten eine ganz bestimmte, seinen eigenen Vorstellungen entsprechende Netzwerkcharakteristik vor. Ergeben sich dann im Laufe des Betriebes Abweichungen, so versendet der DSS entsprechende Nachrichten, die auf eine Veränderung der Netzwerksituation aufmerksam machen.

Detailinformationen von weit über 100 verschiedenen Protokollen stellen eine verläßliche Analyse von Kommunikationsproblemen sicher. Dabei läßt sich das Kommunikationsverhalten von bestimmten Netzwerkstationen gezielt ermitteln und anhand aussagefähiger Traces entsprechend dokumentieren.

4.4.2.1   Konzeption

Der DSS ist als Werkzeug für ein verteiltes Einsatzkonzept ausgelegt. Mehrere Serverkomponenten können in unterschiedlichen Netzwerksegmenten installiert werden und liefern die vor Ort gemessenen Informationen an eine DSS-Konsole (Abbildung 4-14).

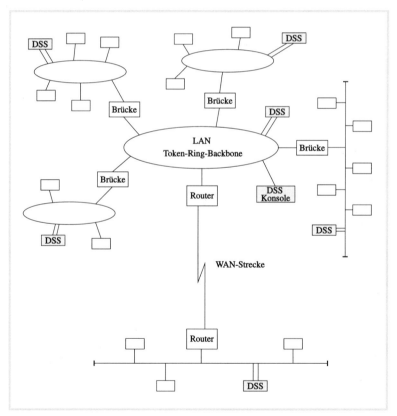

Abbildung 4-14:   *Beispiel einer Netzwerküberwachung durch das DSS-System*

Ein Alarm-Manager, der neben der Konsolenkomponente auf einer *MS-DOS/MS-Win-dows-* oder *NetView-for-AIX*-Plattform läuft, sorgt für den Empfang und die Weiterlei-tung von definierbaren Alarmen an die Network Management Station (z.B. NetView for AIX), wo diese zur Anzeige gebracht werden.

Jeder DSS wird mit einem zusätzlichen Netzwerk-Controller ausgestattet, der allein für den Transport der Monitoring- bzw. Analyseinformationen verwendet wird.

Das Monitoring beschränkt sich allerdings nicht nur auf den Bereich des LAN, son-dern kann auch auf die WAN-Strecken ausgedehnt werden. Die dazu erhältliche Soft-ware wird in die Konsolensoftware problemlos integriert. Müssen mehrere WAN-Strecken beobachtet werden, so läßt sich ein expliziter WAN-Switch (Hard- und Soft-ware-Komponente) einsetzen, der je nach Bedarf sein „Ohr" auf die gewünschte WAN-Strecke „legt" (Abbildung 4-15).

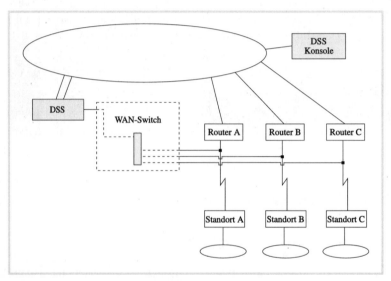

Abbildung 4-15:   *Einsatzszenario: WAN-Switch*

Natürlich muß beim WAN-Monitoring darauf geachtet werden, daß durch eine ange-messene Einstellung der Zeitintervalle für den Versand von Alarmen und Nachrichten die WAN-Strecke nicht unnötig belastet wird. Während sich im LAN (z.B. 16MBit/s-Token-Ring) der DSS-Traffic nicht bemerkbar macht (kaum meßbar bei vielleicht 0,1 %), könnten die vom DSS generierten und über die WAN-Strecke transportierten Nach-richten erheblich zu Buche schlagen (so würde der gleiche DSS-Verkehrsanteil bei ISDN-Festverbindungen von 64 Kbit/s eine Bandbreite von 20 bis 30 % beanspruchen).

4.4.2.2   Die Software-Komponenten

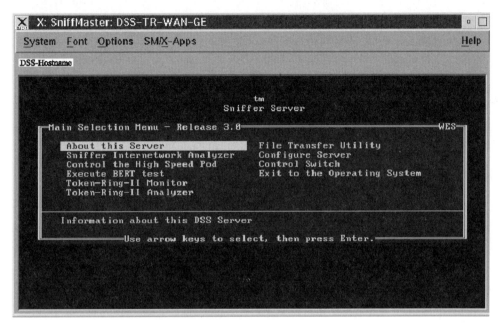

Abbildung 4-16:   *Sniffer-Konsolenhauptmenü*

Aus dem in Abbildung 4-16 dargestellten Sniffer-Konsolenhauptmenü gehen die einzelnen Software-Komponenten des DSS-Systems hervor. Neben einigen Zusatzfunktionen sind dort folgende Komponenten bedienbar:

Sniffer Internetwork Analyzer:	Tool zur Analyse von WAN-Traffic
Token-Ring-II Monitor:	Tool zur Beobachtung von Ressourcen am Token-Ring-Segment
Token-Ring-II Analyzer:	Tool zur Analyse von Token-Ring-LAN-Traffic
Control Switch:	Selektion der gewünschten WAN-Strecke, die beobachtet werden soll

Im nun folgenden Abschnitt soll beispielhaft der Token-Ring-II Analyzer etwas genauer betrachtet werden.

4.4.2.3   Token-Ring-II Analyzer

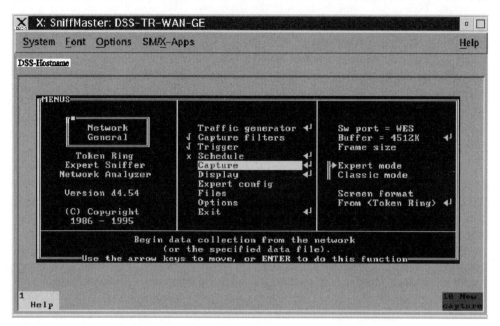

Abbildung 4-17:   *Hauptmenü der Komponente: Token-Ring Network Analyzer*

Aus diesem Menü heraus lassen sich sämtliche für die Netzwerkanalyse relevanten Funktionen aktivieren. Die Menüstruktur ist streng hierarchisch aufgebaut. Der Menüpfad wird jedoch nicht, wie sonst üblich, als Top-Down-, sondern als Left-Right-Verfahren realisiert, d.h. man „wandert" mit dem Cursorbalken auf dem Menüpfad von links nach rechts und aktiviert den gewünschten Menüpunkt durch die <Enter>-Taste.

Bevor durch ein Betätigen der <F10>-Taste das *Capturing* beginnt, also die Sammlung und Interpretation von Token-Ring-Frames, müssen je nach geplanter Analyse diverse Einstellungen vorgenommen werden. So ist es beispielsweise möglich, die entstehende umfangreiche Datenmenge zu reduzieren, indem man bereits beim Capturing die *Capture Filter* definiert. Dadurch erreicht man, daß lediglich die Datenframes bestimmter Protokolle aufgezeichnet werden. Außerdem läßt sich die Aufzeichnung auf zwei miteinander kommunizierende Netzwerk-Stationen einschränken. Der Traffic aller anderen Stationen wird ignoriert. Diese Möglichkeiten sind deshalb besonders wichtig, weil man u.U. darauf angewiesen ist, alle Datenframes innerhalb eines längeren Zeitraums zu erfassen (vielleicht deshalb, weil man nicht genau weiß, wann ein erwartetes Problem auftritt). Werden keine Restriktionen definiert, so ist der Frame-Buffer innerhalb kürzester Zeit (wenige Sekunden bzw. Minuten) voll, und ältere Frames werden von neuen überschrieben (Ringpufferkonzept).

In dem nun folgenden Beispiel wurde eine TELNET-Session zwischen zwei IP-Hosts „aufgenommen" und anschließend durch Eingabe von `exit` wieder beendet. Es handelt sich dabei um die IP-Knoten 190.5.1.1 und 190.5.1.2 (mit dem Hostnamen `berlin`). Neben der simplen Anzeige am Bildschirm lassen sich die aufgezeichneten Daten auch als Print-Datei (.prn) oder Spreadsheet-Datei (.cnv) abspeichern und zur weiteren Analyse bzw. Bearbeitung verwenden. Entscheidend für den Umfang der abgespeicherten Datei ist jeweils der Anzeigemodus, in dem man sich bei der Betrachtung des Traces befindet. Befindet man sich in einer globalen Übersicht, so wird lediglich ein globaler Trace abgespeichert; ist jedoch die Detailansicht aktiv, so werden auch die entsprechenden Detailinformationen nach dem Abspeichern in der Datei zu finden sein. Beispiel-Trace für die TELNET-Session (global):

```
SUMMARY  Delta T  Destination     Source        Summary

     1               [190.5.1.1]    [190.8.1.9]
SNMP GetNext   atNetAddress .. atIfIndex (3 items)
     2    0.002    [190.8.1.9]    [190.5.1.1]
ICMP Destination unreachable (Port unreachable)
     3    6.074    [190.5.1.1]    [190.8.1.9]
ICMP Echo
     4    0.002    [190.8.1.9]    [190.5.1.1]
ICMP Echo reply
     5   21.515    [190.5.1.2]    [190.5.1.1]
TCP D=23 S=1033 SYN SEQ=317772801 LEN=0 WIN=28672
     6    0.009    [190.5.1.1]    [190.5.1.2]
TCP D=1033 S=23 SYN ACK=317772802 SEQ=3727185921 LEN=0 WIN=16384
     7    0.002    [190.5.1.2]    [190.5.1.1]
TCP D=23 S=1033    ACK=3727185922 WIN=28672
     8    0.029    [190.5.1.2]    [190.5.1.1]
Telnet C PORT=1033 IAC Will unknown option (36)
     9    0.193    [190.5.1.1]    [190.5.1.2]
TCP D=1033 S=23    ACK=317772805 WIN=16381
    10    0.058    [190.5.1.1]    [190.5.1.2]
Telnet R PORT=1033 IAC Do Terminal type
    11    0.002    [190.5.1.2]    [190.5.1.1]
Telnet C PORT=1033 IAC Will Terminal type
    12    0.005    [190.5.1.1]    [190.5.1.2]
Telnet R PORT=1033 IAC Don't unknown option (36)
    13    0.065    [190.5.1.2]    [190.5.1.1]
TCP D=23 S=1033    ACK=3727185928 WIN=28672
    14    0.005    [190.5.1.1]    [190.5.1.2]
Telnet R PORT=1033 IAC SB ...
    15    0.019    [190.5.1.2]    [190.5.1.1]
Telnet C PORT=1033 IAC SB ...
    16    0.045    [190.5.1.1]    [190.5.1.2]
```

```
TCP D=1033 S=23     ACK=317772812 WIN=16384
    17   0.002   [190.5.1.2]     [190.5.1.1]
Telnet C PORT=1033 vt220<FF>p
    18   0.198   [190.5.1.1]     [190.5.1.2]
TCP D=1033 S=23     ACK=317772819 WIN=16384
    19   0.217   [190.5.1.1]     [190.5.1.2]
Telnet R PORT=1033 IAC Will Echo
    20   0.002   [190.5.1.2]     [190.5.1.1]
Telnet C PORT=1033 IAC Do Echo
    21   0.181   [190.5.1.1]     [190.5.1.2]
TCP D=1033 S=23     ACK=317772822 WIN=16384
    22   0.002   [190.5.1.2]     [190.5.1.1]
Telnet C PORT=1033 IAC Do Suppress go-ahead
    23   0.007   [190.5.1.1]     [190.5.1.2]
Telnet R PORT=1033 IAC Will Echo
    24   0.002   [190.5.1.2]     [190.5.1.1]
Telnet C PORT=1033 IAC Do Echo
    25   0.143   [190.5.1.1]     [190.5.1.2]
Telnet R PORT=1033 <0A0A0A0A0A0A0A0A0A0A0A0A0A0A0A0A0A0A0A0A0A0A0A0...
    26   0.050   [190.5.1.2]     [190.5.1.1]
TCP D=23 S=1033     ACK=3727186111 WIN=28672
    27   0.361   [190.5.1.1]     [190.8.1.9]
SNMP GetNext  atNetAddress .. atIfIndex (3 items)
    28   0.002   [190.8.1.9]     [190.5.1.1]
ICMP Destination unreachable (Port unreachable)
    29   5.668   [190.5.1.2]     [190.5.1.1]
Telnet C PORT=1033 u
    30   0.010   [190.5.1.1]     [190.5.1.2]
Telnet R PORT=1033 u
    31   0.083   [190.5.1.2]     [190.5.1.1]
TCP D=23 S=1033     ACK=3727186112 WIN=28672
    32   0.032   [190.5.1.2]     [190.5.1.1]
Telnet C PORT=1033 s
    33   0.010   [190.5.1.1]     [190.5.1.2]
Telnet R PORT=1033 s
    34   0.084   [190.5.1.2]     [190.5.1.1]
TCP D=23 S=1033     ACK=3727186113 WIN=28672
    35   0.157   [190.5.1.2]     [190.5.1.1]
Telnet C PORT=1033 e
    36   0.010   [190.5.1.1]     [190.5.1.2]
Telnet R PORT=1033 e
    37   0.084   [190.5.1.2]     [190.5.1.1]
TCP D=23 S=1033     ACK=3727186114 WIN=28672
    38   0.033   [190.5.1.2]     [190.5.1.1]
```

Telnet C PORT=1033 r
    39   0.010   [190.5.1.1]   [190.5.1.2]
Telnet R PORT=1033 r
    40   0.083   [190.5.1.2]   [190.5.1.1]
TCP D=23 S=1033   ACK=3727186115 WIN=28672
    41   0.282   [190.5.1.2]   [190.5.1.1]
Telnet C PORT=1033 0
    42   0.010   [190.5.1.1]   [190.5.1.2]
Telnet R PORT=1033 0
    43   0.084   [190.5.1.2]   [190.5.1.1]
TCP D=23 S=1033   ACK=3727186116 WIN=28672
    44   0.282   [190.5.1.2]   [190.5.1.1]
Telnet C PORT=1033 0
    45   0.010   [190.5.1.1]   [190.5.1.2]
Telnet R PORT=1033 0
    46   0.002   [190.5.1.2]   [190.5.1.1]
Telnet C PORT=1033 1
    47   0.014   [190.5.1.1]   [190.5.1.2]
Telnet R PORT=1033 1
    48   0.068   [190.5.1.2]   [190.5.1.1]
TCP D=23 S=1033   ACK=3727186118 WIN=28672
    49   0.006   [190.5.1.1]   [190.8.1.9]
ICMP Echo
    50   0.002   [190.8.1.9]   [190.5.1.1]
ICMP Echo reply
    51   0.524   [190.5.1.2]   [190.5.1.1]
Telnet C PORT=1033 <0D0A>
    52   0.027   [190.5.1.1]   [190.5.1.2]
Telnet R PORT=1033 <0D0A>
    53   0.066   [190.5.1.2]   [190.5.1.1]
TCP D=23 S=1033   ACK=3727186120 WIN=28672
    54   0.026   [190.5.1.1]   [190.5.1.2]
Telnet R PORT=1033 Kennwort
    55   0.099   [190.5.1.2]   [190.5.1.1]
TCP D=23 S=1033   ACK=3727186128 WIN=28672
    56   0.006   [190.5.1.1]   [190.5.1.2]
Telnet R PORT=1033 von user001:
    57   0.119   [190.5.1.2]   [190.5.1.1]
TCP D=23 S=1033   ACK=3727186142 WIN=28672
    58   0.907   [190.5.1.2]   [190.5.1.1]
Telnet C PORT=1033 t
    59   0.041   [190.5.1.1]   [190.5.1.2]
TCP D=1033 S=23   ACK=317772853 WIN=16384
    60   0.459   [190.5.1.2]   [190.5.1.1]

```
Telnet C PORT=1033 c
    61    0.141   [190.5.1.1]      [190.5.1.2]
TCP D=1033 S=23     ACK=317772854 WIN=16384
    62    0.234   [190.5.1.2]      [190.5.1.1]
Telnet C PORT=1033 p
    63    0.166   [190.5.1.1]      [190.5.1.2]
TCP D=1033 S=23     ACK=317772855 WIN=16384
    64    0.002   [190.5.1.2]      [190.5.1.1]
Telnet C PORT=1033 ip
    65    0.198   [190.5.1.1]      [190.5.1.2]
TCP D=1033 S=23     ACK=317772857 WIN=16384
    66    0.002   [190.5.1.2]      [190.5.1.1]
Telnet C PORT=1033 p
    67    0.198   [190.5.1.1]      [190.5.1.2]
TCP D=1033 S=23     ACK=317772858 WIN=16384
    68    0.059   [190.5.1.2]      [190.5.1.1]
Telnet C PORT=1033 w
    69    0.141   [190.5.1.1]      [190.5.1.2]
TCP D=1033 S=23     ACK=317772859 WIN=16384
    70    0.002   [190.5.1.2]      [190.5.1.1]
Telnet C PORT=1033 d
    71    0.198   [190.5.1.1]      [190.5.1.2]
TCP D=1033 S=23     ACK=317772860 WIN=16384
    72    0.034   [190.5.1.2]      [190.5.1.1]
Telnet C PORT=1033 <0D0A>
    73    0.022   [190.5.1.1]      [190.5.1.2]
Telnet R PORT=1033 <0D0A>
    74    0.072   [190.5.1.2]      [190.5.1.1]
TCP D=23 S=1033     ACK=3727186144 WIN=28672
    75    0.141   [190.5.1.1]      [190.5.1.2]
Telnet R PORT=1033 **********************************************...
    76    0.023   [190.5.1.1]      [190.5.1.2]
Telnet R PORT=1033 *...
    77    0.019   [190.5.1.1]      [190.5.1.2]
Telnet R PORT=1033  Operating System....
    78    0.018   [190.5.1.1]      [190.5.1.2]
Telnet R PORT=1033                         *<0D0A>*  3270 Emula...
    79    0.036   [190.5.1.2]      [190.5.1.1]
TCP D=23 S=1033     ACK=3727187761 WIN=28672
    80    0.006   [190.5.1.1]      [190.5.1.2]
Telnet R PORT=1033 *<0D0A0D0A>Letzte Anmeldung: Don 21 M<84>r 11:...
    81    0.008   [190.5.1.2]      [190.5.1.1]
TCP D=23 S=1033     ACK=3727187827 WIN=28606
    82    2.488   [190.5.1.1]      [190.5.1.2]
```

```
Telnet R PORT=1033 berlin:/u/user001>
    83    0.012   [190.5.1.2]      [190.5.1.1]
TCP D=23 S=1033     ACK=3727187845 WIN=28672
    84    8.031   [190.5.1.2]      [190.5.1.1]
Telnet C PORT=1033 e
    85    0.008   [190.5.1.1]      [190.5.1.2]
Telnet R PORT=1033 e
    86    0.085   [190.5.1.2]      [190.5.1.1]
TCP D=23 S=1033     ACK=3727187846 WIN=28672
    87    0.157   [190.5.1.1]      [190.5.1.2]
Telnet C PORT=1033 x
    88    0.008   [190.5.1.1]      [190.5.1.2]
Telnet R PORT=1033 x
    89    0.085   [190.5.1.2]      [190.5.1.1]
TCP D=23 S=1033     ACK=3727187847 WIN=28672
    90    0.407   [190.5.1.2]      [190.5.1.1]
Telnet C PORT=1033 i
    91    0.008   [190.5.1.1]      [190.5.1.2]
Telnet R PORT=1033 i
    92    0.002   [190.5.1.2]      [190.5.1.1]
Telnet C PORT=1033 t
    93    0.008   [190.5.1.1]      [190.5.1.2]
Telnet R PORT=1033 t
    94    0.075   [190.5.1.2]      [190.5.1.1]
TCP D=23 S=1033     ACK=3727187849 WIN=28672
    95    1.157   [190.5.1.2]      [190.5.1.1]
Telnet C PORT=1033 <0D0A>
    96    0.009   [190.5.1.1]      [190.5.1.2]
Telnet R PORT=1033 <0D0A>
    97    0.010   [190.5.1.1]      [190.5.1.2]
TCP D=1033 S=23 FIN ACK=317772868 SEQ=3727187851 LEN=0 WIN=16384
    98    0.002   [190.5.1.2]      [190.5.1.1]
TCP D=23 S=1033     ACK=3727187852 WIN=28672
    99    0.071   [190.5.1.2]      [190.5.1.1]
TCP D=23 S=1033 FIN ACK=3727187852 SEQ=317772868 LEN=0 WIN=28672
   100    0.005   [190.5.1.1]      [190.5.1.2]
TCP D=1033 S=23     ACK=317772869 WIN=16384
```

Der in obiger Kommunikation sporadisch auftretende IP-Host 190.8.1.9 stellt eine Network Management Station (NMS) dar, die für den Empfang und Versand von ICMP-Messages sowie SNMP-Requests bzw. -Responses zuständig ist. An den übertragenen Zeichen ist zu erkennen, daß die TELNET-Session für den Anwender user001 autorisiert wurde. Das Paßwort ist (leider) auch zu erkennen, es lautet tcpippwd.

Die Detailversion derselben Aufzeichnung sieht folgendermaßen aus (aus Platzgründen werden hier lediglich die ersten zehn Frames präsentiert):

```
- - - - - - - - - - - - - - - Frame 1 - - - - - - - - - - - - - - - -

SUMMARY  Delta T     Destination   Source        Summary


    1              [190.5.1.1]    [190.8.1.9]
SNMP GetNext  atNetAddress .. atIfIndex (3 items)


SNMP: ----- Simple Network Management Protocol (Version 1) -----
SNMP: SNMP: Version = 0
SNMP: Community = COMM
SNMP: Command = Get next request
SNMP: Request ID = 1010328
SNMP: Error status = 0 (No error)
SNMP: Error index = 0SNMP:
SNMP: Object = {1.3.6.1.2.1.3.1.1.3} (atNetAddress)
SNMP: Value = NULLSNMP:
SNMP: Object = {1.3.6.1.2.1.3.1.1.2} (atPhysAddress)
SNMP: Value = NULLSNMP:
SNMP: Object = {1.3.6.1.2.1.3.1.1.1} (atIfIndex)
SNMP: Value = NULLSNMP:


ADDR  HEX                                                ASCII
0000  18 40 40 00 00 01 40 72  D5 00 20 00 C0 08 08 20  .@@...@r.. ....
0010  42 0C 43 00 41 00 AA AA  03 00 00 00 08 00 45 00  B.C.A.........E.
0020  00 63 6C 45 00 00 1D 11  29 C7 02 04 00 26 05 0E  .clE....)....&..
0030  00 47 04 09 00 A1 00 4F  5A 26 30 45 02 01 00 04  .G.....OZ&0E....
0040  04 46 4C 41 47 A1 3A 02  03 0F 6A 98 02 01 00 02  .COMM.:...j.....
0050  01 00 30 2D 30 0D 06 09  2B 06 01 02 01 03 01 01  ..0-0...+.......
0060  03 05 00 30 0D 06 09 2B  06 01 02 01 03 01 01 02  ...0...+........
0070  05 00 30 0D 06 09 2B 06  01 02 01 03 01 01 01 05  ..0...+.........
0080  00



- - - - - - - - - - - - - - - Frame 2 - - - - - - - - - - - - - - - -

SUMMARY  Delta T     Destination   Source        Summary


    2   0.002    [190.8.1.9]     [190.5.1.1]
Port 161 unreachable
ICMP Destination unreachable (Port unreachable)
```

```
ICMP:   ----- ICMP header -----
ICMP:
ICMP:   Type = 3 (Destination unreachable)
ICMP:   Code = 3 (Port unreachable)
ICMP:   Checksum  = 4883 (correct)
ICMP:   IP header of originating message (description follows)

ICMP:
IP:     ----- IP Header -----IP:
IP:     Version = 4, header length = 20 bytes
IP:     Type of service = 00
IP:           000. .... = routine
IP:           ...0 .... = normal delay
IP:           .... 0... = normal throughput
IP:           .... .0.. = normal reliability
IP:     Total length   = 99 .bytes
IP:     Identification = 17772
IP:     Flags          = 0X
IP:           .0.. .... = may fragment
IP:           ..0. .... = last fragment
IP:     Fragment offset = 0 bytes
IP:     Time to live   = 29 seconds/hops
IP:     Protocol       = 17 (UDP)
IP:     Header checksum = 0000, should be 50A0
IP:     Source address      = [190.8.1.9]
IP:     Destination address = [190.5.1.1]
IP:     No options

ICMP:
ICMP:   [First 8 byte(s) of data of originating message]
ICMP:
ICMP:   [Normal end of "ICMP header".]
ICMP:
```

```
ADDR   HEX                                                 ASCII
0000   18 40 55 00 20 00 C0 08   C0 00 00 01 40 72 08 A0   .@U. .......@r..
0010   42 0C 43 00 41 00 AA AA   03 00 00 00 08 00 45 00   B.C.A.........E.
0020   00 38 62 52 00 00 FF 01   51 F4 05 0E 00 47 02 04   .8bR....Q....G..
0030   00 26 03 03 48 83 00 00   00 21 45 00 00 63 45 6C   .&..H....!E..cEl
0040   00 00 1D 11 00 00 02 04   00 26 05 0E 00 47 04 09   .........&...G..
0050   00 A1 00 4F 00 00                                   ...O..
```

- - - - - - - - - - - - - - - Frame 3 - - - - - - - - - - - - - - - - - -

SUMMARY Delta T   Destination   Source   Summary

    3   6.074   [190.5.1.1]   [190.8.1.9]
ICMP Echo

ICMP: ----- ICMP header -----
ICMP:
ICMP: Type = 8 (Echo)
ICMP: Code = 0
ICMP: Checksum = A022 (correct)
ICMP: Identifier = 20570
ICMP: Sequence number = 25764
ICMP: [56 bytes of data]
ICMP:
ICMP: [Normal end of "ICMP header".]
ICMP:

```
ADDR  HEX                                                   ASCII
0000  18 40 40 00 00 01 40 72  D5 00 20 00 C0 08 08 20      .@@...@r.. ....
0010  42 0C 43 00 41 00 AA AA  03 00 00 00 08 00 45 00      B.C.A.........E.
0020  00 54 6C 66 00 00 FE 01  48 C4 02 04 00 26 05 0E      .Tlf....H....&..
0030  00 47 08 00 A0 22 50 5A  64 A4 31 6D 53 71 00 00      .G..."PZd.1mSq..
0040  1E 00 00 00 00 00 00 00  00 00 00 00 00 00 00 00      ...............
0050  00 00 00 00 00 00 00 00  00 00 00 00 00 00 00 00      ...............
0060  00 00 00 00 00 00 00 00  00 00 00 00 00 00 00 00      ...............
0070  00 00                                                 ..
```

- - - - - - - - - - - - - - - Frame 4 - - - - - - - - - - - - - - - - - -

SUMMARY Delta T   Destination   Source   Summary

    4   0.002   [190.8.1.9]   [190.5.1.1]
ICMP Echo reply

ICMP: ----- ICMP header -----
ICMP:
ICMP: Type = 0 (Echo reply)
ICMP: Code = 0
ICMP: Checksum = A822 (correct)
ICMP: Identifier = 20570
ICMP: Sequence number = 25764

```
ICMP:   [56 bytes of data]
ICMP:
ICMP:   [Normal end of "ICMP header".]
ICMP:
```

```
ADDR  HEX                                             ASCII
0000  18 40 55 00 20 00 C0 08  C0 00 00 01 40 72 08 A0  .@U. .......@r..
0010  42 0C 43 00 41 00 AA AA  03 00 00 00 08 00 45 00  B.C.A.........E.
0020  00 54 62 53 00 00 FF 01  51 D7 05 0E 00 47 02 04  .TbS....Q....G..
0030  00 26 00 00 A8 22 50 5A  64 A4 31 6D 53 71 00 00  .&..."PZd.1mSq..
0040  1E 00 00 00 00 00 00 00  00 00 00 00 00 00 00 00  ................
0050  00 00 00 00 00 00 00 00  00 00 00 00 00 00 00 00  ................
0060  00 00 00 00 00 00 00 00  00 00 00 00 00 00 00 00  ................
0070  00 00                                             ..
```

- - - - - - - - - - - - - - - Frame 5 - - - - - - - - - - - - - - - - - -

```
SUMMARY  Delta T    Destination   Source       Summary

    5   21.515   [190.5.1.2]     [190.5.1.1]
TCP D=23 S=1033 SYN SEQ=317772801 LEN=0 WIN=28672
```

```
TCP:  ----- TCP header -----
TCP:
TCP:  Source port            = 1033
TCP:  Destination port       = 23 (Telnet)
TCP:  Initial sequence number = 317772801
TCP:  Data offset            = 24 bytes
TCP:  Flags                  = 02
TCP:            ..0. .... = (No urgent pointer)
TCP:            ...0 .... = (No acknowledgment)
TCP:            .... 0... = (No push)
TCP:            .... .0.. = (No reset)
TCP:            .... ..1. = SYN
TCP:            .... ...0 = (No FIN)
TCP:  Window                 = 28672
TCP:  Checksum               = 396A (correct)
TCP:
TCP:  Options follow
TCP:  Maximum segment size   = 512
TCP:
```

```
ADDR  HEX                                                      ASCII
0000  18 40 55 00 20 00 C0 08  C0 00 00 01 40 72 08 A0    .@U. .......@r..
0010  42 0C 43 00 41 00 AA AA  03 00 00 00 08 00 45 00    B.C.A.........E.
0020  00 2C 62 54 00 00 40 06  11 1A 05 0E 00 47 02 04    .,bT..@......G..
0030  00 06 04 09 00 17 12 F0  D4 01 00 00 00 00 60 02    ..............`.
0040  70 00 39 6A 00 00 02 04  02 00                      p.9j......
```

- - - - - - - - - - - - - - - Frame 6 - - - - - - - - - - - - - - - - -

SUMMARY Delta T   Destination   Source   Summary

     6   0.009   [190.5.1.1]   [190.5.1.2]
TCP D=1033 S=23 SYN ACK=317772802 SEQ=3727185921 LEN=0 WIN=16384


```
TCP:  ----- TCP header -----
TCP:
TCP:  Source port            = 23 (Telnet)
TCP:  Destination port       = 1033
TCP:  Initial sequence number = 3727185921
TCP:  Acknowledgment number  = 317772802
TCP:  Data offset            = 24 bytes
TCP:  Flags                  = 12
TCP:               ..0. .... = (No urgent pointer)
TCP:               ...1 .... = Acknowledgment
TCP:               .... 0... = (No push)
TCP:               .... .0.. = (No reset)
TCP:               .... ..1. = SYN
TCP:               .... ...0 = (No FIN)
TCP:  Window                 = 16384
TCP:  Checksum               = 332F (correct)
TCP:  TCP: Options follow
TCP:  Maximum segment size   = 512
TCP:
```

```
ADDR  HEX                                                      ASCII
0000  18 40 40 00 00 01 40 72  D5 00 20 00 C0 08 08 20    .@@...@r.. ....
0010  42 0C 43 00 41 00 AA AA  03 00 00 00 08 00 45 00    B.C.A.........E.
0020  00 2C C2 FA 00 00 3B 06  B5 73 02 04 00 06 05 0E    .,....;..s......
0030  00 47 00 17 04 09 DE 28  58 01 12 F0 D4 02 60 12    .G.....(X.....`.
0040  40 00 33 2F 00 00 02 04  02 00                      @.3/......
```

```
- - - - - - - - - - - - - - - - Frame 7 - - - - - - - - - - - - - - - - - -


SUMMARY  Delta T     Destination    Source       Summary


   7    0.002    [190.5.1.2]       [190.5.1.1]
TCP D=23 S=1033    ACK=3727185922 WIN=28672


TCP:  ----- TCP header -----
TCP:
TCP:  Source port           = 1033
TCP:  Destination port      = 23 (Telnet)
TCP:  Sequence number       = 317772802
TCP:  Acknowledgment number = 3727185922
TCP:  Data offset           = 20 bytes
TCP:  Flags                 = 10
TCP:              ..0. .... = (No urgent pointer)
TCP:              ...1 .... = Acknowledgment
TCP:              .... 0... = (No push)
TCP:              .... .0.. = (No reset)
TCP:              .... ..0. = (No SYN)
TCP:              .... ...0 = (No FIN)
TCP:  Window                = 28672
TCP:  Checksum              = 1738 (correct)
TCP:  No TCP options
TCP:


ADDR  HEX                                      ASCII
0000  18 40 55 00 20 00 C0 08  C0 00 00 01 40 72 08 A0  .@U. .......@r..
0010  42 0C 43 00 41 00 AA AA  03 00 00 00 08 00 45 00  B.C.A.........E.
0020  00 28 62 55 00 00 40 06  11 1D 05 0E 00 47 02 04  .(bU..@......G..
0030  00 06 04 09 00 17 12 F0  D4 02 DE 28 58 02 50 10  ...........(X.P.
0040  70 00 17 38 00 00                                 p..8..


- - - - - - - - - - - - - - - - Frame 8 - - - - - - - - - - - - - - - - - -


SUMMARY  Delta T     Destination    Source       Summary


   8    0.029    [190.5.1.2]       [190.5.1.1]    Telnet C PORT=1033 IAC Will
unknown option (36)


Telnet:----- Telnet data -----
Telnet:
Telnet:IAC Will unknown option (36)
Telnet:
Telnet:
```

```
ADDR  HEX                                                    ASCII
0000  18 40 55 00 20 00 C0 08  C0 00 00 01 40 72 08 A0      .@U. .......@r..
0010  42 0C 43 00 41 00 AA AA  03 00 00 00 08 00 45 00      B.C.A.........E.
0020  00 2B 62 56 00 00 40 06  11 19 05 0E 00 47 02 04      .+bV..@......G..
0030  00 06 04 09 00 17 12 F0  D4 02 DE 28 58 02 50 18      ...........(X.P.
0040  70 00 F3 30 00 00 FF FB  24                           p..0....$
```

- - - - - - - - - - - - - - - - Frame 9 - - - - - - - - - - - - - - - - -


```
SUMMARY  Delta T    Destination   Source      Summary

    9   0.193   [190.5.1.1]    [190.5.1.2]
TCP D=1033 S=23    ACK=317772805 WIN=16381
```

```
TCP:  ----- TCP header -----
TCP:
TCP:  Source port          = 23 (Telnet)
TCP:  Destination port     = 1033
TCP:  Sequence number      = 3727185922
TCP:  Acknowledgment number = 317772805
TCP:  Data offset          = 20 bytes
TCP:  Flags                = 10
TCP:            ..0. .... = (No urgent pointer)
TCP:            ...1 .... = Acknowledgment
TCP:            .... 0... = (No push)
TCP:            .... .0.. = (No reset)
TCP:            .... ..0. = (No SYN)
TCP:            .... ...0 = (No FIN)
TCP:  Window               = 16381
TCP:  Checksum             = 4738 (correct)
TCP:  No TCP optionsTCP:
```

```
ADDR  HEX                                                    ASCII
0000  18 40 40 00 00 01 40 72  D5 00 20 00 C0 08 08 20      .@@...@r.. ....
0010  42 0C 43 00 41 00 AA AA  03 00 00 00 08 00 45 00      B.C.A.........E.
0020  00 28 C2 FB 00 00 3B 06  B5 76 02 04 00 06 05 0E      .(....;..v......
0030  00 47 00 17 04 09 DE 28  58 02 12 F0 D4 05 50 10      .G.....(X.....P.
0040  3F FD 47 38 00 00                                     ?.G8..
```

```
- - - - - - - - - - - - - - Frame 10 - - - - - - - - - - - - - - - - -


SUMMARY  Delta T     Destination   Source        Summary


    10    0.058    [190.5.1.1]     [190.5.1.2]
Telnet R PORT=1033 IAC Do Terminal type


Telnet:----- Telnet data -----
Telnet:
Telnet:IAC Do Terminal type
Telnet:
Telnet:


ADDR  HEX                                                ASCII
0000  18 40 40 00 00 01 40 72  D5 00 20 00 C0 08 08 20   .@@...@r.. ....
0010  42 0C 43 00 41 00 AA AA  03 00 00 00 08 00 45 00   B.C.A........E.
0020  00 2B C2 FC 00 00 3B 06  B5 72 02 04 00 06 05 0E   .+....;..r......
0030  00 47 00 17 04 09 DE 28  58 02 12 F0 D4 05 50 18   .G.....(X.....P.
0040  3F FD 2F 2F 00 00 FF FD  18                        ?.//.....
```

Die Aufzeichnung von Kommunikationsphasen einzelner Anwendungen, die bestimmte Protokolle verwenden (hier war es die Anwendung TELNET und das Primärprotokoll TCP), sollte nicht nur in Fehler- bzw. Problemsituationen durchgeführt werden. Ein solcher Trace ist nämlich nur dann sinnvoll, wenn auch Erfahrungen bzw. Aufzeichnungen von fehlerfreien „Mustern" existieren. Erst wenn derartige Vergleichsobjekte zur Verfügung stehen, können qualifizierte Aussagen über den Trace einer gestörten Kommunikation getroffen werden.

Während des Capturing bietet die Anzeige der *Global Statistics* Aufschluß über den Traffic, wie er sich prozentual auf die einzelnen Netzwerkprotokolle verteilt (Abbildung 4-18). Außerdem wird eine aktuelle Übersicht der Bandbreitenauslastung angezeigt. Ein realistischer Wert für die Protokollverteilung ergibt sich allerdings erst nach einigen Minuten, da die Verteilung im Kumulationsverfahren ermittelt wird. Es ist natürlich nicht möglich, den Gesamtbestand an Datenframes auf dem gemessenen Segment innerhalb eines einzigen Meßintervalls zu erfassen.

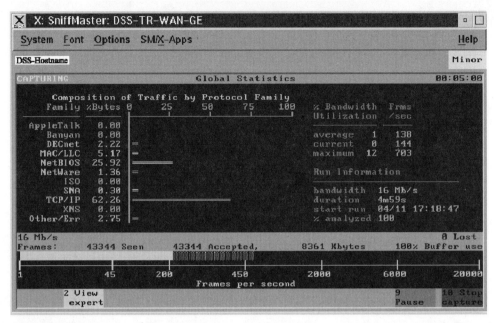

Abbildung 4-18:   *Global Statistics zur Darstellung der Protokollverteilung im Netzsegment*

Eine weitere sehr aufschlußreiche Online-Information liefert der *Expert Overview* (Abbildung 4-19). Anhand einer Objektematrix wird die Anzahl von *Objects, Symptoms* und *Diagnoses* ersichtlich, die innerhalb der Kategorien Applications, Connections, Network Stations, Subnet Pairs, DLC-Stations und Global Symptoms auftreten (Tabelle 4-2).

	Objects	Symptoms	Diagnoses
Applications	20	3	0
Connections	12	2	1
Network Stations	22	0	0
Subnet Pairs	0	-	-
DLC-Stations	11	0	0
Global Symptoms	-	0	-

Tabelle 4-2:
Objektematrix eines Expert Overview

Sobald der Analyzer ein abnormales oder ungewöhnliches Netzwerkereignis (Network Event) entdeckt, wird es als *Symptom* klassifiziert. Dieses stellt ein potentielles, aber noch kein real existierendes Problem dar. Die Schwellwerte, die zur Indikation eines *Symptom* führen, sind konfigurierbar und damit jederzeit an den sich kontinuierlich ändernden Netzwerk-Status anzupassen.

Einen unmittelbaren Handlungsbedarf bedeutet normalerweise die Entstehung von *Diagnoses*. Dabei handelt es sich entweder um ein Ereignis, das infolge seiner Eigenschaften den Netzwerkbetrieb direkt gefährdet (z.B. *ring beaconing*), oder aber die Gefährdung geht von kontinuierlichen, in regelmäßigen, sehr kurzen Zeitintervallen auftretenden *Symptoms* aus. Bei der Entstehung von Diagnosen wird ein akustisches Signal generiert.

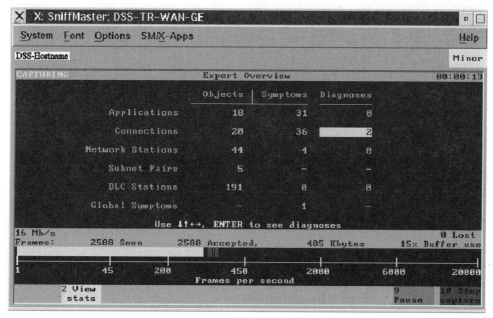

Abbildung 4-19:   *Expert Overview*

Abbildung 4-19 zeigt beispielsweise zwei Diagnosen. Positioniert man dort den Cursor und bestätigt mit der <Enter>-Taste, so erhält man eine Liste von Diagnosen zur Kategorie Connections (Abbildung 4-20). Wird das Capturing gestoppt, um weitere Informationen zu den Diagnosen zu erhalten, so läßt sich ein Expertensystem befragen, das für die jeweiligen Diagnosen hilfreiche Hinweise, Erläuterungen oder gar Vorschläge zur Problemlösung angibt.

Das Pendant zum Token-Ring-II Analyzer auf WAN-Strecken ist der *Sniffer Internetwork Analyzer*. Er bietet eine ähnliche Funktionalität, allerdings mit einer etwas modifizierten Menüstruktur.

Die hier vorgestellten analytischen Aktivitäten stellen lediglich eine kleine Kostprobe der vielfältigen Möglichkeiten des DSS-Systems dar. Diese oder auch andere Systeme sind heutzutage im notwendigen Zusammenspiel von Netzwerkanalyse und den ableitbaren Maßnahmen zur Lösung von Netzwerkproblemen unverzichtbar geworden. Die bereits vorhandene und in weiteren Schritten implementierbare Intelligenz läßt einen weitgehenden Automatisierungsgrad erreichen und führt damit im Bereich des Netzwerkmanagements zu einer deutlichen Entlastung des Personals.

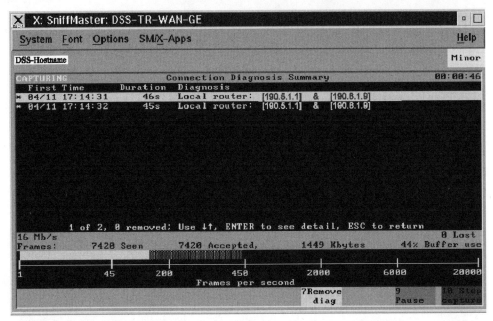

Abbildung 4-20:   *Connection Diagnosis Summary – eine Liste der entstandenen Diagnosen*

4.4.2.4   Übersicht: Symptome

Application Layer

– File Retransmission
– Loops on same request
– Low throughput/Slow file transfer
– Read/Write overlap
– Request denied

Connection Layer

– Ack missing
– Ack number decreasing
– Ack wrong frame
– Bouncing frames
– Command retransmission
– Data sent with flow control off
– Excessive wait for printer
– Fast retransmission
– Flow control off for x seconds
– Idle more than xx
– Long ack time

- Missing reply
- Multiple source routing
- NFS retransmission
- Packets too close
- Receive/Continue missing
- Reply retransmission
- Synchronization frame missing
- Transport retransmission
- Window frozen
- Window size exceeded
- Wrong reply sequence
- Zero window

Network Station Layer

- All paths lost to AppleTalk subnet
- AppleTalk corrupt routing table
- AppleTalk network range conflict
- AppleTalk Phase 1 and Phase 2 on same segment
- AppleTalk suspicious hop count
- AppleTalk router to nowhere
- AppleTalk ZIP Query
- Banyan client unreachable
- Banyan port unknown
- Banyan server down
- Banyan server unreachable
- Destination unreachable
- Duplicate net address
- Improper DECnet address
- ICMP error
- Inconsistent server advertisement
- Inconsistent subnet mask
- IP fragment missing
- IP fragment out of order
- ISO error report
- Local router
- Many routers to remote
- Multiple routers to local station
- Network unreachable
- Port unreachable
- Printer problems
- Redirect network/host/frame
- Small hello timer
- Source address is broadcast
- Source quench

- Time-to-live exceeded
- Time-to-live expiring
- Zeros broadcast address

DLC-Station Layer

- Broadcast storm
- Frame not analyzed
- Frame too short
- LAN overload
- Physical level error
- Source DLC address is broadcast
- ZIP storm

MAC Layer (Token-Ring)

- Abort error
- AC error
- Bad FC/AR flags
- Burst error
- Duplicate test successful
- Excessive ring purge
- Frame relay buffer depth exceeded
- Internal error
- Line error
- Local node with route designator
- Multiple local ring definitions
- New active monitor
- Receiver congestion error
- Returned to ring
- Ring beaconing
- Station off ring
- Token error

WAN/Synchronous

- DISC frame
- DLCI bandwidth exceeded
- DLCI keepalive sequence error
- Excessive backward congestion
- Excessive forward congestion
- FRMR frame
- HDLC retransmission
- Inappropriate SABM
- Inappropriate SABME

- Inappropriate SNRM
- REJ frame
- Router buffer overflow
- WAN underload
- WAN congested

4.4.2.5 Übersicht: Diagnosen

Application Layer

- Excessive requests denied
- File overlap/retransmission
- Slow file transfer
- Slow server

Connection Layer

- Non-responsive station
- Retransmissions

Network Station Layer

- Duplicate network address
- Local router
- Multiple routers to station

DLC-Station Layer

- Broadcast/Multicast storm
- LAN overload
- High rate of physical errors

MAC Layer (Token-Ring)

- High rate of congestion
- High rate of line/burst errors
- High rate of remove from ring requests
- High rate of ring entries
- High rate of ring purges
- Ring beaconing

WAN/Synchronous

- WAN overload
- Underloaded network

Netzwerkprogrammierung

Beschäftigt man sich mit der Programmierung von Anwendungen, die direkt auf Programmschnittstellen der TCP/IP-Protokollfamilie zugreifen, so läßt sich eine Besonderheit hervorheben, die es in anderen Protokollumgebungen nicht gibt: die Portierbarkeit auf nahezu sämtliche Plattformen aller bedeutenden Betriebssysteme. In der langen Zeit der Existenz des TCP/IP-Protokollstacks (als Standard seit 15 Jahren) wurden mittlerweile für alle heute relevanten Betriebssysteme entsprechende Versionen implementiert, die genügend Gemeinsamkeiten aufweisen, um bei einer Programmierung und der Verwendung von Funktionsbibliotheken eine Standardumgebung vorzufinden. Es lassen sich daher TCP/IP-basierte Netzwerkanwendungen für folgende Systeme entwickeln:

MS-DOS
MS Windows 3.x
Windows NT
SCO Unix
AIX
OS/2 Warp
SINIX
Solaris/SunOS
LINUX
Digital UNIX
HP-UX
...

Natürlich ist diese Liste keineswegs vollständig. Sie soll lediglich zeigen, daß die Entwicklung von Netzwerkanwendungen für eine TCP/IP-Umgebung ein Maximum an Portierbarkeit gewährleisten kann und dem heutigen Trend offener Betriebssystem- und Netzwerkarchitekturen in heterogenen Gebilden sehr entgegenkommt.

Zahlreiche TCP/IP-basierte Anwendungen beruhen auf dem Prinzip der Client-Server-Kommunikation, so daß im einführenden Abschnitt diese Technologie detailliert beschrieben wird. Anschließend werden verschiedene Entwicklungsumgebungen vorgestellt, die je nach persönlicher Anforderung für die Herstellung von Programmcode eingesetzt werden können.

Zwei ausführliche Abhandlungen beschäftigen sich dann mit den beiden überaus wichtigen Konzepten der *Socket-Programmierung* und den *Remote Procedure Calls* (RPCs).

Anhand eines klassischen Beispiels der Client-Server-Technologie soll die Entwicklung eines Programms gezeigt werden, das unter Verwendung von *Stream-Sockets* die Kommunikation zwischen einem Server- und einem Client-Prozeß beschreibt.

5.1   Client-Server-Prinzip

Eine wörtliche Übersetzung von „Client" und „Server" würde etwa „Kunde" und „Lieferant" ergeben. Diese Begriffe sind auch gar nicht so weit von der Bedeutung entfernt, die man diesen Worten in DV-technischer Hinsicht normalerweise zumißt. Ein Client ist in der Regel ein Prozeß oder ein Rechner, der sich mit einer Dienstanfrage (Request) an einen Server richtet (Abbildung 5-1). Dieser Server kann ebenfalls ein Prozeß, aber auch ein Rechner sein.

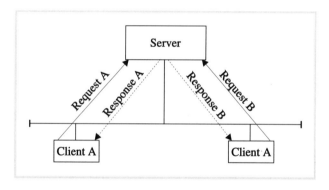

Abbildung 5-1:
Client-Server-Verhältnis

Auf die Anfrage eines Client reagiert der Server dann mit der Übermittlung des Anfrageergebnisses (Response), das er in einem Verarbeitungsprozeß ermittelt hat. Er kann zumeist mehrere Clients gleichzeitig bedienen.

Client und Server können sich auf demselben Rechner befinden, aber auch Tausende von Kilometern entfernt in unterschiedlichen Netzwerken residieren und miteinander kommunizieren.

5.1.1   Client-Server-Typen

Das eben beschriebene „einfache Client-Server-Modell" findet sich zur Zeit am häufigsten. Andere Modelle sind eher selten und beziehen sich meist auf ganz bestimmte Einsatzbereiche. So wird z.B. das „Broadcast-Modell" im Bereich des Netzwerkmanagements angetroffen (Abbildung 5-2). Hier stellen alle Netzwerkkomponenten, die mit der
Aufgabe betraut sind, eigene Informationen an einen Manager zu senden (z.B. Ausla-
stungsstatistik des eigenen Netzwerk-Controllers, Status der aktiven und inaktiven Prozesse usw.), die Gruppe der Clients dar. Ein entsprechender Serverprozeß des Managers
nimmt die übermittelten Informationen entgegen und läßt sie in Verarbeitungen ein-
fließen. Die Clients erhalten keine Antwort.

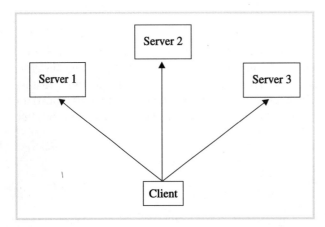

Abbildung 5-2:
Das „Broadcast-Modell"

In einem Modell „verketteter Server" ist die Client-Server-Beziehung nicht mehr sta-
tisch, sondern wechselt dynamisch zwischen mehreren Rechnern (Abbildung 5-3). Ent-

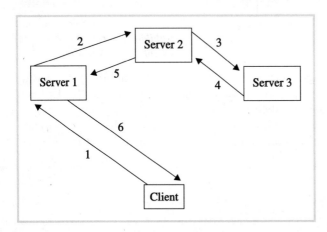

Abbildung 5-3:
Das „Verkettungsmodell"

scheidend für die Beziehung untereinander ist die Funktion, in der ein Rechner im Moment arbeitet. Richtet ein Client beispielsweise eine Anfrage an einen bestimmten Server und ist dieser nicht in der Lage, die gewünschten Informationen zu liefern, so muß ein weiterer Server angesprochen werden. Jetzt wird der erste Server zu einem Client und wartet seinerseits auf die Response des an den zweiten Server gerichteten Requests.

Diese Verkettung kann nun so oft wiederholt werden, bis ein Server im Netzwerk die gewünschten Informationen liefert. Alsdann läuft die Response instanzenweise zurück zum eigentlichen anfragenden Client.

5.1.2 Client-Server-Kommunikation

Der typische Client geht normalerweise davon aus, daß der gewünschte Serverprozeß, mit dem er kommunizieren will, aktiv ist, und beginnt mit einem `Active Open`. Dabei muß der Client die IP-Adresse des Servers, das Transportprotokoll und die jeweilige Portadresse des Serverprozesses kennen. Diese drei Informationen werden auch als „semi link data elements" bezeichnet. Es gibt sie sowohl für den lokalen Client als auch für den entfernten Server. Nachdem der Server den Verbindungswunsch des Client registriert hat, gibt er zu verstehen, daß er für den Empfang einer Anfrage bereit ist. Der Client reagiert entsprechend und übermittelt ihm die formulierte Anfrage. Der Server empfängt die Anfrage und verarbeitet sie. In mehr oder weniger umfangreichen Verarbeitungsprozessen werden die geforderten Ergebnisse ermittelt und dem Client als Verarbeitungsergebnis zugesandt. Dieser empfängt sein Anfrageergebnis und schließt die Verbindung.

Bei den zu bearbeitenden Client-Anfragen unterscheidet man zwischen *Iterative Server Processes* (ISPs) und *Multi Server Processes* (MSPs). Die iterativen Serverprozesse haben eine genau überschaubare Verarbeitungszeit. Sie beträgt in der Regel nur wenige Sekundenbruchteile. Entsprechende Anfragen von mehreren Clients können daher vom Serverprozeß sukzessive abgearbeitet werden. Die Verzögerungszeiten sind minimal (z.B. bei Zeitanfragen an einen Time-Server). Ist der Verarbeitungszeitraum für die Befriedigung der Client-Anfrage jedoch ungewiß bzw. ist zu vermuten, daß die Verarbeitung längere Zeit in Anspruch nehmen wird (z.B. Dateiübertragung), so wird das Multi-Serverprozeß-Konzept eingesetzt. Eine ordentliche Bearbeitung der Anfragen mehrerer Clients erfordert nun die parallele Ausführung mehrerer Serverprozesse bzw. -Threads (auch asynchron), damit die Anfragen der Clients nicht in einer Warteschlange sukzessive abgearbeitet werden müssen und unabsehbare Verzögerungen aufgrund der ungewissen Verarbeitungszeit vermieden werden.

Der Entwicklung von Kommunikationsprogrammen für das TCP/IP-Umfeld liegen hauptsächlich zwei Konzepte zugrunde: die Socket-Programmierung und die Interprozeß-Kommunikation durch Remote Procedure Calls. Beide Konzepte werden in den nun folgenden Abschnitten ausführlich erläutert.

5.2   Socket-Programmierung

Das z. Zt. gebräuchlichste API (Application Program Interface) für TCP/IP ist die Socket-Schnittstelle. Sie ermöglicht die Realisierung einer Client-Server-Beziehung über zwei (ggf. auf verschiedenen Rechnern befindliche) Anwendungskomponenten und ihre Kommunikation untereinander (Versand und Empfang von Daten). Ursprünglich wurde diese Programmierschnittstelle für die BSD-UNIX-Version entwickelt. Die hier eingesetzten Datenstrukturen, über die ein Zugriff auf TCP/IP-Protokolleigenschaften ermöglicht wird, werden *Sockets* genannt.

Definition: Ein *Socket* bezeichnet den adressierbaren Endpunkt einer Kommunikation und stellt sich dem Programmierer als Deskriptor mit folgendem Aufbau dar:

Feldbezeichnung	Feldinhalt	Beschreibung
Protokollfamilie	AF_INET	Innerhalb von Internet-Domänen wird lediglich diese Protokollfamilie unterstützt.
Socket-Typ	Stream-Socket, Datagramm-Socket oder Raw-Socket	Einer dieser Socket-Typen wird verwendet.
Portadresse	2-Byte-Integer	Mit dieser Portadresse wird eine Anwendung auf einem Rechner eindeutig identifiziert (in Kombination mit der IP-Adresse).
Internet-Adresse	aaa.bbb.ccc.ddd	Eine gemäß IP-Version 4 aus vier Oktetts bestehende IP-Adresse kommt zur Anwendung.

Tabelle 5-1:   *Socket-Deskriptor*

5.2.1   Socket-Typen

Vor Implementierung einer Socket-basierten Anwendung sollte man sich Klarheit darüber verschaffen, welches Socket-Konzept in Frage kommt. Es existieren drei für unterschiedliche Anforderungen einsetzbare Socket-Typen, die normalerweise im Header-File SOCKET.H abgebildet werden.

5.2.1.1   Stream-Sockets

Dieser Datenstrom-orientierte Socket beruht auf einem sicheren, verbindungsorientierten Dienst. Algorithmen zur automatischen Fehlerbehebung während des Datentransfers
sind implementiert. Ein Beispiel für diese Stream-Sockets ist das *File Transfer Protocol*
(FTP).

5.2.1.2   Datagramme

Dieser Datagramm-orientierte Socket beruht auf einem verbindungslosen Dienst. Eine
gesicherte Verbindung zwischen beiden Kommunikationspartnern liegt nicht vor. Unabhängige Datenpakete werden vom Sender zum Empfänger geschickt. Keinerlei Sicherungsmechanismen zur Gewährleistung einer korrekten Paketreihenfolge sind vorgese-
hen. Ein Beispiel für diese Datagramm-Sockets ist das *Network File System* (NFS).

5.2.1.3   Raw-Sockets

Das Raw-Socket-Interface erlaubt einen direkten Zugriff auf untergeordnete Protokolle,
wie IP (Internet Protocol) oder ICMP (Internet Control Message Protocol). Es wird für
leistungsorientierte Produktionsumgebungen meist nicht verwendet.

5.2.2   Kriterien zur Wahl des Socket-Typs

Sicherheit
Stream-Sockets garantieren eine äußerst verläßliche Kommunikation, da eine umfangreiche Fehlerbehandlung während des Datentransfers vorgenommen wird. Eine solche
Datenverbindung ist allerdings nicht besonders schnell, denn der für die Sicherung erforderliche Overhead ist z.T. beträchtlich. Datagramm-Sockets oder Raw-Sockets können mit einer entsprechenden Verläßlichkeit nicht aufwarten. Bei einer solchen Kommunikation können Datenverluste oder Probleme in der Reihenfolge von Datenpaketen
durchaus auftreten.

Geschwindigkeit
Die weitaus schnellste Kommunikation läßt sich über Datagramm-Sockets realisieren.
Wie bereits beschrieben, erfolgt keine Fehlerbehandlung während der Kommunikation;
dies ist jedoch auch nicht erforderlich, wenn eine höhere Protokollschicht diese sicher-
stellt oder eine absolute Datensicherheit nicht verlangt ist.

Datenmenge

Sollen größere Datenmengen (größer als etwa 2 Kbyte) auf einmal übertragen werden, so empfiehlt sich der Einsatz des Stream-Socket-Typs. Obwohl sich mit dem Datagramm-Socket auch Paketgrößen von bis zu 32 Kbyte realisieren lassen, ist dies nicht zu empfehlen, da in den meisten Netzwerken nur relativ kleine Paketgrößen erlaubt sind (z.B. 1500 Bytes bei IEEE 802.3) und ein *Disassembly* und *Reassembly* für diesen Socket-Typ nicht unterstützt werden. Fehlen diese Mechanismen, so sind Probleme beim Datenverkehr bereits vorprogrammiert.

5.2.3   TCP-Socket-Session

Zur Darstellung einer TCP-basierten Socket-Session läßt sich folgendes Ablaufschema heranziehen:

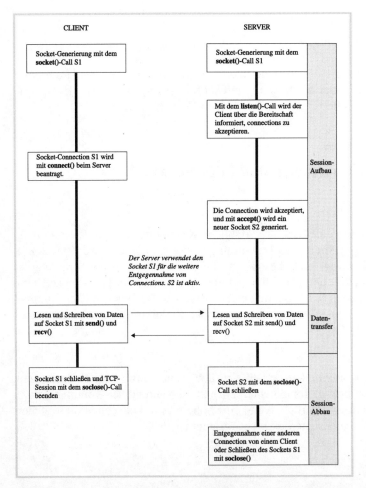

Abbildung 5-4:
Ablauf einer
TCP-Socket-Session

5.2.4   Datenstrukturen

Als Bestandteil des Socket-API sind die Definitionen der Datenstrukturen für Socket-Adressen bereits als Programmcode verfügbar. Einige wichtige Auszüge aus dem WINSOCK.H-Header-File der Windows-Sockets in der Version 1.1 sind den nachfolgenden Abschnitten zu entnehmen.

Für die nun folgenden Source-Code-Auszüge gilt folgender Copyright-Vermerk:

5.2.4.1   Port-/Socket-Nummern

```
/*
 * Port/socket numbers: network standard functions
 */
#define IPPORT_ECHO         7
#define IPPORT_DISCARD      9
#define IPPORT_SYSTAT       11
#define IPPORT_DAYTIME      13
#define IPPORT_NETSTAT      15
#define IPPORT_FTP          21
#define IPPORT_TELNET       23
#define IPPORT_SMTP         25
#define IPPORT_TIMESERVER   37
#define IPPORT_NAMESERVER   42
#define IPPORT_WHOIS        43
#define IPPORT_MTP          57


/*
 * Port/socket numbers: host specific functions
 */
#define IPPORT_TFTP         69
#define IPPORT_RJE          77
#define IPPORT_FINGER       79
#define IPPORT_TTYLINK      87
#define IPPORT_SUPDUP       95
```

```
/*
 * UNIX TCP sockets
 */
#define IPPORT_EXECSERVER       512
#define IPPORT_LOGINSERVER      513
#define IPPORT_CMDSERVER        514
#define IPPORT_EFSSERVER        520


/*
 * UNIX UDP sockets
 */
#define IPPORT_BIFFUDP          512
#define IPPORT_WHOSERVER        513
#define IPPORT_ROUTESERVER      520
                                    /* 520+1 also used */
```

5.2.4.2   Klassendefinitionen der IP-Adressen

```
#define IN_CLASSA(i)            (((long)(i) & 0x80000000) == 0)
#define IN_CLASSA_NET           0xff000000
#define IN_CLASSA_NSHIFT        24
#define IN_CLASSA_HOST          0x00ffffff
#define IN_CLASSA_MAX           128

#define IN_CLASSB(i)            (((long)(i) & 0xc0000000) == 0x80000000)
#define IN_CLASSB_NET           0xffff0000
#define IN_CLASSB_NSHIFT        16
#define IN_CLASSB_HOST          0x0000ffff
#define IN_CLASSB_MAX           65536

#define IN_CLASSC(i)            (((long)(i) & 0xe0000000) == 0xc0000000)
#define IN_CLASSC_NET           0xffffff00
#define IN_CLASSC_NSHIFT        8
#define IN_CLASSC_HOST          0x000000ff

#define INADDR_ANY              (u_long)0x00000000
#define INADDR_LOOPBACK         0x7f000001
#define INADDR_BROADCAST        (u_long)0xffffffff
#define INADDR_NONE             0xffffffff
```

5.2.4.3   Socket-Adresse

```
struct sockaddr_in {
        short   sin_family;
        u_short sin_port;
        struct  in_addr sin_addr;
        char    sin_zero[8];
};
```

5.2.4.4   Adreßfamilien

```
#define AF_UNSPEC     0          /* unspecified */
#define AF_UNIX       1          /* local to host(pipes, portals)*/
#define AF_INET       2          /* internetwork: UDP, TCP, etc. */
#define AF_IMPLINK    3          /* arpanet imp addresses */
#define AF_PUP        4          /* pup protocols: e.g. BSP */
#define AF_CHAOS      5          /* mit CHAOS protocols */
#define AF_IPX        6          /* IPX and SPX */
#define AF_NS         6          /* XEROX NS protocols */
#define AF_ISO        7          /* ISO protocols */
#define AF_OSI        AF_ISO     /* OSI is ISO */
#define AF_ECMA       8          /* european computer manufact. */
#define AF_DATAKIT    9          /* datakit protocols */
#define AF_CCITT      10         /* CCITT protocols, X.25 etc */
#define AF_SNA        11         /* IBM SNA */
#define AF_DECnet     12         /* DECnet */
#define AF_DLI        13         /* Direct data link interface */

#define AF_LAT        14         /* LAT */
#define AF_HYLINK     15         /* NSC Hyperchannel */
#define AF_APPLETALK  16         /* AppleTalk */
#define AF_NETBIOS    17         /* NetBios-style addresses */
```

5.2.4.5   Protokollfamilien

```
#define PF_UNSPEC     AF_UNSPEC
#define PF_UNIX       AF_UNIX
#define PF_INET       AF_INET
#define PF_IMPLINK    AF_IMPLINK
#define PF_PUP        AF_PUP
```

```
#define PF_CHAOS        AF_CHAOS
#define PF_NS           AF_NS
#define PF_IPX          AF_IPX
#define PF_ISO          AF_ISO
#define PF_OSI          AF_OSI
#define PF_ECMA         AF_ECMA
#define PF_DATAKIT      AF_DATAKIT
#define PF_CCITT        AF_CCITT
#define PF_SNA          AF_SNA
#define PF_DECnet       AF_DECnet
#define PF_DLI          AF_DLI
#define PF_LAT          AF_LAT
#define PF_HYLINK       AF_HYLINK
#define PF_APPLETALK    AF_APPLETALK
```

5.2.4.6   Prototypen der Socket-Funktionsaufrufe

```
SOCKET PASCAL FAR accept        (SOCKET s, struct sockaddr FAR *addr,
                                 int FAR *addrlen);


int PASCAL FAR bind             (SOCKET s, const struct sockaddr FAR *addr,
                                 int namelen);


int PASCAL FAR closesocket      (SOCKET s);


int PASCAL FAR connect          (SOCKET s, const struct sockaddr FAR *name,
                                 int namelen);


int PASCAL FAR ioctlsocket      (SOCKET s, long cmd, u_long FAR *argp);


int PASCAL FAR getpeername      (SOCKET s, struct sockaddr FAR *name,
                                 int FAR * namelen);


int PASCAL FAR getsockname      (SOCKET s, struct sockaddr FAR *name,
                                 int FAR * namelen);


int PASCAL FAR getsockopt       (SOCKET s, int level, int optname,
                                 char FAR * optval, int FAR *optlen);


u_long PASCAL FAR htonl         (u_long hostlong);


u_short PASCAL FAR htons        (u_short hostshort);
```

```
unsigned long PASCAL FAR inet_addr (const char FAR * cp);

char FAR * PASCAL FAR inet_ntoa (struct in_addr in);

int PASCAL FAR listen          (SOCKET s, int backlog);

u_long PASCAL FAR ntohl        (u_long netlong);

u_short PASCAL FAR ntohs       (u_short netshort);

int PASCAL FAR recv            (SOCKET s, char FAR * buf, int len, int
                                flags);

int PASCAL FAR recvfrom        (SOCKET s, char FAR * buf, int len, int
                                flags, struct sockaddr FAR *from,
                                int FAR * fromlen);

int PASCAL FAR select          (int nfds, fd_set FAR *readfds,
                                fd_set FAR *writefds, fd_set FAR *exceptfds,
                                const struct timeval FAR *timeout);

int PASCAL FAR send            (SOCKET s, const char FAR * buf, int len,
                                int flags);

int PASCAL FAR sendto          (SOCKET s, const char FAR * buf, int len,
                                int flags, const struct sockaddr FAR *to,
                                int tolen);

int PASCAL FAR setsockopt      (SOCKET s, int level, int optname,
                                const char FAR * optval, int optlen);

int PASCAL FAR shutdown        (SOCKET s, int how);

SOCKET PASCAL FAR socket       (int af, int type, int protocol);


/* Datenbank-Funktionsprototypen */

struct hostent FAR * PASCAL FAR gethostbyaddr(const char FAR * addr,
                                        int len, int type);

struct hostent FAR * PASCAL FAR gethostbyname(const char FAR * name);

int PASCAL FAR gethostname (char FAR * name, int namelen);
```

```
struct servent FAR * PASCAL FAR getservbyport(int port,
                             const char FAR * proto);

struct servent FAR * PASCAL FAR getservbyname(const char FAR * name,
                             const char FAR * proto);

struct protoent FAR * PASCAL FAR getprotobynumber(int proto);

struct protoent FAR * PASCAL FAR getprotobyname(const char FAR * name);


/* Prototypen der Microsoft-Windows-Erweiterung */

int PASCAL FAR WSAStartup(WORD wVersionRequired, LPWSADATA lpWSAData);

int PASCAL FAR WSACleanup(void);

void PASCAL FAR WSASetLastError(int iError);

int PASCAL FAR WSAGetLastError(void);

BOOL PASCAL FAR WSAIsBlocking(void);

int PASCAL FAR WSAUnhookBlockingHook(void);

FARPROC PASCAL FAR WSASetBlockingHook(FARPROC lpBlockFunc);

int PASCAL FAR WSACancelBlockingCall(void);

HANDLE PASCAL FAR WSAAsyncGetServByName(HWND hWnd, u_int wMsg,
                             const char FAR * name,
                             const char FAR * proto,
                             char FAR * buf, int buflen);

HANDLE PASCAL FAR WSAAsyncGetServByPort(HWND hWnd, u_int wMsg, int port,
                             const char FAR * proto,
                             char FAR * buf, int buflen);

HANDLE PASCAL FAR WSAAsyncGetProtoByName(HWND hWnd, u_int wMsg,
                             const char FAR * name,
                             char FAR * buf, int buflen);
```

```
HANDLE PASCAL FAR WSAAsyncGetProtoByNumber(HWND hWnd, u_int wMsg,
                                 int number, char FAR * buf,
                                 int buflen);


HANDLE PASCAL FAR WSAAsyncGetHostByName(HWND hWnd, u_int wMsg,
                                 const char FAR * name,
                                 char FAR * buf, int buflen);


HANDLE PASCAL FAR WSAAsyncGetHostByAddr(HWND hWnd, u_int wMsg,
                                 const char FAR * addr, int len,
                                 int type, char FAR * buf,
                                 int buflen);


int PASCAL FAR WSACancelAsyncRequest(HANDLE hAsyncTaskHandle);

int PASCAL FAR WSAAsyncSelect(SOCKET s, HWND hWnd, u_int wMsg,
                                 long lEvent);


int PASCAL FAR WSARecvEx (SOCKET s, char FAR * buf, int len,
                                 int FAR *flags);
```

5.2.5   Systemaufrufe

Die im Beispielprogramm für Client und Server verwendeten Socket-Funktionsaufrufe werden in den nun folgenden Abschnitten ausführlich erläutert.

socket( )
Beschreibung: Generierung eines Sockets.

```
#include <winsock.h>
```

```
SOCKET PASCAL FAR socket ( int af, int type, int protocol );
```

af: Adreßformat-Spezifikation. Das derzeit einzige unterstützte Format ist das PF_INET, das ARPA-IP-Format.
type: Typspezifikation des Sockets
protocol: Hier wird ein genau zu spezifizierendes Protokoll angegeben, das mit diesem Socket verwendet werden soll. Der Wert 0 zeigt, daß der aufrufende Prozeß kein bestimmtes Protokoll festlegen will.

Folgende Typspezifikationen werden unterstützt:

SOCK_STREAM   TCP-basierter, Byte-Stream-orientierter, sicherer bi-direktionaler Transportmechanismus

SOCK_DGRAM   Datagrammübertragung bedeutet verbindungslose, unsichere Kommunikation; UDP-basiert und nur mit kleinen Buffern ausgestattet.

Sockets vom Typ SOCK_STREAM sind Vollduplex-Byte-Ströme. Ein *Stream-Socket* muß sich in einem Status *connected* befinden, bevor Daten gesendet oder empfangen werden können. Eine Verbindung zu einem anderen Socket wird durch einen `connect()`-Aufruf generiert. Ist die Verbindung erst einmal aufgebaut, können durch die Aufrufe `send()` und `recv()` Daten übertragen werden. Nach Beendigung der Session wird `closesocket()` ausgeführt. Durch diesen Socket-Typ werden Mechanismen zur Vermeidung von Datenverlusten und Dopplungseffekten realisiert. Wenn Daten innerhalb einer angemessenen Zeit nicht übertragen werden können, führt der Ablauf eines Timers zu einem Verbindungsabbruch. Entsprechende Fehlermeldungen weisen auf diesen Zustand hin.

Beim Einsatz des SOCK_DGRAM-Socket-Typs werden Datagramme durch die Aufrufe `sendto()` und `recvfrom()` an willkürliche Ziele versendet bzw. empfangen. Innerhalb einer durch `connect()` etablierten Verbindung sorgen `send()` und `recv()` für einen Versand bzw. einen Empfang von Daten.

connect()
Beschreibung: Aufbau einer Verbindung zu einem Ziel (peer)

```
#include <winsock.h>

int PASCAL FAR connect ( SOCKET s, const struct sockaddr FAR * name,
        int namelen );
```

s: Deskriptor zur Identifizierung eines nicht verbundenen Sockets
name: Name des Ziels, zu dem die Socket-Verbindung etabliert werden soll
namelen: Länge des Namens

Für Sockets des Typs SOCK_STREAM wird eine aktive Verbindung unter Verwendung des Namens (name) aufgebaut. Wird der Call erfolgreich beendet, so ist der Socket bereit für den Datenempfang bzw. -versand.

Im Falle eines SOCK_DGRAM-Typs wird ein Default-Ziel eingefügt, das für nachfolgende `send()`- und `recv()`-Aufrufe verwendet wird.

send()
Beschreibung: Datenversand auf einer Socket-Verbindung

```
#include <winsock.h>

int PASCAL FAR send ( SOCKET s, const char FAR * buf, int
        len, int flags );
```

s: Deskriptor zur Identifizierung eines verbundenen Sockets
buf: Buffer mit Daten, die zur Übertragung anstehen
len: Länge der Daten im Buffer
flags: Gibt den Call-Typ an

Der `send()`-Aufruf wird zur Übergabe von Daten auf den Socket des Typs SOCK_STREAM oder SOCK_DGRAM verwendet. Für den Datagramm-Socket muß darauf geachtet werden, daß die maximale IP-Paketgröße des Netzwerk-Layer nicht überschritten wird (siehe Element iMaxUdpDg innerhalb der Struktur WSAData). Sollte dieser Fall dennoch eintreten, so wird eine entsprechende Fehlermeldung zurückgegeben, und es erfolgt kein Datentransfer.

recv()
Beschreibung: Datenempfang auf einer Socket-Verbindung

```
#include <winsock.h>

int PASCAL FAR recv ( SOCKET s, char FAR * buf, int len, int
        flags );
```

s: Deskriptor zur Identifizierung eines verbundenen Sockets
buf: Buffer für eingehende Daten
len: Länge des Buffers
flags: Gibt den Call-Typ an

Der `send()`-Aufruf wird zum Empfang von Daten verbundener Sockets des Typs SOCK_STREAM oder SOCK_DGRAM verwendet.

closesocket()
Beschreibung: Schließen eines Sockets

```
#include <winsock.h>

int PASCAL FAR closesocket ( SOCKET s );
```

s: Deskriptor zur Identifizierung eines Sockets

Diese Funktion schließt einen Socket bzw. gibt den Socket-Deskriptor s wieder frei, so daß alle potentiellen Zugriffe auf s nicht mehr möglich sind und mit einer entsprechenden Fehlermeldung abbrechen.

bind()
Beschreibung: Verbinden einer lokalen Adresse mit einem Socket

```
#include <winsock.h>

int PASCAL FAR bind ( SOCKET s, const struct sockaddr FAR *
        name, int namelen );
```

s: Deskriptor zur Identifizierung eines nicht verbundenen Sockets

name: Adresse, um einen Socket zuzuordnen. Die Socket-Adreßstruktur ist folgen-
            dermaßen definiert:

```
struct sockaddr {
        u_short    sa_family;
        char sa_data[14];
        };
```

namelen: Länge des Namens

Diese Routine wird vor einer Datagramm- oder Stream-Socket-Verbindung verwendet, und zwar vor dem Einsatz von connect()- und listen()-Aufrufen. Sobald ein Socket über den socket()-Aufruf generiert ist, befindet er sich innerhalb eines Namensbereiches, obwohl noch kein Name explizit zugeordnet ist. Der bind()-Aufruf realisiert die lokale Zuordnung (Hostadresse/Portnummer) des unbenannten Sockets durch eine lokale Namenszuweisung.

Innerhalb der Internet-Adreßfamilie besteht ein Name aus verschiedenen Komponenten. Für SOCK_DGRAM und SOCK_STREAM wird der Name in drei Bereiche unterteilt: die Hostadresse, die Protokollnummer (entweder UDP oder TCP) und eine Portnummer, die für die Identifikation der Anwendung zuständig ist. Wenn sich eine Anwendung nicht um die zugeordnete Adresse kümmert, wird sie eine Internet-Adresse annehmen, die dem Wert INADDR_ANY entspricht und einer Portnummer mit dem Wert „0" (bzw. beidem). Im Falle einer INADDR_ANY-Zuordnung darf jedes geeignete Netzwerkinterface verwendet werden. Wenn der Port mit „0" spezifiziert ist, wird die WinSock-Implementierung einen eindeutigen Wert zwischen 1024 und 5000 zuordnen. Die Anwendung wird ggf. den Aufruf getsockname() dem bind()-Aufruf folgen lassen, um die ihm zugeordnete Adresse in Erfahrung zu bringen. Allerdings ermittelt getsockname() die IP-Adresse nicht zwangsläufig, wenn noch keine Socket-Verbindung etabliert ist.

Sollte eine Anwendung einen bind zu einer Portnummer jenseits des Bereiches zwischen 1024 und 5000 wünschen (wie beispielsweise das rsh-Kommando, das zu jedem reservierten Port einen *bind* aufbauen muß), läßt sich z.B. folgender Programmcode verwenden:

```
SOCKADDR_IN sin;
SOCKET s;
u_short alport = IPPORT_RESERVED;            sin.sin_family = AF_INET;
            sin.sin_addr.s_addr = 0;
            for (;;) {
                sin.sin_port = htons(alport);
                if (bind(s, (LPSOCKADDR)&sin, sizeof (sin)) == 0) {
                    /* it worked */
                }
                if ( GetLastError() != WSAEADDRINUSE) {
```

```
                        /* fail */
                }
                alport--;
                if (alport == IPPORT_RESERVED/2 ) {
                        /* fail--all unassigned reserved ports are */
                        /* in use. */
                }
        }
```

listen( )
Beschreibung: Socket-Generierung zur Erwartung eingehender Verbindungen

```
#include <winsock.h>

int PASCAL FAR listen ( SOCKET s, int backlog );
```

s: Deskriptor zur Identifizierung eines zur Verbindung anstehenden Sockets
backlog: Maximallänge, zu der eine Queue anstehender Verbindungen anwachsen kann

Zunächst wird zur Annahme von Verbindungen ein Socket durch den `socket()`-Aufruf generiert, anschließend für eingehende Verbindungen ein backlog durch den `listen()`-Aufruf spezifiziert, und letztlich werden die Verbindungen mit dem `accept()`-Aufruf entgegengenommen. Der `listen()`-Aufruf ist nur auf Sockets anwendbar, die Verbindungen unterstützen, d.h. dem Typ SOCK_STREAM entsprechen. Der Socket s wird dort in den „passiven Modus" gesetzt, wo die eingehenden Verbindungen bestätigt werden und in der Warteschlange auf eine Übernahme durch den Prozeß warten.

accept( )
Beschreibung: Annahme einer Verbindung auf einem Socket

```
#include <winsock.h>

SOCKET PASCAL FAR accept ( SOCKET s, struct sockaddr FAR * addr,
i       nt FAR * addrlen );
```

s: Deskriptor zur Identifizierung eines Sockets, der nach einem listen()-Aufruf
          auf Verbindungen wartet
addr: Ein optionaler Buffer-Pointer, der die Adresse des eine Verbindung anstreben-
          den Objektes empfängt. Das genaue Format des addr-Argumentes wird durch
          die Adreßfamilie nach Socket-Generierung bestimmt.
addrlen: Ein optionaler INTEGER-Pointer der die Länge des addr-Argumentes enthält

Diese Funktion entnimmt die erste der in einer Warteschlange auf *s* wartenden Verbindungen, bildet einen neuen Socket mit denselben Eigenschaften und gibt einen Handle zum neuen Socket zurück. Sollten keine wartenden Verbindungen in der Warteschlange vorhanden und der Socket nicht als *non-blocking* markiert sein, so wird durch den accept()-Aufruf eine Blockierung des Aufrufers so lange aufrechterhalten, bis eine Verbindung „eingetroffen" ist. Wenn der Socket allerdings als *non-blocking* gekennzeichnet ist und keine Verbindungen in der Warteschlange verfügbar sind, gibt die accept()-Funktion einen Fehlercode zurück. Der „accepted" Socket darf nun keine weiteren Verbindungen mehr annehmen. Der Original-Socket bleibt aktiv.

5.2.6   Programmbeispiel

Zwei sehr einfache Client-Server-Programme sollen die Funktionsweise einer Stream-Socket-Kommunikation zeigen. Der Source-Code läßt sich plattformübergreifend mit folgenden Compiler- und Linker-Optionen in einen ausführbaren File umwandeln:

Compiler: <Compiler-Aufruf> /c /AL client.c

        z.B. cc /c /AL client.c

Linker: link client,client.exe,,winsock.lib,/ST:8192

```
/*********************************************************/
/*                                                       */
/* Source-Code: client.c                                 */
/*                                                       */
/*********************************************************/

/* TCP-Header Files */

#include <tcptypes.h>
#include <in.h>
#include <socket.h>
#include <netdb.h>

/* Normale Header Files */

#include <stdlib.h>
#include <stdio.h>
#include <io.h>
#include <string.h>
#include <process.h>


main(int argc, char **argv)
{
```

```
unsigned short port;   /* Portnummer, zu der der Client eine */
                       /* Verbindung aufbauen will */
char buffer[80];       /* Datenbuffer für Versand und Empfang */
struct hostent *hostnm;   /* Name des Servers */
struct sockaddr_in server; /* Adresse des Servers */
int s;                    /* Client-Socket */

/* Überprüfung der Übergabeparameter bei Programmaufruf */

if (argc != 3)
{
  fprintf(stderr, "Syntax: %s <Hostname> <Portnummer>\n", argv[0]);
  exit(1);
}

/* Socket-Initialisierung */

if ( sock_init() )
{
   fprintf(stderr, "Initialisierungs-Fehler!\n");
   fprintf(stderr, "Bitte stellen Sie sicher,
                   daß TCP/IP gestartet ist!\n");
   exit(1);
}

/* Ermittlung der Serveradresse */

hostnm = gethostbyname(argv[1]);

if (hostnm == (struct hostent *) 0)
{
   fprintf(stderr, "Call <gethostbyname> fehlgeschlagen!\n");
   exit(2);
}

/* Umwandlung der Portnummer in einen Integer-Wert */

port = (unsigned short) atoi(argv[2]);

/* Zuweisung einer Nachricht */

strcpy(buffer, "Nachricht +++ Nachricht +++ Nachricht");

/* Umsetzung in die Serverstruktur und Umstellung der */
/* Portnummer in <network byte order> */
```

```
server.sin_family     = AF_INET;
server.sin_port       = htons(port);
server.sin_addr.s_addr = *((unsigned long *)hostnm->h_addr);

/* Generierung eines Stream-Sockets */

if ((s = socket(AF_INET, SOCK_STREAM, 0)) < 0)
{
    perror("Fehler bei socket()-Aufruf:");
    exit(3);
}

/* Verbindung zum Server */

if (connect(s, (struct sockaddr *)&server, sizeof(server)) < 0)
{
    perror("Fehler bei connect()-Aufruf:");
    exit(4);
}

if (send(s, buffer, sizeof(buffer), 0) < 0)
{
    perror("Fehler bei send()-Aufruf:");
    exit(5);
}

/* Der Server sendet die selbe Nachricht zurück, anschließend */
/* wird sie in den Buffer gelesen    */

if (recv(s, buffer, sizeof(buffer), 0) < 0)
{
    perror("Fehler bei recv()-Aufruf:");
    exit(6);
}

/* Socket wird geschlossen */

close(s);

printf("Client erfolgreich beendet!\n");

return(0);

}
```

```
*********************************************************/
/*                                                      */
/* Source-Code: server.c                                */
/*                                                      */
/********************************************************/
/* TCP-Header Files */

#include <tcptypes.h>
#include <in.h>
#include <socket.h>

/* Normale Header-Files */

#include <stdlib.h>
#include <stdio.h>
#include <io.h>
#include <process.h>


main(int argc, char **argv)
{
    unsigned short port; /* Portnummer, an die sich der Server  */
                         /* bindet                              */
    char buffer[80];     /* Datenbuffer für Versand und Empfang */
    struct sockaddr_in client; /* Adreßinformation des Client   */
    struct sockaddr_in server; /* Adreßinformation des Servers  */
    int s;               /* Socket für Annahme von Verbindungen */
    int ns;              /* An Client gebundener Socket         */
    int namelen;         /* Länge des Client-Namens             */

    /* Überprüfung der Übergabeparameter bei Programmaufruf */

    if (argc != 2)
    {
        fprintf(stderr, "Syntax: %s <Portnummer>\n", argv[0]);
        exit(1);
    }

    /* Socket-Initialisierung */

    if ( sock_init() )
    {
        fprintf(stderr, "Initialisierungs-Fehler!\n");
        fprintf(stderr, "Bitte stellen Sie sicher,
                        daß TCP/IP gestartet ist!\n");
```

```
        exit(1);
}


/* Umwandlung der Portnummer in einen Integer-Wert */

port = (unsigned short) atoi(argv[1]);

/* Generierung eines Sockets zur Annahme von Verbindungen */

if ((s = socket(AF_INET, SOCK_STREAM, 0)) < 0)
{
    perror("socket()");
    exit(2);
}


/* Socket wird an die Serveradresse gebunden */

server.sin_family = AF_INET;
server.sin_port   = htons(port);
server.sin_addr.s_addr = INADDR_ANY;

if (bind(s, (struct sockaddr *)&server, sizeof(server)) < 0)
{
    perror("Fehler bei bind()-Aufruf:");
    exit(3);
}


/* Auf Verbindungen warten */

if (listen(s, 1) != 0)
{
    perror("Fehler bei listen()-Aufruf:");
    exit(4);
}


/* Annahme einer Verbindung */

namelen = sizeof(client);
if ((ns = accept(s, (struct sockaddr *)&client, &namelen)) == -1)
{
    perror("Fehler bei accept()-Aufruf:");
    exit(5);
}
```

```
/* Empfang der Nachricht über den neuen Socket */

if (recv(ns, buffer, sizeof(buffer), 0) == -1)
{
    perror("Fehler bei recv()-Aufruf:");
    exit(6);
}

/* Rücksendung der Nachricht zum Client */

if (send(ns, buffer, sizeof(buffer), 0) < 0)
{
    perror("Fehler bei send()-Aufruf");
    exit(7);
}

close(ns);
close(s);

printf("Server erfolgreich beendet!\n");

return(0);
}
```

Die Winsock-Funktionsbibliothek umfaßt sämtliche für obige Kommunikation erforderliche Routinen. Über das LIB-Kommando wurde folgender List-File der Datei WINSOCK.LIB erstellt:

```
accept...........accept              bind.............bind
closesocket.......closesocket        connect..........connect
gethostbyaddr.....gethostbyaddr      gethostbyname.....gethostbyname
gethostname.......gethostname        getpeername.......getpeername
getprotobyname....getprotobyname     getprotobynumber..getprotobynumber
getservbyname.....getservbyname      getservbyport.....getservbyport
getsockname.......getsockname        getsockopt........getsockopt
htonl............htonl               htons............htons
inet_addr.........inet_addr          inet_ntoa.........inet_ntoa
ioctlsocket.......ioctlsocket        listen...........listen
ntohl............ntohl               ntohs............ntohs
recv.............recv                recvfrom.........recvfrom
select...........select              send.............send
sendto...........sendto              setsockopt........setsockopt
shutdown.........shutdown            socket...........socket
TcpCntrlInit......TcpCntrlInit       WEP..............WEP
```

```
WSAAsyncGetHostByAddr.....WSAAsyncGetHostByAddr
WSAAsyncGetHostByName.....WSAAsyncGetHostByName
WSAAsyncGetProtoByName....WSAAsyncGetProtoByName
WSAAsyncGetProtoByNumber..WSAAsyncGetProtoByNumber
WSAAsyncGetServByName.....WSAAsyncGetServByName
WSAAsyncGetServByPort.....WSAAsyncGetServByPort
WSAAsyncSelect...........WSAAsyncSelect
WSACancelAsyncRequest.....WSACancelAsyncRequest
WSACancelBlockingCall.....WSACancelBlockingCall
WSACleanup...............WSACleanup
WSAGetLastError..........WSAGetLastError
WSAIsBlocking............WSAIsBlocking
WSASetBlockingHook........WSASetBlockingHook
WSASetLastError..........WSASetLastError
WSAStartup...............WSAStartup
WSAUnhookBlockingHook.....WSAUnhookBlockingHook
__WSAFDIsSet..............__WSAFDIsSet
```

5.3   Remote Procedure Calls (RPCs)

Das Konzept der Remote Procedure Calls beruht, ebenso wie die zuvor diskutierte Socket-Kommunikation, auf einer Client-Server-Beziehung. Normalerweise wird eine Prozedur als Client-Prozeß aufgerufen (ggf. mit entsprechenden Parameterverweisen) und richtet eine Anfrage an einen Serverprozeß. Während der Client auf sein Anfrageergebnis wartet, bearbeitet der Server den empfangenen RPC-Request. Nach Ermittlung des Ergebnisses wird dieses über eine RPC-Response an den Client übermittelt und die Kontrolle des Ablaufes an den aufrufenden Client-Prozeß zurückgegeben.

Ein solches Konzept läßt sich auch weiter kaskadieren, d.h. der aufgerufene Serverprozeß kann seinerseits (möglicherweise in einer parallelen Task) als Client auftreten und eine Anfrage an einen anderen Server richten. Sukzessive erhalten alle aktiven Instanzen nach Empfang der jeweils übermittelten Ergebnisse ihre Kontrolle über den Ablauf zurück, bis schließlich der ursprüngliche Client die Kommunikation abschließen kann. Der Eindruck, es handle sich hier um eine streng synchronisierte Kommunikation, trügt. Jeder beteiligte Client oder Server kann, sofern es sich um Multitasking- und Multithreading-Systeme handelt, mehrere Anfragen bzw. Antworten gleichzeitig bearbeiten. Tatsächlich liegt also ein asynchrones Kommunikationsprinzip vor, das nicht nur auf lokalen Ressourcen eingesetzt werden kann, sondern auch im Netzwerkverbund mit entfernten Prozeduren kommuniziert.

5.3.1   Konzept der RPCs

Dieses Prozeßverteilungsprinzip trägt den in einem Unternehmen eingesetzten Hardware- und Software-Ressourcen unterschiedlicher Ausprägung Rechnung. So können Prozesse mit einer hohen Rechenleistung auf Rechnern ausgeführt werden, die durch entsprechend leistungsfähige Prozessoren für diese Aufgabe weit besser geeignet sind als andere Rechnerressourcen, die wiederum für den Datenbankzugriff besonders qualifiziert sind. Jeder einzelne Prozeß wird in der für ihn optimalen Umgebung ausgeführt und ist somit in der Lage, eine optimale Leistungsausbeute zu erbringen.

Bevor jedoch die beschriebenen Aufgaben durch RPC-Mechanismen gelöst werden können, sind einige Fragen zu klären:

– Das **Auffinden der aufgerufenen Prozedur** im Netz muß über Mechanismen wie das DNS (Directory Name System) ermöglicht werden.
– Das **Herstellen einer Verbindung** zwischen zwei Prozessen erfordert nicht nur die Identifikation beider Prozesse, sondern auch die der Hostrechner, auf denen die Prozesse implementiert sind. Dieses Verfahren wird als *late binding* bezeichnet, das erst bei Bedarf den zweiten Prozeß dynamisch nachlädt (beim *early binding* werden beide Prozesse gleichzeitig in den Arbeitsspeicher geladen).
– Die **Argument- und Ergebnisübergabe** kann nicht, wie normalerweise üblich, über gemeinsame Adreßbereiche vorgenommen werden, da die Prozesse u.U. auf unterschiedlichen Rechnern im Netz installiert sind.

Die Lösungen der beschriebenen Probleme werden im RPC-Funktionsmodell zusammengefaßt. Es besteht auf beiden Seiten der Kommunikation aus dem aufrufenden **Client-Prozeß** bzw. dem **Serverprozeß**, einem **Stub**, der dem jeweils lokalen Host die Anwesenheit der Prozedur vortäuscht, an die eine Kontrollübergabe erfolgen soll, und

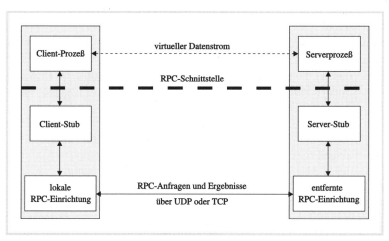

Abbildung 5-5:   *RPC-Funktionsmodell*

einer **lokalen RPC-Einrichtung**, die mit ihrem entfernten Partner, der **remoten RPC-Einrichtung** Kontakt aufnimmt. Diese sorgt dafür, daß der gewünschte Prozeß gestartet wird, sofern er sich noch nicht im Hauptspeicher befindet. Hier erfolgt auch die geeignete Datenumwandlung bzw. -darstellung für heterogene Netzumgebungen. Dieses Verfahren wird *Marshalling* genannt.

5.3.1.1   Transport

Das RPC-Protokoll läßt sich auf verschiedenen Transportprotokollen implementieren. Je nach Wahl dieses Protokolls liegt eine mehr oder weniger sichere Datenverbindung vor, denn RPC selbst setzt keinerlei Sicherungsmechanismen ein. Für die Anwendung ist es daher äußerst wichtig, den Typ des Transportprotokolls zu kennen. Wird beispielsweise TCP verwendet, so braucht sich die Anwendung nicht um Fehlertoleranz, Sicherheit oder Recovery zu kümmern. Dies besorgt der Protokollalgorithmus des TCP. Wird hingegen UDP als Transportprotokoll eingesetzt, so muß die Anwendungsschicht für eine Realisierung dieser Mechanismen sorgen.

5.3.1.2   Aufrufsemantik

Infolge der Transportunabhängigkeit, sind beim RPC-Protokoll keine besonderen semantischen Besonderheiten beim Prozeduraufruf zu berücksichtigen. Dies ist vielmehr Aufgabe der untergeordneten Transportprotokolle. Wird RPC beispielsweise auf einem unsicheren Protokoll wie UDP implementiert und RPC-Aufrufe werden aufgrund von Timeouts wiederholt, ohne daß eine Antwort bzw. eine Bestätigung erfolgt, so läßt sich aus Sicht der Anwendung keinerlei Aussage über die Anzahl der *erfolgreich* ausgeführten Programme machen. Wiederholungen finden so lange statt, bis mindestens eine Bestätigung empfangen wurde bzw. die Prozedur mindestens einmal erfolgreich ausgeführt worden ist. Man spricht hier auch von *execute-at-least-once semantics*. In Prozeduren mit dieser Semantik ist es völlig unerheblich, ob ihre Ausführung einmal oder mehrmals erfolgt. Die Anzahl der Prozedurdurchläufe spielt dabei keine Rolle. Wird beispielsweise ein Wert durch einen anderen ersetzt, so ist nicht die Anzahl der *Replacements* von Bedeutung, sondern lediglich die Tatsache, daß überhaupt ein Ersetzen stattgefunden hat.

Wird eine RPC-Prozedur mit *execute-at-most-once semantics* ausgestattet, so erfolgt ihre Implementierung zumeist auf dem verläßlichen TCP-Protokoll, und sie darf überprüfen, ob eine aufgerufene Prozedur, wenn überhaupt, höchstens einmal erfolgreich durchgelaufen ist. Für diesen Mechanismus wird eine Transaction Id benötigt, die Bestandteil jeder RPC-Message ist. Die aufrufende Prozedur erhält erst dann (und genau dann) wieder die Kontrolle über den Programmablauf, wenn die aufgerufene Prozedur einmal aufgerufen worden ist. Läuft jedoch ein entsprechender Timer ab, ohne daß die Prozedur erfolgreich durchlaufen wurde, kann die aufrufende Prozedur nicht unbedingt davon ausgehen, daß die aufgerufene Prozedur nicht ausgeführt worden ist.

5.3.1.3   Verteiltes RPC-Programmkonzept

In einem nun folgenden Beispiel soll die Funktionsweise von RPC-Calls gezeigt werden, die über Netzwerkverbindungen in Kontakt stehen und verschiedene Arbeitsschritte eines Programms auf verteilten Ressourcen ausführen. Es wird eine zweidimensionale Tabelle T1 aus einer lokalen Datei gelesen und in den Arbeitsspeicher des Rechners gebracht. Anschließend wird das Ergebnis einer Prozedur P1 vom entfernten Rechner 190.120.44.11 angefordert und mit der Spalte A multipliziert. Das Ergebnis einer Prozedur P2 von Rechner 190.120.44.12 wird zur Spalte B addiert. Die Summe über alle Zeilen wird als einzeiliges Display auf dem lokalen Rechner zur Anzeige gebracht. Die Tabelle stellt sich folgendermaßen dar:

A	B
12	45
45	22
13	16
20	19

Tabelle 5-2:
Lokale Tabelle als Berechnungsgrundlage

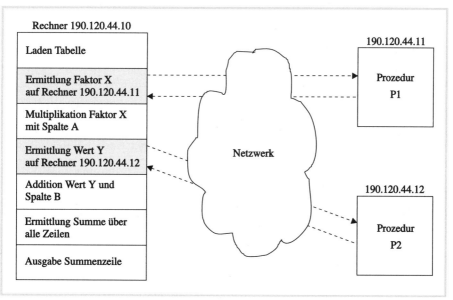

Abbildung 5-6:   *Verteilte RPC-Anwendung*

Die aus Abbildung 5-6 hervorgehenden Operationen führen bei Ermittlung des Faktors X=10 und des Wertes Y=200 zu der Summenzeile:

A x Faktor X	B + Wert Y
120	245
450	222
130	216
200	219
900	902

Tabelle 5-3:
Lokale Ergebnistabelle mit Summenzeile

5.3.1.4   RPC-Request und RPC-Response

Der Zugriff auf *Remote Procedure Calls* wird über den gesteuerten Wechsel von RPC-Request und RPC-Response vorgenommen.

RPC-Request

Transaction ID
Normalerweise nutzt RPC die Eigenschaften des verbindungslosen und unsicheren Protokolls UDP (in seltenen Fällen beruht es auf TCP). Aufgrund fehlender Sicherheitsmechanismen ist der Einsatz von Transaktionskennungen unbedingt erforderlich, um einen RPC-Request eindeutig identifizieren zu können (siehe Abschnitt 5.3.1.2).

Call/Response
Dieses Feld sorgt für eine Klassifizierung der RPC-Message. Trägt das Feld den Wert 0, so handelt es sich um einen Call bzw. einen Request; der Wert 1 weist auf eine Response hin.

RPC Protocol Version Number
Mehrere Protokollversionen können innerhalb eines Netzwerkes unterstützt werden. Für NFS ist beispielsweise Version 2 erforderlich.

Program Number
Die Program Number identifiziert das spezielle RPC-Programm, das auf einem Server angesprochen werden soll (Tabelle 5-4).

Programm	Nummer
Portmapper	100000
NFS	100003
NIS	100004
mountd	100005
rexd	100017

Tabelle 5-4:
Programmnummern

Program Version
Die hier eingetragene Nummer erlaubt die Unterstützung verschiedener RPC-Programme auf einem Netzwerk. Ein Server kann auf einen Request reagieren, der auf einer bestimmten Programmnummer basiert. Dies vereinfacht Upgrades und gewährleistet eine Abwärtskompatibilität.

Procedure Number
In der Regel besteht ein Programm aus mehreren Prozeduren, die einzeln numeriert angesprochen werden können. Die Anforderung einer bestimmten Prozedur erfolgt somit über ihre Procedure Number. Tabelle 5-5 zeigt eine Liste mit NFS-Prozeduren:

NFS-Prozedur	Prozedur-Nummer	Beschreibung
null	0	verrichtet keine produktive Arbeit, sondern liefert lediglich Returncode
read	6	liest eine definierte Anzahl von Bytes aus einer Datei
create	9	Erstellung einer Datei
delete	10	Löschen einer Datei
mkdir	14	Erstellung eines Verzeichnisses
rmdir	15	Löschen eines Verzeichnisses
readdir	16	Empfang einer Verzeichnisliste

Tabelle 5-5:   *NFS-Prozeduren*

Authorization Information
Diese Information besteht aus zwei Komponenten: den Credentials und der Verification. Die Credentials werden verwendet, um bestimmte RPC-Operationen zulassen zu können. In der Version 2 werden folgende Authentifizierungsverfahren vorgeschlagen: NONE, UNIX, SHORT und DES.

Authorization Verification
Während bei einer UNIX-Authentifizierung eine Verifizierung nicht vorgenommen wird, beinhaltet beim DES-Verfahren das Authorization-Verification-Field einen Kommunikationsschlüssel.

Procedure Call Parameters
Hier werden diejenigen Parameter hinterlegt, die für den RPC erforderlich sind.

RPC-Response

Transaction ID
(siehe RPC-Request)

Call/Response
(siehe RPC-Request)

Reply-Status
Status des Reply. Die Werte 0 und 1 bedeuten entweder „akzeptiert" oder „abgelehnt".

Authorization Verification
(siehe RPC-Request)

Accept-Status
Status der Akzeptierung. Folgende Werte sind möglich:

0   RPC erfolgreich ausgeführt
1   RP (Remote Program) wurde nicht erfolgreich exportiert.
2   RP ist nicht in der Lage, die aktuelle RPC-Version zu unterstützen.
3   RP nicht verfügbar
4   Übergabeparameter nicht identifizierbar

Procedure Specific Results
Dieses Feld beinhaltet die nach Verarbeitung der Prozedur erzeugten Ergebnisinformationen.

5.3.1.5   External Data Representation (XDR)

XDR repräsentiert einen Standard für die Beschreibung und Kodierung von Daten. Diese Darstellungsform ist besonders für den Datentransfer zwischen Rechnern unterschiedlicher Architektur relevant. Unter Verwendung dieses Standards (RFC 1832 vom August 1995) ist daher eine Sun-Workstation in der Lage, mit einer VAX (DEC), einem IBM-PC, einer Cray oder einer RM (Siemens) zu kommunizieren.

XDR verwendet eine besondere Sprache zur Beschreibung der Datenformate. Es handelt sich zwar um keine explizite Programmiersprache, jedoch ist ihre Formulierung der Sprache „C" sehr ähnlich. Für die erforderlichen Datenbeschreibungen innerhalb von RPC und NFS wird beispielsweise diese XDR-Sprache verwendet.

In der nun folgenden Erläuterung bezeichnen spitze Klammern des Typs <> variable und eckige Klammern [] feste Datenlängen. Die Variablen n und m bezeichnen Integer-Werte. Folgende XDR-Datentypen sind definiert:

Signed Integer

Ein XDR *Signed Integer* umfaßt 32 Bit im Bereich zwischen -2147483648 und +2147483647. Dies entspricht dem binär darstellbaren Wert 2^{31}-1, der insgesamt 31 der 32 Bit belegt ($2^0+2^1+2^2+2^3+...2^{30} = 2^{31}$-1). Das 32. Bit ist für die Definition des Vorzeichens zuständig.

Unsigned Integer

Ein XDR *Unsigned Integer* umfaßt 32 Bit im Bereich zwischen 0 und +4294967295. Dies entspricht dem binär darstellbaren Wert 2^{32}-1, denn es handelt sich nun um einen vorzeichenlosen Wert. Es muß kein Bit für die Definition des Vorzeichens reserviert zu werden.

Enumeration (Aufzählung)

Aufzählungen haben die gleiche Darstellungsform wie *Signed Integers*. Sie werden zur Beschreibung von Untermengen der Integer-Typen verwendet und besitzen folgenden Aufbau:

```
enum { name-identifier = constant, ...) identifier;
```

Beispiel: `enum { ROT = 2, GELB = 3, BLAU = 5 } farben;`

Boolean

Boolesche Datentypen sind folgendermaßen definiert:

```
bool identifier;
```

oder auch

```
enum { FALSE = 0, TRUE = 1 } identifier;
```

Hyper Integer und Unsigned Hyper Integer

Ihre Darstellungsform ist mit den bereits beschriebenen *Signed Integers* und *Unsigned Integers* vergleichbar. Allerdings umfaßt ihr Definitionsbereich insgesamt 8 Bytes. Weitaus höhere Integer-Werte sind somit darstellbar (Unsigned Hyper Integer: von 0 bis max. 2^{64}-1).

Floating-Point
Der Standard definiert den Floating-Point-Typ „float" als 32-Bit-Sequenz. Die exakte Beschreibung der *single-precision Floating-Point number* sieht folgendermaßen aus:

S – Vorzeichen; Werte 0 und 1 repräsentieren negativen oder positiven Wert (1 Bit).
E – Exponent zur Basis 2; hier werden 8 Bit zugeordnet.
F – Rationaler Teil der Zahl zur Basis 2; hier werden 23 Bit zugeordnet.

Die Formel

```
(-1)**S * 2**E * 1.F
```

gibt Aufschluß über den Zusammenhang der einzelnen Komponenten S, E und F.

Beispiel: Wenn S=0, E=8 und F=934875, dann entspricht dies dem Wert
          -1.934875 * 2^8, also -495.328

Double-precision Floating-Point
Der Standard definiert den double-precision Floating-Point als 64-Bit-Sequenz. Die exakte Beschreibung sieht folgendermaßen aus:

S – Vorzeichen; Werte 0 und 1 repräsentieren negativen oder positiven Wert (1 Bit).
E – Exponent zur Basis 2; hier werden 11 Bit zugeordnet.
F – Rationaler Teil der Zahl zur Basis 2; hier werden 52 Bit zugeordnet.

Quadruple-precision Floating-Point
Der Standard definiert den Quadruple-precision Floating-Point als 128-Bit-Sequenz. Die exakte Beschreibung sieht folgendermaßen aus:

S – Vorzeichen; Werte 0 und 1 repräsentieren negativen oder positiven Wert (1 Bit).
E – Exponent zur Basis 2; hier werden 15 Bit zugeordnet.
F – Rationaler Teil der Zahl zur Basis 2; hier werden 112 Bit zugeordnet.

Fixed-Length Opaque Data
Wenn nicht interpretierte Daten übertragen werden müssen (ihr Datentyp also nicht bekannt ist), läßt sich folgende Deklaration vornehmen:

```
opaque identifier[n];
```

wobei n die Anzahl von Bytes repräsentiert, die für die Aufnahme der Opaque Data verantwortlich sind. Ist n nicht Vielfaches von vier, so wird ein entsprechend großer Anteil von binären Nullen angehängt.

Variable-Length Opaque Data
Liegen *Opaque Data* in variabler Länge vor, so wird folgendermaßen deklariert:

```
opaque identifier<m>;
```

oder

```
opaque identifier<>;
```

Mit m wird ein angenommener Maximalwert bezeichnet. Fehlt dieser, so geht man von dem höchsten definierbaren Wert aus (das ist 2^{32}-1).

String
Die Beschreibung des *String*-Typs verläuft analog zum zuvor beschriebenen Variable-Length Opaque Data. Allerdings steht der Typ aller *String*-Komponenten fest. Es handelt sich um ASCII-Bytes (Zeichenkette). Die Deklaration ist entsprechend:

```
string object<m>;
```

oder

```
string object<>;
```

Fixed-Length Array
Die Deklaration für diesen Datentyp lautet:

```
type-name identifier[n];
```

Die Numerierung der Datenelemente beginnt mit 0 und endet mit n-1.

Variable-Length Array
Analog zur Beschreibung des *String*-Typs lautet die Beschreibung des Typs *Variable-Length Array:*

```
type-name identifier<m>;
```

oder

```
type-name identifier<>;
```

Auch hier gilt für m 2^{32}-1 als maximal zulässiger Wert.

Structure

Strukturen (bzw. Structures) werden folgendermaßen beschrieben:

```
struct {
   component-declaration-A;
   component-declaration-B;
   ...
   } identifier;
```

Discriminated Union

Eine *Discriminated Union* stellt einen Datentyp dar, der aus einem Diskriminanten und einem entsprechenden Typ besteht. Der Diskriminant umfaßt jeweils vier Bytes und wird durch die Typen *int, unsigned int* oder *bool* charakterisiert. Die jeweiligen Teiltypen werden auch als „arms" bezeichnet. Die Deklaration lautet wie folgt:

```
union switch (discriminant-declaration) {
case discriminant-value-A:
  arm-declaration-A;
case discriminant-value-B:
  arm-declaration-B;
...
default: default-declaration;
} identifier;
```

Void

Ein XDR-Void stellt eine 0-Byte-Wertigkeit dar. Dieser Typ wird meist dazu verwendet auszudrücken, daß Operationen keine Eingabewerte bzw. keine Ausgabewerte besitzen. Die Deklaration

```
void test();
```

sagt beispielsweise aus, daß die Funktion test() keine Ausgabewerte produziert.

Constant

Die Deklaration einer Konstante wird folgendermaßen vorgenommen:

```
const name-identifier = n;
```

Beispiel: `const inhalt = 24;`

Typedef

Mit „typedef" wird keinerlei Datendeklaration vorgenommen, sondern es werden Möglichkeiten zur Verfügung gestellt, neue Identifier zur Datendeklaration zu generieren. Die Syntax lautet:

```
typedef declaration;
```

Der neue Typname stellt nun den aktuellen Variablennamen im Deklarationsteil der typedef-Beschreibung dar. In folgendem Beispiel wird unter Verwendung eines bestehenden Typs „bierflasche" ein neuer Typ „bierkasten" definiert:

```
typedef bierflasche bierkasten[inhalt];
```

Variablen, die unter Verwendung des neuen Typs deklariert wurden, besitzen denselben Datentyp wie der neue Typ in „typedef". Folgende Deklarationen haben bei Deklaration der Variablen „altbier" die gleiche Bedeutung:

```
bierkasten altbier;
```

oder

```
bierflasche altbier[inhalt];
```

5.3.1.6   Portmapper

Zur Kontaktaufnahme mit einem Programm auf einem anderen Rechner im Netzwerk ist die Bekanntgabe der Portnummer erforderlich, unter der das gewünschte Programm läuft. Normalerweise sind alle auf RPC basierten Programme eines Rechners bei einem Portmapper-Server (er beansprucht immer Portnummer 111) mit ihrer Portnummer regi-

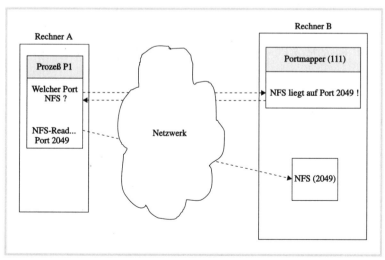

Abbildung 5-7:   *Portmapper gibt Auskunft*

striert. Um die Portnummer eines Programms in Erfahrung zu bringen, mit dem ein Client kommunizieren will, „erkundigt" sich der Client beim Portmapper-Server des Zielrechners nach dieser Portnummer. Will der Client beispielsweise mit NFS arbeiten, so richtet er eine Anfrage an den Portmapper-Server: „Auf welchem Port arbeitet Programmnummer 100003 (NFS)?". Der Portmapper-Server befragt seine Mapping Table und stellt fest, daß NFS auf Port 2049 arbeitet. Diese Information gibt der Portmapper zurück an den Client, der nun direkt mit Port 2049 kommunizieren kann (Abbildung 5-7).

5.3.2   RPC-Programmlogik

Die Kommunikationslogik zwischen einem Client- und einem Serverprozeß soll nun anhand von Ablaufdiagrammen dargestellt werden. Dabei liegt den verwendeten Funktionsnamen ein RPC-API von IBM zugrunde, das wiederum auf der Implementierung von SUN Microsystems aufsetzt (RFCs 1014, 1057, 1831, 1832, 1833).

5.3.2.1   RPC-Client

Die wesentlichen Arbeitsschritte innerhalb eines RPC-Client lassen sich in vier Phasen unterteilen:

– Initialisierung
– Prozeßaufruf
– Freisetzen belegter Ressourcen
– Beenden des Prozesses

Auf der Grundlage TCP-basierter RPC-Kommunikation ergibt sich folgender Ablauf:

Beschreibung	Kommando
Erfragen der eigenen IP-Adresse bzw. des eigenen Hostnamens	*get_myaddress()*
Der Portmapper eines Zielrechners wird damit beauftragt, sich nach der Portnummer einer Prozedur zu erkundigen, die auf dem Zielrechner gestartet werden soll.	*pmap_rmtcall()*
Eine für die zu erwartende Kommunikation benötigte TCP-Session wird aufgebaut	*clnttcp_create()*
Es erfolgt eine Authentifizierung nach Default-UNIX-Konventionen.	*authunix_create_default()*

Beschreibung	Kommando
Der Aufruf der Prozedur auf dem Zielrechner wird vorgenommen und das Ergebnis als Rückgabeparameter empfangen.	*clnt_call()*
Nach erfolgreichem Prozeduraufruf und Empfang des Ergebnisses werden alle für diesen RPC aktiven Ressourcen wieder freigegeben.	clnt_freeres()
Die Informationen zur Authentifizierung werden gelöscht.	auth_destroy()
Die TCP-Session für den RPC wird wieder freigegeben (bzw. aufgelöst).	clnt_destroy()

5.3.2.2 RPC-Server

Die entsprechende Server-Kommunikationskomponente umfaßt fünf Phasen:

- Initialisierung
- Empfang des Requests
- Kernprozeß
- Prozeß-Reply
- Transaktions- und Prozeßfreigabe

Der Serverprozeß verwendet für seine Kommunikation mit dem Client folgende Kommandos:

Beschreibung	Kommando
Generierung einer TCP-Session für den bevorstehenden Datentransfers	*vctcp_create()*
Bildung eines Service Transport Handles	*xprt_register()*
Prozedur wird dem Portmapper bekanntgemacht	*svc_register()*
Das Portmapping wird auf der lokalen Maschine durchgeführt	*pmap_set()*
Anstelle von svc_run() wird dieser Befehl zur Aktivierung asynchroner Eventprozesse verwendet	*svc_getreq()*
Ermittlung der Socket-Adresse des verbundenen Client	*svc_getcaller()*
Der für die Dekodierung von Argumenten allozierte Hauptspeicher wird freigegeben	*svc_freeargs()*
Portmapping wird auf der lokalen Maschine beendet	*pmap_unset()*
Löschen des Service Transport Handles	*xprt_unregister()*
Beendet das lokale Mapping	*svc_unregister()*
Deaktivierung des Programms und Löschen des entsprechenden Handles	*svc_destroy()*

5.3.3   RPC Application Program Interface

In einigen Auszügen werden nun Funktionen und Variablen dargestellt, wie sie für die RPC-Client-Server-Kommunikation verwendet werden. Sie sind innerhalb von Include-Files des entsprechenden API verfügbar und können dort vollständig nachgelesen werden (Beispiele von Include-Dateien: SVC.H, RPC.H, CLNT.H usw.)

```
/* No error */
RPC_SUCCESS=0,                  /* Call succeeded                 */

/* Local errors */
RPC_CANTENCODEARGS=1,           /* Can't encode arguments         */
RPC_CANTDECODERES=2,            /* Can't decode results           */
RPC_CANTSEND=3,                 /* Failure in sending call         */

/* Remote errors */
RPC_VERSMISMATCH=6,             /* RPC versions not compatible     */
RPC_AUTHERROR=7,                /* Authentication error            */
RPC_PROGUNAVAIL=8,              /* Program not available           */
RPC_PROGVERSMISMATCH=9,         /* Program version mismatched      */
RPC_PROCUNAVAIL=10,             /* Procedure unavailable           */


/* Unknown error */
RPC_FAILED=16                   /* Unspecified error               */

...

clnt_create(char *,
            u_long,
            u_long,
            char *);

clnt_create_vers(char *,
            u_long,
            u_long *,
            u_long,
            u_long,
            char *);

...
```

```
extern bool_t svc_register(SVCXPRT *,
                           u_long,
                           u_long,
                           void (*)(),
                           int);

extern void svc_unregister(u_long,
                           u_long);

extern void xprt_register(SVCXPRT *);

extern void xprt_unregister(SVCXPRT *);

extern SVCXPRT *svctcp_create();

...

extern AUTH *authunix_create(char *,
                           long,
                           long,
                           register int,
                           long *);
```

5.3.4   Programmbeispiel

Das nun folgende Programm stellt eine einfache RPC-Kommunikation zwischen einem Client- und einem Serverprozeß dar. Zunächst wird der Serverprozeß auf dem Zielrechner einfach mit dem Aufruf `server` gestartet. Er geht sodann in einen Wartestatus, um eingehende RPC-Requests zu bearbeiten. Diese können von Client-Prozessen auf dem lokalen Rechner, aber auch von entfernten Clients im Netzwerk eintreffen (Abbildung 5-8).

Der Client-Prozeß wird mit folgender Syntax aufgerufen: `client 2.4.0.38 322`. Der erste Parameter stellt die IP-Adresse des Rechners dar, auf dem der Serverprozeß läuft. Der zweite Parameter ist ein Integer-Wert. Da mit dem Client-Aufruf eine explizite IP-Adresse angegeben wird, ist es völlig gleichgültig, ob der Serverprozeß auf dem lokalen Rechner oder auf einem anderen Rechner im Netzwerk läuft. Je nach Verfügbarkeit der Ressourcen kann ein beliebiger Rechner die ihm zugewiesene Aufgabe übernehmen. Allerdings könnten Performance-Aspekte bei WAN-Strecken diesem verteilten Konzept widersprechen.

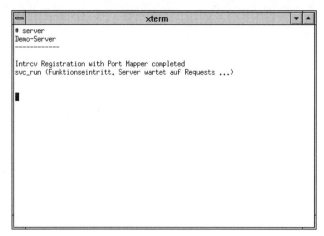

Abbildung 5-8:
Serverstart und Warten auf
Requests

Sobald sich ein Client mit einem Request an den Server wendet, wird dieser aus seinem Wartezustand „geweckt" und führt die Aufgabe durch, die ihm zugewiesen wurde. In diesem Fall soll er von einem übermittelten Integer-Wert die Zahl 8 subtrahieren und die Differenz mit 5 multiplizieren (Abbildung 5-9).

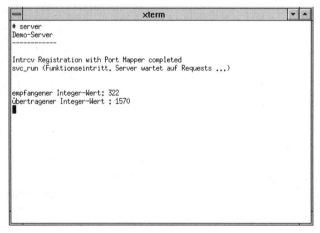

Abbildung 5-9:
Server führt Berechnung durch

Das so ermittelte Verarbeitungsergebnis wird anschließend an den Client übertragen (Abbildung 5-10).

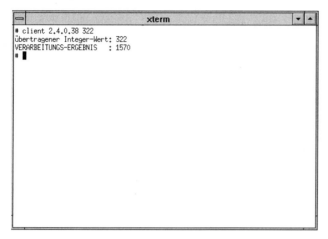

Abbildung 5-10:
Client empfängt Verarbeitungs-
ergebnis

Der Programmcode sieht folgendermaßen aus:

Source-Code: client.c

```
/****************************************************************/
/* G.Lienemann _ Maerz 1996                                    */
/* ----------------------                                      */
/* Demo-Client für die Übergabe von Integers an einen          */
/* Serverprozeß nach RPC-Technologie                           */
/****************************************************************/


/* Achtung! Portmapper muß laufen! */


#include <stdio.h>
#include </rpc/rpc.h>
#include </sys/socket.h>
#include <netdb.h>

#define intrcvprog ((u_long)150000)
#define version    ((u_long)1)
#define intrcvproc ((u_long)1)

main(argc, argv)
    int argc;
    char *argv[];
```

```
{
    int putnumber;
    int getnumber;
    int error;

    if (argc < 3) {
        fprintf(stderr,"Syntax: client hostname integer\n\n");
        exit (-1);
    } /* endif */
    svc_fds = 10;
    putnumber = atoi(argv[2]);
    error = callrpc(argv[1],intrcvprog,version,intrcvproc,xdr_int,
                    (char *)&putnumber,xdr_int,(char *)&getnumber);
    if (error != 0) {
        fprintf(stderr,"Fehler: callrpc fehlgeschlagen: %d \n",error);
        fprintf(stderr,"intrcprog: %lu version: %lu intrcvproc: %lu",
                       intrcvprog, version,intrcvproc);
        exit(1);
    } /* endif */

    printf("übertragener Integer-Wert: %d\n", putnumber);
    printf("VERARBEITUNGS-ERGEBNIS    : %d\n", getnumber);
    exit(0);
}
```

Source-Code: server.c

```
/******************************************************************/
/* G.Lienemann _ Maerz 1996                                       */
/* -----------------------                                        */
/* Demo-Server für die Übernahme von Integers über einen          */
/* Client-Prozeß nach RPC-Technologie                             */
/******************************************************************/

/* Achtung! Portmapper muß laufen! */

#include <stdio.h>
#include <rpc/rpc.h>
#include <sys/socket.h>

#define intrcvprog ((u_long)150000)
#define intvers    ((u_long)1)
#define intrcvproc ((u_long)1)
```

```
main()
{
    int *intrcv();

    /*Registrierung von Programm, Version und Prozedur über Portmapper */

    printf("Demo-Server\n");
    printf("------------\n\n");

    registerrpc(intrcvprog,intvers,intrcvproc,intrcv,xdr_int,xdr_int);
    printf("Intrcv Registration with Port Mapper completed\n");

    printf("svc_run (Funktionseintritt.
      Server wartet auf Requests ...)\n\n\n");

    svc_run();

    printf("\n\nFehler:svc_run beendet!\n");
    exit(1);
}


int *
intrcv(in)
    int *in;
{
    int *out;
    int uebergabe;

    printf("empfangener Integer-Wert: %d\n",*in);
    uebergabe = 5 * (*in - 8);
    out = &uebergabe;
    printf("übertragener Integer-Wert : %d\n",*out);
    return (out);
}
```

XWindows – OSF/Motif

Wenn man über Betriebssysteme nachdenkt und da im besonderen über die Bedienung, das Handling, so assoziiert man zwangsläufig grafisch gestaltete Oberflächen. Das Konzept solcher Oberflächen hat sich im Laufe der letzten Jahre zu einem wesentlichen Kriterium für die Beurteilung der Leistungsfähigkeit und Bedienbarkeit von Betriebssystemen herausgebildet. Nachdem das Unternehmen Apple den auf seinem Rechner abgebildeten „Schreibtisch" (Desktop) mit den bekannten Hilfsmitteln wie Papierkorb, Schere und Klebeband (waste, cut and paste) salonfähig gemacht hatte, entwickelte die Firma Microsoft mit ihrer Windows-Produktreihe eine vergleichbare Oberfläche für IBM-kompatible Personal Computer, die insgesamt von Anwendern und Software-Entwicklern für das Betriebssystem MS- bzw. PC-DOS eine breite Akzeptanz erfuhr. Fortan stand der Begriff „Windows" als Synonym für diese grafische Oberfläche.

Ein wenig in Vergessenheit geriet dabei ungerechtfertigterweise eine weit besser entwickelte, wenn auch protokolltechnisch gesehen nicht ganz unproblematische grafische Anwendung, die zunächst als XWindows und nunmehr als OSF/Motif auf UNIX-Rechnern eingesetzt wird. Sie dient dazu, ebenso wie das Windows der Firma Microsoft oder Apple, den Zugriff und das Management von nur schwer zugänglichen Betriebssystem-Ressourcen zu erleichtern. Man spricht von „intuitiver Bedienung", wenn die Grundregeln erst einmal verstanden worden sind.

Bereits 1984 wurde am Massachusetts Institute of Technology (MIT) für XWindows der Grundstein gelegt. In seiner heutigen Form existiert es allerdings erst, seit sich 1987 das X-Konsortium aus mehreren namhaften Herstellern wie DEC und IBM zusammengefunden hatte. Der RFC 1013 definiert die grundlegenden Merkmale und Eigenschaften des XWindows.

```
1013    R. Scheifler, "X Window System Protocol, version 11:
          Alpha update April 1987", 06/01/1987.
        (Pages=101) (Format=.txt)
```

Die Popularität dieser grafischen Oberfläche hat in den letzten Jahren deutlich zugenommen, und es ist anzunehmen, daß sie sich in nächster Zeit weiter steigern kann, da immer mehr Entwickler für unterschiedliche Betriebssystem-Plattformen (MS-DOS, OS/2, UNIX, LINUX) sog. „XWindows-Server" auf den Markt bringen, die Betriebssystem-neutral XWindows-Anwendungen verwalten können.

Die nächsten Seiten sollen daher diejenigen unterstützen, die aus Gründen der Netzwerk- und Protokollintegration auf verschiedenen Hardware- und Betriebssystem-Plattformen gleiche Anwendungen mit einem hohen grafischen Bedienungsstandard zur Verfügung stellen müssen. Für die Kommunikation zwischen den Rechnern wird die TCP/IP-Protokollfamilie eingesetzt, zu der auch das X-Protokoll gerechnet wird.

6.1   Konzeption – Übersicht

XWindows besteht aus einer Reihe einzelner Programm-Module, die auf dem Client-Server-Konzept beruhen. Sie umfassen vier verschiedene Funktionalitäten und sollen als

X Display Server
Display-Manager
Window-Manager und
X-Clients

im folgenden näher erläutert werden.

6.1.1   X Display Server

Entgegen der üblichen Auffassung über die Definition einer Client-Server-Beziehung versteht man unter dem XWindows Display Server (Abbildung 6-1) ein Steuerprogramm, welches keine Nutzdaten zur Verfügung stellt, sondern statt dessen eine beträchtliche Anzahl von Ressourcen, die für die Aus- und Eingabe (z.B. Bildschirm, Tastatur) von Daten bzw. Steuerinformationen (z.B. Mauszeiger) benötigt werden. Ein X Display Server wird genau einem physikalischen Bildschirm eines Rechners zugeordnet und kann von weiteren Bildschirmressourcen oder mehreren Rechnern (innerhalb des Netzwerkes) nicht genutzt werden. Alle definierten User eines Rechners bzw. eines Hosts können allerdings die Funktionalität dieses Display Servers nutzen, da sich die einzelnen User derselben Bildschirmressource bedienen.

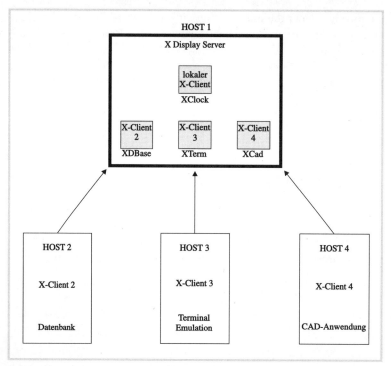

Abbildung 6-1:   *Verwaltung mehrerer X-Clients unter einem X Display Server*

Der Display Server hat die Aufgabe, die Impulse aller Eingabegeräte wie Tastatur oder Maus zu registrieren und in entsprechende Anweisungen an die „Client-Anwendungen" umzusetzen. Analog dazu werden Daten an die Ausgabegeräte (z.B. Bildschirm) weitergegeben und, sofern erforderlich, entsprechende Bildschirm-Updates (auch „screen refreshs" genannt) vorgenommen. Bei diesen an die jeweiligen Client-Anwendungen gerichteten Informationen handelt es sich um sog. „Events". Der Client reagiert auf den Empfang solcher Events durch die Generierung von Requests an den Display Server, in denen eine bestimmte Reaktion angefordert wird. So wird der Display Server beispielsweise dazu aufgefordert das aktuelle Window zu vergrößern bzw. die Position auf dem Bildschirm zu verändern, da die Datenausgabe eine entsprechende Anpassung verlangt.

Die Implementierung des X Display Servers erfolgt durch installier- und konfigurierbare Zusatzsoftware, die nicht Bestandteil des Betriebssystems (wie MS-DOS, OS/2 oder UNIX) ist. So stellen die Produkte *eXcursion* der Firma DEC oder *eXceed* von Hummingbird wichtige MS-Windows-basierte X Display Server dar. Nähere Informationen hierzu folgen in Kapitel 6.8 *XWindows Server – Produkte.*

6.1.2   Display-Manager

Der Display-Manager ist für die Steuerung und Verwaltung lokaler und entfernter Fenster (XDisplays) verantwortlich und wird in nahezu allen Implementierungen durch die Client-Anwendung xdm repräsentiert (herstellerabhängig können allerdings auch Display-Manager anderen Namens eingesetzt werden). Xdm startet und steuert den X Display Server (dieser ist allerdings auch manuell über den xinit-Befehl startbar). In den meisten Implementierungen stellt der Display-Manager die Funktionalitäten des *getty daemon* und der *Login-Prozedur* zur Verfügung, um den Zugang zum jeweiligen System auf einer grafischen Oberfläche überhaupt zu ermöglichen. Dieser Vorgang entspricht dem entsprechenden Verfahren auf zeichenorientierten Terminals. Der Display-Manager sorgt für den Aufbau einer „XSession", sobald nach Anzeige des Login-Prompts die Authentifizierung erfolgreich vorgenommen worden ist. Für die Kommunikation wird hier das *X Display Manager Control Protocol* (XDMCP) eingesetzt.

Die XSession kann jedoch vom Display-Manager nicht allein generiert werden. Er benötigt dazu einen sog. „Session-Manager", dessen Funktionalität gemäß OSF/Motif-Standard auf den meisten Systemen durch den Window-Manager-Client *mwm* (siehe Abschnitt *6.1.3 Window-Manager*) übernommen wird.

Auf nahezu allen grafisch orientierten Terminals, den XTerminals, gehört der Display- Manager zu den ersten Prozessen, die nach dem Einschalten aktiviert werden. Es erscheint, wie bereits beschrieben, ein Login-Prompt für die Anmeldung am lokalen Host. XTerminals repräsentieren keine eigene Rechnerintelligenz, sondern sind reine Netzwerkmaschinen, die sich ihr Betriebssystem über das *BOOTP-* und *TFTP-*Protokoll von einem explizit definierten Boot-Server beschaffen bzw. laden. In einer minimierten Konfigurationsumgebung wird ihnen lediglich die IP-Adresse des Boot-Servers mitgeteilt und ggf. benutzbare Gateways.

Das xdm-Kommando selbst ist auf UNIX-Systemen zumeist im Verzeichnis /usr/bin/X11 zu finden. Es verfügt über umfangreiche Optionen, die unmittelbar bei Aufruf des xdm-Client übergeben werden können. Hier eine Auswahl wichtiger Optionen:

```
-config configuration_file
```
Gibt die Konfigurationsdatei an, in der Ressourcen für die Steuerung der xdm-Parameter angegeben sind. Wenn nicht näher spezifiziert, wird die Datei xdm-config im Verzeichnis /usr/lib/X11/xdm als Standarddatei verwendet.

```
-error error_log_file
```
Gibt den Namen der LOG-Datei an, in der Fehlerinformationen des xdm-Client aufgezeichnet werden.

`-udpPort port_number`
Gibt die Portnummer an, die von xdm für den Empfang von XDMCP-Requests verwendet wird. Der Wert sollte nicht verändert werden. Er wird mit dem well-known-UDP-port 177 belegt.

`-session session_program`
Gibt den Programmnamen an, der als Start-Session nach erfolgreichem Login aktiviert wird.

Hier ein Beispiel für den Inhalt der Datei `xdm-config`:

```
#
# Beispieldatei xdm-config
#
DisplayManager.errorLogFile:      /usr/lib/X11/xdm/xdm-errors
DisplayManager.pidFile:           /usr/lib/X11/xdm/xdm-pid
DisplayManager.keyFile:           /usr/lib/X11/xdm/xdm-keys
DisplayManager.servers:           /usr/lib/X11/xdm/Xservers
DisplayManager.accessFile:        /usr/lib/X11/xdm/Xaccess
DisplayManager._0.authorize:      true
DisplayManager._0.setup:          /usr/lib/X11/xdm/Xsetup_0
DisplayManager._0.startup:        /usr/lib/X11/xdm/GiveConsole
DisplayManager._0.reset:          /usr/lib/X11/xdm/TakeConsole
DisplayManager*resources:         /usr/lib/X11/xdm/Xresources
DisplayManager*session:           /usr/lib/X11/xdm/Xsession
DisplayManager*authComplain:      false
```

Diese Standard-Konfigurationsdatei kann mit der Option `-config` ignoriert und eine andere Datei mit individuell erstellten Ressourcen für den Display-Manager-Betrieb verwendet werden.

Zur weiterführenden Konfigurierbarkeit des xdm gehört auch die Möglichkeit, Ressourcen nach eigenen Anforderungen zu modifizieren. Dies erfolgt innerhalb der Datei *XResources:*

```
!
! Beispieldatei Xresources
!
Chooser*fontList:         Rom22
#ifdef COLOR
Chooser*Foreground:       antiquewhite1
Chooser*Background:       grey60
Xlogin*Foreground:        antiquewhite1
Xlogin*Background:        grey60
#else COLOR
```

```
Chooser*Foreground:              black
Chooser*Background:              white
Xlogin*Foreground:               black
Xlogin*Background:               white
#endif COLOR


Xlogin*greeting:                 AIXwindows Environment/6000
Xlogin*titleMessage:             CLIENTHOST
Xlogin*namePrompt:               login:
Xlogin*passwdPrompt:             password:
Xlogin*fail:                     Login was incorrect
Xlogin*failColor:                red


Xlogin*XmText.translations:      #override\n\
        Ctrl<Key>b: backward-character()\n\
        Ctrl<Key>a: beginning-of-line()\n\
        Ctrl<Key>e: end-of-line()\n\
        Ctrl<Key>f: forward-character()\n\
        Ctrl<Key>d: kill-next-character()\n\
        Ctrl<Key>k: kill-to-end-of-line()\n\
        Ctrl<Key>u: kill-to-start-of-line()\n
```

In dieser Ressourcendatei können beispielsweise Farbattribute für das Login oder auch die Definition bestimmter Tastenkombinationen festgelegt werden.

Das XSession-Skript beinhaltet den schrittweisen Ablauf des Startvorganges der User-Session. Hier ein Beispiel der *XSession*-Datei:

```
#
# Beispieldatei Xsessions
#

exec > $HOME/.xsession-errors 2>&1

LOGNAME=$USER
. /etc/environment

export LOGNAME LANG

case $# in
1)
        case $1 in
        failsafe)
                mwm &
                exec xterm -geometry 80x24-0-0
                ;;
```

```
        esac
esac


startup=$HOME/.xsession
resources=$HOME/.Xresources


if [ -f $startup ]; then
        exec $startup
else
        if [ -f $resources ]; then
                xrdb -retain $resources
        fi

                mwm &
                exec xterm -geometry 80x24+10+10 -ls
fi
```

Hier können Umgebungsvariablen definiert und in die Shell exportiert sowie XTerminal-Emulationen mit bestimmten Eigenschaften (z.B. Fenstergröße) generiert werden. Darüber hinaus erfolgt, wie aus obigem Listing ersichtlich, der Start des Window- Managers (hier *mwm*).

Die Identifikation des zu startenden X Display Servers geht aus der Datei XServers hervor:

```
#
# Beispieldatei XServers
#
:0 local /usr/bin/X11/X -T -force
```

Diese Datei sollte mindestens einen Eintrag für den Start des Display Servers auf dem lokalen Bildschirm enthalten. Diese Angaben sind relevant für Bildschirmumleitungen folgender Art:

```
xterm -display 192.144.13.2:0
```

Hier wird die Anzeige des XTerminals auf den Bildschirm des Host mit der IP-Adresse 192.144.13.2 umgeleitet, wobei der entsprechende X Display Server durch die Kennung „0" identifiziert wird.

Wie aus der Datei *xdm-config* hervorgeht, bieten sich eine Vielzahl weiterer Möglichkeiten, auf die Steuerung des Display-Managers einzuwirken. Entsprechende Beispieldateien innerhalb der jeweiligen Systeme stellen in den meisten Fällen eine hinreichende Beschreibung der jeweiligen Optionen zur Verfügung.

6.1.3 Window-Manager

Der Window-Manager stellt einen weiteren Client in der Reihe der Programme dar, die sich mit Darstellung und Verwaltung von XSessions beschäftigen (Abbildung 6-2). Er sorgt gewissermaßen für das eigentliche „Look and Feel" einer XWindows-Session. Die für diesen Zweck mittlerweile festgeschriebene Standardanwendung lautet *mwm* und ist Bestandteil des herstellerneutralen Produktes OSF/Motif.

Die *mwm*-Steuerung ermöglicht ein Erstellen weiterer Fenster, ihre Vergrößerung, Verkleinerung, das Verschieben von Fenstern auf der Desktop-Oberfläche und ihre Reduzierung auf Symbolgröße. Des weiteren sorgen die Zuordnung spezieller Fenstereigenschaften wie Farbe, Strichstärke der Fensterbegrenzung, Cursordesign oder auch Menügestaltung für eine weitere individuelle Anpassung des Desktops an die persönlichen Wünsche eines jeden Anwenders innerhalb des vorgegebenen OSF/Motif-Standards.

Neben dem *mwm* existieren eine Reihe weiterer Window-Manager (z.B. *rtl* = tiled window manager, *twm* = tab window manager oder awm = Ardent^{TM} Window Manager), die in der weiteren Betrachtung allerdings nicht weiter berücksichtigt werden, da sie einen proprietären und damit keinen integrativen Charakter besitzen.

Detaillierte Informationen zum Thema mwm lassen sich im *Kapitel 6.3 Der Window-Manager (mwm)* nachlesen.

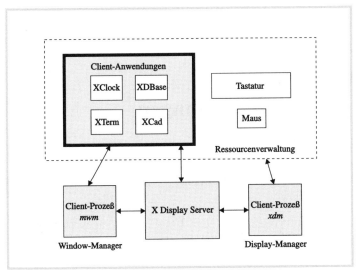

Abbildung 6-2: *Kommunikation der XWindows-Komponenten*

6.1.4   X-Clients

XWindows-Clients, kurz *X-Clients* genannt, sind Client-Programme, die als Partnerpro-
zeß des X Display Servers in einem eigenen Fenster dargestellt werden. Einige (wenige)
Client-Prozesse haben lediglich vermittelnden Charakter, d.h. sie repräsentieren kein eigenes Fenster, sondern leisten einen unverzichtbaren Beitrag zur Fensterdarstellung anderer Clients (z.B. der Window-Manager *mwm* oder der Display-Manager *xdm*). So
wird zur Darstellung der Systemuhr beispielsweise der *mwm* unbedingt benötigt. Er tritt
jedoch nicht explizit selbst in Erscheinung, sondern lediglich durch das Design des Fensters, in dem die Systemuhr abgebildet ist. In dem Fall kommt es zu der relativ seltenen
Kommunikation zwischen zwei Clients (Systemuhr-Client teilt dem Window-Manager
mit, wie dieser das Uhr-Icon darzustellen hat). Das Instrumentarium zur Realisierung
von Inter-Client-Kommunikation sind die sog. „Properties", in denen Informationen,
die für mehrere Clients Relevanz besitzen, beim Server abgespeichert werden und somit
jederzeit für die Verwendung anderer Clients zur Verfügung stehen. Der Client *xprop*
zeigt beispielsweise eine Liste gemeinsam verwendbarer *Properties* (Zeichensätze, Fenstereigenschaften), die über den X Display Server genutzt werden können.

Im folgenden Kapitel sind die wichtigsten X-Clients aufgelistet und kurz beschrieben. Ein Teil dieser Client-Anwendungen wird im Verlaufe des Kapitels 6 noch näher
behandelt.

6.2   Beschreibung der
     X-Client-Anwendungen

6.2.1   Hilfsmittel des Desktops

xbiff	Programm, das zur Information des Mail-Empfängers eingesetzt wird
xclock	Anwendung zur Darstellung einer Uhr
xcalc	Taschenrechner-Anwendung
xload	Monitorprogramm zur Ermittlung der Systemauslastung
xman	Anwendung zur Bedienung des elektronischen Handbuchs
xclipboard	Zwischenspeicher für gezielte Speicherung markierter Fensterbereiche

6.2.2   Anwendungen für Anzeige und Tastatur

xset   Ermöglicht die Definition verschiedener Bildschirm -und Tastaturoptionen, z.B. Lautstärkeregelung des Systemtons, Beschleunigungsfaktor des Cursors oder Angabe des Pfades, wo sich die zu verwendenden Zeichensätze befinden.

xsetroot Ermöglicht die Definition der Charakteristika des Root-Fensters (Farbe, Bitmap, Cursor usw.)

xmodmap   Erlaubt die individuelle Anpassung von Tastatur und Maustasten.

6.2.3   Anwendungen zur Verwaltung von Schriftarten

fs   Zeichensatz-Server (Font Server), seit Motif-Version 5 verfügbar. Realisiert den Zeichensatzzugriff über das Netzwerk (auf dem lokalen Rechner brauchen die Zeichensätze nicht mehr vorgehalten zu werden).

xlsfonts Anzeige der auf dem lokalen Rechner verfügbaren Zeichensätze

fslsfonts Anzeige der insgesamt über den Font Server zur Verfügung gestellten Zeichensätze

xfd   Font Displayer. Führt zur Anzeige eines spezifizierten Zeichensatzes innerhalb eines Fensters unter Angabe der genauen Zeichensatzbeschreibung und seiner Charakteristika.

xfontsel Ermöglicht die „Feinjustierung" des voraussichtlich zu verwendenden Zeichensatzes über ein Fenster mit Menüführung einzelner Font-Parameter. Das aktivierte Fenster vermittelt einen Überblick über die Auswirkungen der einzelnen Parameter.

showfont Führt zu einer ASCII-lesbaren Dump-Information über einen bestimmten Zeichensatz des Font Servers.

6.2.4   Grafikanwendungen

bitmap   Ein Bitmap-Editor zur Erstellung/Modifikation von bitorientierten Grafikmustern

xmag   Ein Hilfsmittel zur Vergrößerung von Teilen des Bildschirms

atobm   Anwendung zur Umwandlung von ASCII-Daten in Bitmaps

bmtoa   Anwendung zur Umwandlung von Bitmaps in ASCII-Daten

6.2.5   Druckeranwendungen

xwd   Ausgabe eines Fensterinhalts in eine Datei (Image-Dump)
xpr   Diese Anwendung sorgt für eine Übersetzung der mit *xwd* erstellten
               Dump-Datei in ein PostScript-Format.
xwud   Ermöglicht die Anzeige einer mit xwd erstellten Dump-Datei.

6.2.6   Resource Management

xrdb   Dieser Client stellt den X Resource Database Manager dar. Dieser ermög-
               licht die Übergabe individuell konfigurierter Client-Spezifikationen an den
               X Display Server.
appres   Zeigt eine Liste der theoretisch verfügbaren Ressourcen eines bestimmten
               Client.
editres   Testet und modifiziert Ressourcenspezifikationen.

6.2.7   Diverse Anwendungen

xkill   Beendet eine Client-Anwendung.
xlsclients   Gibt eine Liste der aktuell am Bildschirm laufenden Client-Anwendungen
               aus.
xdpyinfo   Listet allgemeine Charakteristika des Bildschirms.
xwininfo   Listet allgemeine Charakteristika eines selektierten Bildschirms.
xprop   Listet die mit dem jeweiligen Fenster assoziierten Eigenschaften.

6.3   Der Window-Manager (mwm)

Wie bereits in Abschnitt 6.1.3 beschrieben, sorgt der Window-Manager für die charakteristische Gestaltung der Window-Oberfläche auf einer Workstation. Man kann ihn gewissermaßen direkt mit Oberflächen wie *Microsoft Windows* oder dem *Presentation Manager* bzw. der *Workplace Shell* des OS/2 von IBM vergleichen. Wie später noch zu sehen ist, bieten einige XServer-Implementierungen (wie z.B. *eXcursion* von der Firma DEC oder *eXceed* von Hummingbird Communcations Ltd.) die Möglichkeit, statt des vorhandenen einen anderen Window-Manager (z.B. den *mwm*) über das Netzwerk zur Verfügung zu stellen. Das „Look and Feel" eines XWindows auf dem PC ist dann mit dem XWindow auf einer RS/6000, einer VAX oder einer Sun-Station völlig identisch. Man verwendet schließlich die OSF/Motif-Standardanwendung *mwm*.

Im folgenden sollen einige grundsätzliche Informationen über den Aufbau und die Bedienung des OSF/Motif-Window-Managers *mwm* mit dem Vorurteil einer „trockenen" und wenig attraktiven UNIX-Oberfläche aufräumen und einen Einblick in die grafisch orientierte UNIX-Welt ermöglichen.

6.3.1   Das Standard-Root-Menü

Das Hauptmenü des Window-Managers ist das Root-Menü (Abbildung 6-3). Es läßt sich in der Regel durch anhaltendes Herunterdrücken der rechten oder mittleren Maustaste (bei Drei-Tasten-Mäusen) auf den Bildschirm bringen.

Abbildung 6-3:
Root-Menü

Über dieses Menü lassen sich wichtige Steuerbefehle für die Arbeit mit dem Window-Manager ausführen:

New Window
Anforderung eines neuen Windows über den XTerm-Client.

Clients
Starten einiger System-Clients wie XClock (Systemuhr) oder XCalc (Taschenrechner).

Custom
Hier können individuell gestaltete Menüs generiert werden, die auf den jeweiligen Anwender zugeschnitten sind. Zu diesem Thema wird im nächsten Abschnitt ausführlich Stellung genommen.

Refresh
Der gesamte XWindows-Darstellungsbereich wird erneut aufgebaut, um beispielsweise lästige Systemmeldungen oder fehlerhafte Grafiksegmente zu entfernen.

Pack Icons
Die Lage der Icons auf dem Desktop wird optimiert.

Restart
Der Window-Manager wird beendet und neu gestartet. Nach Aktivierung dieses Menüpunktes erscheint zunächst ein weiteres Window, das zur Bestätigung der gewünschten Aktion auffordert.

End Session
Die Window-Manager-Anwendung wird beendet.

Jeder der hier sichtbaren Menüpunkte stellt eine Referenz zu einem Programmaufruf in der Ressourcendatei `system.mwmrc` her. Zur Herstellung eines userspezifischen Root-Menüs ist eine Kopie der Datei `system.mwmrc` unter dem Namen `.mwmrc` in das jeweilige Homeverzeichnis des Users zu kopieren und entsprechend zu modifizieren.

6.3.2   Erstellung individueller Root-Menüs (.mwmrc)

Wenn im User-Homeverzeichnis eine `.mwmrc`-Datei vorhanden ist, so wird diese beim Start des Window-Managers benutzt. Die Systemdatei `system.mwmrc` bleibt dann unberücksichtigt. So lassen sich für jeden User individuelle Root-Menüs etablieren und

mit auf seine Belange abgestimmten Anwendungen verbinden. Folgendes Beispiel einer
`.mwmrc`-Datei liefert einen Einblick:

```
! @(#)18      1.4  com/MOTIF1.2/clients/mwm/system.mwmrc, mwm,
r5gos324, 9312324 3/18/93 15:48:04


!

!   COMPONENT_NAME: MWM        Motif Window Manager

!

!   FUNCTIONS:

!

!

!   ORIGINS: 73

!

!


!

! (c) Copyright 1989, 1990, 1991, 1992 OPEN SOFTWARE FOUNDATION, INC.

! ALL RIGHTS RESERVED

!

!

! Motif Release 1.2

!


!!

!!   DEFAULT Mwm 1.2 RESOURCE DESCRIPTION FILE (system.mwmrc)

!!

!!   NOTE: To personalize this file, copy this file before editing it.

!!         Personalize copies of the Mwm resource file typically

!!         reside as:

!!

!!                $HOME/.mwmrc

!!


Menu DefaultRootMenu
{
        "Root Menu"            f.title
        no-label               f.separator
        "New Window"           f.exec "aixterm -ls"
        "More Windows"         f.menu "morewindows"
        no-label               f.separator
        "Sniffer"              f.menu "sniffer"
        "NetView"              f.menu "netview"
        no-label               f.separator
```

```
        "Clients"                    f.menu "clients"
        "Custom"                     f.exec "custom"
        no-label                     f.separator
        "Refresh"                    f.refresh
        "Pack Icons"                 f.pack_icons
         no-label                    f.separator
        "Restart..."                 f.restart
         no-label                    f.separator
        "End Session"                f.menu "end_session"


}


Menu RootMenu_1.1
{
        "Root Menu"                  f.title
        "New Window"                 f.exec "aixterm -ls"
        "Shuffle Up"                 f.circle_up
        "Shuffle Down"               f.circle_down
        "Refresh"                    f.refresh
        no-label                     f.separator
        "Restart..."                 f.restart
}


Menu "clients"
{
        "Clients"                    f.title
        no-label                     f.separator
        "Demos"                      f.exec "/usr/lpp/X11/Xamples/bin/demodr"
        "oclock"                     f.exec "oclock"
        "msmit"                      f.exec "msmit"
        "xdt"                        f.exec "xdt3"
        "xlock"                      f.exec "xlock"
}


Menu "morewindows"
{
        "More Windows"               f.title
        no-label                     f.separator
        "Yellow"                     f.exec "aixterm -ls -bg yellow"
        "Red"                        f.exec "aixterm -ls -bg red"
        "Blue"                       f.exec "aixterm -ls -bg blue"
        "Green"                      f.exec "aixterm -ls -bg green"
}
```

```
Menu "sniffer"
{
        "Sniffer"                       f.title
        no-label                        f.separator
        "Start"                         f.exec "smx &"
        "Start Alarm-Daemons"           f.exec "smx alarm_daemon -u"
        "SMX-->NetView"                 f.exec "smx ov_fwd_ngctrap &"
}


Menu "netview"
{
        "NetView"                       f.title
        no-label                        f.separator
        "Start"            f.exec "/usr/OV/bin/nv6000_smit applstart -mode -r"
}

Menu "end_session"
{
        "End Session"                   f.title
        no-label                        f.separator
        "OK"                            f.exec "kill -9 0; kill -9 $$"
}



!!
!! Default Window Menu Description
!!

Menu DefaultWindowMenu
{
        "Restore"       _R      Alt<Key>F5      f.restore
        "Move"          _M      Alt<Key>F7      f.move
        "Size"          _S      Alt<Key>F8      f.resize
        "Minimize"      _n      Alt<Key>F9      f.minimize
        "Maximize"      _x      Alt<Key>F10     f.maximize
        "Lower"         _L      Alt<Key>F3      f.lower
        no-label                                f.separator
        "Close"         _C      Alt<Key>F4      f.kill
}
```

```
!!
!! Key Binding Description
!!

Keys DefaultKeyBindings
{
        Shift<Key>Escape                window|icon             f.post_wmenu
        Alt<Key>space                   window|icon             f.post_wmenu
        Alt<Key>Tab                     root|icon|window        f.next_key
        Alt Shift<Key>Tab               root|icon|window        f.prev_key
        Alt<Key>Escape                  root|icon|window        f.circle_down
        Alt Shift<Key>Escape            root|icon|window        f.circle_up
        Alt Shift Ctrl<Key>exclam       root|icon|window        f.set_behavior
        Alt<Key>F6                      window      f.next_key transient
        Alt Shift<Key>F6                window      f.prev_key transient
        Shift<Key>F10                   icon                    f.post_wmenu
        f.restart
}


!!
!! Button Binding Description(s)
!!

Buttons DefaultButtonBindings
{
        <Btn1Down>      icon|frame              f.raise
        <Btn3Down>      icon|frame              f.post_wmenu
        <Btn3Down>      root                    f.menu  DefaultRootMenu

!!      The following are needed if Mod5 is mapped to NumLock key

        Mod5<Btn1Down>  icon|frame|window       f.focus_key
        Mod5<Btn3Down>  icon|frame              f.post_wmenu
        Mod5<Btn3Down>  root                    f.menu  DefaultRootMenu
}


Buttons ExplicitButtonBindings
{
        <Btn1Down>      frame|icon              f.raise
        <Btn3Down>      frame|icon              f.post_wmenu
        <Btn3Down>      root                    f.menu  DefaultRootMenu
        Alt<Btn1Down>   window|icon             f.lower


}
```

```
Buttons PointerButtonBindings
{
        <Btn1Down>        frame|icon|window        f.raise
        <Btn3Down>        frame|icon               f.post_wmenu
        <Btn3Down>        root                     f.menu  DefaultRootMenu
        Alt<Btn1Down>     window|icon              f.lower


!!      The following is needed if Mod5 is mapped to NumLock key

        Mod5<Btn1Down>    frame|icon|window        f.raise
}


!!
!!  END OF mwm RESOURCE DESCRIPTION FILE
!!
```

Bei diesem .mwmrc-File wurde das Root-Menü (Abbildung 6-4) um die Menüpunkte „More Windows", „Sniffer" und „NetView" ergänzt. Dabei mußte sowohl das „DefaultRootMenu" um diese Menüs erweitert, als auch dazu die passenden Einzelmenüs definiert werden. Den entsprechenden Menü-Labels werden dann entweder Menüfunktionen zugeordnet, oder aber es erfolgt ein definierter Programmaufruf.

Abbildung 6-4:
Modifiziertes Root-Menü

Hier verwendete Menüfunktionen sind:

`f.separator`
Zieht einen Trennungsstrich innerhalb des Menüs f.title. Deklariert das Menü-Label als Menütitel (muß im Root-Menü an erster Stelle stehen). Hier ist es der Text „Root Menu"

`f.exec`
Leitet den Aufruf eines Programms ein.

`f.menu`

Verzweigt auf ein weiteres Submenü, das natürlich dann auch im weiteren Source definiert werden muß (hier sind die Submenüs „More Windows", „Sniffer" und „NetView" neu definiert worden).

6.4   Die XTerm-Konfiguration

Eine der bedeutendsten X-Client-Anwendungen (wenn nicht die bedeutendste überhaupt) stellt die XTerminal-Applikation (Abbildung 6-5) dar. Sie stellt dem Anwender eine grafische Konsole des Fremdrechners auf dem eigenen Rechner zur Verfügung, mit der er (nahezu) alle für ihn relevanten Tätigkeiten ausführen kann. Eine ähnliche Funktionalität stellt die TELNET-Anwendung zur Verfügung; allerdings erfolgt die Darstellung der Konsole hier textorientiert. Ein weiterer Unterschied liegt im Kommunikationsprotokoll. Während TELNET im wesentlichen auf TCP (Transmission Control Protocol) beruht, basiert die XWindows-Variante zusätzlich auf dem X-Protokoll. Demnach ist für eine ausgeprägte X-Kommunikation eine deutlich höhere Netzbelastung als beim ohnehin schon recht aufwendigen Telnet zu erwarten.

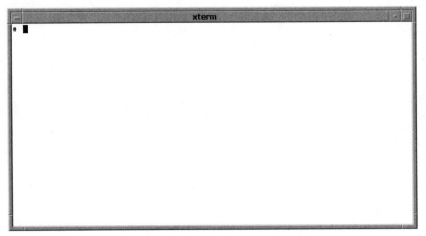

Abbildung 6-5:   *XTerminal-Client – xterm*

Die Vorteile eines grafischen Terminals sind jedoch nicht zu verkennen. Es sind nicht nur die Annehmlichkeiten, auf die man bei der Window-Technik auf nahezu allen Systemen mittlerweile nicht mehr verzichten möchte (Buttons, Symbolschalter, freie Positionierung auf dem Desktop, individuelle Anpassung der Window-Size usw.), sondern die Notwendigkeit einer kontinuierlichen Protokollführung über die Konsolen-Sitzung machen das XTerminal zu einem unverzichtbaren Management-Instrument. Scrollbars bieten nämlich die Möglichkeit, bereits erledigte Aktivitäten bzw. Ausgaben „zurückzufahren", um sie sich erneut vor Augen zu führen oder zu wiederholen.

Die Implementierung der XTerminal-Emulation erfolgt unter OSF/Motif durch das Kommando `xterm`. Auf die wichtigsten Optionen und Parameter dieses Client wird noch ausführlich hingewiesen.

6.4.1   XTerm-Parameter

Der Aufruf des xterm-Client läßt sich mit einer Vielzahl leistungsfähiger Parameter (auch in Kombination) vornehmen. Eine Auswahl wichtiger Übergabeparameter sei hier aufgeführt:

`xterm -e` [command]
Ermöglicht die Übergabe eines Kommandos an das XTerminal und bewirkt seine Ausführung. Die Kommandoübergabe darf mit oder ohne weitere Parameter erfolgen. Diese Option ist stets an letzter Stelle der ggf. verwendeten Parameter anzugeben.

Beispiel: `xterm -e more .mwmrc`

xterm -cr [color]
Die Option -cr mit anschließender Angabe einer definierten Farbvariablen (z.B. blue, red, black usw.) verändert die Farbgebung des Cursors.

Beispiel: `xterm -cr blue`

`xterm -bg` [color]
Mit der Option `-bg` kann die Farbe des XTerminal-Hintergrundes verändert werden.

Beispiel: `xterm -bg red`

`xterm -ls`
Wird ein XTerminal mit der Option `-ls` angefordert, so erhält es den Status einer Login-Shell. Automatisch wird dann die `.profile`-Datei durchlaufen, bevor das Window zur Anzeige gelangt.

Beispiel: `xterm -ls`

`xterm -geometry` [geometry]
Die Option `-geometry` ermöglicht es, Startposition und -größe des XTerminal-Windows beim Aufruf zu definieren. Der Übergabeparameter besteht aus einer Zeichenkette folgender Struktur: *widthxheightx+xoff+yoff bzw. widthxheight-xoff-yoff.*

Beispiel: `xterm -geometry 60x40+10+10`

```
xterm -T [string]
```
Ordnet dem XTerminal einen Namen zu, der im Title Bar erscheint.

Beispiel: `xterm -T Startfenster`

Folgenden kombinierten `xterm`-Aufruf zeigt Abbildung 6-6:

```
xterm -geometry 60x40+10+10 -e more .mwmrc
```

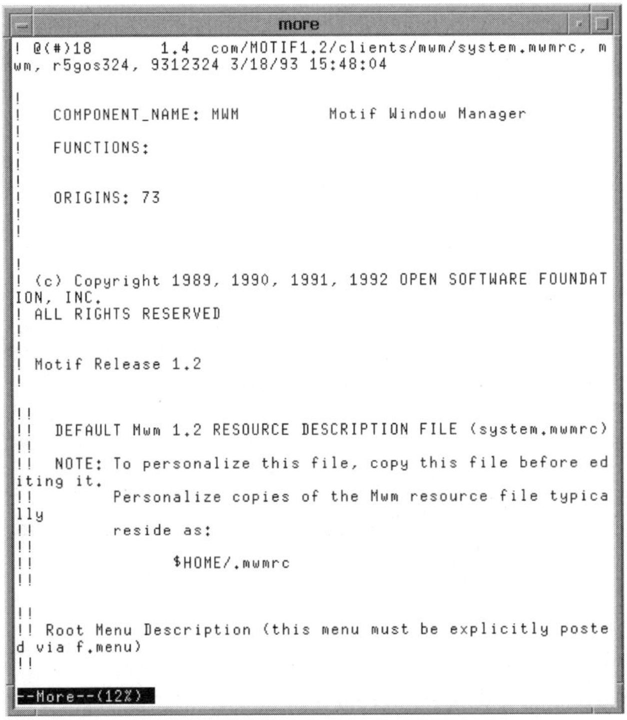

Abbildung 6-6:
XTerminal mit Programm-
aufruf „more .mwmrc" und
spezieller Geometrie

6.4.2   Umleitung der Anzeige (DISPLAY)

Eine Besonderheit der Parameterübergabe beim xterm-Client stellt die Display-Option dar. Sie ermöglicht die Ausgabeumleitung auf einen anderen Bildschirm, oder – genauer formuliert – : Die Display-Option instruiert den lokalen X Display Server, die Ausgabe an den X Display Server eines möglicherweise anderen physikalischen Rechners weiterzuleiten. Es erfolgt also der Start eines xterm-Client auf einem anderen Rechner im Netzwerk. Folgende Syntax wird dabei verwendet:

```
xterm -display [host]:server[.screen]
```

Für [host] kann entweder ein in der `/etc/hosts`-Datei hinterlegter Hostname oder die IP-Adresse des spezifizierten Rechners eingesetzt werden. Sollen verschiedene X Display Server und unterschiedliche Screens für die Ausgabe adressiert werden, so sind diese, durch Punkt getrennt, anzugeben. In der Regel reicht jedoch die Angabe einer „0", da zumeist lediglich ein einziger X Display Server auf dem adressierten Rechner aktiv ist.

Beispiel: `xterm -display 192.121.50.1:0` oder

`xterm -display SYSADM:0`

Wenn die Display-Option nicht explizit angegeben ist, wird der benötigte Wert aus der global definierten Umgebungsvariablen DISPLAY entnommen.

6.4.3   XClipboard

Wenn an einem Bildschirm mit mehreren XTerminal-Emulationen gearbeitet werden muß, ist ein windowübergreifender Datenaustausch von Vorteil. Textpassagen oder Befehls-Sequenzen, die in einem XTerminal-Window bereits eingegeben wurden, werden ggf. auch (evtl. teilweise) in einem anderen XTerminal-Window benötigt. Mit der Maus ist man nun in der Lage, einen Bereich im Window mit der ersten Maustaste zu markie-

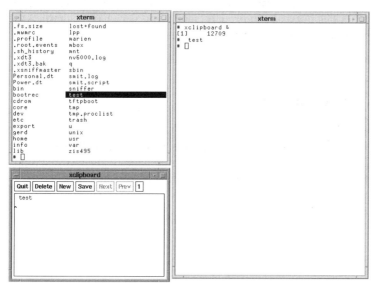

Abbildung 6-7:   *Cut & Paste – direkt oder über Clipboard*

ren und in einen globalen „Cut-Buffer" zu übertragen. Dessen Inhalt kann anschließend über die zweite Maustaste wieder ausgegeben werden. Soll eine größere Datenmenge dauerhaft gespeichert werden, so muß der Inhalt des „Cut-Buffers" in das Clipboard transferiert werden und anschließend dort abgespeichert werden (Abbildung 6-7). Das Clipboard kann mehrere „Screens" gleichzeitig verwalten, so daß ausreichend Platz für mehrere Mausselektionen zur Verfügung gestellt werden kann.

6.5   Weitere X-Clients

Es würde den Rahmen dieses Buches sprengen, an dieser Stelle jede einzelne X-Client-Anwendung, die vom System zur Verfügung gestellt wird, ausführlich zu erläutern. In Abschnitt 6.2 wurde bereits eine Übersicht der wichtigsten Anwendungen vorgestellt.

Stellvertretend für andere X-Clients sollen hier lediglich zwei beliebte Anwendungen kurz dargestellt werden, die von nahezu allen Usern zur Unterstützung ihrer täglichen Arbeit meist kontinuierlich genutzt werden, also permanent aktiv sind. Es handelt sich dabei um die Systemuhr und den Taschenrechner.

Zudem besitzen die Clients zur Druck-Steuerung einen besonderen Stellenwert, denn „gedruckt wird immer". Das papierlose Büro steht zwar theoretisch auf der Wunschliste eines jeden Anwenders, in der Praxis kann er sich jedoch von der „Liste", dem „Ausdruck", der „Hardcopy" oder dem „Print" noch nicht trennen.

6.5.1   XClock und XCalc

Beide Anwendungen können entweder bereits beim Systemstart, beispielsweise in der Datei [$HOME]/.profile, oder aber zwischendurch durch die Kommandos xclock (Abbildung 6-8) bzw. xcalc (Abbildung 6-9) aktiviert werden.

Abbildung 6-8:
Der XClock-Client (Analoguhr)

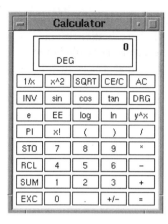

Abbildung 6-9:
Der XCalc-Client

Folgende Optionen können beim Aufruf von xclock angegeben werden:

-analog
Stellt eine Analoguhr mit Zeigern und Zeigerbewegung dar.

-digital
Darstellung einer Digitaluhr mit Datumsangabe.

-chime
Gibt in halbstündigen Intervallen oder zur vollen Stunde akustische Signale.

-update Sekunden
Gemeinsam mit dem Parameter Sekunden kann hier das Zeitintervall angegeben werden, in dem die Anzeige der Uhr aktualisiert werden soll.

-fg color
Definiert die Farbe des Textes bei Digitaluhren bzw. die Farbe der Uhrmarkierungen im Analog-Modus.

-fn font
Angabe eines Fonts. Proportionalschriften sind wegen der unterschiedlichen Zeichendimensionen für die Anzeige ungeeignet.

-hd color
Gibt die Farbe der Zeiger einer Analoguhr an.

-hl color
Legt die Farbe der Zeigerumrandung fest.

Zur Taschenrechner-Anwendung ist nur wenig anzumerken, da sich die Bedienung dieses Client quasi intuitiv ergibt. Alle Tasten, die per Mausklick zu bedienen sind, entsprechen ziemlich genau den Tasten eines „normalen" Taschenrechners (wobei eine auffällige Ähnlichkeit mit Taschenrechnern von Hewlett-Packard und Texas Instruments besteht).

Eine interessante Option, -rpn, ermöglicht die Eingabe nach der „Umgekehrten Polnischen Notation", UPN (eingefleischte HP-Freaks kennen dieses Verfahren sehr genau).

6.5.2   Die Printer-Clients

Das Drucken innerhalb von UNIX-Systemen im allgemeinen soll hier nicht erörtert werden. Im folgenden geht es lediglich um die Beschreibung dreier sehr nützlicher Hilfsmittel, die insbesondere die Arbeit mit XWindows erleichtern sollen.

xwd
Dieser Client ermöglicht die Übertragung von Fensterinhalten (Text) in eine Datei. Durch die Eingabe xwd > filename verwandelt sich der Mauszeiger in ein Fadenkreuz. Nun kann der Bereich eines Fensters markiert werden, der gespeichert werden soll. Ein erneuter Mausklick löst den Speichervorgang aus. Ein einzelnes akustisches Signal gibt den entsprechenden Hinweis. Nach Abschluß des „Window-Dumps" ertönt das Signal zweimal, und die Dump-Datei steht für eine weitere Verarbeitung zur Verfügung.

xwud
Der umgekehrte Weg wird mit dem Befehl xwud -in filename eingeschlagen. Er sorgt für eine Anzeige der mit xwd abgespeicherten Daten. Mit <crtl-c> wird die Anzeige abgebrochen.

xpr
Für die druckreife Formatierung in ein PostScript-Format (oder auch andere Formate) sorgt der xpr-Client. Als Eingabe dient ihm der mit xdr abgespeicherte Fensterinhalt. Die Befehlssequenz xpr -device ln03 file > file.ps erzeugt ein PostScript-File für den Drucker LN03. Ein Zusammenspiel des xpr mit dem xwd und der Ausgabe auf einen angeschlossenen Drucker ist über eine Pipe ebenfalls möglich: xwd | xpr -device ln03 | lp.

Das lp-Kommando (UNIX System V) ist ggf. durch lpr (BSD UNIX System) zu ersetzen.

6.6   X-Security

Bei der bisherigen Erörterung der Funktionalität im XWindows, mit anderen Rechnern in Verbindung zu treten, um dort Anwendungen zu starten, deren grafische Ausgabe auf den eigenen Bildschirm umgeleitet werden, kam ein wichtiger Aspekt deutlich zu kurz: die Sicherheit. Ist erst einmal (z.B. mit einer autorisierten TELNET-Session) der Ziel-Host im Zugriff, so besteht grundsätzlich die Möglichkeit, jede X-Anwendung zu starten und die Bildschirmausgabe über das Kommando `xterm  -display 192.44.122.3:0` an den X Display Server des genannten Host umzuleiten. Es wird also einem nicht autorisierten Rechner der Zugang zu einer Fremdanwendung ermöglicht.

Darüber hinaus besteht in den meisten UNIX-Implementierungen über das `rsh`-Kommando (**r**emote **sh**ell) die Möglichkeit, selbst ohne Überwindung eines Paßwortschutzes auf dem Fremd-Host ein Kommando auszuführen: beispielsweise die vorgenannte `xterm`-Befehlssequenz.

Diese Beispiele allein rechtfertigen beim Umgang mit XWindows-Anwendungen den Ruf nach mehr Sicherheit, die in unterschiedlicher Bewertung an den beiden folgenden Verfahren dargestellt werden soll.

6.6.1   Hostbasierte Zugriffskontrolle (xhost)

Bei diesem Verfahren überprüft der jeweils adressierte X Display Server die IP-Adresse desjenigen Host, der eine XSession anfordert. Stimmt diese Adresse mit einem Eintrag in seiner Datei `/etc/X0.hosts` überein, so wird die Session zugelassen; anderenfalls wird der Session-Request abgewiesen. Sind weitere X Display Server auf dem Rechner aktiv, so müssen weitere xhost-Dateien (`/etc/X1.hosts`, `/etc/X2.hosts` usw.) angelegt werden. Normalerweise muß dies explizit geschehen, denn nach der Installation des XWindows werden diese Dateien nicht automatisch generiert. In diesem Fall beschränkt sich die „Session-Bereitschaft" des X Display Servers lediglich auf lokale X-Clients. Gewissermaßen bedeutet also nur die Isolierung des Servers im Netz absolute Zugriffssicherheit.

Da diese Option in einem Netzwerk den unterschiedlichsten Bedarfssituationen natürlich widerspricht, lassen sich die Zugriffsrechte für den Aufbau von XSessions gezielt definieren. Für dieses Security-Management wird der xhost-Client verwendet. Die Eingabe von `xhost` auf der Kommandozeile gibt zunächst eine Liste der in der Datei `/etc/X0.hosts` eingetragenen Hosts aus, die mit dem lokalen X Display Server kommunizieren dürfen. Folgende Kommandos fügen Hostberechtigungen hinzu bzw. entziehen sie wieder:

```
xhost +kiel -oslo -london +berlin
```

Während den Hosts `kiel` und `berlin` der Zugriff erlaubt wird, erfolgt für die Hosts `oslo` und `london` eine Zugangssperre. An Stelle der Hostnamen können auch direkt die entsprechenden IP-Adressen angegeben werden.

Es wird also entweder *allen* Usern eines fremden Host der Zugriff auf den X Display Server verwehrt, oder *jeder* User erhält eine uneingeschränkte Erlaubnis, mit dem Server zu kommunizieren. Eine wirklich sichere Rechnerumgebung kann daher mit dem hostbasierten Zugriffsverfahren nicht realisiert werden.

6.6.2   Userbasierte Zugriffskontrolle (xauth)

Ein wesentlich geeigneterer Mechanismus für die Zugriffskontrolle auf den X Display Server stellt das „MIT-Magic-Cookie-1"-Verfahren dar. Hier wird für jeden User, der Zugriffsrecht erhalten soll, ein individuell verschlüsselter Code generiert, dem Server mitgeteilt und anschließend dem User zur Verfügung gestellt. Wenn nun ein User mit dem X Display Server Kontakt aufnehmen will, so muß er sich zunächst durch seinen „Magic Cookie" ausweisen. Erst nach erfolgreicher „Ausweiskontrolle" wird ihm der Zugang erlaubt.

Folgende Maßnahmen sind zu ergreifen, um dieses Zugriffssicherungsverfahren zu aktivieren:

Zunächst wird durch einen Ressourceneintrag in der Datei `/usr/lib/X11/xdm/xdm-config` die userbasierte Zugriffskontrolle für XWindows-Sessions eingerichtet (der Wert wird von `false` auf `true` gesetzt):

```
DisplayManager*authorize:      true
```

Der nächste Login-Prozeß führt zu einer Access-Code-Generierung durch den xdm-Client (X Display Manager) und einer Speicherung in der Datei `.Xauthority`. Der X Display Server wird über diesen userspezifischen Code ebenfalls informiert. Eine nachträgliche Information des eigenen (hier: Hostname `berlin`) X Display Servers über diesen Code kann durch Ausführung folgender Kommandosequenz vorgenommen werden:

```
xauth add berlin:0 $RANDOM
```

Nun wird der X Display Server neu gestartet und liest während der Initialisierung das `.Xauthority`-File ein:

```
xinit -- /usr/bin/X11/X -auth $HOME/.Xauthority -t
```

Bei jedem Login-Versuch wird nun eine Überprüfung des Usercodes, des „Ausweises", vorgenommen und mit dem Code verglichen, den der X Display Server für den spezifischen User kennt. Diese Sicherheit ist nicht nur auf ein Login begrenzt, sondern sie gilt auch für alle vom jeweiligen User gestarteten Prozesse, die auf den X Display Server zugreifen wollen. Können diese den „Magic Cookie" vorweisen, dürfen sie die Zugriffskontrolle passieren.

Das `xauth`-Kommando ermöglicht die Übermittlung des „Magic Cookie" an einen anderen Benutzer, durch Eingabe folgenden Befehls:

```
xauth extract -berlin:0 | rsh kiel xauth merge -
```

Dadurch werden die Autorisierungsinformationen dem Rechner `kiel` übertragen und dem X Display Manager dieses Rechners zur Verfügung gestellt (der gleiche Effekt wird dadurch erzielt, daß entsprechende Einträge in der Datei `.xserverrc` vorgenommen werden). Es können nun auch Client-Prozesse vom lokalen Host `berlin` auf dem Host `kiel` ausgeführt werden, während die Anzeige auf dem Display des eigenen Rechners `berlin` erfolgt. Die Ausführung des vorgenannten Kommandos ist jedoch nur dann möglich, wenn ein entsprechender Eintrag (Hostname bzw. IP-Adresse des anmeldenden Users) in der `.rlogin`-Datei des entfernten Rechners `kiel` vorhanden ist.

Hinweis: Es ist darauf zu achten, daß alle relevanten Dateien, die sicherheitsrelevante Informationen enthalten (`[$HOME]/.Xauthority`, `/etc/X0.hosts`, `.rlogin` usw.), durch äußerst restriktive Zugriffskontrollen geschützt sind.

Weitere Dateien, in denen sich Informationen zum gesteuerten Betrieb eigener X-Clients befinden, sind:

```
[$HOME]/.Xresources
```

```
[$HOME]/.Xdefaults
```

Mit folgendem Skript werden beim Start des X Display Servers durch das `xinit`- oder `startx`-Kommando der Window-Manager, einige X-Clients (wie z. B. `xclock`, `xcalc` usw.) und zumeist ein `xterm`-Client gestartet:

```
[$HOME]/.xinitrc
```

Sollen die Konfigurationsparameter für den gesamten Rechner Gültigkeit besitzen und keine individuelle Parametrisierung auf Userlevel erfolgen, so ist eine Anpassung der oben genannten Dateien im Verzeichnis `/usr/lib/X11` vorzunehmen.

Beispieldateien:

xdm-conf

```
#
# COMPONENT_NAME: XSAMPLE
#
# FUNCTIONS:
```

```
#
# ORIGINS: 27
#
# (C) COPYRIGHT International Business Machines Corp. 1992
# All Rights Reserved
# Licensed Materials - Property of IBM
#
# US Government Users Restricted Rights - Use, duplication or
# disclosure restricted by GSA ADP Schedule Contract with IBM Corp.
#
#
DisplayManager.errorLogFile:        /usr/lib/X11/xdm/xdm-errors
DisplayManager.pidFile:             /usr/lib/X11/xdm/xdm-pid
DisplayManager.keyFile:             /usr/lib/X11/xdm/xdm-keys
DisplayManager.servers:             /usr/lib/X11/xdm/Xservers
DisplayManager.accessFile:          /usr/lib/X11/xdm/Xaccess
DisplayManager._0.authorize:        true
DisplayManager._0.setup:            /usr/lib/X11/xdm/Xsetup_0
DisplayManager._0.startup:          /usr/lib/X11/xdm/GiveConsole
DisplayManager._0.reset:            /usr/lib/X11/xdm/TakeConsole
DisplayManager*resources:           /usr/lib/X11/xdm/Xresources
DisplayManager*session:             /usr/lib/X11/xdm/Xsession
DisplayManager*authComplain:        false
```

.Xresources

```
! COMPONENT_NAME: XSAMPLE
!
! FUNCTIONS:
!
! ORIGINS: 16, 27
!
! (C) COPYRIGHT International Business Machines Corp. 1992
! All Rights Reserved
! Licensed Materials - Property of IBM
!
! US Government Users Restricted Rights - Use, duplication or
! disclosure restricted by GSA ADP Schedule Contract with IBM Corp.
!
!
!
Chooser*fontList:              Rom22
#ifdef COLOR
Chooser*Foreground:            antiquewhite1
```

```
Chooser*Background:              grey60
Xlogin*Foreground:              antiquewhite1
Xlogin*Background:              grey60
#else COLOR
Chooser*Foreground:             black
Chooser*Background:             white
Xlogin*Foreground:              black
Xlogin*Background:              white
#endif COLOR

Xlogin*greeting:                AIXwindows Environment/6000
Xlogin*titleMessage:            CLIENTHOST
Xlogin*namePrompt:              login:
Xlogin*passwdPrompt:            password:
Xlogin*fail:                    Login was incorrect
Xlogin*failColor:               red

Xlogin*XmText.translations:     #override\n\
        Ctrl<Key>b:     backward-character()\n\
        Ctrl<Key>a:     beginning-of-line()\n\
        Ctrl<Key>e:     end-of-line()\n\
        Ctrl<Key>f:     forward-character()\n\
        Ctrl<Key>d:     kill-next-character()\n\
        Ctrl<Key>k:     kill-to-end-of-line()\n\
        Ctrl<Key>u:     kill-to-start-of-line()\n
```

.Xdefaults

```
!   COMPONENT_NAME: XLIB
!
!   FUNCTIONS: none
!
!   ORIGINS: 16,27
!
!
!   (C) COPYRIGHT International Business Machines Corp. 1993
!   All Rights Reserved
!   Licensed Materials - Property of IBM
!   US Government Users Restricted Rights - Use, duplication or
!   disclosure restricted by GSA ADP Schedule Contract with IBM Corp.
!
!
! aixterm.autoRaise:              false
! aixterm.autoRaiseDelay:         2
```

```
! aixterm.background:            white
! aixterm.boldFont:             Bld14.500
! aixterm.borderColor:          black
! aixterm.borderWidth:          2
! aixterm.c132:                 false
! aixterm.curses:               false
! aixterm.cursorColor:          black
! aixterm.deiconifyWarp:        false
! aixterm.font:                 Rom14.500
! aixterm.foreground:           black
! aixterm.geometry:             80x25+0+0
! aixterm.iconBitmap:
! aixterm.iconGeometry:
! aixterm.iconStartup:          false
! aixterm.internalBorder:       2
! aixterm.jumpScroll:           false
! aixterm.logFile:              XtermLog.XXXX
! aixterm.logging:              false
! aixterm.logInhibit:           false
! aixterm.marginBell:           false
! aixterm.nMarginBell:          10
! aixterm.pageOverlap:          1
! aixterm.pageScroll:           false
! aixterm.pointerColor:         black
! aixterm.pointerShape:         XC_left_ptr
! aixterm.reverseVideo:         false
! aixterm.reverseWrap:          false
! aixterm.saveLines:            64
! aixterm.scrollBar:            false
! aixterm.scrollInput:          true
! aixterm.scrollKey:            false
! aixterm.statusLine:           false
! aixterm.statusNormal:         false
! aixterm.textUnderIcon:        true
! aixterm.title:                aixterm
! aixterm.visualBell:           false
! aixterm.vt102:                false
! aixterm.warp:                 false
! aixterm.suppress:             false
! aixterm.language:

! aixwm.bodyFont:               Rom14.500
! aixwm.frameWidth:             5
! aixwm.geometry:               -0+0
```

```
! aixwm.hide:                     false
! aixwm.iconFont:                 Rom14.500
! aixwm.iconifyDelta:             5
! aixwm.keyCombination:           m
! aixwm.leftButton:               m
! aixwm.menuFormat:               v
! aixwm.middleButton:             l
! aixwm.queueName:                lp0
! aixwm.raised:                   true
! aixwm.reverseVideo:             false
! aixwm.rightButton:
! aixwm.sizeFont:                 Rom14.500

! xclock.background:              white
! xclock.bodyFont:                Rom14.500
! xclock.border:                  black
! xclock.borderWidth:             1
! xclock.foreground:              black
! xclock.geometry:                -0+0
! xclock.hands:                   black
! xclock.highlight:               black
! xclock.internalBorder:          8
! xclock.mode:                    d
! xclock.reverseVideo:            false
! xclock.update:                  60
```

.xinitrc

```
#!/bin/ksh
#
# COMPONENT_NAME: X11 xinit
#
# FUNCTIONS: .xinitrc
#
# ORIGINS: 27
#
# (C) COPYRIGHT International Business Machines Corp. 1990, 1992
# All Rights Reserved
#
# US Government Users Restricted Rights - Use, duplication or
# disclosure restricted by GSA ADP Schedule Contract with IBM Corp.
#
```

```
# This script is invoked by /usr/lpp/X11/bin/xinit

#*****************************************************************
# HINT: For XDM users.  It would be useful for you to set
#       your PATH in your shell's configuration file (ie,
#       kshrc, or cshrc).  This will allow clients started
#       within your XINITRC script to have the proper user
#       environment.  Korne shell users should remember to
#       set ENV=$HOME/.kshrc in their .profile file.
#*****************************************************************


#*****************************************************************
# start xclock then sleep 1 to make sure it can get started.
#*****************************************************************
xclock -geometry -0+0 -fg AntiqueWhite1 -bg grey60 -hd CadetBlue -hl
AntiqueWhite1 &
sleep 1


#*****************************************************************
#
#  Set the X server's keyboard keysyms to match the
#  engravings of the user's keyboard.
#
#   - Querying odm (querykbd) to get keyboard id (e.g. En_US).
#
#   - If querykbd returns NULL or there is no keyboard file found,
#  then the environment variable $LANG is used for the keymap.
#
#  Don't remap keyboard if this is an Xstation
#
#*****************************************************************
if [ -z "$XSTATION" ]
then
    KBD=""
    XDIR=/usr/lpp/X11/defaults/xmodmap

    if [ -r $HOME/.Xkeyboard ]
    then
        KBD=$HOME/.Xkeyboard
    else
        KBD_LANG=`/usr/lpp/X11/bin/querykbd`

        if [ "$KBD_LANG" = "NULL" ]
        then
```

```
            dspmsg $MSG/xinit.cat 26 '1356-825 xinit: Failed to query
omd for keyboard id\n'
        else
            if [ "$KBD_LANG" != "C.hft" ]
            then
                if [ -r $IMKEYMAPPATH/$KBD_LANG/keyboard ]
                then
                    KBD=$IMKEYMAPPATH/$KBD_LANG/keyboard
                else
                    if [ "$IMKEYMAPPATH" = "/usr/lib/nls/im.alt"          \
                        -a -r $XDIR/$KBD_LANG/keyboard.alt ]
                    then
                        KBD=$XDIR/$KBD_LANG/keyboard.alt
                    else
                        if [ -r $XDIR/$KBD_LANG/keyboard ]
                        then
                            KBD=$XDIR/$KBD_LANG/keyboard
                        fi
                    fi
                fi
            fi
        fi
    fi
    if [ "$KBD" != "" ]
    then
        xmodmap $KBD
    else
        if [ "$IMKEYMAPPATH" = "/usr/lib/nls/im.alt"    \
                -a -r $XDIR/$LANG/keyboard.alt ]
        then
            xmodmap $XDIR/$LANG/keyboard.alt
        else
            if [ -r $XDIR/$LANG/keyboard ]
            then
                xmodmap $XDIR/$LANG/keyboard
            fi
        fi
    fi
fi
```

```
#*****************************************************************
#
#  Start the X clients.  Change the following lines to
#  whatever command(s) you desire!
#
#  The default clients are an analog clock (xclock), an hft
#  terminal emulator (aixterm), the X Desktop Manager (xdt),
#  and the Motif Window Manager (mwm).
#
#*****************************************************************

xsetroot -solid grey60

# If not X-Station then invoke the DPS copyright
if [ -z "$XSTATION" ]
then
     /usr/lpp/DPS/bin/copyright -x &
fi

aixterm =80x25+0-0 &

if [ -z "$XSTATION" ]
then
     sleep 1            # allow time for DPS copyright to showup
fi

if [ -x /usr/lpp/X11/bin/xdt3 ]
then
        /usr/lpp/X11/bin/xdt3 &
fi

exec mwm
```

6.7   Das X-Protokoll

Für die Realisierung einer X-Kommunikation im Netzwerk, d.h. Verständigung einzelner XWindows-Komponenten untereinander (X Display Server, Display Manager, Window- Manager, X-Clients usw.), wird das X-Protokoll eingesetzt. Es repräsentiert ein simples Protokoll, das lediglich vier verschiedene Message-Formate kennt:

Request-Format
Der Request hat folgenden Satzaufbau:

Major (8) – Operationscode

Length (16) – Länge des gesamten Requests

Minor (8) – Operationscode

Data (v) – Daten

Ein Request übermittelt relevante XSession-Daten von einem X-Client zum X Display Server und besteht aus den vier Header-Bytes Major (1 Byte), Length (2 Bytes) und Minor (1 Byte) sowie dem variablen Datenfeld.

Reply-Format
Jede Reply umfaßt ein 32-Bit-Längenfeld, das seine Größe in jeweils vier Byte-Blöcken angibt. Anschließend folgt ein Bit, in dem entweder eine binäre Null definiert ist oder eine variable Anzahl von Datenbytes (gemäß Angaben im Längenfeld). In der Reply sind außerdem die signifikanten 16 Bits der Sequence Number des entsprechenden Requests hinterlegt, damit die Reply dem Request zugeordnet werden kann.

Error-Format
Die Fehlerinformationen haben eine Länge von jeweils 32 Bytes. In ihnen ist ein acht Bits umfassener Fehlercode enthalten, der bei den meisten X-Anwendungen zur weiteren Auswertung zur Verfügung steht.

Event-Format
Jedes Event-Format umfaßt insgesamt 32 Bytes. Acht Bits werden für die Auswertung eines Typenfeldes verwendet.

6.8   XDisplay-Server-Produkte

Es werden für verschiedene Betriebssystem-Plattformen (UNIX, OS/2, Windows NT, DOS/Windows, VMS usw.) zahlreiche X Display Server angeboten, die mittlerweile eine Vielzahl von Funktionen in ansprechender Form zur Verfügung stellen. In zunehmendem Maße gewinnen die X Display Server unter dem Betriebssystempaar DOS/Windows 3.11 (aber auch Windows NT) an Bedeutung, da die vorhandenen Windows-Installationen zur Zeit eine marktbeherrschende Stellung repräsentieren. Es sollen daher exemplarisch für viele andere Produkte zwei X Display Server für MS Windows 3.11 kurz vorgestellt werden, die sich am Markt bereits einen guten Namen erworben haben.

6.8.1   Digital eXcursion Version 1.1

eXcursion bietet in der vorliegenden Version nicht nur die Möglichkeit, für eine beliebige XWindows-Umgebung entsprechende X-Clients einzubinden, sondern trägt der Tatsache, daß es vom US-amerikanischen Hersteller DEC stammt, in besonderer Weise Rechnung: Sämtliche VMS-Standardanwendungen wie Uhr, Rechner, Filemanager, Bookreader usw. können bereits bei der Installation von eXcursion als Icons auf der Windows-Oberfläche zur Verfügung gestellt werden (Abbildung 6-10). Die Namen der einzelnen Clients sind schließlich bekannt.

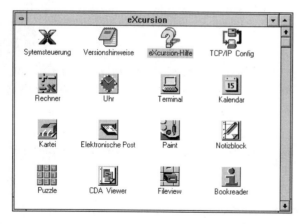

Abbildung 6-10:
eXcursion-Main-Window

Nach erfolgreicher Installation, die keine besonderen Kenntnisse erfordert, sollte die eXcursion-Konfiguration vorgenommen werden. Dazu wird das Icon „TCP/IP Config" (Abbildung 6-11) angeklickt und der gewünschte Netzwerktreiber (z.B. MS-WinSock Version 1.1) aktiviert. Die Fülle an konfigurierbaren Treibern läßt kaum Wünsche offen:

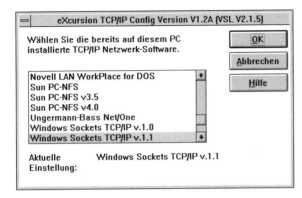

Abbildung 6-11:
Installation TCP/IP-Treiber

Über den rechten Scrollbar in Abbildung 6-11 lassen sich weitere Treiber für die Netzwerkbasis auswählen:

3Com 3+Open TCP
3Com 3+Open TCP Version 2.0
Beame & Whiteside TCP/IPD-Link TCP/IP for DOS
Digital PATHWORKS for DOS (TCP/IP)
FTP PC/TCP
HP ARPA Services for DOS
Locus TCP/IP for DOS
Microsoft LAN Manager TCP/IP v.2.1
Microsoft LAN Manager TCP/IP v.2.1a
Novell LAN WorkPlace for DOS
Sun PC-NFS
Sun PC-NFS v.3.5
Sun PC-NFS v.4.0
Ungermann-Bass Net/One
Windows Sockets TCP/IP v.1.0
Windows Sockets TCP/IP v.1.1
Wollongong PathWay Access for DOS
Wollongong WIN/TCP for DOS

Abbildung 6-12:
eXcursion-Systemsteuerung

Im Fenster „Systemsteuerung" befinden sich die zentralen Steuermechanismen für die Arbeit mit diesem X Display Server (Abbildung 6-12). Bevor man mit dem Start erster XClient-Anwendungen beginnt, sollte man einen Blick in die Eingabemaske der „Sitzungsoptionen" werfen. Hier lassen sich einige wichtige Grundeinstellungen vornehmen (Abbildung 6-13). So muß man sich z.B. nicht nur auf den lokalen *Window- Manager* (nämlich MS Windows selbst) beschränken, sondern es kann ein Motif-konformer *Window-Manager* wie beispielsweise der mwm über das Netzwerk geladen und anschließend für die gewünschten X-Clients benutzt werden.

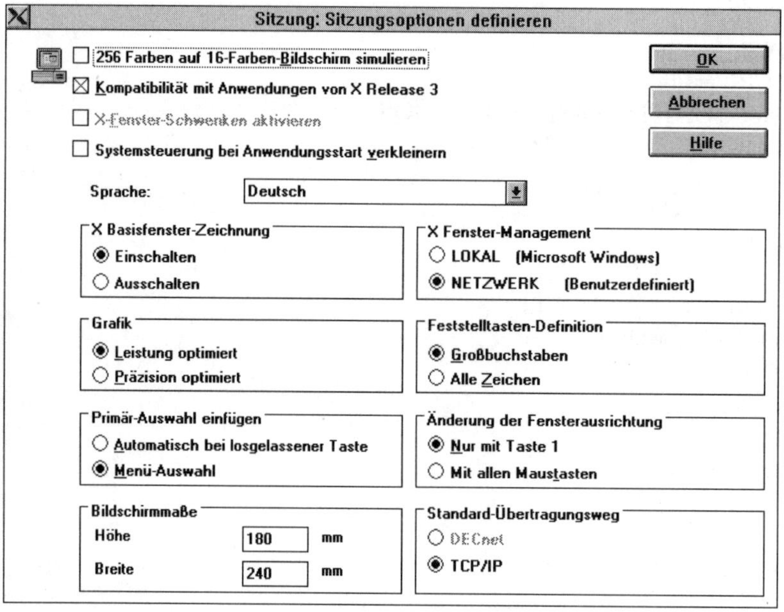

Abbildung 6-13: *eXcursion-Sitzungsoptionen*

Zu diesem Zweck wird das Icon „X-Anwendung definieren" aktiviert und dort der *mwm* als *Window-Manager* eingetragen (Abbildung 6-14). Anschließend wird er über den Button „Start" mit Ausgabeumleitung (Display-Option) auf den gestarteten X Display Server *eXcursion* gerichtet.

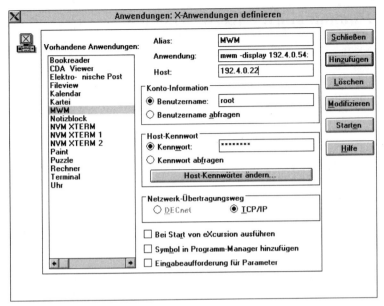

Abbildung 6-14:   *X-Anwendungen definieren*

Nun können weitere Anwendungen definiert werden, beispielsweise die XTerminal-Anwendung (Abbildung 6-15).

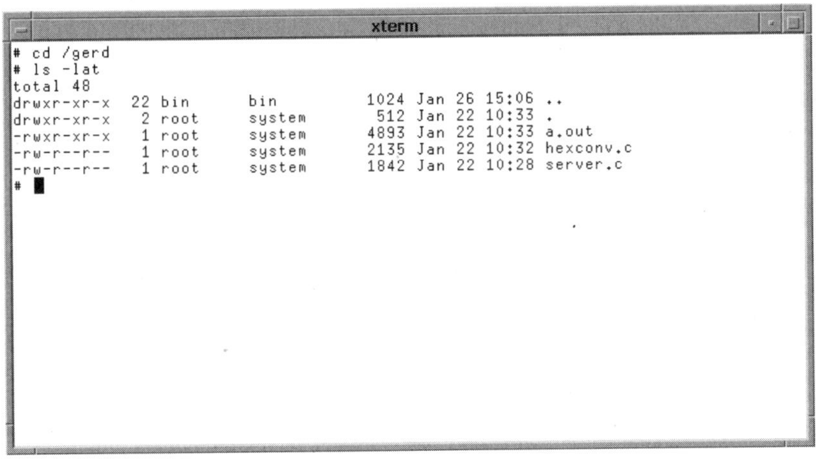

```
# cd /gerd
# ls -lat
total 48
drwxr-xr-x  22 bin     bin       1024 Jan 26 15:06 ..
drwxr-xr-x   2 root    system     512 Jan 22 10:33 .
-rwxr-xr-x   1 root    system    4893 Jan 22 10:33 a.out
-rw-r--r--   1 root    system    2135 Jan 22 10:32 hexconv.c
-rw-r--r--   1 root    system    1842 Jan 22 10:28 server.c
#
```

Abbildung 6-15:   *XTerm-Anwendung*

Sobald das Fenster „Systemsteuerung" innerhalb der eXcursion-Anwendung geschlossen wird, erfolgt auch eine Beendigung der Kommunikation, und sämtliche eXcursion-Kommunikationsprozesse werden gestoppt.

6.8.2   Hummingbird eXceed Version 5

eXceed von Hummingbird präsentiert in der vorliegenden Version einen anderen Ansatz. Das Kernprodukt bildet zwar auch hier ein X Display Server, allerdings wird er von einer Fülle leistungsfähiger Tools umrankt, die über die eigentliche Arbeit mit dem X Display Server weit hinausgehen. Darüber hinaus wird eine vollständige Entwicklungsumgebung mitgeliefert, die es dem Benutzer ermöglicht, eigene X-Clients zu erstellen.

Die Installation des sehr umfangreichen Produktes (etwa 22 bis 55 Mbytes Festplattenplatz werden benötigt) dauert natürlich sehr viel länger als bei dem zuvor dargestellten Produkt der Firma DEC. Um die Möglichkeiten von *eXceed* wirklich optimal nutzen zu können, ist ein recht umfangreiches Wissen um TCP/IP und das XWindows-System erforderlich. Zahlreiche „Schräubchen und Rädchen" sind implementiert, an denen „gedreht" werden kann.

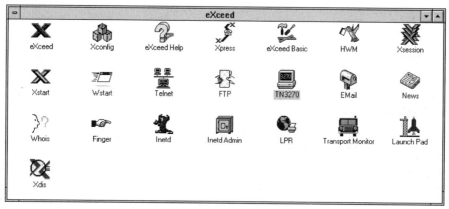

Abbildung 6-16:   *eXceed-Main-Window*

Entsprechend der „Systemsteuerung" beim Produkt *eXcursion* bietet auch *eXceed* ein Konfigurations-Tool, das innerhalb des Hauptfensters (Abbildung 6-16) unter dem Namen „Xconfig" aktiviert werden muß. Der Zugang zu diesem Tool (Abbildung 6-17) wird nur über Paßwort ermöglicht.

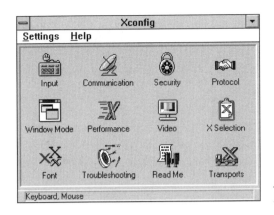

Abbildung 6-17:
Xconfig

Hier ist ein wichtiges Feature zu erwähnen, das es in dieser Form bei *eXcursion* nicht gibt: X-Security. Hier können die beiden Sicherheitskonzepte aus den Abschnitten 6.6.1 und 6.6.2 umgesetzt werden. Die hostbasierte wie auch die userbasierte Zugriffskontrolle lassen sich durch entsprechende Einträge realisieren (Abbildung 6-18).

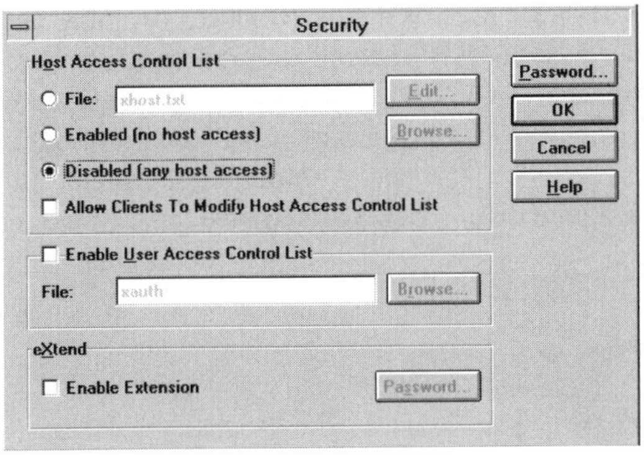

Abbildung 6-18:
X-Security

Im Gegensatz zu eXcursion bietet *eXceed* als Option einen eigenen lokalen Window-Manager, der nach OSF/Motif-Konventionen entwickelt worden ist. Mit dem mwm, der ebenso wie bei *eXcursion* alternativ als remoter Window-Manager über das Netz geladen werden kann, ist er nahezu identisch, bietet jedoch zur besseren Orientierung und Bedienbarkeit einen *virtuellen Desktop* und einen *Icon-Manager*. Der *virtuelle Desktop* markiert den aktuellen Ausschnitt des Gesamtdesktops und ermöglicht eine Verschiebung der Windows innerhalb dieser Globalansicht. Der *Icon-Manager* blendet laufende Anwendungen ein oder aus und sorgt somit kontinuierlich für eine gute Übersicht auf dem Desktop.

Der lokale Standard-Window-Manager wird jedoch von MS Windows selbst repräsentiert und ist auch als einziger Window-Manager im Multi-Window-Mode zu betreiben; alle anderen Manager müssen als Single-Window-Manager betrieben werden.

Die Auswahl des bevorzugten Window-Managers (bzw. des Werts für den vorauszu-
setzenden Window Mode) muß erfolgen, bevor der X Display Server gestartet wird.

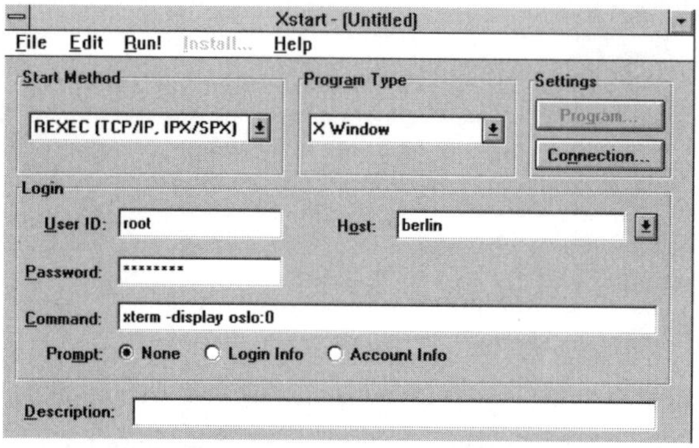

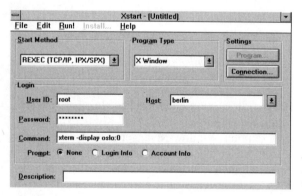

Abbildung 6-19:
Window Mode

Der **lokale Standard-Window-Manager** ist voreingestellt. Im Window-Mode-Konfi-
gurationsprogramm wird „Multi" eingegeben (Abbildung 6-19). Für den Start des
Hummingbird Window-Managers (HWM) muß nach Window-Mode-Einstellung auf
„Single" und Start des *eXceed Display Servers* das HWM-Icon gestartet werden. Dies
gilt auch für einen **remoten Window-Manager**, der über das Netzwerk geladen wird.
Hier existiert jedoch kein separates Icon, sondern der Programmaufruf des jeweiligen
Window-Managers (z.B. *mwm*) wird nach Serverstart als Kommandoparameter im
XStart-Tool eingetragen und im Pulldown-Menü „Run!"des XStart-Fensters aktiviert.

Abbildung 6-20:
XStart – Aufruf eines XTerminal-
Client

Nun können X-Client-Anwendungen aufgerufen werden (Abbildung 6-20). Anhand der
Abbildungen 6-21, 6-22 und 6-23 kann man erkennen, daß das mwm- und das hwm-
Window nahezu identisch aussehen. Lediglich der lokale Standard-Window-Manager
hat natürlich das für MS Windows typische Design.

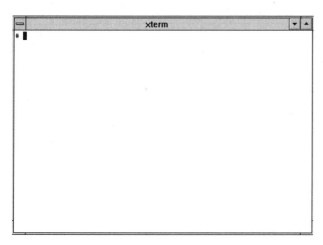

Abbildung 6-21:
Lokaler Standard-Window-Ma-
nager im „MS-Windows-Look"

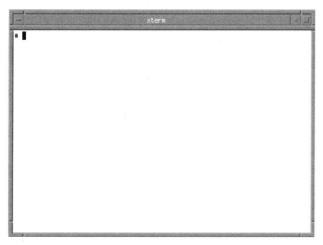

Abbildung 6-22:
Der Hummingbird Window-
Manager

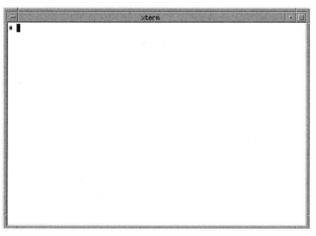

Abbildung 6-23:
Remoter Window-Manager
„mwm"

Folgende Zusatz-Tools runden das umfassende Software-Angebot innerhalb des eX-
ceed-Display-Server-Software-Paketes ab:

eXceed Basic
Ein voll funktionsfähiges BASIC-Sprachpaket mit Schnittstellen zum IBM 3270-Da-
tenstrom und dem UNIX-Derivat AIX Version 3.2.x von IBM steht zur Verfügung. Darüber ist über Script-APIs eine Integration von Xlib, FTP, TELNET und TN3270 gewährleistet.

xPress
In Verbindung mit einem xPress/Host-Server (nicht im Lieferumfang des eXceed-Pake-
tes enthalten) können XSessions über Wählleitungen betrieben werden.

Xsession
Hierbei handelt es sich um ein Steuerprogramm für den gemeinsamen Start mehrerer X-
Clients innerhalb eines Scripts.

TELNET
Eine Fensterversion der altbekannten textorientierten TELNET-Anwendung fehlt hier
ebenfalls nicht.

TN3270
Die komfortable TELNET-Anwendung für den 3270-SNA-Datenstrom aus dem Hause
IBM könnte manch „echter" 3270-Emulation Konkurrenz machen.

Email, News, Finger, Whois
Den aus dem Internet bekannten Diensten wurden entsprechende Clients für Electronic
Mail (Elektronische Post), Usenet News (hierarchisch nach verschiedenen Themen
strukturierte, nicht interaktive Diskussionsplattform), Finger (persönliches Benutzeraus-
kunftssystem) und Whois (Telefonbuch des Internet) spendiert.

Inetd
Ein auf eingehende Requests wartender Hintergrundprozeß, der für den dynamischen
Start und die Koordinierung verschiedener Serverprozesse zuständig ist. Er kann sowohl TCP- als auch UDP-basierte Server-Daemons aktivieren (z.B. telnetd, ftpd, snpmd
usw.).

Inetd Admin
Bevor eingehende Requests zum Starten bestimmter Serverprozesse zugelassen werden,
führt der Inetd-Admin-Prozeß eine Anzahl von Sicherheitsabfragen durch. Er stellt ge-
wissemaßen ein Mini-Firewall-System dar, das den externen Userzugriff auf bestimmte
lokale Directories und Files in Verbindung mit einem Paßwortschutz steuern kann.

FTP
Das für den File-Transfer zwischen zwei (oder mehreren) TCP/IP-Rechnern unverzichtbare Tool ist der „FTP-Client".

LPR
Diese Client-Anwendung ermöglicht den Druck normaler PC-Dateien auf einem über TCP/IP erreichbaren Hostrechner (Serverprozeß ist der *LPD*) bzw. die Ausgabe an einen dort definierten Drucker.

Transport Monitor
Hier kann wie bei einem analogen Modem beobachtet werden, wie bzw. ob Daten „über die Leitung gehen". In einem Fenster werden Receives/Transmits durch zwei simulierte Leuchtdioden angezeigt. Außerdem liefert dieser Monitor wichtige Verbindungsdaten der einzelnen XSessions (Abbildung 6-24).

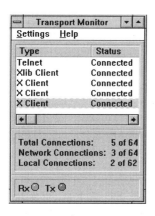

Abbildung 6-24:
Transport Monitor

Launch Pad
Dieses Tool startet und steuert gemischte Anwendungstypen. Sowohl XWindows-, MS-Windows- als auch einfache DOS-Anwendungen können mit dem Launch Pad gestartet werden. Der integrierte Configuration Builder generiert Menüs und übernimmt so die Anpassung an individuelle Erfordernisse.

Xdis
Für die Unterstützung bei Fehlersituationen stellt *eXceed* mit *Xdis* ein Trace-Tool zur Verfügung, das den Datenverkehr zwischen X-Clients und dem X Display Server aufzeichnen kann. Die Trace-Daten werden in *.TRX*-Dateien im *eXceed*-Verzeichnis USER abgelegt.

Security in IP-Netzen

Spricht man von Datensicherheit in Netzwerken, so bringt man heutzutage oft nur einen einzigen Aspekt mit diesem Thema in Verbindung. Es handelt sich dabei um das Problem: „Wie kann eine Anbindung an das *Internet* vorgenommen werden, ohne sich dabei den Gefahren eines Eindringens engagierter (und vor allem krimineller) Hacker in das eigene Netzwerk bzw. den eigenen Rechner auszusetzen?" Welche Sicherheitsmaßnahmen sind zu treffen, und wie stark werden die anfallenden Kosten zu Buche schlagen?

Das Thema „Security" ist allerdings wesentlich komplexer und bezieht sich nicht nur auf die Gefahr externer „Attacken" auf das Netzwerk, sondern ebenso auf die interne Infrastruktur des Unternehmensnetzwerkes. Es sind u.a. Probleme wie der unerlaubte Zugriff auf sensible Daten aus den verschiedensten Unternehmensbereichen (Personal, Entwicklung, Finanzen usw.), die beabsichtigte oder unbeabsichtigte Zerstörung wichtiger Datenbestände oder die Infiltration durch Virenprogramme, die eine Inhouse-Security unbedingt erfordern.

Ein besonderes Problem in diesem Zusammenhang sind die zumeist in Klartext dem Netzwerk übergebenen Daten. Die Mehrheit der Netzwerkprotokolle, auch im TCP/IP-Umfeld, kennen nur in sehr eingeschränktem Maße eine Datenverschlüsselung. Mit entsprechenden Analyse-Tools können somit auch sensible Daten problemlos eingesehen und ggf. aufgezeichnet werden. In der vermutlich in naher Zukunft weltweit zu erwartenden IP-Version 6 wird dem Problem der Datensicherheit auf Netzwerkebene in wohl ausreichendem Maße Rechnung getragen.

Man darf bei den geplanten Sicherheitsinstallationen jedoch nicht das richtige Augenmaß verlieren. Sicherheit hat natürlich auch ihren Preis (und dabei ist nicht nur der monetäre Begriff gemeint). Sicherheit kann, sofern der Begriff äußerst restriktiv implementiert ist, eine Abteilung bzw. das Unternehmen erheblich lähmen. Mit einer Sicherheitsphilosophie, die nur Selbstzweck ist, wird niemandem gedient sein. Es macht sicher wenig Sinn, einen Netzwerkverbund aus dem Finanzbereich nahezu völlig zu isolieren, denn er ist natürlich auf Informationen aus zahlreichen Bereichen des Unternehmens angewiesen. Der Netzwerk- und Rechnerzugriff muß daher so gestaltet sein, daß dem Informationsbedarf einerseits und der Security andererseits in einem ausgewogenen Verhältnis Rechnung getragen wird.

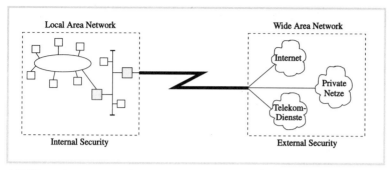

Abbildung 7-1: *LAN/WAN-Security*

Einige Möglichkeiten, Maßnahmen bzw. Technologien zur Realisierung von Security umzusetzen, werden nachfolgend dargestellt. Dabei wird zwischen einer „Internal Security" und einer „External Security" differenziert (Abbildung 7-1). Letztere beginnt genau dort, wo Daten das Unternehmen, d.h. die eigene Lokation, verlassen und vom LAN (Local Area Network) auf das WAN (Wide Area Network) übergehen.

7.1   Internal Security

Die „Innere Sicherheit" umfaßt zunächst Sicherheitskonzepte des jeweiligen Rechners samt seiner definierten User. Sie läßt sich darüber hinaus auf das unmittelbare LAN bzw. den LAN-Verbund des Unternehmens erweitern. In diesem Umfeld können verschiedene Maßnahmen zur Realisierung einzelner Sicherungsmechanismen getroffen werden.

7.1.1   Hardware Security

Ein gewisses Maß an Sicherheit kann bereits durch einen vernünftig organisierten Sicherungsschutz an der jeweiligen Hardware erreicht werden. Es ist beispielsweise darauf zu achten, daß sensible Rechner, die etwa für die Steuerung von Produktionsabläufen eingesetzt werden, nicht unmittelbar zugänglich sind. Die Unterbringung in eigens für sie vorgesehenen, abschließbaren Schranksystemen sollte obligatorisch sein. Außerdem sollten regelmäßig durchführbare Wartungen den störungsfreien Betriebszyklus garantieren.

7.1.2   UNIX-Zugriffsrechte

Das Betriebssystem UNIX stellt selbst einige wichtige Sicherungskonzepte zur Verfügung, die zumeist auf die Tatsache zurückzuführen sind, daß es sich um ein Multiuser-System handelt, bei dem der konkurrierende Zugriff verschiedener User auf gleiche und verschiedene Datenbestände Schutzmechanismen unbedingt erfordert. Anhand der folgenden Beispiele sollen diese erläutert werden: Standard-UNIX-Rechte, „Sticky Bit", SGID (Set Group Id) und SUID (Set User Id), ACLs (Access Control Lists).

7.1.2.1   Standard-UNIX-Rechte

Nahezu sämtliche UNIX-Systeme ermöglichen für jedes File-Objekt, also jede Datei bzw. jedes Verzeichnis, die Zuordnung unterschiedlicher Zugriffsschutzmechanismen. Es existieren für jedes Objekt jeweils neun Zugriffsrechte, die folgendermaßen strukturiert sind:

Benutzerklasse:	Eigentümer	user
	Gruppe	group
	Andere	others
Rechte:	Lesen	read
	Schreiben	write
	Ausführen	execute

Auf jede einzelne der drei Benutzerklassen läßt sich ein Lese-, Schreib- oder auch Ausführungsrecht übertragen (das Schreibrecht impliziert das Leserecht). Die Rechte werden mit den Kennbuchstaben **r** (read), **w** (write) und **x** (execute) versehen. Außerdem erhalten die neun verschiedenen Zugriffsrechte folgende oktale Wertigkeit:

Benutzerklasse	Leserecht	Schreibrecht	Ausführungsrecht
	(r)	(w)	(x)
user	400	200	100
group	40	20	10
others	4	2	1

Tabelle 7-1:   *Oktalwerte der Zugriffsrecht-Benutzerklasse-Kombination*

Für eine Kombination von Zugriffsrechten werden diese einfach addiert. Das Kommando, mit dem eine Bestimmung bzw. eine Festlegung der Zugriffsrechte für Dateien oder Verzeichnisse vorgenommen werden kann, lautet: chmod. Folgende Syntax ist zu beachten:

```
chmod [Oktalwert] [Objektname]
```

Die aktuelle Anzeige der Zugriffsrechte eines Objektes (Datei oder Verzeichnis) kann mit dem List-Befehl ls und der Option -l zur Anzeige gebracht werden:

```
ls -l
```

```
-rwxr-xr-x  1 root     bin        1316 May  5 1995 arch*
-rwxr-xr-x  1 root     bin      299012 Apr 30 1995 bash*
-rwxr-xr-x  1 root     bin       13316 Feb 14 1995 cat*
-rwxr-xr-x  1 root     bin       12292 Apr 29 1995 chgrp*
-rwxr-xr-x  1 root     bin       12292 Apr 29 1995 chmod*
-rwxr-xr-x  1 root     bin       12292 Apr 29 1995 chown*
drwxr-xr-x  1 root     bin       20484 Apr 29 1995 daten/
-rwxr-xr-x  1 root     bin       41988 Feb 14 1995 cpio*
-rwxr-xr-x  1 root     bin       16388 Apr 29 1995 dd*
-rwxr-xr-x  1 root     bin       12292 Apr 29 1995 df*
-r-xr-xr-x  1 root     bin       57348 May 11 1995 ftp*
-rwxr-xr-x  1 root     bin        1988 May  5 1995 getoptprog*
-rwxr-xr-x  1 root     bin       12288 May 11 1995 ttysnoops*
-rwsr-xr-x  1 root     bin        8908 May  5 1995 umount*
-rwxr-xr-x  1 root     root      14760 Feb 17 1995 umssync*
```

Das in der Spalte für die Zugriffsrechte angegebene erste Bit zeigt den Dateityp an. Es sind folgende Werte definiert:

d Directory
- normale Datei
l symbolisches Link
c zeichenorientierte Spezialdatei
b blockorientierte Spezialdatei
p Dateibesonderheit: fifo

Beispiele:

```
chmod  420  testdatei
```
Dem *user* wird Leserecht und der *group* das Schreibrecht zuerkannt; der Benutzerklasse others wird überhaupt kein Zugriffsrecht zugeordnet.

```
- r-- -w- ---
```

```
chmod  304  testdatei
```
Der *user* erhält Schreib- (200) und Ausführungsrecht (100), die *group* erhält kein Zugriffsrecht (0), *others* (also alle anderen) erhalten lediglich Leserecht (4).

```
- -wx --- r--
```

```
chmod  777  testdatei
```
Hier erhalten alle Benutzergruppen alle verfügbaren Zugriffsrechte.

```
- rwx rwx rwx
```

Eine alternative Methode für die Zugriffsrechteverteilung ist die „Symbolische Zuordnung". Hier erhalten die Benutzerklassen ebenso wie die einzelnen Zugriffsrechte Buchstabenkürzel: u (user), g (group) und o (others). Sollten gemeinsam für alle Benutzergruppen Zugriffsrechte vergeben werden, so geschieht dies mit dem Buchstabenkürzel a (all). Diese Methode wird im allgemeinen dann eingesetzt, wenn zu den bereits bestehenden Zugriffsrechten weitere ergänzt bzw. teilweise entzogen werden sollen. Hier gilt folgende Syntax:

```
chmod [ugoa] [+-=] [rwx] [Objektname]
```

Beispiele:

```
chmod  go+rw  testdatei
```
Den bestehenden Zugriffsrechten werden für die *group* und für *others* die Lese- und Schreibrechte hinzugefügt.

```
chmod  o=  testdatei
```
Für *others* werden sämtliche Zugriffsrechte aufgehoben.

```
chmod  go-wx  testdatei
```
Der *group* und den *others* werden die Schreib- und Ausführungsrechte entzogen.

Weitere Kommandos, die für eine Definition bzw. Manipulation von Zugriffsrechten verwendet werden, sind:

```
umask [Oktalwert]
```
Setzt die Default-Einstellung für neu erstellte Dateien. Dabei werden genau die Zugriffsrechte angegeben, die *nicht* zugewiesen werden sollen. Die Eingabe umask 77 sorgt daher für ein Lese-, Schreib- und Ausführungsrecht für den user selbst, denn die Invertierung des Wertes 077 lautet 700.

```
d rwx --- ---
- rw- --- ---
```

Da für normale Dateien das Ausführungsrecht nicht als Default-Einstellung verliehen werden kann, fehlt hier das x-Bit.

chown [neuer owner] [Dateinamen]
Dieses Kommando ermöglicht die Veränderung des Eigentumsverhältnisses einer Datei. Der User selbst oder der *Superuser* (-su) kann eine Datei einem anderen User übereignen. Die Eingabe chown norbert testdatei datei1 datei2 macht den User norbert zum neuen Eigentümer der Dateien testdatei, datei1 und datei2.

Hinweis: Es ist sorgfältig darauf zu achten, daß bei der Vergabe von Zugriffsrechten für Dateien und Verzeichnisse die Schutzkonsistenz gewahrt bleibt, denn es ist durchaus möglich, Verzeichnissen andere Rechte zuzuordnen als den untergeordneten Dateiobjekten.

7.1.2.2   SVTX (Sticky Bit)

Normalerweise kann ein User in einem Verzeichnis, das nicht ihm „gehört", d.h. von dem er nicht der *owner* ist, Dateien anlegen, lesen und auch wieder löschen. Haben diese von ihm generierten Dateien entsprechende Zugriffsrechte, so können diese Dateien auch von anderen Usern wieder gelöscht werden.

Ordnet man allerdings dem Verzeichnis, in dem sich die erstellte Datei befindet, durch das Kommando chmod +t [Verzeichnis] ein „Sticky Bit" zu, so kann die Datei innerhalb des Verzeichnisses unabhängig von Zugriffsrechten lediglich vom *owner* gelöscht werden (der Oktalwert für das Sticky Bit ist 1000). Eine Datei mit den Zugriffsrechten – rwx rwx rwx ist demnach nur vom *owner* zu entfernen, obwohl die Zugriffsrechte einen anderen User normalerweise ermächtigen, den Löschvorgang erfolgreich durchzuführen. Das übergeordnete Verzeichnis trägt dann folgende Zugriffsrechte: drwx rwx rwt. Dabei ist das letzte Bit das *Sticky Bit*.

In der Praxis wird das allgemein zugängliche Verzeichnis /tmp mit dem Sticky Bit versehen. Es kann durch die Zugriffsrechte drwx rwx rwt zwar von jedem User benutzt werden, allerdings kann ein User immer nur die „eigenen" Dateien wieder entfernen. Das versehentliche Löschen von Fremddateien wird somit verhindert.

SVTX (die Abkürzung ist von dem Ausdruck *Save Text Bit* abgeleitet) bewirkt – bei ausführbaren Dateien angewandt – eine bevorzugte Vorhaltung des jeweiligen Prozesses im Hauptspeicher (eine Art Cache). Bei einem erneuten Programmaufruf muß also nicht der gesamte Prozeß wieder in den Speicher geladen werden, sondern es erfolgt ein direkter Zugriff auf den mit dem Sticky Bit versehenen Prozeß. Durch ein zunehmend eingesetztes virtuelles Speichermanagement, das die Verweildauer von Prozessen im Hauptspeicher deutlich optimiert, hat diese Möglichkeit jedoch an Bedeutung verloren.

7.1.2.3   SUID (Set User Id) **und SGID** (Set Group Id)

Es gibt verschiedene Dateien (z.B. Systemdateien), die eines besonderen Zugriffsschutzes bedürfen. Sie werden daher dem Systemadministrator *root* als *owner* zugeordnet, mit entsprechenden Rechten versehen und sind somit für „normale" User nicht zu manipulieren. Gerade Systemdateien müssen jedoch regelmäßig auch von diesen Usern benutzt werden, um normale Aktionen ausführen zu können, wie beispielsweise das Verändern des eigenen Paßwortes durch das /bin/passwd-Kommando. Da für die Manipulation von Paßwortdateien (/etc/passwd) Root-Berechtigung erforderlich ist, ein normaler User diese aber nicht besitzt, wird ihm durch das SUID-Bit lediglich für die Ausführungszeit des passwd-Kommandos die Root-Berechtigung erteilt. Allgemein formuliert bedeutet dies: Besitzt eine ausführbare Datei A das SUID-Bit, so erhält der jeweilige User für die Laufzeit des entsprechenden Prozesses die Berechtigung des Datei-Owners. Dies führt dazu, daß auch Dateien manipuliert werden dürfen, die eigentlich einem anderen User (z.B. dem Root-User) gehören. Ein Umstand, der in einigen Situationen zwar erforderlich ist (Paßwortänderung), gleichzeitig aber auch ein nicht zu unterschätzendes Sicherheitsrisiko darstellt.

Während der Laufzeit des Prozesses besitzt der aufrufende User (bei Root-Berechtigung) quasi „Narrenfreiheit". Gelingt es ihm, ein Programm mit SUID-Bit, das eigentlich dem Root-User gehört, für seine Belange zu verändern, so kann er in einem UNIX-System durch den ungehinderten Zugriff auf gesicherte Root-Ressourcen erheblichen Schaden anrichten. Selbst die Tatsache, daß ein SUID auf Shell-Scripts nicht angewandt werden kann, ist durch die Integration in ein einfaches C-Programm zu umgehen.

Bei gesetztem SUID-Bit erhält der aufrufende User eine *effektive User-Id*, die lediglich für die Dauer des Programmlaufes gültig ist. Seine *reale User-Id* verändert sich in diesem Zeitraum nicht. So erhält die effektive User-Id während der Ausführung des /bin/passwd-Kommandos den Wert *euid=0* (0 ist der für den User Root im System hinterlegte Wert), während die *ruid=nnn* unverändert bleibt und nicht überprüft wird. Allerdings gibt es Kommandos, die eine Gegenüberstellung von *euid* und *ruid* vornehmen und nur bei völliger Identität entsprechende Manipulationen zulassen (beispielsweise das mount-Kommando).

Mit der Eingabe chmod u+s [ausführbare Datei] erfolgt die Zuordnung des SUID-Bits. Entsprechend lautet die Eingabe chmod g+s [ausführbare Datei] für das SGID-Bit, das analog zum SUID-Bit die Group-Id weitergeben kann.

7.1.2.4   ACL (Access Control List)

Ein weiteres Instrumentarium zur Sicherstellung restriktiver Zugriffsrechte bietet die Erweiterung von UNIX-Standardrechten durch *Access Control Lists* (ACLs). Durch die Funktionen permit (ausdrückliche Erlaubnis), deny (Verweigerung) und specify (Spezifikation) können innerhalb editierbarer ACLs erweiterte Zugriffsrechte definiert werden. Diese haben gegenüber den UNIX-Standardrechten absoluten Vorrang. Folgende Kommandos werden eingesetzt:

acledit	Editieren der Zugriffsrechte und ihre syntaktische Überprüfung
aclput	Übertragung von ACLs auf andere Dateiobjekte
aclget	Lesen und Anzeige der ACLs für bestimmte Dateiobjekte

Eine ACL könnte folgendermaßen strukturiert sein:

Eingabe: `aclget testdatei`

```
attributes:
base permissions:
        owner (user-a): rw-
        group (grp-123):        rwx
        others:         --x

extended permissions:
        enabled
        deny            -w-     u:user-b
        deny            rw-     u:user-c
```

Sofern ACLs verwendet werden, erreichen sie normalerweise umfangreiche und damit äußerst unübersichtliche Ausmaße. Eine exakte Verwaltung ist dann meist nur noch sehr schwer möglich. Darüber hinaus werden ACL-Informationen bei Datensicherungen, die mit den Kommandos `tar` und `cpio` durchgeführt werden, nicht übertragen. Lediglich `backup` bzw. `restore` übernimmt diese sicherheitsrelevanten Informationen.

In den meisten Fällen sollte daher von einer Anwendung von ACLs abgesehen werden, zumal die UNIX-Standardrechte, wie in Abschnitt 7.1.2.1 beschrieben, bei planvollem Einsatz für einen ausreichenden Schutz sorgen können.

7.1.3   Benutzerauthentifizierung

Hinter diesem Begriff verbirgt sich im wesentlichen die Benutzeranmeldung über einen Login-Prompt. Das Login ist ein Anwendungsprogramm, das nach einer im System definierten Authentifizierungsmethode vom Benutzer einen einfachen „Ausweis" verlangt. Dieser wird an Systemprozesse übergeben und mit gespeicherten Userinformationen verglichen, bevor der Zugang zum System für den User geöffnet wird.

Normalerweise wird vom Benutzer sein Username bzw. seine User-Id sowie ein Zugangspaßwort verlangt. In einigen UNIX-Systemen kann eine Erweiterung dieser einfachen Authentifizierungsmethode vorgenommen werden, indem beispielsweise ein weiteres Paßwort angefordert wird. Leistungsfähige Systeme mit einigermaßen gut realisierten Sicherheitskonzepten lassen darüber hinaus auch besondere Kriterien für die Paßwortvergabe und seine Wartung zu (Paßwortmindestlänge, Paßwortwiederholungen, integrierbare Sonderzeichen, Paßwortverfall usw.)

Datei /etc/passwd

In dieser Datei befinden sich die relevanten Benutzerdaten, die zur Authentifizierung benötigt werden. Sie könnte folgendermaßen strukturiert sein:

```
eva:FoMdWq20afN72:128:5:Benutzer Eva:/usr/eva/:/bin/ksh
gerd:Bpr2o2cy4HB4E:129:5:Benutzer Gerd:/usr/gerd:/bin/ksh
norbert:Hk.ABlAK4P53c:130:6:Benutzer Norbert:/usr/norbert:/bin/ksh
willi:Anr994nHc6E30:131:6:Benutzer Willi:/usr/willi:/bin/ksh
```

Jedem Benutzer, der am System definiert ist, wird eine eigene Zeile der Paßwortdatei zugeordnet. Dabei werden folgende Felder verwendet:

Feldnummer	Bezeichnung	Beispielwert
1	Login-Benutzername	eva
2	Verschlüsseltes Paßwort	FoMdWq20afN72
3	User-Id (numerisch)	128
4	Gruppen-Id (numerisch)	5
5	Kommentar	Benutzer Eva
6	Login-Verzeichnis	/usr/eva
7	Startprogramm	/bin/ksh

Tabelle 7-1:   *Dateistruktur der* /etc/passwd

In den meisten UNIX-Implementierungen erfolgt eine Userdefinition unter Verwendung des /usr/sbin/adduser-Kommandos. Im Dialog werden die erforderlichen Benutzerinformationen abgefragt und in der Datei /etc/passwd hinterlegt. Eine Modifikation des Paßwortes kann durch Aufruf des Kommandos /usr/bin/passwd vorgenommen werden.

Die Datei /etc/group definiert Name und Id einer Gruppe und vermerkt außerdem alle Benutzer, die zu der entsprechenden Gruppe gehören.

In einigen UNIX-Systemen (z.B. IBM AIX) existieren weitere Sicherheitsobjekte und -mechanismen zur Authentifizierung der Benutzer. Sie gehören allerdings nicht zum UNIX-Standard und werden daher an dieser Stelle nicht weiter erörtert. Zu diesen Objekten gehören beispielsweise Dateien in einem expliziten Security-Directory (/etc/security), die sich mit der Verwaltung von Paßwort, Benutzer und Shell-Variablen beschäftigen. Beispiele sind:

/etc/security/passwd	Erweiterte Paßwortrestriktionen
/etc/security/user	Definition besonderer Benutzereigenschaften
/etc/security/limits	Einschränkungen für vom Benutzer generierte Objekte

7.1.4   Die R-Kommandos

Unter der Bezeichnung R- oder Berkley-Kommandos leisten folgende drei Befehle einen wichtigen Beitrag zur Errichtung größtmöglicher Netztransparenz: `rlogin` (remote login), `rsh` (remote shell) und `rcp` (remote copy). Sie ermöglichen den Zugriff auf andere Rechner und damit auf ihre Prozesse und Dateien, ohne dabei entscheidend restriktiven Schutzmechanismen zu begegnen. Die Erlaubnis, diese Kommandos zu benutzen, bedarf somit einer gründlichen Prüfung durch den System- bzw. Netzwerkadministrator.

Die Sicherheitsproblematik dieser Kommandos liegt darin begründet, daß für die Authentifizierung des aktiven Benutzers keine weiteren Paßwortprüfungen erforderlich sind. So werden lediglich Prüfungen auf Basis des eigenen Hostnamens bzw. der IP-Adresse sowie des Benutzernamens vorgenommen. Die entsprechenden sicherheitsrelevanten Dateien werden auf dem Rechner des Kommunikationspartners folgendermaßen definiert:

Datei `/etc/hosts.equiv`

Diese Datei wird auf dem Ziel-Host generiert und enthält eine Liste „vertrauenswürdiger" Hosts und User, die eine Ausführung der Berkley-Kommandos vornehmen können. Es lassen sich allerdings auch „negative" Einträge vornehmen, d.h. der Zugriff kann bestimmten Rechnern bzw. Benutzern explizit untersagt werden:

```
#
# COMPONENT_NAME: TCPIP hosts.equiv
#
# FUNCTIONS:
#
# ORIGINS: 26  27
#
# (C) COPYRIGHT International Business Machines Corp. 1985, 1989
# All Rights Reserved
# Licensed Materials - Property of IBM
#
# US Government Users Restricted Rights - Use, duplication or
# disclosure restricted by GSA ADP Schedule Contract with IBM Corp.
#
#   /etc/hosts.equiv
#
# This file, along with a local user's $HOME/.rhosts file, defines
# which users on foreign hosts are permitted to remotely execute
```

```
# commands on your host.  The rshd, rlogind, lpd, and srcmstr programs
# all use this file to determine remote user access.
#
# The format of this file is as follows:
#
# hostname [username]
#
# Both hostname and username can be preceded by a '-' character
# to deny access.  A '+' character can be used in place of hostname
# or username to match any host or user.  If you are using NIS,
# both the hostname and username may be in the form:
#
# +@netgroup
# -@netgroup
#
# where "netgroup" is an NIS netgroup defined in the netgroup map.
# The '+' form allows access to any host or user in the netgroup,
# while the '-' form denies access to any host or user
# in the netgroup.
#
# Lines beginning with a '#' character and blank lines are ignored.
#
# Examples:
#
# host user           allows access to user on host
# + user                     allows access to user on any host
# host -user          denies access to user on host
# -host               denies access to all users on host
# -@group                    denies access to all users on hosts
#                            in group
# +@group1 +@group2   allows access to users in group2 on hosts
#                            in group1


# Der User willi darf - ausgehend von Host berlin - nicht zugreifen

berlin -willi

# Alle auf Host kiel definierten User dürfen auf diesem Host
# Kommandos über die Berkley-Commands ausführen

kiel
```

Hinweis: Die Datei /etc/hosts.equiv wird immer vor der Datei [$HOME]/.rhosts ausgewertet.

Datei [$HOME]/.rhosts

Mit dieser Datei erhält jeder einzelne User auf dem Ziel-Host die Möglichkeit, Zugriffsrechte zu vergeben oder zu verweigern, da die .rhosts-Datei in seinem Login-Verzeichnis angelegt und dort ausgewertet wird. Der Zugriffsschutz über die .rhosts-Datei sollte alternativ zur /etc/hosts.equiv-Datei verwendet werden, da Zugriffe, die in der /etc/hosts.equiv-Datei erlaubt werden, in der .rhosts-Datei nicht wieder abgelehnt werden können.

Der Dateiaufbau entspricht dem der Datei /etc/hosts.equiv.

7.1.4.1 Rlogin

Das rlogin-Kommando (remote login) startet eine Terminal-Sitzung auf einem entfernten Ziel-Host. Die Syntax dieses Kommandos lautet:

```
rlogin [options] [-l username] hostname
```

Eine sofortige Anmeldung ohne explizite Authentifizierung ist somit (unter Verwendung der Option -l) ohne weiteres möglich: rlogin -l willi kiel.

Eine in verschiedenen UNIX-Systemen mehr oder weniger umfangreiche Liste von Optionen kann dem Sicherheitsaspekt wieder (ein wenig) Relevanz verschaffen:

Option	Beschreibung
-8	Ermöglicht einen 8-Bit-Datenstrom.
-E	Escape-Character werden ignoriert; zusammen mit der Option -8 wird eine absolut transparente Verbindung realisiert.
-K	KERBEROS-Authentifikation wird abgeschaltet.
-d	Schaltet das TCP-Socket-Debugging ein.
-e	Spezifizierung des Escape-Characters (als Zeichen oder als Oktalwert \nnn)
-x	Schaltet die DES-Verschlüsselung auf der rlogin-Session ein.

Tabelle 7-2:   *Rlogin-Optionen*

7.1.4.2 Rsh

Die Remote Shell (rsh) führt auf einem entfernten Host ein Kommando aus. Dabei kopiert rsh seinen Standard-Input zum entfernten Kommando, das wiederum seinen Standard-Output an den Standard-Output des rsh weitergibt. Das rsh-Kommando wird normalerweise dann beendet, wenn auch der dadurch gestartete Prozeß beendet ist. Die Syntax lautet:

```
rsh [options] [-l username] hostname [command]
```

Soll beispielsweise auf dem Ziel-Host `kiel` im Login-Verzeichnis des Benutzers `willi` eine Datei `testdatei` angelegt werden, so muß folgende Eingabe erfolgen:

```
rsh -l willi kiel touch /home/willi/testdatei
```

Optionsbeispiele sind:

Option	Beschreibung
-K	KERBEROS-Authentifikation wird abgeschaltet.
-d	Schaltet das TCP-Socket-Debugging ein.
-l	Als Default-Benutzername des Ziel-Host wird der lokale Benutzername verwendet. Mit dieser Option kann auch ein anderer Benutzername auf dem Ziel-Host angegeben werden.
-x	Schaltet die DES-Verschlüsselung auf der rlogin-Session ein.

Tabelle 7-3:   *Rsh-Optionen*

7.1.4.3   Rcp

Der Remote Copy (`rcp`) kopiert Dateien und Verzeichnisse zwischen zwei Rechnern und verwendet dabei die Namenssyntax: `filename@hostname:path`. Die vollständige Kommandosyntax lautet:

```
rcp [options] source-file target-file
```

bzw. beim Kopieren von Verzeichnissen

```
rcp [options] [-r] source-file ... target-directory
```

Option	Beschreibung
-r	Handelt es sich bei dem source-file um ein Verzeichnis, das komplett (samt interner Hierarchiestruktur) auf den Zielrechner kopiert werden soll, so ist diese Option anzugeben.
-p	Ermöglicht die Beibehaltung von Time-Stamp und Dateicharakteristika der Quelldatei während des Kopiervorganges. Die umask-Einstellung wird dabei ignoriert.
-x	Schaltet die DES-Verschlüsselung auf der rlogin-Session ein. Verwendbare Optionen sind:

Tabelle 7-4:   *Rcp-Optionen*

7.1.5   Das Remote-Execution-Kommando (rexec)

Das `rexec`-Kommando (Remote Execution) ist Bestandteil des TCP/IP und wird für die Jobausführung auf entfernten Rechnern verwendet. Es erfordert allerdings, anders als die Berkley-Kommandos, eine „normale" Benutzerauthentifizierung (wie beim `telnet` oder `ftp`). Die sicherheitskritische Komponente besteht hier in der Lesbarkeit des als Parameter übertragbaren Paßwortes, sofern der sichere interaktive Dialog (Angabe von Benutzer und Paßwort) nicht verwendet werden soll. Für eine Jobautomation ist jedoch der mühsame Dialog oft ungeeignet, so daß die Sicherheitslücken zugunsten komfortabler Funktionalität bewußt in Kauf genommen werden.

Ein einigermaßen sicherer Automatismus läßt sich allerdings über die Datei `[$HOME]/.netrc` realisieren. In dieser Datei werden auf der lokalen Maschine Ziel-Host, Benutzername und Paßwort hinterlegt, so daß der `rexec`-Client bei Aufruf diese Datei lesen kann und die entsprechend hinterlegten Werte bei Kontaktaufnahme dem `rexec`-Server übergibt. Die so vorgenommene Authentifikation macht jedoch nur dann Sinn, wenn die lokale `./netrc` vor unberechtigtem Zugriff verborgen werden kann. Mit der Eingabe `chmod 600 $HOME/.netrc` läßt sich dies realisieren. Damit besitzt lediglich der Dateieigentümer Schreib- und Leserecht; alle anderen Benutzer haben an dieser Datei keinerlei Rechte. Die Datei `[$HOME]/.netrc` ist folgendermaßen aufgebaut:

```
machine hostname login username password password
```

Beispiel: `machine berlin login eva password fahrrad`
            `machine kiel login willi password kugel`
            `machine muenster login gerd password zuppi`

Bei Eingabe des Befehls `rexec kiel ls -lat` wird lediglich überprüft, ob der angesprochene Ziel-Host mit dem autorisierten Benutzer (hier: `eva`) in der `.netrc`-Datei übereinstimmt, bevor der Befehl `ls -lat` auf dem Ziel-Host ausgeführt wird.

Die allgemeine Syntax des rexec-Kommandos lautet:

```
rexec hostname [-l username] [-p password] [option] command
```

Die Option `-n` führt dazu, daß die automatische Authentifizierung über die `[$HOME]/.netrc`-Datei nicht vorgenommen werden darf.

7.1.6   Trojanische Pferde

Eine besondere Gefahr für TCP/IP-basierte Rechner bzw. Netzwerke repräsentieren die *Trojanischen Pferde*. Es handelt sich dabei um Programme, die unter Vorspiegelung einer fiktiven Realität Algorithmen ablaufen lassen, um auf sicherheitsrelevante Daten (z.B. dem Paßwort) Zugang zu erhalten.

Sehr beliebt ist dabei eine manipulierte Version des Login-Programms. Das Trojanische Pferd erzeugt einen mit dem Original-Login völlig identischen Prompt und fordert zur Eingabe des Paßwortes auf. Der ahnungslose Benutzer gibt sein Paßwort ein und verrät es damit an das Trojanische Pferd. Dieses nimmt das Paßwort entgegen und übermittelt es an einen „geheimen" Ort. Das Trojanische Pferd hat nun seine Aufgabe erfüllt und bricht mit einer Meldung ab, die etwa lauten könnte: „Falsches Paßwort eingegeben". Der irritierte Benutzer glaubt nun an eine fehlerhafte Eingabe und wiederholt sein Paßwort, das nun vom Original-Login ordnungsgemäß entgegengenommen wird und ihm den Zugang zum System ermöglicht.

Wurde ein solches Trojanisches Pferd erst einmal in ein System eingeschleust, so gibt es leider nur wenige Möglichkeiten, es wieder loszuwerden. Das Hauptproblem besteht dabei darin, es zu erkennen, denn als Trojanische Pferde identifizierte Programme lassen sich, wie „normale" Programme auch, einfach löschen. Eine recht ansprechende Abwehrmaßnahme für dieses Problem haben sich die Designer des UNIX-Systems AIX des Herstellers IBM einfallen lassen. Durch eine bestimmte Tastenkombination am Terminal (`<ctrl> x <ctrl> r`) wird der „Secure Attention Key" (SAK) aktiviert, der zunächst zu einem Abbruch aller auf ein Terminal zugreifenden Prozesse führt. Im Anschluß daran wird ein neuer, „sauberer" getty-Prozeß gestartet, so daß mit an Sicherheit grenzender Wahrscheinlichkeit davon ausgegangen werden kann, daß der so aktivierte Login-Prozeß einen „echten" Login-Prompt erzeugt, das Paßwort ordnungsgemäß entgegennimmt und systemkonform behandelt. Die Option der Verwendung eines SAK muß allerdings auch entsprechend konfiguriert werden. Zu diesem Zweck wird in der Datei `/etc/security/login.cfg` folgender Eintrag vorgenommen:

```
port:
    sak_enabled = true

defport:
    sak_enabled = true

/dev/tty0:
    sak_enabled = true
```

Außerdem wird in der Datei `/etc/security/user` der Eintrag

```
user:
    tpath = on
```

vorgenommen. Eine andere bzw. zusätzliche Option bietet AIX durch die Generierung einer „Trusted Shell" (tsh). In dieser stark eingeschränkten Korn-Shell lassen sich nur diejenigen Programme starten, die zu einer „Trusted Computing Base" gehören. Diese besteht aus einer dynamisch erzeugten Sammlung besonders gekennzeichneter Programme, die als „sicher" gelten, also frei von Viren oder Trojanischen Pferden.

So sicher dieses Konzept auch sein mag, um so problematischer ist der hohe Aufwand einzuschätzen, eine solche Trusted Computing Base kontinuierlich und vor allem effizient zu warten.

7.2 External Security

Die bislang erörterten Sicherheitsaspekte bezogen sich auf unternehmensspezifische interne Komponenten wie den einzelnen Rechner oder den Rechnerverbund: das lokale Netzwerk (LAN). Wenn auch einige der diskutierten Möglichkeiten (z.B. die Berkley-Kommandos oder die UNIX-Standardrechte) in Bereichen netzwerkübergreifender Kommunikation eingesetzt werden können, so gehören sie doch zum klassischen Katalog interner Schutzmechanismen. Für die externe Sicherheit spielen andere Aspekte eine Rolle, die hauptsächlich den LAN-to-LAN-Verbindungen über WANs (Wide Area Networks) Rechnung tragen. In der Unternehmenskommunikation erfolgt nämlich hier die Konfrontation mit einem besonderen Gefahrenmoment: dem Kontakt zu öffentlichen Netzwerken. Ob es lediglich um die Verbindung zweier verschiedener Standorte durch einfache Telefonleitungen geht, um den Aufbau eines vermaschten Router-Netzes oder die Anbindung an das „Netz der Netze" (Internet), es steht immer die Frage im Vordergrund: Wie kann der sichere Datenfluß aus dem lokalen Standort hinaus und, vor allem, wie kann eine sichere dem Standort zufließende „Inbound"-Verbindung realisiert werden?

7.2.1 Öffnung isolierter Netzwerke

Über eins ist man sich heute überall im klaren: die Zeiten der isolierten Kommunikation sind ein für allemal vorbei. Der Informationsbedarf eines Unternehmens mit verschiedenen Standorten ist derart gewaltig, daß er nur noch dann befriedigt werden kann, wenn die benötigten Informationen in einer äußerst kurzen Zeit zur Verfügung gestellt werden können. Entscheidungen in nahezu allen Unternehmensbereichen erfordern den unmittelbaren Zugriff auf Informationen. Wartezeiten von mehreren Stunden oder gar Tagen können nicht in Kauf genommen werden, um die Flexibilität des Entscheidungspotentials nicht zu gefährden.

Darüber hinaus spielt natürlich auch die Quantität von Informationen eine große Rolle. Die Beurteilung komplexer ökonomischer Sachverhalte und die Berücksichtigung relevanter Nebenbedingungen erfordern die Zusammenführung beträchtlicher Datenbestände aus u.U. verschiedenen Geschäftsfeldern und externen Datenquellen. Wenn hier eine zeitoptimierte Verfügbarkeit der Informationen gewährleistet werden muß, so ist dafür zu sorgen, daß die Netzwerksysteme im LAN, aber auch im WAN ausreichende Kapazitäten zur Verfügung stellen können.

Die Realisierung eines leistungsfähigen Kommunikationssystems für die Beschaffung und Weitergabe von Informationen darf gewiß nicht nur aus dem technischen Blickwinkel betrachtet werden. Einen fast ebenso wichtigen Stellenwert nimmt hier die Konzeption einer vernünftigen Datensicherheitspolitik ein. Sie muß dafür sorgen, daß auf der einen Seite dem Sicherheitsaspekt ausreichend Rechnung getragen wird, andererseits aber die installierten Sicherheitsmechanismen den Datenfluß nicht unnötig behindern. Die Ausgewogenheit dieser im Grunde widersprüchlichen Ansätze gilt es zu finden.

Man kann die verschiedenen Bereiche externer Kommunikation vielleicht folgendermaßen klassifizieren:

- *LAN-WAN-LAN-Kommunikation* zur Etablierung eines Unternehmensnetzwerkes, das sich über mehrere Lokationen erstreckt. Die Integration externer, unternehmensfremder Komponenten ist ausgeschlossen (sieht man einmal von der Benutzung gemieteter Leitungen entsprechender Provider ab).
- *Kommunikationskontakte zu Fremdfirmen* mit der Option, auf ihre Datenbestände zugreifen zu können. Diese Möglichkeit wird u.a. von Betreibern einschlägiger Wirtschafts- oder Wissenschaftsdatenbanken angeboten. Darüber hinaus soll die Öffnung der eigenen Systeme für Fremdfirmen ermöglicht werden, die auf bestimmte Bereiche der Unternehmensdaten zugreifen wollen.
- *Anbindung an öffentliche Netzwerke bzw. Mailboxen,* die einem weltweiten Anwenderkreis (z.B. im Internet) Informationen zur Verfügung stellen können.

7.2.2   Das LAN-WAN-Sicherheitsrisiko

Die Sicherheitsvorsorge des unternehmenseigenen Netzwerkes sollte spätestens zu dem Zeitpunkt abgeschlossen sein, wenn die ersten WAN-Verbindungen etabliert werden. Dadurch entstehen nämlich theoretische Möglichkeiten, in das Unternehmensnetz einzudringen und ggf. Schaden anzurichten. Bevor man jedoch in eine Sicherheitshysterie verfällt, sollten gründliche Überlegungen angestellt werden, wo und vor allem wie die Datenbestände des Unternehmens gefährdet sein könnten.

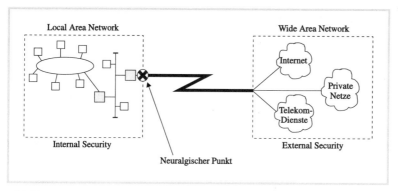

Abbildung 7-2: *Neuralgischer Punkt eines Netzwerkes aus externer Sicht*

Entscheidend für diese Frage ist: An welchen Punkten des internen Netzwerkes existieren externe Ausgänge in andere Netzwerke? Um den Sicherheitsaufwand zu minimieren, ist es natürlich wünschenswert, die Anzahl der Ausgänge möglichst klein zu halten. Im Idealfall – im Hinblick auf die Sicherheit – wird lediglich ein einziger Rechner damit beauftragt, den externen Datenverkehr abzuwickeln, so daß lediglich an diesem „neuralgischen Punkt" (Abbildung 7-2) sicherheitsrelevante Maßnahmen getroffen werden müssen.

Diesem relativ statischen Gebilde steht oft die Notwendigkeit entgegen, für einen ausfallsicheren externen Kommunikationsbetrieb zu sorgen. Damit muß zumindest ein weiterer Rechner mit externen Zu- und Ausgängen zur Verfügung gestellt werden, der im Falle von Störungen auf dem Hauptsystem dynamisch dessen Aufgaben übernehmen kann (oder *bei Bedarf manuell* zugeschaltet wird).

Bei der Anbindung von Fremdfirmen ist das Sicherheitsrisiko nicht in dem Maße unkalkulierbar, wie es bei dem Zugang zu öffentlichen Netzwerken den Anschein hat. Einer Fremdfirma, die dem Unternehmen nicht bekannt oder in irgendeiner Weise verbunden ist, wird man den Zugang normalerweise nicht ermöglichen. Das Sicherheitsrisiko ist also überschaubar, so daß man hier mit Einzelmaßnahmen gezielt vorgehen kann. Eine sehr sichere Methode für eine solche Anbindung ist beispielsweise der beidseitige Einsatz von „Screening-Routern", auf denen Paketfilter eingerichtet werden können. Dadurch kann gezielt die Verwendung bestimmter Anwendungen oder Protokolle untersagt werden. Zu diesem Konzept wird im Abschnitt 7.2.3 noch ausführlich Stellung genommen.

7.2.3   Firewall-Konzepte

Wie Abbildung 7-2 des vorherigen Abschnittes zeigt, läßt sich die Netzanfälligkeit auf einen einzigen Angriffspunkt reduzieren. Aus Gründen einer überschaubareren und gezielteren Implementierung von Sicherheitsmechanismen ist eine solche Vorgehensweise auch wünschenswert. An diesen sensiblen Netzübergängen können Gateways installiert werden, die Funktionalitäten für eine Abwehr von externen „Angriffen" auf das eigene Netzwerk zur Verfügung stellen. Diese Gateways werden auch „Firewalls" genannt und weisen somit eindeutig auf die Haupteigenschaft ihrer Tätigkeit hin.

Mittlerweile haben sich drei Basiskonzeptionen für Firewall-Systeme herausgebildet, die unterschiedliche Philosophien verfolgen, jedoch miteinander kombinierbar sind.

7.2.3.1   Screening-Router

Dieses auch als „Packet Filtering" bekannte Verfahren ist relativ einfach zu implementieren und gilt auch als recht preiswert, da es bereits von den meisten Router-Herstellern wie CISCO, PROTEON, 3Com oder DEC in der Basisausstattung ihrer Hard- und Software zur Verfügung gestellt wird.

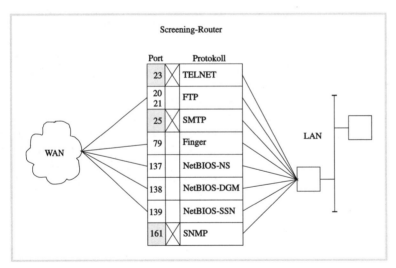

Abbildung 7-3:   *Screening-Router mit blockierenden Paketfiltern*

Das Verfahren beruht auf einer Auswertung von Protokollen der TCP/IP-Protokollfamilie und stützt sich auf eine Interpretation des IP-Headers eines jeden Datenpaketes. Aus dem aktuellen Datenfluß wird dem Header neben der Quell- und Zieladresse auch der Protokolltyp entnommen, so daß auf Protokollbasis eine Kommunikationserlaubnis oder ein -verbot erteilt werden kann. Die Einsicht in die Paketheader erfolgt entweder sofort nach Empfang (Inbound-Filter) oder/und unmittelbar vor Übermittlung an das Zielnetzwerk (Outbound-Filter). Auf diese Weise läßt sich beispielsweise der TELNET-Verkehr zwischen zwei über WAN erreichbaren IP-Knoten völlig unterbinden.

Diese überaus rigorose Maßnahme ist allerdings oft nicht erwünscht, da damit auch der aus dem eigenen Netzwerk initiierte Datenverkehr verhindert wird. Eine Differenzierung zwischen ein- und ausgehendem Datenverkehr ist nämlich ohne weiteres nicht möglich. Lediglich TCP-basierte Protokolle und die damit eingesetzten Anwendungen können diese Differenzierungen vornehmen, denn ein Blick in die SYN- (Synchronize Sequence Numbers) – und ACK (Acknowledgement)-Flags ermöglicht bei Beobachtung eines Verbindungsaufbaus (Three-Way-Handshake-Verfahren) die eindeutige Bestimmung des Initiators der Verbindung. Damit kann die gewünschte flexible Sicherheit für Protokolle wie FTP, TELNET, SMTP und HTTP (HyperText Transfer Protocol; Protokoll zwischen einem WWW-Server und -Client) zwar erzielt werden, ungesicherte, nicht auf dem Transmission Control Protocol basierende Anwendungen können jedoch nur völlig abgeschaltet oder für beide Kommunikationspartner zugelassen werden. Dazu gehören alle UDP-basierten (User Datagram Protocol) Protokolle bzw. Anwendungen wie beispielsweise ARCHIE (öffentliches Datenbanksystem, in dem alle *anonymous FTP-Server* verzeichnet sind), WAIS (Wide Area Information Server; ermöglicht die Volltextsuche in weltweit verfügbaren Datenbeständen), NFS (Network File System) oder auch das für Netzwerkmanagement-Aufgaben unverzichtbare SNMP (Simple Network Management Protocol).

Ein Problem der besonderen Art stellen die FTP-Verbindungen dar, denn für eine solche Verbindung sind bekannterweise zwei Sessions auf unterschiedlichen Portnummern erforderlich. Während der anfordernde FTP-Client bei dem FTP-Server seines Kommunikationspartners eine Control-Session über Portnummer 21 etabliert, generiert daraufhin der FTP-Server über seine Portnummer 20 eine Datenverbindung zum Client mit irgendeiner Portnummer oberhalb von 1023. Daher muß der Paketfilter alle Portnummern, die oberhalb dieses Wertes liegen, offenlassen. Für andere Anwendungen, deren Portadressen in diesem Bereich liegen (z.B. XWindows: Portnummern größer 6000) kann somit kein Schutz gewährleistet werden.

Ein nicht unerhebliches Sicherheitsdefizit stellt die bei Screening-Routern fehlende Protokolleigenschaft dar. Die Sicherheit eines Netzwerkes verletzende Aktivitäten können nicht registriert und in entsprechenden Dateien protokolliert werden, da diese Aufgaben lediglich von implementierten Anwendungen höherer Protokollschichten wahrgenommen werden.

7.2.3.2   Application Level Gateway

Analog zu den primär auf Routern eingesetzten „IP-Forwardern" stellen *Application Level Gateways* auf Anwendungsebene die „Application Forwarder" dar. Sie übernehmen die Sicherheitskontrolle auf höchster Ebene, indem sie gegenüber dem Client aus dem eigenen LAN und dem Server des externen LAN als Vermittler auftreten. Ein FTP-

Client aus dem zu schützenden Unternehmensnetzwerk betreibt somit keine direkte Verbindung zu einem externen Rechner, sondern übergibt seinem Application Level Gateway bzw. dem entsprechenden „Proxy-Server" die Adresse desjenigen Host, mit dem eine Verbindung aufgebaut werden soll. Der Application Level Gateway in seiner Funktion als „Proxy", also Vertreter, baut nun seinerseits eine Client-Server-Verbindung zu dem gewünschten externen Host auf. Dieser erkennt daher immer nur den Application Level Gateway als Kommunikationspartner. Die Rechner im Unternehmensnetzwerk hingegen bleiben unerkannt.

Voraussetzung für diesen Typus einer „indirekten" Client-Server-Beziehung ist jedoch – neben dem Einsatz eines Proxy-Servers – ein entsprechend modifizierter Client (Abbildung 7-4) auf den unternehmensinternen Rechnern.

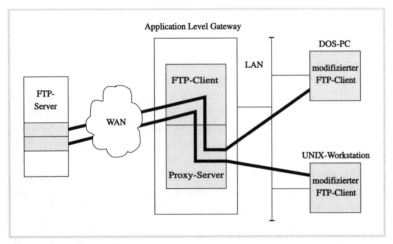

Abbildung 7-4:   *Application Level Gateway mit „Proxy-Services"*

Ein Application Level Gateway übernimmt je nach vorliegender Protokollinfrastruktur des internen Netzwerkes auch eine vollständige Protokollkonvertierung, so daß bereits eingesetzte Anwendungen wie beispielsweise PC-basierte Mail-Systeme auf dem SMTP-Dienst des Internet umgesetzt werden können.

7.2.3.3   Circuit Level Gateway

In dieser Firewall-Implementierung werden Verbindungen zu externen Rechnern lediglich über TCP-Connections realisiert. Im Unterschied zu Application Level Gateways, die auf Anwendungsebene arbeiten, basieren *Circuit Level Gateways* auf reiner TCP-Kommunikation, so daß auch nur entsprechende Protokolle aus höheren Schichten unterstützt werden können. UDP-basierte Protokolle (siehe Abschnitt 7.2.3.1) gehören demnach nicht dazu.

Einige Circuit Level Gateways sind jedoch in ihrer Funktionsweise wie Default-Router konzipiert, d.h. sie arbeiten gegenüber den internen Clients transparent. Eine Client-Anpassung ist daher nicht erforderlich.

Abschließend ist zu bemerken, daß ein vernünftig entwickeltes Sicherheitskonzept sowohl interne (Abschnitt 7.1) als auch externe (Abschnitt 7.2) Maßnahmen umfassen sollte. Ein ausgewogenes Verhältnis zwischen Datenschutz und Datenfluß sollte dabei stets im Vordergrund stehen.

7.3 Die Sicherheitsalternative: Isolation?

Wenn insbesondere für das Reizwort „Internet" alle vorgestellten Sicherheitsstrategien nicht überzeugen können und man das Risiko einer durch Firewalls geschützten Öffnung der unternehmenseigenen Netzwerke nicht in Kauf nehmen will, so bleibt immer eine sichere Alternative: Isolation.

Damit ist nicht das Abmieten aller verfügbaren Wähl- und Standleitungen im Unternehmen gemeint, sondern lediglich eine Isolierung des expliziten Internet-Zugangs vom übrigen Netzwerk. Ein einziger oder wenige Rechner, die gut kontrolliert werden können, erhalten einen Modem- oder ISDN-Anschluß und damit die Möglichkeit, im Internet verschiedenste Informationsbedürfnisse zu befriedigen. Dem Virenproblem wird durch die Strategie „keine Diskette bzw. keine Datei verläßt den Rechner ohne Virenprüfung" schlagkräftig begegnet. Eine jederzeit transparente Benutzung des Internet kann durch die Einführung eines Logbuches realisiert werden. Jeder Interessierte im Unternehmen meldet sich für seine WWW-Session, den FTP-Transfer oder die Gopher-Suche beim Internet-Administrator an und erhält für einen bestimmten Zeitraum das Nutzungsrecht.

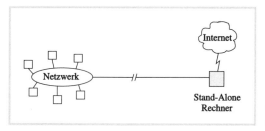

Abbildung 7-5:
Der isolierte Internet-Rechner

Zugegeben, das Verfahren ist nicht sehr flexibel und schon gar nicht zeitgemäß. Dafür ist aber in hohem Maße dort für Sicherheit gesorgt, wo der Bedarf an der Nutzung von Internet-Diensten noch nicht zum Massenerlebnis geworden ist, sondern sich auf Einzelbedürfnisse beschränkt.

Das „Internet"

Zunächst ist, wie ich meine, eine Erklärung fällig, warum der Begriff „Internet" in Anführungszeichen gesetzt ist. Einerseits bildet „Internet" den ersten Teil eines der wichtigsten Protokolle aus der TCP/IP-Protokollfamilie, nämlich des *Internet Protocol*, andererseits fungiert dieser Begriff als Synonym für die Ansammlung weltweit der Öffentlichkeit zur Verfügung stehender Netzwerke. In dieser Doppelbedeutung wird „Internet" allerdings meist nicht verwendet. Wenn man vom „Internet" spricht, so ist damit in aller Regel das „Netz der Netze" gemeint, das mittlerweile mehr als 40 Millionen Teilnehmer besitzt und Abertausende von Rechnern integriert.

In diesem Kapitel sollen neben einer ausführlichen Beschreibung der Internet-Philosophie, des Zugangs zum Internet sowie einer detaillierten Erläuterung verfügbarer Internet-Dienste auch Fragen aufgeworfen werden, die sich mit den Einsatzmöglichkeiten für Unternehmen, den damit verbundenen Risiken und erforderlichen Schutzmechanismen beschäftigen.

8.1   Warum „Internet"?

So populär und weltweit kommunikativ das Internet auch sein mag, um die alles entscheidende, grundsätzliche Frage kommt man nicht herum: Wie sieht das Bedarfsprofil an Information im konkreten Fall eigentlich aus? Sind Informationen aus weltweit verteilten Informationspools gefragt, oder ist man mit aktuellen Informationen aus den Fahrplänen der Deutsche Bahn AG zufrieden? Möchte man sich bei Überweisungen oder Kontoauskünften lediglich den Weg zur Hausbank ersparen, oder ist man an Informationen der großen Banken und Börsen überall auf der Welt interessiert? Gibt es den Freund oder Bekannten in Übersee, der den Mausklick zur Entleerung der elektronischen Mailbox dem Gang zum hauseigenen Briefkasten vorzieht? Oder besteht gar Bedarf an Satellitenbildern zur persönlichen Beurteilung der zu erwartenden Wetterlage der nächsten Tage?

Wenn das Thema „elektronische Kommunikation" ernst genommen werden soll und wenn diese überaus leistungsfähige Form des weltweiten Informationsaustausches zukunftsweisend sein soll, dann darf sie nicht Selbstzweck sein. Nur dann, wenn sinnvolle Anwendungen zu vernünftigen Preisen angeboten werden können, ist mit einem kontinuierlichen Ausbau des elektronischen Informationsmarktes zu rechnen.

8.1.1   Der Internet-Kunde

Jeder Marktmechanismus wird über Angebot und Nachfrage geregelt. Mit dem Produkt „Information" verhält es sich ebenso. Zahlreiche Anbieter im Internet versuchen durch mehr oder weniger attraktive Werbung (innerhalb des elektronischen Mediums), auf die Palette ihrer Informationsprodukte hinzuweisen. Neugierige Netzteilnehmer lassen sich dann, ähnlich dem potentiellen Kunden am Fernsehschirm, ködern und dringen Mausklick für Mausklick immer weiter in das fein strukturierte Angebot der jeweiligen Anbieter vor.

Das Angebot von mittlerweile beträchtlichem Ausmaß bemüht sich auch innerhalb der nun immer mehr erschlossenen „virtuellen Welten", den unterschiedlichen Profilen der Internet-Kunden zu entsprechen.

Der *News-Freak*   Wie man es bei den Printmedien schon seit langem kennt, gibt es die Gruppe von interessierten Lesern, die etablierte Magazine oder Zeitungen eines bestimmten, höheren Niveaus bevorzugen, sei es der *Spiegel* (Abbildung 8-1), das Magazin *FOCUS*, der *Stern*, die *FAZ* oder *Die Welt*. Für diese potentiellen Internet-Kunden gibt es jetzt schon eine Fülle interessanter Anbieter im „Netz". Hier einige Beispiele für das WWW (World Wide Web):

Der Spiegel	http://www.spiegel.de/
Reuters	http://beta.yahoo.com/headlines/current/news/
Financial Times	http://www.ft.com/
Die Welt	http://www.welt.de
CNN Newsroom	http://www.nmis.org/NewsInteractive/CNN/
	Newsroom/contents.html

Abbildung 8-1:
Spiegel Online

Der *Economist* Für alle Zeitgenossen, die sich für Fragen und -Problemstellungen der Wirtschaft interessieren, existiert ein breites Angebot an entsprechenden Magazinen. Im „Web" hat diese Entwicklung nun auch begonnen (Abbildung 8-2). Folgende Beispiele repräsentieren einen Auszug von Anbietern im Internet:

Deutsches Institut für Wirtschaftsforschung	http://www.diw-berlin.de/
FIN Web	http://riskweb.bus.utexas.edu/finweb.html
Helaba Trust	http://www.helaba-trust.de/index.html
Firmen in Finanznot	http://bankrupt.com/
Die Weltbank	http://www.worldbank.org/
Bank of America	http://www.bankamerica.com/
Mastercard	http://www.mastercard.com/
Visa Card	http://www.visa.com/OneCard.html
Wall Street Direct	http://www.cts.com/~wallst/

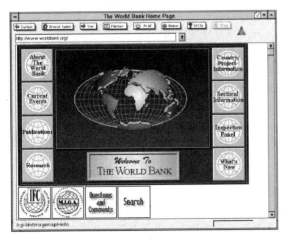

Abbildung 8-2:
World Bank

Der *Politik-Freak* Die politische Bildung wird im Internet durch zahlreiche nationale und internationale Anbieter repräsentiert. Das Produkt der politischen Meinung bedarf hier natürlich einer gehörigen Portion Relativierung. Allgemeingültige Wahrheiten sind sicher nicht von Web-Servern der politischen Parteien zu erwarten. Das Anliegen unabhängiger bzw. global orientierter Organisationen wie der Vereinten Nationen (Abbildung 8-3) ist hingegen anders zu beurteilen. Man kann jedoch sagen, daß der politisch interessierte Bürger eine Vielzahl von Informationen erhält, die er zu seinem Prozeß der Meinungsbildung sicher gut verarbeiten kann. Hier einige Beispiele:

Ministerien und Bundesämter	http://www.Laum.uni-hannover.de/iln/ bibliotheken/bundesamter.html
Friedensforschung	http://www.sowi.uni-mannheim.de/
Europa Online	http://www.cec.lu/en/eu.html
Präsidenten der USA	http://sunsite.unc.edu/lia/president/
Vereinte Nationen	http://www.un.org/

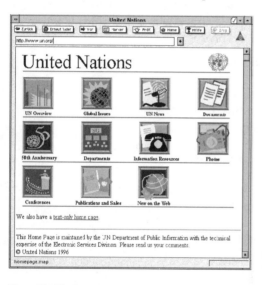

Abbildung 8-3:
United Nations

Der *Hobbyist* Der sinnvollen Gestaltung eines immer größer werdenden Freizeitpotentials haben sich zahlreiche Anbieter im Internet zugewandt (Abbildung 8-4). Hier einige Beispiele:

Photon Magazine (Fotografie)	http://www.scotborders.co.uk/photon/
Gartenbau-Informationssystem	http://www.zadi.de/Gartenbau/garten.html
The Andy Warhol Museum	http://www.warhol.org/warhol/
The Salvador Dali Museum	http://www.highwayone.com/dali/daliweb.html
Broadway	http://eMall.Com/ExploreNY/Broadway/Bway1.html
Grammy Awards	http://metaverse.com/grammy/
Österreichische Postmarken	http://hgiicm.tu-graz.ac.at/D38FBA72/Cstamps

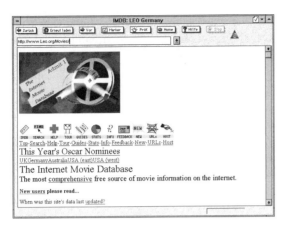

Abbildung 8-4:
The Internet Movie Database

Kochbuch Online	http://www.unix-ag.uni-kl.de/%7Emdenn/ kochbuch/rubrik16.html
Virtueller Pub	http://Lager.geo.brown.edu:8080/virtual-pub/
The Internet Movie Database	http://www.Leo.org/Movies/
U.S.Holocaust Memorial Museum	http://www.ushmm.org/

Der *Autonarr* Das Interesse für Automobile aus einer Liebhaberei wird durch eine Reihe von Angeboten gedeckt, die zugleich dem Anliegen der jeweiligen Hersteller entsprechen, für ihre eigene Produkte zu werben (Abbildung 8-5).

Mercedes Benz	http://www.daimler-benz.com/cars/cars_g.html
Ferrari des Monats	http://cpcug.org/user/titusb/ferraris/mferrari.html
Green Wheels	http://www.shore.net/~kester/
Amerikanische Automobile	http://popularmechanics.com/popmech/ auto/1HOMEAUTO.html

Abbildung 8-5:
Ferrari des Monats

Der *Sport-Freak*   Auf den Sportinteressierten warten eine Menge Informationen über verschiedene Sportarten wie Fußball, Basketball, Baseball, Radfahren, Golf usw. (Abbildung 8-6). Einige Beispiele:

FIFA Soccer Rules	http://www.wmart.com:80/soccer/FIFA_rules.html
International Soccer Server	http://dmiwww.cs.tut.fi/riku/soccer.html
Racer Archive	http://www.eng.hawaii.edu/Contribs/carina/
	ra.home.page.html
Tour de France	http://www.best.com/~bikiebob/tdf95/index.html
Velo News	http://www.velonews.com/VeloNews/
Wetfun (Tauchen)	http://www.wetfun.com/
19th Hol	http://www.sport.net/golf/
Espnet Sportzone	http://espnet.sportszone.com/

Abbildung 8-6:
Golf – The 19th Hole

Der *Scientist*   Für alle wissenschaftlich-technisch Interessierten wird eine Vielzahl von Informationen aus nahezu allen Bereichen (Abbildung 8-7) angeboten. Hier einige interessante Beispiele:

Spektrum der Wissenschaft	http://www.spektrum.de/
The Astronomy Hypertextbook	http://zebu.uoregon.edu/text.html
Astronomical Abstract Service	http://adswww.harvard.edu/abstrace_service.html
The Space Shuttle Pages	http://shuttle.nasa.gov/
European Space Agency	http://www.esrin.esa.it/
Online Stargazer Page	http://www.mtwilson.edu/Services/starmap.html
Animal Information Database	http://www.bev.net/education/
	SeaWorld/infobook.html
The Electronic Zoo	http://netvet.wustl.edu/e-zoo.htm
Chemistry Teacher Resources	http://rampages.onramp.net/~jaldr/chemtchr.html
The Chaos Network	http://www.prairienet.org/business/ptech/
Bio Box Wonder World	http://shamrock.csc.fi:81/cgi-bin/topbio

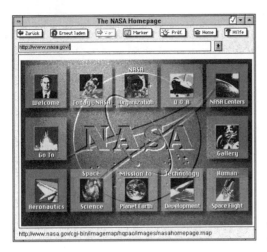

Abbildung 8-7:
Die NASA

Die vorgestellte Liste an Web-Servern stellt natürlich lediglich einen kleinen Auszug des Gesamtangebots im Internet dar. Eine Erweiterung dieser Liste würde in diesem Rahmen sicher zu weit führen. Diese vielschichtige Fülle dokumentiert, daß versucht wird, jedem Internet-Kunden auf einer breiten Basis Informationen zu seinen individuellen Interessen zu bieten.

8.1.2   Der „virtuelle Marktplatz"

Der aus den ersten Jahren des Internet stammende Teilnehmerkreis setzte sich hauptsächlich aus Personen zusammen, deren primäres Interesse im technisch-wissenschaftlichen Bereich lag. Dieses Profil hat sich in den letzten Jahren deutlich verändert. Das Internet ist zu einem Tummelplatz unterschiedlichster Informationsanbieter geworden, und gerade der kommerzielle Bereich hat enorm zugelegt. So haben renommierte Unternehmen wie Daimler-Benz, Coca-Cola oder auch zahlreiche Banken ein Medium entdeckt, mit dem sich zur Zeit weltweit etwa 40 Millionen potentielle Käufer bzw. Kunden durch gezielte Werbung erreichen lassen (Abbildung 8-8). Insbesondere liefert die Software-Philosophie des WWW (World Wide Web) die entscheidende Voraussetzung für eine wirkungsvolle Gestaltung von Werbeflächen: Multimediale Objekte wie Grafik, Foto und Ton werden durch intuitiv nutzbare Bedienungselemente dem Internet-Kunden interaktiv präsentiert.

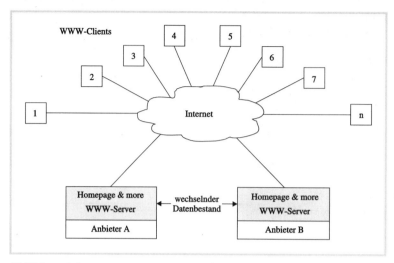

Abbildung 8-8:   *WWW-Kommunikation*

Ein unschätzbarer Vorteil der Präsenz im Internet ist die Erreichbarkeit eines Unternehmens „rund um die Uhr". Für die Beschaffung bestimmter Informationen brauchen keine Termine mit Unternehmensvertretern vereinbart zu werden, da sich der Kunde die gewünschten Informationen kontinuierlich im „Web" beschaffen kann. Darüber hinaus ergibt sich für den Werbeetat eine deutliche Entspannung, denn die Herstellung kostspieliger Prospektmaterialien entfällt, wenn im WWW die üblichen „Hochglanzseiten" elektronisch abgebildet werden können (sogar mit interaktivem Effekt). Die Konzeption einer Selbstdarstellung im Internet wird in Abschnitt 8.4 ausführlich beschrieben.

Über einen weiteren Internet-Dienst, die „Electronic-Mail", läßt sich der schnelle Kontakt zum Kunden unkonventionell aufbauen und Verzögerungen durch umständlichen Schriftverkehr weitgehend vermeiden.

Eine sehr attraktive wie auch derzeit noch äußerst umstrittene Möglichkeit ist das „Internet-Shopping". Zahlreiche Firmen stellen ihre Produkte über ansprechend gestaltete Web-Seiten vor und bieten sie zum Verkauf an. Das Problem beginnt jedoch bei der Zahlung. Da eine Barzahlung natürlich ausscheidet und der Kauf auf Rechnung durch die Anonymität des Käufers für den Verkäufer ein Sicherheitsrisiko darstellt, bleibt eigentlich nur noch die Option, den Kauf über Kreditkarten abzuwickeln. Für ein solches Geschäft ist lediglich die Übermittlung der Kreditkartennummer sowie des Gültigkeitszeitraumes erforderlich. Ein Mißbrauch ist durch ungehindertes Abhören der Kommunikation zwischen Käufer und Verkäufer zur Zeit noch ohne weiteres möglich und bedeutet ein enorm hohes Sicherheitsrisiko für den Karteninhaber.

Eine Zahlungsalternative macht seit einiger Zeit von sich reden: Cyber-Bucks. Hier geht es um ein virtuelles Zahlungsmittel innerhalb des Internet. Guthaben, die sich aus Verkäufen gebildet haben, können dazu verwendet werden, Produkte bei anderen Anbietern zu erwerben und zu bezahlen. Die *Cyber-Bucks* können allerdings nicht in normales

Geld umgewandelt werden und verbleiben im Internet-Geldkreislauf. Außerdem müssen beide Geschäftspartner den „virtuellen Dollar" als Zahlungsmittel akzeptieren und über die geeignete E-Cash-Software verfügen (zu beziehen bei Digi-Cash: http://www.digi-cash.com). Für die Sicherheit beim virtuellen Geldtransfer sorgt die Verschlüsselungssoftware *Pretty Good Privacy*, die als Freeware unter http://tech.ukema.ac.uk/pgp/ zu beziehen ist. In diesem Verfahren stehen jedem Kommunikationspartner ein persönlicher (private key) und ein öffentlicher Schlüssel (public key) zur Verfügung. Die ausgehende Zahlung wird vom Sender mit dem bei Sender und Empfänger identischen *public key* verschlüsselt und nach Übertragung vom Empfänger durch seinen geheimen *private key* wieder entschlüsselt. Eine Entschlüsselung der Übertragung des Senders kann selbst von ihm nicht mehr vorgenommen werden. Zur Identifikation der Übertragung wird der *private key* des Senders als „Unterschrift" der Zahlung hinzugefügt. Die Überprüfung der Unterschrift erfolgt beim Empfänger durch den *public key*.

8.1.3   „Internet-Netiquette"

Wie bei allen Kommunikationsformen zwischen menschlichen Partnern, so existieren auch im Internet Umgangsformen, die im Laufe der Jahre von vielen Mitgliedern der „Internet-Gemeinde" entwickelt wurden und nunmehr von allen Mitgliedern akzeptiert werden. Einige der wichtigsten Regeln sind:

Unnötige Netzbelastung vermeiden — Wenn Informationen von lokalen bzw. nationalen Servern bezogen werden können, sollte kein Server aus Übersee kontaktiert werden. Einsatz von Suchhilfsmitteln wie *ARCHIE*.

Vorbereitung für Newsgroups — Man sollte zunächst einige News in einer Newsgroup gelesen haben, bevor man sich an Diskussionen beteiligt. So vermeidet man den Eindruck „vorlauter" oder „undiziplinierter" Agitation.

Keine Rundschreiben im EMail — Es ist tunlichst zu vermeiden, den Datenverkehr im Netz dadurch zu erhöhen, daß man – womöglich zu Testzwecken – Kopien an alle oder mehrere Mail-Teilnehmer versendet. Derart undiszipliniertes Verhalten „spricht" sich im Netz schnell herum.

Verantwortlichkeit der Informationsanbieter — Trotz der z.T. recht schwierigen Situation international operierender Online-Dienste und Netzbetreiber (unterschiedliche Gesetzgebung) und der Problematik nur sehr schwer durchführbarer Kontrolle einer Vielzahl von Netzteilnehmern müssen Verantwortlichkeit und in einem weiteren Schritt geeignete und umsetzbare Mechanismen entwickelt werden, damit die Plazierung der Humanität widersprechender Texte und Bilder verhindert werden kann.

Wahl einer vernünftigen Kommunikationszeit — Es ist ratsam, für den Kontakt zu einem bestimmten Kommunikations-Server je nach Geographie den richtigen Zeitpunkt zu wählen. Zur Entlastung des Netzes sollte, wenn es denn unbedingt ein Übersee-Server sein muß, die Kommunikation zur Nachtzeit des jeweiligen Ziel-Servers stattfinden. Dies wirkt sich natürlich auch auf die eigene Performance positiv aus.

8.1.4   Das Internet-Risiko

Wie bereits in Abschnitt 7.2 *External Security* ausführlich beschrieben, ist der Internet-Zugang für jede Privatperson, aber auch jedes Unternehmen mit gewissen Risiken behaftet. Hier gilt es, eine vernünftige Einschätzung von Risiko und Nutzen eines Internet-Zugangs zu finden, denn den offensichtlichen Vorteilen einer Anbindung und der Nutzung bestimmter Dienste im Internet steht auf der anderen Seite das Risiko gegenüber, bei Dateiübertragungen Viren zu übernehmen oder während einer Verbindung (hauptsächlich bei permanenten Netzanbindungen über dedizierte ungesicherte Router) den eigenen Rechner für externe Eindringlinge zu öffnen. Mittlerweile existieren jedoch Schutzmechanismen, die je nach Komplexität und Netzumfang einen ausreichenden Schutz gegen die genannten Gefahren bieten können (Firewalls). Es ist natürlich fallweise abzuwägen, ob der wirtschaftliche Nutzen eines Internet-Zugangs auf breiter Netzbasis einen erheblichen finanziellen Aufwand für die Implementierung derartiger Schutzsysteme rechtfertigt.

8.2   Internet-Service-Provider (ISP)

Für den Zugang zum Internet werden nicht nur ein Rechner, ein Modem (bzw. ISDN-Karte) und ein serielles Verbindungskabel benötigt. In erster Linie ist ein Einwählknoten erforderlich, der von einem *Internet-Service-Provider (ISP)* zur Verfügung gestellt wird. Dabei ist ein ISP nicht unbedingt Netzbetreiber (ähnlich wie bei dem Mobiltelefon). Viele ISPs mieten Leitungen bzw. Kapazitäten einschlägiger Netzbetreiber an und können nun ihrerseits durch eigene Preispolitik eine individuelle Tarifstruktur bilden. Theoretisch könnte dies auch jede Privatperson tun, die einen Internet-Zugang wünscht. Allerdings wären die Kosten für eine einzige Netzwerkverbindung zu einem ggf. Hunderte von Kilometern entfernten Knotenrechner unbezahlbar. Der ISP mietet hingegen mehrere Verbindungen an, die er natürlich aufgrund der Mengenabnahme günstiger bekommen kann, und stellt diese einer Vielzahl von Internet-Teilnehmern zur Verfügung, die für die Bezahlung der „Leitungen" und seinen Gewinn sorgen.

Es sind, wie bereits erwähnt, zwei Kategorien von Internet-Service-Providern zu unterscheiden. ISPs, die gleichzeitig auch Netzbetreiber sind (z.B. EUnet, MAZ, Contrib.Net/GTN, Nacamar oder NTG/Xlink), werden als *klassische ISPs* bezeichnet. Andere ISPs besitzen keine eigenen Leitungskapazitäten, sondern kaufen diese bei den Betreibern ein bzw. mieten sie an. Beide Gruppen stellen jedoch nicht nur Netzkapazitäten zur Verfügung, sondern bieten dem Geschäftskunden ein z.T. umfangreiches Angebot verschiedener Internet-Dienste mit Zusatzleistungen (siehe Abschnitt 8.2.1).

Die zweite Gruppe der ISPs bilden im wesentlichen die *Online-Dienste*. Diese mieten ihre erforderlichen Leitungskapazitäten und offerieren neben dem Internet-Zugang ein eigenes, vom Internet isoliertes Netz bzw. ein eigenes Mailbox-System mit sehr leistungsfähigen Funktionalitäten (der Online-Dienst *CompuServe* bietet beispielsweise ein Mailbox-System, das in thematisch abgegrenzte Foren gegliedert ist; der Online-Dienst *America Online* ist ähnlich konzipiert). Eine kleine Zahl von Anbietern dieser Gruppe beschränkt sich meist auf attraktive Angebote für den „Freizeit-Surfer" und ist in überregionalen Vereinen organisiert (z. B. Individual Network e.V., Offenes Netz e.V., Computer Freunde e.V., Handshake e.V, usw.).

8.2.1　　Service-Provider: Leistung und Kosten

An dieser Stelle soll eine Beschreibung der wichtigsten Service-Provider, ihrer Leistung und ihrer Tarife erfolgen. Je nach persönlichem Anforderungsprofil sollte man sich genau überlegen, welchen Provider man für einen Internet-Zugang auswählt.

Bank	Anzahl Konten
Sparkassen	600000
Postbank	400000
Volks- u. Raiffeisenbanken	375000
Deutsche Bank	200000
Dresdner Bank	150000
Commerzbank	80000
Hypo-Bank	50000
Bayerische Vereinsbank	45000
Sonstige	100000

Tabelle 8-1:
Homebanking-Kunden 1995
(Quelle: COM! 3/96)

Will man beispielsweise auf die mittlerweile schon recht verbreiteten elektronischen Bankdienste, das Homebanking (Tabelle 8-1), nicht verzichten, so ist man mit dem seit Ende 1995 ins Leben gerufenen *T-Online* gut beraten, denn hier wird neben dem aus alten Datex-J- bzw. BTX-Zeiten verfügbaren Angebot auch der Internet-Zugang angeboten. Will man sich jedoch im „Netz" so richtig austoben und legt auf einen schnellen Datentransfer viel Wert, so lohnt beispielsweise ein Vergleich der Online-Dienste *Com-*

puServe und *America Online*, wobei letzterer mit deutlich schnelleren Leitungen (bis 28800 Bit/s) den Zuschlag erhalten sollte. CompuServe hingegen bietet durch sein ausgefeiltes Forum-Konzept (dies gehört allerdings nicht zum Internet) in nahezu allen denkbaren Bereichen des Geschäfts- und Privatlebens eine sehr gute Diskussionsplattform. Den Unternehmen, die neben dem einfachen Internet-Zugang auch Unterstützung für die Entwicklung einer Gesamtkonzeption für eine Netzanbindung benötigen, können auf diesem Gebiet erfahrene Service-Provider wie z. B. *EUnet* oder *Xlink* wertvolle Dienste leisten.

Die nun folgenden Abschnitte geben einen Einblick in einige bedeutende Service-Provider.

8.2.1.1   EUnet

Das Kommunikationsunternehmen EUnet Deutschland GmbH ist bereits seit 1982 weltweit tätig und bietet seit 1993 Dienste im Internet an. Ursprünglich ist es aus dem Fachbereich Informatik der Universität Dortmund hervorgegangen. Mittlerweile werden ihre Dienstleistungen an über 170 Stellen (z.T. über Partnerunternehmen) hauptsächlich in Europa angeboten.

Die Servicepalette von EUnet ist recht vielfältig. Sowohl für den privaten „Surfer" als auch für interessierte Unternehmen mit komplexen Anforderungen zur Integration verschiedener Dienste ist gesorgt. Die Dienste im einzelnen:

EUnet-Dienst	Beschreibung
EUnet Mail	Electronic-Mail-Dienst im Internet für weltweite Erreichbarkeit nach MIME-Standard (Multipurpose Internet Mail Extension)
EUnet News	Teil des Internet-Dienstes UseNet, repräsentiert ein weltweites Konferenzsystem.
InterEUnet	Basierend auf TCP/IP-Kommunikation, wird über InterEUnet die Netzanbindung an das Internet realisiert.
EUnet Archiv Dienste	EUnet stellt ein Datenvolumen von derzeit etwa 12 Gbytes an Software, Dokumenten oder Multi-Media-Objekten zur Verfügung. Der Zugang läßt sich bequem über Anonymous-FTP-Verbindungen realisieren (FTP-Server: ftp.Germany.EU.net).
EUnet Datenbank Interface	EUnet bietet eine Schnittstelle zu den meisten kommerziellen Datenbankanbietern zur Akquirierung aktueller Informationen. Die Abrechnung erfolgt zentral über EUnet (Pauschale und Volumengebühr).
EUnet Traveller	Für Geschäftsreisende empfiehlt sich der EUnet-Traveller-Dienst, da dieser über das Notebook und entsprechende Anschlußtechnik in vielen Ländern Europas einen flexiblen Zugang zum EUnet-Netzwerk bietet. Die Verbindungen werden über TCP/IP bzw. PPP betrieben.

EUnet-Dienst	Beschreibung
PersonalEUnet Classic	Für Privatpersonen und kleinere Betriebe ist dieser Dienst vorgesehen. Er realisiert den Zugang über analoge Modems oder ISDN (mit unterschiedlichen Kosten bei zeitabhängiger Gebührenstruktur).
EUnet Virtual Private Network	Durch die Nutzung der EUnet-Verkehrswege lassen sich eigene Unternehmensnetzwerke aufbauen, ohne dabei in eigenes Equipment investieren zu müssen.

Tabelle 8-2:   *EUnet-Dienste*

8.2.1.2   NTG/Xlink

NTG/Xlink ist ein Geschäftsbereich der Netzwerk und Telematic GmbH in Chemnitz und bietet seine Dienste primär dem Geschäftskunden an. Sein Ursprung findet sich, ähnlich der Entwicklungsgeschichte des EUnet, im universitären Bereich (Universität Karlsruhe). Das Dienstespektrum unterscheidet die *Internet-Komplettangebote* und die *-Zusatzdienste*.

Service	Beschreibung
Vario-IP-Service	Internet-Dienst mit volumenorientierter Tarifierung, geeignet für kleinere Datenvolumen
Standard-IP-Service	Internet-Dienst mit kontingentorientierter Tarifierung, geeignet für mittlere Datenvolumen
Pauschal-IP-Service	Internet-Dienst mit pauschalisierter Tarifierung, geeignet für große Datenvolumen

Tabelle 8-3:   *NTG/Xlink-Komplettangebote*

Die Zusatzdienste umfassen separate EMail-Dienste, NIC-Dienste, NetNews-Dienste, einen exklusiven Router-Port am Xlink-PoP und einen direkten SAP-Zugang. Dieser Zugang wird ausschließlich zur SAP AG etabliert und bedeutet keine nationale oder internationale Router-Anbindung an das Internet. Dies wäre Bestandteil separater Vereinbarungen. Für die Verbindung zum entsprechenden Xlink-PoP wird die ISDN-Wähltechnik verwendet und eine pauschale Grundgebühr berechnet (inklusive eines Datenübertragungskontingentes von 60 MBytes). Für die Installation (Einrichtung bei NTG/Xlink) wird ein einmaliger Betrag in Rechnung gestellt.

8.2.1.3   MAZ

Die MAZ Internet Service GmbH ist in separaten ISCs (Internet Service Centers) organisiert, denen sie Vorschläge für Dienste und Preise unterbreitet und je nach Bedarf Volumenkontingente zur Verfügung stellt. Diese abgenommenen Datenvolumen können in Eigenregie an Kunden weitergegeben werden, wobei trotz enger Bindung an die MAZ-Zentrale eine eigene Tarifgestaltung ermöglicht wird.

8.2.2   Tarifbeispiele einiger Service-Provider

Um eine einigermaßen nachvollziehbare Vergleichsrechnung zu ermöglichen, wird jeweils ein einfacher Zugangsdienst zum Internet zugrunde gelegt. Die dafür bei den einzelnen ISPs wählbaren Tarife basieren allerdings z.T. auf unterschiedlichen Berechnungsgrundlagen (zeitabhängig, volumenabhängig).

Es soll der einfache Internet-Zugang zur Verfügung gestellt werden, um die gängigen Dienste wie EMail, FTP, Gopher oder WWW nutzen zu können. Verglichen werden die Provider EUnet, Xlink, T-Online, CompuServe und America Online. Folgende Situation liegt vor: Pro Monat werden 5 bis 10 Stunden Online-Zeit bei einer Übertragungsgeschwindigkeit von 14400 Bit/s beansprucht. Das ergibt ein theoretisches Übertragungsvolumen von 65 MBytes (bei 10 Online-Stunden).

EUnet verwendet den Tarif PersonalEUnet, der eine fixe monatliche Grundgebühr von DM 19 und eine zeitabhängige Gebühr von DM 0,19 pro Online-Minute (analog; ISDN-Anbindung ist für DM 0,29 pro Minute möglich) umfaßt. Bei 10 Online-Stunden über analoge Anschlußtechnik ergibt sich eine monatliche Gebühr von DM 133 (entspricht etwa DM 2,05 pro MByte übertragene Daten). Bei ISDN erhöht sich die Gebühr auf DM 193, allerdings können innerhalb der 10 Online-Stunden 288 Mbytes Daten übertragen werden, wodurch sich der MByte-Preis auf DM 0,67 reduziert.

Bei *Xlink* erfolgt die Anbindung stets über ISDN. Hier kommt voraussichtlich der Tarif V des Vario-IP-Service zur Anwendung. Für die Vergleichsrechnung wird eine einmalige Anschlußgebühr von DM 300 erhoben. Zu der monatlichen Grundgebühr von DM 150 kommen noch DM 5184 für ein Datenvolumen von 288 MBytes hinzu. Es ist offensichtlich, daß dieser Provider für kleinere Anbindungen an das Internet wohl nicht in Frage kommt.

T-Online stellt den Internet-Zugang über seinen T-Online-Anschluß (ehemals BTX bzw. Datex-J) für DM 8 pro Monat zur Verfügung. Für jede T-Online-Minute wird je nach Tageszeit DM 0,06 (Normaltarif, Mo-Fr, 08.00 – 18.00 Uhr) bzw. DM 0,02 (Billigtarif, übrige Zeit) berechnet. Jede Internet-Minute kostet zusätzlich DM 0,05. Geht man von einem ISDN-Zugang aus, so belaufen sich die vergleichbaren Kosten auf DM 74.

Der Zugang zum Dienst *America Online* kostet im Monat DM 9,90, und für jede über zwei Freistunden hinausgehende Online-Stunde muß DM 6 bezahlt werden. Sämtliche weiteren Dienste, die über das eigentliche America-Online-Geschäft hinausgehen, also auch der Internet-Zugang, die Dienste Gopher, FTP oder NetNews, sind kostenfrei. Die im Vergleich verwendeten 10 Online-Stunden schlagen hier mit DM 57,90 zu buche; allerdings „fließen" in diesem Zeitraum aufgrund der fast flächendeckend verfügbaren Einwählknoten mit 28800 Bit/s lediglich 45% des Datenvolumens einer ISDN-Übertragung über die Leitung.

CompuServe hingegen berechnet jeden Monat DM 19,95 und für jede weitere über fünf Freistunden hinausgehende Online-Stunde DM 4,95. Die Gesamtgebühr von monatlich DM 44,70 kann jedoch nur den „City-Tarifler" locken, denn die Mehrzahl der CompuServe-Mitglieder müssen sich mit einer geringen Anzahl von Einwählknoten zufriedengeben, die lediglich über teure Fernverbindungen (Region 200 bzw. Fern) zu erreichen sind. Über diese Knoten lassen sich derzeit Geschwindigkeiten zwischen 14400 und 28800 Bit/s realisieren.

Im Grunde genommen sind die hier durchgeführten Vergleiche nur theoretisch relevant, denn es ist einigermaßen unrealistisch, das Preis-Leistungs-Verhältnis eines Service-Providers bzw. eines Online-Dienstes ausschließlich nach den Kosten für umfangreiche Datenübertragungen zu bemessen. Eine relativ sporadische Nutzung kommt dem realen Bedarfsfall am nächsten. Kontinuierliche Transfers über 20 oder gar 50 Stunden pro Monat sind die Ausnahme. Vielmehr wird für die Auswahl des Providers das persönliche Anforderungsprofil des Kunden entscheidend sein. Eine intuitiv und rasch bedienbare Oberfläche wie sie *America Online* oder *CompuServe* bietet, mag für den Privatkunden ein entscheidenderes Argument sein als ein zu erwartender Preisvorteil nach 20 oder 30 Übertragungsstunden.

Gerade nach Einführung der neuen Telefontarife der Deutschen Telekom ist es für den Kunden wichtig, einen Einwählpunkt möglichst zum City-Tarif erreichen zu können, so daß auch die Zugangspunktestreuung der Provider die Entscheidung wesentlich beeinflußt (der seit März 1996 agierende Online-Dienst *Europe Online* trägt mit seinen über hundert Einwählknoten stark dazu bei).

Überhaupt muß damit gerechnet werden, daß eine Vielzahl der hier genannten Leistungsprofile und Tarife bei Erscheinen des Buches schon überholt sein werden. Was jedoch bleibt, ist das Erscheinungsbild der Provider, ihre auf den individuellen Kunden und seine Anforderungen abgestimmten Service-Produkte sowie das faktisch überprüfbare Angebot, das dem Internet-Kunden offeriert wird. Eine eindeutige objektive Bewertung kann somit unter keinen Umständen vorgenommen werden!

8.3   Dienste im Internet

Der Zugang zum Internet sagt noch nichts darüber aus, in welcher Art und Weise man sich dort Informationen beschafft bzw. eigene Daten absetzt. Der Zugang an sich bedeutet zunächst lediglich, daß eine Netzwerkverbindung (über einen der im vorigen Abschnitt beschriebenen Service-Provider) etabliert wurde. Den eigentliche Nutzen bilden die Verwendung spezieller Anwendungen und die dadurch gewonnenen Informationen, die alle völlig unterschiedlichen Charakters sind. Will man für diese Informationen eine Unterteilung in Kategorien vornehmen, so ergeben sich folgende Datenobjekte: einfache Nachrichten, Software in Form binärer Dateien, Dokumente aus weltweit verteilten Datenbanken, Informationen über den jeweiligen Kommunikationspartner, Bilder, Tonsequenzen, Videoclips usw.. Die implementierten Anwendungen für die entsprechende Informationsbeschaffung werden als *Internet-Dienste* bezeichnet und zumeist kostenlos oder gegen eine geringe Gebühr von Service-Providern zur Verfügung gestellt. Einige der wichtigsten Dienste werden nachfolgend erläutert.

8.3.1   Electronic-Mail

Der Begriff *Post* ist ein Bestandteil unseres täglichen Lebens und braucht sicher nicht näher beschrieben zu werden. Jeder Mensch weiß, was es bedeutet, Post zu versenden oder zu empfangen. Die Post repräsentiert eine äußerst wichtige Form der Kommunikation zwischen Menschen, die räumlich voneinander getrennt sind. Dabei wird normalerweise auf einem Stück Papier eine Nachricht formuliert, die der Postempfänger lesen und verstehen kann. Der Briefbogen wird in einen Briefumschlag gesteckt, mit der Adresse des Empfängers und des Absenders versehen und anschließend einem Transportmedium anvertraut, das für die Übermittlung des Briefes verantwortlich ist. Dieser Vorgang wird im deutschen Sprachgebrauch als die „gelbe Post" bezeichnet.

Die Übertragung des Prinzips der *gelben Post* auf die *elektronische Post* erfolgt analog. Tauscht man das Briefpapier gegen eine Textdatei, wählt als Transportmedium eine Datenverbindung, beispielsweise über ein analoges Modem, und ersetzt die Briefkästen bei Absender und Empfänger durch einen Personal Computer mit geeigneter Software, so läßt sich die Funktionsweise der Electronic Mail (EMail) leicht nachvollziehen (Abbildung 8-9).

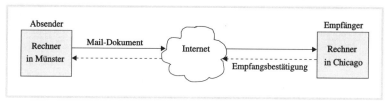

Abbildung 8-9:   *Funktionsweise der Electronic Mail*

Hinweis: Die in Abbildung 8-9 dargestellte „Internet-Wolke" setzt sich natürlich aus einzelnen Rechnerverbindungen innerhalb des Internet-Netzwerkes zusammen (Abbildung 8-10). Zur allgemeinen Darstellung wird jedoch in der Regel das „Wolkensymbol" verwendet.

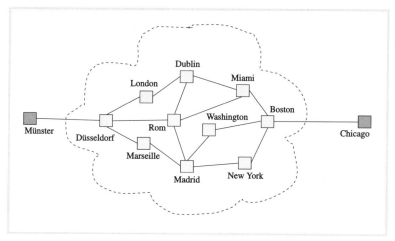

Abbildung 8-10:   *Die „Auflösung" der Internet-Wolke*

Trotz offensichtlicher Gemeinsamkeiten existieren einige wesentlichen Unterschiede zur „gelben Post". Es ist zunächst die Geschwindigkeit, mit der die EMail transportiert werden kann. Verstreichen bei einem Brief in die USA oft viele Tage, so gelangt eine EMail oft innerhalb weniger Minuten dorthin. Allerdings muß dafür die Adreßinformation unmißverständlich sein. Die Kreativität und Erfahrung eines herkömmlichen Briefträgers besitzt das elektronische Medium nicht. ·

Es ist daher unbedingt erforderlich, der elektronischen Adresse ein ganz bestimmtes Format zu geben. Dieses Format besteht in der Regel aus zwei Komponenten: dem User und der Domäne (user@domain geschrieben; user at domain gesprochen). Eine definierte Mail-Adresse könnte demnach folgendes Aussehen haben: **Lienemann@ibm.net** (gemäß RFC 822). Sie ist im gesamten Internet nur einmal vorhanden (die einzelnen Provider müssen dies sicherstellen).

Ein wesentlicher Grundsatz bei Verwendung von EMail im Internet war lange Zeit der Verzicht auf Grafiken, Audio- und Videosequenzen. Man beschränkte sich auf rein textuelle Nachrichten. Diese doch sehr eingeschränkte Form der Kommunikation ist heute längst überholt. Eine Erweiterung der klassischen EMail wurde unter RFC 1521 Ende 1993 vorgenommen. Das neue Protokoll heißt **MIME** (Multipurpose Internet Mail Extension). Hier lassen sich durch die Verwendung einer anderen Header-Struktur des Mail-Dokuments umfangreiche Bilddateien in Formaten wie GIF, JPEG, MPEG usw. versenden. Auch der Transfer von Ton- oder Videosequenzen ist möglich.

Folgendes Beispiel soll die Handhabung einer Mail-Erstellung, ihren Versand im Internet und ihren Empfang darstellen:

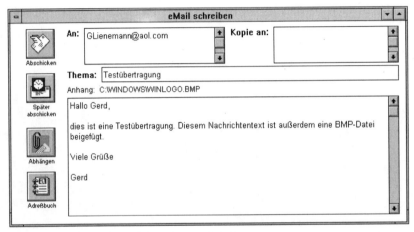

Abbildung 8-11:   *Mail-Erstellung mit Anlage*

Die für einen EMail-Versand erforderlichen Informationen wie Anschrift oder Betreff werden in den dafür vorgesehenen Feldern angegeben (Abbildung 8-11). Die eigentliche Nachricht wird über den integrierten Texteditor eingegeben und schließlich die Anlage, in diesem Fall eine Bitmap-Grafik (winlogo.bmp), angefügt. Jetzt kann durch Betätigen des Aktionsfeldes *Abschicken* der EMail-Versand vorgenommen werden.

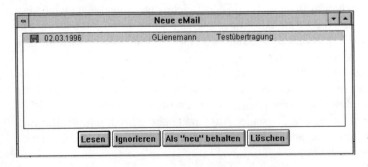

Abbildung 8-12:
EMail-Empfang

Bei Empfang der elektronischen Post wird ein Fenster eingeblendet, das die EMail anhand des Datums, des Absenders und des Betreffs identifiziert (Abbildung 8-12). Gemäß der im unteren Teil des Fensters angebotenen Aktivitäten kann die Mail nun gelesen, ignoriert, als „neu" behalten oder gelöscht werden. In diesem Fall soll die Mail gelesen werden. Ein Mausklick auf die Aktionsfläche *Lesen* ruft die entsprechende Anzeige hervor (Abbildung 8-13).

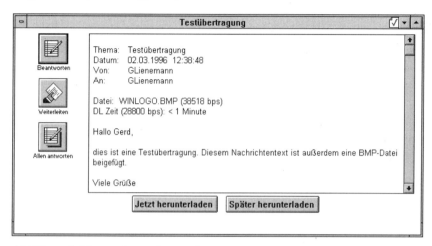

Abbildung 8-13: *Lesen der empfangenen Mail*

Durch einen weiteren Mausklick ist es nun möglich, die empfangene Post zu beantworten, einem weiteren Empfänger zuzuleiten oder eine Nachricht zu verfassen, die automatisch an den bzw. die Absender zurückgeschickt werden kann.

Will man die beigefügte Anlage einsehen, so kann man ihren Transfer vom Rechner des Service-Providers durch Aktivieren der Aktionsfläche *Jetzt herunterladen* vornehmen (Abbildung 8-14).

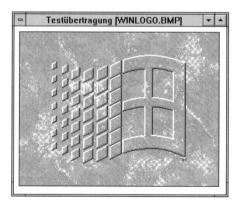

Abbildung 8-14:
Anzeige der übertragenen Bitmap-Grafik

Es werden derzeit zahlreiche EMail-Tools angeboten, mit denen eine Postbearbeitung in der hier gezeigten Weise möglich ist. Einige von ihnen sind mit weit mehr Funktionen ausgestattet als hier beschrieben, andere wiederum beschränken sich auf die wesentlichen Aktivitäten. Allen gemeinsam ist allerdings die Fähigkeit, Objekte nach dem MIME-Standard zu übertragen. Ein sehr leistungsfähiges Mail-Tool ist beispielsweise die Software *Eudora*. Sie ist als Freeware-Version auf zahlreichen FTP-Servern oder in Mailboxen zu beziehen.

8.3.2   NetNews/UseNet

Zu den klassischen Internet-Diensten gehört auch das NetNews (oder UseNet). Als Diskussionsforum, Konferenzsystem oder auch „Pinwand" des Internet leistet es einen nicht unerheblichen Beitrag zum Meinungsbildungsprozeß und stellt ein wichtiges Forum zur Beschaffung von Informationen aus den unterschiedlichsten Bereichen zur Verfügung. Weltweit existieren etwa 40000 bis 50000 NetNews-Server. In den meisten Fällen erfolgt die Kommunikation durch das NNTP (Network News Transfer Protocol) oder durch UUCP (Unix to Unix Copy Program).

Grundsätzlich kann man eine grobe Unterteilung der Sachgebiete in *computerbezogene* Themen, *wissenschaftliche* Themen und Themen aus dem *täglichen Leben* vornehmen. Eine weitverzweigte hierarchische Struktur wird in dieser Spartenbildung fortgesetzt.

Um Teilnehmer im News-System zu werden, braucht man eine Schnittstelle (NNTP-Client), die es erlaubt, News-Artikel am eigenen Rechner zu lesen. Zu diesem Zweck existieren mehrere Programme für verschiedenste Plattformen (die meisten sind als Free- oder Shareware zu bekommen). Folgendes Beispiel gibt einen Einblick in den Umgang mit NetNews:

Abbildung 8-15:
Suche nach NetNews zum Thema
„Windows"

Will man etwas über „Windows" in Erfahrung bringen, so kann man gezielt nach diesem Thema suchen (Abbildung 8-15). Als Ergebnis wird eine Liste verschiedener Subthemen zu „Windows" angezeigt (Abbildung 8-16).

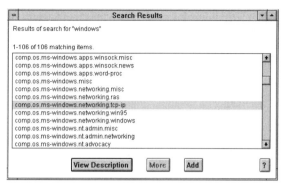

Abbildung 8-16:
Ergebnis der Suche nach „Windows"-
Themen

In diesem Fall wird die Suche auf das Thema „Windows und TCP/IP-Netzwerke" ein-geschränkt. Da diese Newsgroup nicht zu den eigenen Newsgroups gehört, muß sie der persönlichen Newsgroup-Liste hinzugefügt werden (Aktionsfläche *Add* aktivieren). Bei dem nun folgenden Blick in die eigene Liste, taucht diese Newsgroup auf und kann durchgelesen werden. Hier gibt es zu der Newsgroup *comp.os.ms-windows.networking.tcp-ip* insgesamt 543 selektierbare Einträge (Abbildung 8-17).

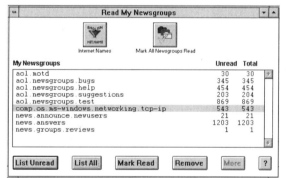

Abbildung 8-17:
Selektion der gewünschten Newsgroup

Anhand der Betreffliste kann nun das Thema, um das es in der jeweiligen News geht, grob identifiziert werden (Abbildung 8-18).

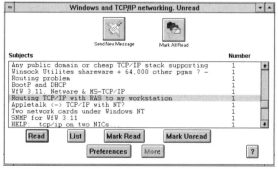

Abbildung 8-18:
News-Liste

Ein Mausklick auf die gewünschte News eröffnet den Inhalt des Dokumentes „Routing TCP/IP with RAS to my workstation" (Abbildung 8-19)

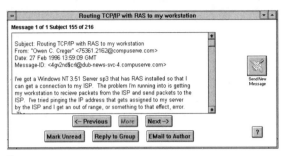

Abbildung 8-19:
Inhalt der News „Routing TCP/IP with RAS ...

"

Wenn das geschilderte Problem bekannt ist bzw. bereits gelöst wurde, sollte man diese Mitteilung entsprechend beantworten.

Es ist natürlich ebenso möglich, eigene Probleme zu schildern und diese über den NetNews-Dienst in die entsprechende Newsgroup zu überstellen. Ein Beispiel zeigt Abbildung 8-20:

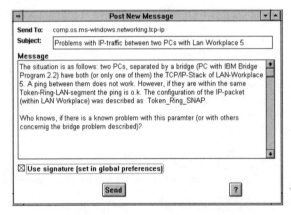

Abbildung 8-20:
Schilderung eines eigenen Problems

Der Zugriff auf andere Newsgroups erfolgt analog.

8.3.3   Gopher

Der Gopher (wörtlich übersetzt heißt dies: Beutelratte) repräsentiert ein weltweites, hierarchisch strukturiertes Informationssystem. Er stellt zu den verschiedensten Themenbereichen Textdokumente zur Verfügung, die angesehen, aber auch auf dem eigenen lokalen Rechner gespeichert werden können (der dazu notwendige File-Transfer erfolgt implizit).

Zahlreiche logische Verbindungen zu anderen Gopher-Servern führen die einzelnen Informationsbereiche zu einem Menü zusammen, wobei jeder Server über ein eigenes Einstiegsmenü verfügt (Abbildung 8-21).

Anfang 1991 wurde Gopher an der Universität von Minnesota als campusweites Informationssystem entwickelt und sollte Informationen, die auf verschiedenen Rechnern der Universität lagen, zu einem zentralen System zusammenführen. Die Verteilung erfolgte bereits nach dem Client-Server-Konzept und ist mittlerweile über das eigene *Internet Gopher Protocol* deutlich verbessert worden. Zur Zeit existieren etwa 5000 Gopher-Server weltweit.

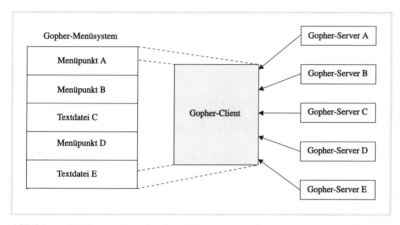

Abbildung 8-21: *Das Gopher-Menüsystem als Benutzersicht auf verteilte Server-Zugriffe*

Der Zugang zum Gopherspace erfolgt, ähnlich wie bei anderen Internet-Diensten, über eine entsprechende Client-Software.

Das charakteristische Hierarchiesystem des Gopher wird anhand einer Beispielsitzung besonders deutlich:

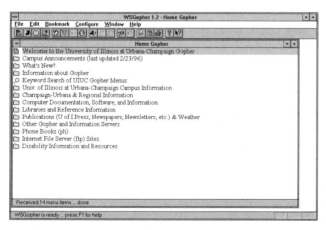

Abbildung 8-22:
Einstiegsmenü eines Gopher-Servers

Wie aus Abbildung 8-22 hervorgeht, wird mit dem Kontakt zum angewählten Gopher-Server dieser automatisch zum eigenen „Home-Server". Von diesem Ausgangspunkt können weitere Links durch Mausklick etabliert und so im hierarchischen Pfad Ebene um Ebene „durchwandert" werden (Abbildung 8-23).

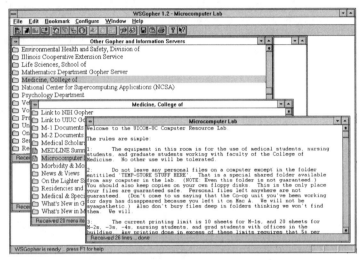

Abbildung 8-23:   *Aufbau weiterer Gopher-Links*

Hat man schließlich den gewünschten Text bzw. das Dokument gefunden, so kann man es auf dem lokalen Rechner abspeichern. Die Übertragung erfolgt dann automatisch.

Zahlreiche Gopher-Server haben allerdings mittlerweile ihren Dienst eingestellt, da eine Umstellung auf die wesentlich komfortableren WWW-Server erfolgversprechender war (Abbildung 8-24). Eine ausführliche Beschreibung des *World Wide Web* und seiner Möglichkeiten wird in Abschnitt 8.3.6 vorgenommen. Es ist an dieser Stelle allerdings darauf hinzuweisen, daß man trotz fehlender Bilder und durchgestylter Präsentationsseiten über den Gopher bei gezielter Vorgehensweise wesentlich schneller an die erforderlichen Daten kommt als im *Web*. Eine Übertragung von reinen Textinformationen dauert eben nicht so lange wie der Transfer komplexer Grafiken (obwohl neuere Web-Browser diesem bisherigen Nachteil Rechnung tragen).

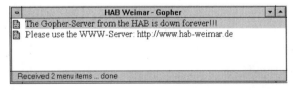

Abbildung 8-24:
Abwandern des Gopher ins Web

8.3.4   FTP

FTP (File Transfer Protocol) ist einer der ältesten und zugleich wichtigsten Dienste im Internet. Mehr als die Hälfte des Datenaufkommens wird jedes Jahr von FTP-Clients und -Servern im Internet abgewickelt. FTP hat im wesentlichen nur eine einzige Aufgabe: Gewährleistung eines sicheren Datentransports von Rechner A zu Rechner B. Die einfache Handhabung dieser klassischen Client-Server-Anwendung ist auch der Grund für ihre frequente Nutzung.

Normalerweise muß sich ein FTP-Client bei seinem Versuch, mit einem FTP-Server zu kommunizieren, ordentlich authentifizieren, d.h. die Angabe von User-Id und Paßwort ist gefordert. Im weltweiten FTP-Datenverkehr hat es sich jedoch eingebürgert, daß ein Großteil der Datenbestände öffentlich zugänglich gemacht wird und daher eine Authentifizierung nicht erforderlich ist. Diejenigen Server, die einen derartigen Dienst zur Verfügung stellen, werden *Anonymous-FTP-Server* genannt.

Es soll an dieser Stelle darauf verzichtet werden, Details der FTP-Architektur oder die Möglichkeiten im „normalen" TCP/IP-Umfeld zu beschreiben. Vielmehr ist hier das Erscheinungsbild des FTP als Client-Server-Anwendung und die Bedienung der implementierten Software im Internet gefragt.

Eines der bekanntesten FTP-Client-Programme ist das WS_FTP. Es beruht auf dem TCP/IP-Protokollstack des WinSock-Treibers (Version 1.1 oder höher). Seine jeweils aktuelle Version läßt sich von zahlreichen FTP-Servern herunterladen (z.B. ftp.cdra.net im Verzeichnis /pub/win3/).

Die rechtlich unkritische Verwendung solch öffentlich zugänglicher Software (dies gilt nicht nur für diesen FTP-Client, sondern auch für alle anderen Dienste-Clients) soll durch den nachfolgenden Text dokumentiert werden, der Bestandteil des entsprechenden Downloads vom FTP-Server war. Er ist gleichzeitig Installationsanweisung:

```
Windows Sockets FTP Client Application  -  WS_FTP  -  Version 95.04.24
    Copyright (C) 1994-1995 by John A. Junod.  All rights reserved.


    (PLEASE REVIEW THE ENTIRE CONTENTS OF THIS FILE!!!!)


THE INFORMATION AND CODE PROVIDED IS PROVIDED AS IS WITHOUT WARRANTY
OF ANY KIND, EITHER EXPRESS OR IMPLIED, INCLUDING BUT NOT LIMITED TO
THE IMPLIED WARRANTIES OF MERCHANTABILITY AND FITNESS FOR A PARTICULAR
PURPOSE. IN NO EVENT SHALL JOHN A. JUNOD BE LIABLE FOR ANY DAMAGES
WHATSOEVER INCLUDING DIRECT, INDIRECT, INCIDENTAL, CONSEQUENTIAL, LOSS
OF BUSINESS PROFITS OR SPECIAL DAMAGES, EVEN IF JOHN A. JUNOD HAS BEEN
ADVISED OF THE POSSIBILITY OF SUCH DAMAGES.
```

```
************************************************************************
* This program executable, help file and related text files may be  *
* used without fee by any United States Government organization,     *
* by individuals for non-commercial home use, and by students,      *
* faculty and staff of academic institutions.                       *
*                                                                    *
* U.S. Government use: Free                                          *
* Non-commercial home use: Free                                      *
* Academic use: Free                                                 *
* All other uses: Contact Ipswitch, Inc. for license information     *
*                                                                    *
* Archive sites:  This program may be included on U.S. Government,   *
* academic and non-commercial Internet archive sites and on CD-ROM   *
* collections distributed by such sites, provided any charge is      *
* solely to recover the cost of distribution.  Any such              *
* distribution must contain the complete program, including this     *
* file.  Non-commercial Internet archive sites must not be in the    *
* business of making a profit from selling hardware, software,       *
* information or services.                                           *
*                                                                    *
* For distribution rights and for all other uses, including         *
* all corporate use, please contact Ipswitch, Inc. at               *
* <info@ipswitch.com> or (617) 861-1411 for license information.     *
* Ipswitch may also be contacted via mail at 81 Hartwell Ave.,      *
* Lexington, MA 02173 or fax at (617) 861-8788.                     *
*                                                                    *
* Ipswitch, Inc. develops and sells a family of TCP/IP products     *
* for a range of PC platforms: Acadia/VxD for Windows, Piper/IP     *
* for DOS and Windows, Vantage/IP for OS/2, the Catipult Netware     *
* to TCP/IP gateway, IMail electronic mail for Windows and INews     *
* network news for Windows.                                          *
************************************************************************


DESCRIPTION:
============


   This application is a standard File Transfer Protocol (FTP) client
   application for Windows Sockets.  The user interface for this FTP
   client is designed with the novice FTP user in mind.  Usage should
   be obvious.  For more information on FTP please refer to the many
   different NETNEWS groups or one of the recent books on the Internet.

   WS_FTP also provides for automatic downloads of files.  See HLP file
   for information on "Auto Transfer of Files".
```

WS_FTP32 is the 32 bit version of WS_FTP for Windows NT and
Windows 3.x with Win32s.

The benefit of running WS_FTP32 vs WS_FTP is unknown on the
Windows 3.x platform (other than it is 32 bit code). The
benefit of running WS_FTP32 on Windows NT or Windows 95 is
that it is multi-threaded on these platforms.

If you have problems with WS_FTP32 under Win32s, please try
using the 16 bit version of WS_FTP.

REQUIREMENTS:
=============

WS_FTP requires you to have a properly installed WINSOCK.DLL
and requires Windows 3.1 or later.

If you don't have a WINSOCK.DLL, I'd suggest getting the
free one from Microsoft or the shareware Trumpet Winsock
from ftp.trumpet.com.au or buying a vendor supported one
from Ipswitch, Inc. or from FTP Software, Inc.

WS_FTP32 requires Windows NT, Windows 95 or Win32s 1.15 (or later)

Windows NT and Windows 95 come with a WINSOCK.DLL. If you
use a different vendors stack on these platforms you will
need to replace the WSOCK32.DLL that comes with the OS.

WS_FTP requires a 286 processor.

WS_FTP32 requires a 386 processor.

INSTALLATION:
=============

YOU MUST HAVE A PROPERLY INSTALLED WINSOCK.DLL FOR THIS APPLICATION
TO WORK. REFER TO YOUR WINSOCK.DLL DOCUMENTATION FOR SETUP!!

1. Create a directory for this program and copy WS_FTP.EXE,
   WS_FTP.INI, WS_FTP.EXT and WS_FTP.HLP to that directory.

2. Create an ICON in any Program Manager group.
   a. Use the File Manager and drag the program into a Program
      Manager group.
   b. Use [F]ile [N]ew in the Program Manager.

UPDATING FROM PREVIOUS VERSIONS:
================================

   PLEASE KEEP YOUR OLD WS_FTP.INI FILE!!!!

   If you have problems with this version, edit your old INI file
   and delete the [_config_] section and restart WS_FTP.

VALID COMMAND LINE OPTIONS:
===========================

   -i inifile   (must be first in the line!)
   -p profile_name (cannot be used with gets or puts!)
   -ask   (prompt for command line)
   ftp://remotehost/pathname/filename [local:/pathname/filename] [-ascii]
   file://remotehost/pathname/filename [local:/pathname/filename] [-ascii]
   //remotehost/pathname/filename [local:/pathname/filename] [-ascii]
   remotehost:/pathname/filename [local:/pathname/filename] [-ascii]
   local:/pathname/filename //remotehost/pathname/filename [-ascii]
   local:/pathname/filename remotehost:/pathname/filename [-ascii]

THE LATEST VERSION:
===================

   The latest version of this application should always be the file
   /pub/msdos/winsock.files/ws_ftp.zip on ftp.usma.edu (129.29.64.246).
   (or /pub/msdos/winsock.files/ws_ftp32.zip for the 32 bit version)
   To access it, enter 129.29.64.246 as the host name and check the
   "anonymous login" box in the WS_FTP connect dialog box.

   The latest version is uploaded to Winsock Files in the WINCON area
   of Compuserve. All user support problems for the free version are
   supported in that area.

   The latest version is usually uploaded winftp.cica.indiana.edu in
   the /pub/pc/win3/winsock directory as ws_ftp.zip. (or ws_ftp32.zip)

Source code for the 93.12.05 version (last totally free version)
is in the file ws_ftp_s.zip in the /pub/msdos/winsock.files
directory on ftp.usma.edu.

BUG REPORTS, SUGGESTIONS, ETC...
================================

If you connect to a host that WS_FTP doesn't recognize (i.e. listboxes
remain blank or are displayed incorrectly).

1. Try the different host types that are listed in the options dialog
   box. (the change takes affect immediately, you do not need to
   change directories, etc..)

2. If you can't find one that displays the directory correctly, then:

   a. click on the LogWnd button and save the message log to a file
   b. click on the remote side DirInfo button and save the contents
       to a different file.
   c. mail both files to "junodj@martinez.ipswitch.com"

Send all bug reports, suggestions, etc to "junodj@martinez.ipswitch.com"
or to "72321,366" on compuserve.

If you like this program, let other people know about it!
Post your comments in comp.protocol.tcp-ip.ibmpc, alt.winsock and
in the windows groups on usenet and places like compuserve. Let
people know about it!

KNOWN PROBLEMS
==============

Many internet providers require you to use PASV mode in order
   for WS_FTP to work properly. If you always get "Dirlist
   returned 0", try changing this setting under Advanced in the
   Connect dialog or in Session Options. This is NOT a true
   problem in WS_FTP but is a requirement of your network
   provider.

Some versions of the Trumpet Winsock DLL require you to use
   PASV mode. See the above note.

You need to use PASV mode when using TIA. See the above note.

WS_FTP does not work properly under some versions of the SPRY
    stack. You need to contact SPRY to get an upgraded stack
    that is Winsock compliant.

WS_FTP32 does not work properly when using the 16 bit version
    of Chameleon or Trumpet Winsock on Windows NT or Windows 95.
    You need to replace the WSOCK32.DLL provided by Microsoft
    with one from the network stack vendor.

Author
======

    John A. Junod   Internet: <junodj@css583.gordon.army.mil>
    267 Hillwood Street   <zj8549@trotter.usma.edu>
    Martinez, GA 30907   Compuserve: 72321,366
    (706)-780-2671

8.3.4.1   FTP-Sessionaufbau

Für den FTP-Sessionaufbau (Abbildung 8-25) müssen lediglich der Zielrechner (in diesem Fall ist es der FTP-Server ftp.nic.de) und das gewünschte Zielverzeichnis
(hier ist es das Hauptverzeichnis) angegeben werden.

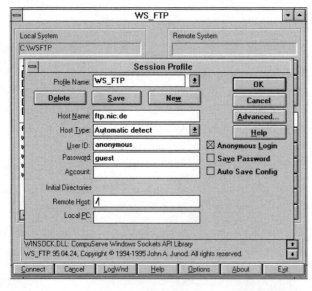

Abbildung 8-25:
FTP-Client WS_FTP: Sitzungs-
profil

Mit „OK" werden die Default- und eingegebenen Parameter bestätigt und mit dem Ziel-rechner Kontakt aufgenommen. Die FTP-Session ist etabliert, wenn die Anzeige im lin-ken Fensterbereich die lokale Verzeichnis- und Dateistruktur darstellt und im rechten Bereich die des Zielrechners (Abbildung 8-26).

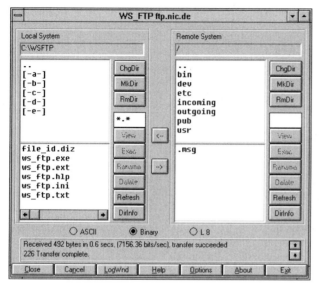

Abbildung 8-26:
Aktive FTP-Session zeigt lokale
und entfernte Verzeichnisstruktur

Ein Doppelklick in das gewünschte Verzeichnis (hier /pub/doc/rfc) bringt die ge-suchte Liste der RFCs (Requests For Comment).

8.3.4.2   FTP-Dateiübertragung

Es soll nun die Indexdatei mit einer Kurzbeschreibung aller RFCs übertragen werden, um einen aktuellen Überblick zu erhalten.

Die Datei rfc-index.txt wird nun selektiert und anschließend der Exec-Button auf der rechten Aktionsfläche aktiviert. Diese Aktion löst den Aufbau einer Datenver-bindung aus, und der Datentransfer beginnt. Der Übertragungsfortschritt wird durch einen kontinuierlich aktualisierenden Balken angezeigt (Abbildung 8-27). Nach Beendi-gung der Übertragung wird die Abmeldung vom entfernten FTP-Server durch Betätigen des Close-Buttons vorgenommen.

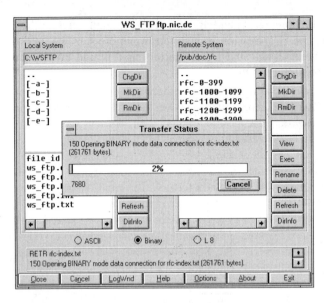

Abbildung 8-27:
FTP-Datenübertragung

Ein kurzer Blick in die nun übertragene `rfc-index.txt`-Datei zeigt die gewünschte Information:

```
1911  E    G. Vaudreuil, "Voice Profile for Internet Mail", 02/19/1996.
           (Pages=22)(Format=.txt)
1908  DS   J. Case, K. McCloghrie, M. Rose, S. Waldbusser, "Coexistence
           between Version 1 and Version 2 of the Internet-standard
           NetworkManagement Framework", 01/22/1996.
           (Pages=10)(Format=.txt)(Obsoletes RFC1452)
1907  DS   J. Case, K. McCloghrie, M. Rose, S. Waldbusser, "Management
           Information Base for Version 2 of the Simple Network
           Management Protocol (SNMPv2)", 01/22/1996.
           (Pages=20)(Format=.txt)(Obsoletes RFC1450)
1906  DS   J. Case, K. McCloghrie, M. Rose, S. Waldbusser, "Transport
           Mappings for Version 2 of the Simple Network Management
           Protocol (SNMPv2)", 01/22/1996.
           (Pages=13)(Format=.txt)(Obsoletes RFC1449)
...
```

8.3.5   Archie

Im vorherigen Abschnitt wurde mittels FTP-Diensten ein gezielter Datentransfer vorgenommen. Diese Vorgehensweise ist allerdings nur dann möglich, wenn der Zielknoten samt seines Datenbestandes bekannt ist. Aus einem FTP-Servernamen allein läßt sich normalerweise nicht ermitteln, welche Datenbestände angeboten werden, so daß eine mühsame Suche auf verschiedenen Servern die Folge wäre.

Abhilfe schafft hier ein anderes Client-Server-System: *Archie*. Archie verschafft Zugang zu einer Datenbank (weltweit verteilt), in der sämtliche *Anonymous-FTP-Server* verzeichnet sind. Das Ergebnis einer Archie-Suche liefert alle Informationen, die man für einen Zugriff benötigt: Rechnername, Rechneradresse, Pfad, Dateiname, Verzeichnisname, Dateigröße und Dateidatum. Eine Liste wichtiger Archie-Server ist Tabelle 8-4 zu entnehmen. In Verbindung mit Archie steht ein weiterer Internet-Dienst zur Verfügung, der WHATIS-Dienst. Er repräsentiert eine Datenbank, in der die Namen und Kurzbeschreibungen von mehreren tausend Public-Domain-Programmen, Datensätzen und allgemeinen Texten zu finden sind.

Analog zum WS-FTP- existiert ein WS-ARCHIE-Client, der in ähnlich komfortabler Art und Weise nach Eingabe des Suchbegriffes eine Liste von FTP-Servern ausgibt, die entsprechende Dokumente in ihrem Datenbestand führen (Abbildung 8-28).

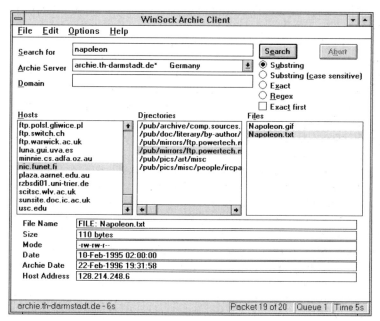

Abbildung 8-28:   *Archie-Suchergebnis nach „napoleon"*

In diesem Beispiel wurde das Suchwort „napoleon" eingegeben. Archie zeigt in einer Ergebnisliste die verfügbaren Dokumente auf den lokalisierten *FTP-Sites* an.

Viele Archie-Clients bieten die Möglichkeit, durch einen Mausklick auf das gewünschte Dokument einen auf dem lokalen Rechner vorhandenen FTP-Client zu starten und die Datenübertragung sofort durchzuführen.

Archie-Servername	IP-Adresse	Lokation
archie.au	139.130.4.6	Australien
archie.uqam.ca	132.208.250.10	Kanada
archie.th-darmstadt.de	130.83.128.118	Deutschland
archie.ans.net	147.225.1.10	USA (New York)

Tabelle 8-4:
Auswahl einiger
Archie-Server

8.3.6   World Wide Web (WWW)

Die Grundidee des WWW liegt im konsequent weiterentwickelten Prinzip der *Hyper-Text-Technologie*. Als Windows-Anwender wird man permanent mit diesem Konzept konfrontiert, z.B. wenn Hilfetexte innerhalb bestimmter Anwendungen angefordert werden (kontextsensitiv). Im Hilfe-Panel sind dann farbig markierte Textstellen zu erkennen, die durch *Hyper-Links* auf weitere Panels verzweigen, usw.

Dieses Prinzip wird nun auf das Internet übertragen. Es sind hier jedoch keine Links, die im eigenen lokalen Rechner gebildet werden, sondern sie werden von Rechner zu Rechner innerhalb des Internet weitergereicht – weltweit. Ein mit dem WWW-Client, dem *Web-Browser*, angezeigtes oder zu bearbeitendes Dokument kann demnach Hyper-Text-Links zu Rechnern verschiedener Staaten und Kontinente beinhalten. Die Antwortzeiten für den jeweiligen Verbindungsaufbau sind meist so gering, daß der geographische Hintergrund für den Anwender oft nicht erkennbar wird (bei langsamen Leitungen oder hoher Verkehrsdichte kann ein solcher Link auch schon einmal mehrere Sekunden oder Minuten dauern). Die Zeit für einen Link hängt natürlich auch von dem Datentyp ab, zu dem eine Verbindung aufgebaut werden soll. Sogenannte *Hyper-Media-Links* – das sind Links zu komplexen Grafiken, Soundobjekten oder auch Videosequenzen – dauern erwartungsgemäß länger.

Das WWW ist erst Ende 1990 als Prototyp auf einem NeXT-Rechner erstmals eingesetzt worden. Die Veröffentlichung als Paketsoftware erfolgte im Juli 1992. Die wohl bislang bekanntesten Web-Browser sind *Mosaic* und *Netscape*. Diese grafisch orientierte Software erblickte 1993 das Licht der Internet-Welt. Zu dieser Zeit gab es weltweit bereits etwa 50 öffentliche WWW-Server. Ein Jahr später wuchs die Zahl auf ca. 800 an, davon allein 100 in Deutschland.

Zur Leistungsfähigkeit des WWW gehören eine Vielzahl von Komponenten, die hier jedoch nur kurz erwähnt werden können:

Uniform Resource Locator (URL)

Die bei der Dokumentensuche auftretende Problematik der Lokalisierung von Ressourcen versucht der URL durch ein präzises Beschreibungssystem zu lösen. Dabei wird zunächst die Zugriffsart, dann der Rechnername und schließlich ein Dateiname in URL-Syntax übergeben.

Beispiel: ftp://ftp.ask.uni-karlsruhe.de/pub/info/dfg-info/cipformular.ps.Z

bewirkt den Aufbau einer FTP-Verbindung zum Rechner *ftp.ask.uni-karlsruhe.de* und den Transfer der Datei *cip-formular.ps.Z*, die im Verzeichnis /pub/info/dfg-info/ zu finden ist. Für den Zugriff auf ein http-Dokument reicht die Formulierung

http://www.informatik.tu-muenchen.de/

HyperText Markup Language (HTML)

Sie stellt eine deskriptive Sprache dar, die zur Erstellung von HyperText-Dokumenten verwendet werden kann. Die neueste Version, HTML 3.0, wird bereits in einigen Implementierungen benutzt. Sie bietet die Möglichkeit stark verbesserter Layout-Funktionen wie Absatzformatierung, Formulare mit grafischen Elementen, Textfluß um Bilder oder optimiertes Tabellenlayout.

HyperText Transfer Protocol (HTTP)

Es handelt sich hier um ein objektorientiertes Protokoll für ein verteiltes Hyper-Media-Informationssystem. Es regelt die Übertragung von Dokumenten zwischen WWW-Servern und WWW-Clients. Vier Operationstypen werden verwendet: *Connection* (Verbindungsaufbau), *Request* (Anfrage des Client), *Response* (Server sendet Antwort an Client) und *Close* (Verbindungsabbau).

Der aktuelle Trend im Internet geht eindeutig in Richtung *WWW-Publishing* (Abbildung 8-29). Eine gut gestaltete WWW-Homepage bietet die Möglichkeit, nahezu alle relevanten Internet-Dienste zu verwenden, ohne dabei das WWW-System verlassen zu müssen. Allerdings fordert die gute Bedienerführung ihren Preis. Als sich die grafischen Oberflächen auf Personal Computern durchsetzten, wurde der Ruf nach mehr Speicherplatz und höherer Prozessorleistung immer lauter. Auch die Hersteller von hochtechnisierten Grafik-Controllern hatten am Multimedia-Boom ihre Freude. Diese Entwicklung ist jetzt im Internet durch den immer häufiger verwendeten WWW-Dienst ebenso zu spüren. Hier ist es jedoch mehr der Ruf nach schnellen Modems und ISDN. Ein typi-

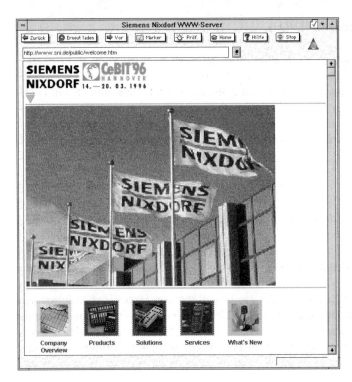

Abbildung 8-29:
*Beispiel einer
repräsentativen
Homepage im WWW*

sches Beispiel für den uns allen bekannten Mechanismus, daß das Angebot der Hersteller, sofern es denn akzeptiert wird, den Bedarf bzw. die Nachfrage bestimmt.

In Abschnitt 8.4 wird unter dem Thema *WWW-Publishing* die Selbstdarstellung im Internet über das Design eigener WWW-Homepages beschrieben.

8.3.7   Weitere Dienste

Neben den bislang beschriebenen Internet-Diensten stehen eine Reihe weiterer Dienste für unterschiedliche Einsatzzwecke zur Verfügung. Zum Teil sind diese integraler und damit fast unsichtbarer Bestandteil einzelner Implementierungen und treten daher nicht sonderlich in Erscheinung. Anderen Diensten wird infolge der für den unbedarften Anwender etwas umständlichen Bedienung weniger Aufmerksamkeit gewidmet. Dieser Abschnitt wird sich jedoch mit diesen Diensten beschäftigen und jeweils Kurzbeschreibungen ihrer charakteristischen Eigenschaften liefern.

8.3.7.1   WAIS

Die Abkürzung WAIS bedeutet *Wide Area Information Server* und stellt **das** Volltext-Suchsystem im Internet dar. Ein weltweit aus mehreren hundert WAIS-Servern bestehendes Netzwerk befriedigt entsprechende Anfragen nach Textdokumenten und mittlerweile auch multimedialen Objekte. Dieser Dienst ist, wie andere Internet-Dienste auch, als Client-Server-Anwendung konzipiert und bietet durch entsprechende Client-Software die Schnittstelle zum Benutzer.

8.3.7.2   IRC

Eine dem menschlichen Naturell sehr entgegenkommende Art der Kommunikation ist das Gespräch mit einem oder mehreren Partnern. Mit Einführung des *Internet Relay Chats* (IRC) wird diesem Bedürfnis in angemessener Weise Rechnung getragen. Verfügt man über einen IRC-Client, so ist über die Verbindung zu einem entsprechenden Server (z.B. `irc.informatik.rwth-aachen.de`) die Teilnahme an „Gesprächen" möglich. Diese Gespräche sind in „Kanälen" organisiert und lassen sich von jedem Teilnehmer explizit anwählen. In einer solchen Gesprächsumgebung erhält man eine Übersicht der derzeit eingewählten Gesprächsteilnehmer, inklusive des verantwortlichen Operators. Darüber hinaus läßt sich der geschriebene Gesprächstext am Bildschirm verfolgen. Will man selbst am Gespräch teilnehmen, so gibt man den Text ein und bestätigt mit der <Enter>-Taste.

Die Gründung eigener Gesprächskreise (in denen man selbst zum Operator wird) ist ebenso möglich. Eine Vielzahl von Kommandos ermöglicht die Steuerung der Gesprächsaktivitäten.

8.3.7.3   Prospero

Das *Prospero File System* ist ein globales, virtuell konzipiertes Dateisystem, das jedem Benutzer eine individuelle Sicht auf die eigenen Dateiressourcen ermöglicht, dabei aber immer die Kontinuität des Gesamtsystems wahrt. Dieses im gesamten Internet verteilte Dateisystem wird von zahlreichen Diensten genutzt (z.B. Gopher, FTP, WWW, WAIS usw.). Die Kommunikation findet zwischen den *Prospero-Servern* nach den Regeln des *Prospero-Protokolls* statt.

8.3.7.4   Alex

Um die riesigen Datenmengen auf *Anonymous-FTP-Servern* in geeigneter Weise zur Verfügung stellen zu können, wurde ein eigenes, dem NFS angepaßtes Dateisystem entwickelt: *Alex.* Es sorgt dafür, daß die Dateistruktur dieser FTP-Server durch entsprechende Mount-Befehle problemlos in die eigene Dateistruktur integriert werden kann. Die erforderliche Datenverbindung wird zu Alex-Servern etabliert.

8.3.7.5   WhoIs

Als „Telefonbuch" des Internet wurde *WhoIs* Anfang der 80er Jahre entwickelt. Der WhoIs-Client erfragt in seiner Kommunikation mit einem WhoIs-Server die persönlichen Daten eines Internet-Teilnehmers oder ganzer Internet-Subnetze. Zumeist ist für die gewünschte Auskunft jedoch ein privilegierter User erforderlich. Mit dem User „guest" kommt man in der Regel nicht weiter.

8.3.7.6   X.500

Im Gegensatz zum WhoIs-Dienst arbeitet der X.500-Dienst auf mehreren weltweit verteilten Servern. Kann ein bestimmter *X.500-Directory-Server* die gestellte Anfrage nicht beantworten, so versucht er, die gewünschte Information bei einem seiner X.500-Kommunikationspartner zu erhalten. WhoIs-Server geben hingegen lediglich Auskunft über den eigenen, lokalen Datenbestand.

8.3.7.7   NetFind

Als weiterer, äußerst leistungsfähiger Dienst zur Ermittlung persönlicher Daten von Internet-Teilnehmern ist NetFind zu nennen. Im Unterschied zu WhoIs und X.500 muß kein expliziter Datenbestand gepflegt werden, um verläßliche Informationen zu erhalten, sondern NetFind versucht alle im Internet verfügbaren Informationsquellen „anzusprechen", um in einem dynamischen Algorithmus die aktuellsten Informationen für eine Anfrage zu ermitteln. Dabei werden Dienste wie DNS, X.500, WhoIs, SMTP oder Finger „angezapft".

8.3.7.8   Finger

Einen einfachen Auskunftdienst bietet der Finger-Prozeß. Er liefert (sofern die IP-Adresse des Zielrechners bekannt ist) zum Zeitpunkt der Befehlsausführung sowohl persönliche Daten von Anwendern als auch Statistikdaten über den jeweiligen Zielrechner und die angemeldeten Anwender.

8.3.7.9 Veronica

Das im Gopher-Dienst integrierte Suchsystem heißt *Veronica* (Very Easy Rodent-Orien-ted Net-wide Index to Computerized Archives). Eine eigene Datenbank enthält bei-spielsweise die weltweit verteilten Gopher-Menüs. Ein zentraler Veronica-Server wird an der Universität von Nevada verwaltet und führt seine Updates in regelmäßigen Inter-vallen per FTP auf allen weltweit im Einsatz befindlichen Veronica-Servern durch.

8.3.7.10 TELNET

Als erster Internet-Dienst wurde in den 70er Jahren TELNET entwickelt. Er bezeichnet den Betrieb einer Konsolensitzung auf einem entfernten Rechner im Netzwerk. Dem Anwender wird dabei der Eindruck vermittelt, er arbeite als lokaler Benutzer auf seinem eigenen Rechner. Während des Sitzungsaufbaus handeln beide Kommunikationspartner die Sitzungseigenschaften untereinander aus (negotiations). Es werden so beispielsweise Festlegungen über das zu verwendende Terminal (Terminal-Emulation) getroffen.

Auch in heutigen IP-basierten Netzwerken ist TELNET ein unverzichtbares Instru-mentarium für die Rechner-Rechner-Kommunikation.

8.4 WWW-Publishing

Ein neues Schlagwort macht die Runde: *WWW-Publishing*. Das Internet ist von Marke-ting-Strategen als Plattform für Werbung und Public-Relations entdeckt worden. Wer heute seinen Zeitgeist und seine innovative Geisteshaltung dokumentieren will, schaltet nicht nur Anzeigen in renommierten Magazinen oder Tageszeitungen, sondern er geht zunehmend ans „Netz". Mit einer potentiellen Kundenzahl, die in die Zigmillionen geht, steht der Industrie nun ein Käuferpotential zur Verfügung, das es in dieser konzentrier-ten Form noch nie gegeben hat.

Für das WWW-Publishing, also der Veröffentlichung von selbst entwickelten Web-Seiten, scheint es eine Vielzahl von guten Argumenten zu geben (z.T. bereits in Ab-schnitt 8.1.2 erwähnt):

–   Durch einen schnellen Zugriff auf sich immer wieder ändernde Daten läßt sich ein *Höchstmaß an Aktualität* realisieren.
–   Die Übernahme von Homepages ins Internet bedeutet *weltweite Präsenz*, und zwar „rund um die Uhr".
–   Ein *direkter Kontakt* zum Kunden ist unter Nutzung von EMail möglich.

– Die Selbstdarstellung im WWW führt zu *Kosteneinsparungen* bei der Produktion von Prospektmaterialien.
– Eine *Vielzahl von Dienstleistungen* wie Bestellannahme, Aufnahme von Reklamationen, Übermittlung technischer Produktinformationen, Darstellung von Preislisten u.v.m. können durch WWW-Publishing übernommen werden.

Für die Realisierung eines WWW-Publishing-Konzeptes sind zuvor folgende Aktivitäten durchzuführen:

– Es ist zu prüfen, ob ein eigener WWW-Server aufgebaut werden soll oder entsprechende Resourcen bei einem Internet-Service-Provider angemietet werden sollen.
– Die Kosten von HTML-Editor, WWW-Server-Software, anderer Serverdienste, Hardware, Leitungskapazitäten, Anschlußtechnik, Gebühren des Service-Providers usw. müssen genau ermittelt werden.
– Eine Einschätzung des zu erwartenden Einrichtungs- und Wartungsaufwandes des WWW-Servers ist hinsichtlich der Beschäftigung zusätzlicher Arbeitskräfte erforderlich.
– Ein zeitlich überschaubarer Testbetrieb soll die endgültige Entscheidung bringen.

8.4.1 Publishing Guidelines

– Das WWW-Angebot sollte in Titelseite, mehrere Kapitel, Abschnitte und Informationsbereiche unterteilt werden.
– Das Layout-Konzept soll über sämtliche WWW-Seiten konsequent beibehalten werden, damit der Kunde die Orientierung behält.
– Die Verzeichnisstruktur von lokalem Entwicklungsrechner und WWW-Server sollte aus Wartungsgründen identisch sein.
– Die Verwendung von entsprechenden Hilfsmitteln, den HTML-Editoren, vereinfacht die Erstellung von Web-Seiten erheblich. Erfahrene WWW-Designer können später den Quelltext manuell editieren.
– Einheitliche Namenskonventionen für Dateinamen oder Grafiken und Bilder sind für ein reibungsloses Zusammenspiel mit dem WWW-Server unbedingte Voraussetzung.
– Die selbst entwickelten WWW-Seiten werden nach Fertigstellung über FTP-Sitzungen an den WWW-Server geschickt.

8.4.2   Einführung in HTML

War die *HyperText Markup Language* (HTML) vor ein bis zwei Jahren noch ein relativ unbekanntes Kürzel für ein vermeintlich aufwendiges Design von Web-Seiten, so ist sie nunmehr zum Normalvokabular eines jeden Web-Interessierten geworden. Und in der Tat: Wenn man sich die künstlerisch oft sehr ansprechenden Seiten des World Wide Webs ansieht, so ist es eigentlich kaum vorstellbar, daß dies das Ergebnis der Beschäftigung eines Laien mit Texteditor und Web-Browser sein soll.

Die wesentlichen Bestandteile einer HTML-Seite sind *head* und *body* und werden durch spezielle Markierungen, die *tags*, umschrieben. Der Beginn des *head* wird durch `<head>`, sein Abschluß durch `</head>` markiert. Mit dem `body` wird ebenso verfahren. Das gesamte HTML-Dokument wird durch die Tags `<html>` und `</html>` umrahmt. Das Sonderzeichen „/" (Slash) wird für nahezu jeden *tag* dazu benutzt, seine Gültigkeit an einer bestimmten Stelle auf der Seite wieder aufzuheben. Der grobe abstrakte Aufbau einer HTML-Seite wird somit folgendermaßen beschrieben:

```
<html>
<head>
...
</head>
<body>
...
</body>
</html>
```

Neben einer recht überschaubaren Anzahl von Tags bilden einfacher Text und eingebundene Grafiken und Bilder die Hauptbestandteile einer HTML-Seite. Die in Tabelle 8-5 dargestellte Tag-Liste samt Kurzbeschreibung soll einen Eindruck von der Leistungsfähigkeit von HTML vermitteln. Das wichtigste Objekt ist ein Hyper-Link. Er wird wie folgt identifiziert:

Für die Verbindung zu einem anderen Server:

<a href="http://www.rechner.com"> erläuternder Text ... </a>

Für die Verbindung zu einer anderen HTML-Seite:

<a href="seite2.htm "> erläuternder Text ... </a>

Für die Verbindung zu GIF- oder JPEG-Dateien:

<IMG src="bild1.jpg"> erläuternder Text ... >

Tag-Typ	Beschreibung
\<title>, \</title>	Angabe der Titelzeile zwischen den Tags
\<hr>	Darstellung einer horizontalen Linie
\ 	Manueller Zeilenumbruch (es gibt keinen anderen)
\<p>	Absatzmarkierung
\, \	Fettdruck
\<i>, \</i>	Kursivdruck
\<h1>, \</h1>	Überschriftenmarkierung Größe 1, sehr groß
\<h2>, \</h2>	Überschriftenmarkierung Größe 2
\<h3>, \</h3>	Überschriftenmarkierung Größe 3
\<h4>, \</h4>	Überschriftenmarkierung Größe 4
\<h5>, \</h5>	Überschriftenmarkierung Größe 5
\<h6>, \</h6>	Überschriftenmarkierung Größe 6, sehr klein
\<ol>, \</ol>	Erzeugung einer numerierten Liste
\<ul>, \</ul>	Erzeugung einer nichtnumerierten Liste
\<li>	Name der Markierung innerhalb der Liste (Listenpunkt)
\ä	Umlaut ä
\Ä	Umlaut Ä
\ö	Umlaut ö
\Ö	Umlaut Ö
\ü	Umlaut ü
\Ü	Umlaut Ü
\ß	Sonderzeichen ß
\&	Sonderzeichen &

Tabelle 8-5:   *HTML-Tags und ihre Bedeutung (kleiner Auszug)*

Bei einem Link zu Grafiken wird ein alternativer Text angezeigt:

\<IMG src="bild1.gif" alt="Alternativer Text bei Darstellungsproblemen">

Zur Positionierung von Grafiken:

\<IMG align= "top" src="bild1.gif" alt="Passbild">

Für *align* lassen sich die Attribute *top, middle* und *bottom* angeben.

Bei einem Link auf das Bild eines anderen WWW-Servers wird definiert:

\<IMG src="http://www.rechner23.com/bild2.gif" alt="anderes Bild">

8.4.3   Erstellung einer Homepage

Die Entwicklung einer einfachen eigenen Homepage dürfte nun kein Problem mehr sein. In den folgenden Abbildungen 8-30 bzw. 8-31 und 8-32 werden eine Homepage bzw. zwei der von ihr aus durch Mausklick erreichbaren weiteren HTML-Seiten darge-stellt. Zu jeder HTML-Seite wird der jeweils dazugehörige Quellcode angegeben:

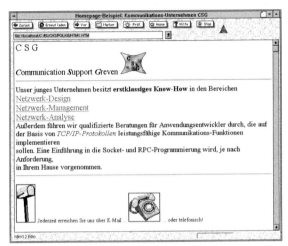

Abbildung 8-30:
Homepage der Firma CSG

HTML-Quellcode

```
<HTML>

<HEAD>
<TITLE>Homepage-Beispiel: Kommunikations-Unternehmen CSG</TITLE>
</HEAD>

<BODY>

<H1>C S G</H1>

<H3><I><B>C</B></I>ommunication<I><B>S</B></I>upport <I><B>G</B></I>reven
<IMG SRC="html1.gif" ALIGN="BOTTOM">
</H3>
<HR>

<H4>Unser junges Unternehmen besitzt <B>erstklassiges Know-How</B>
in den Bereichen</H4>
```

```
<H3><A HREF="htm11.htm">Netzwerk-Design</A></H3>

<H3><A HREF="htm12.htm">Netzwerk-Management</A></H3>

<H3><A HREF="htm13.htm">Netzwerk-Analyse</A></H3>

<H4>Au&szlig;erdem f&uuml;hren wir qualifizierte Beratungen f&uuml;r
Anwendungsentwickler durch, die auf</H4>

<H4>der Basis von <I>TCP/IP-Protokollen</I> leistungsf&auml;hige
Kommunikations-Funktionen implementieren</H4>

<H4>sollen. Eine Einf&uuml;hrung in die Socket- und RPC-Programmierung
wird, je nach Anforderung,</H4>

<H4>in Ihrem Hause vorgenommen.</H4>
<HR>

<P>
<A HREF="htm14.htm"><IMG SRC="htm2.gif" ALIGN="BOTTOM"></A> Jederzeit
erreichen Sie uns &uuml;ber E-Mail ... <A HREF="htm15.htm"><IMG SRC="htm3.gif"
ALIGN="BOTTOM"></A>
... oder telefonisch!
</BODY>

</HTML>
```

Abbildung 8-31:
Mausklick auf „Netzwerk-Management"

HTML-Quellcode

```
<HTML>

<HEAD>
<TITLE>Informationen zum Netzwerk-Management</TITLE>
</HEAD>
```

```
<BODY>

<H1>Netzwerk-Management</H1>
<HR>

<UL>
<LI>Unterst&uuml;tzung bei der Auswahl des geeigneten Management-Tools
<LI>Schulung von Mitarbeitern bei der Verwendung einschl&auml;giger
Management-Tools
<LI>Erstellung eines Management-Konzeptes
<LI>Hotline-Service
</UL>

<P>
u.v.m.<HR>

<P>

</BODY>

</HTML>
```

Abbildung 8-32:
Mausklick auf die Grafik „Telefon"

HTML-Quellcode

```
<HTML>

<HEAD>
<TITLE>Informationen zur Telefon-Nummer</TITLE>
</HEAD>

<BODY>

<H1><IMG SRC="htm3.gif" ALIGN="BOTTOM"> Unsere Telefon-Nummer
lautet: 02571/377-0   (Zentrale)</H1>
<HR>
```

```
<H2>Kundenberatung:   377-1</H2>

<H2>Hotline:      377-2 </H2>
<HR>

</BODY>

</HTML>
```

Die hier dargestellten Beispiele halten hinsichtlich Kreativität und Design den im Web oft anzutreffenden HTML-Seiten natürlich nicht stand. Sie demonstrieren jedoch relativ eindrucksvoll, daß mit einem nur geringen Aufwand Homepages nach eigenen Vorstellungen rasch entwickelt werden können. Die als Hilfsmittel hervorragend einsetzbaren HTML-Tools sind oft schon für wenig Geld zu haben oder sogar als Freeware völlig kostenlos. Einige sehr gute Produktbeispiele sind:

– Internet Assistent für WinWord 6.0 (Freeware)
– Internet Publisher für WordPerfect 6.1 (Freeware)
– Ami Web (Freeware)
– Hot Metal

Nachdem die HTML-Seiten nun erstellt worden sind, müssen sie den WWW-Servern zur Integration in ihr System aus zahlreichen HTML-Seiten bzw. HTML-Dateien übergeben werden. Einige Service-Provider bieten diesen Dienst (in eingeschränktem Umfang) kostenlos an.

Anhang

A.1 Windows-Socket-1.1 – Funktionsaufrufe

Socket-Aufruf	Beschreibung
accept()	Eine eingehende Verbindung wird bestätigt und mit einem unmittelbar generierten Socket verbunden. Der Original-Socket (der vorher aktiv war) kehrt in den *listening state* zurück.
bind() socket()	Ein lokaler Name wird einem noch unbenannten Socket zugeordnet.close- Ein Socket wird aus der *pre-process object reference table* entfernt.
connect()	Eine Verbindung wird auf dem spezifizierten Socket initialisiert.
getpeername()	Empfang des Peernamens, der mit dem angegebenen Socket verbunden ist
getsockname()	Empfang des aktuellen Socket-Namens
getsockopt()	Empfang der Optionen des aktuellen Sockets
htonl()	Umwandlung einer 32-Bit-Sequenz von *host byte order* zu *network byte order*
htons()	Umwandlung einer 16-Bit-Sequenz von *host byte order* zu *network byte order*.
inet_addr()	Umwandlung einer Zeichenkette, die eine IP-Adresse gemäß *dotted notation* enthält, in einen Internet-Adreßwert.
inet_ntoa()	Umkehrung der Funktion *inet_addr()*. Das Ergebnis ist eine Zeichenkette des Formats „a.b.c.d".
ioctlsocket()	Realisiert Socket-Steuerung.
listen()	„Horchen" nach eingehenden Verbindungen für einen spezifizierten Socket

Socket-Aufruf	Beschreibung
ntohl()	Umwandlung einer 32-Bit-Sequenz von *network byte order* zu *host byte order*
ntohs()	Umwandlung einer 16-Bit-Sequenz von *network byte order* zu *host byte order*
recv()	Datenempfang von einem verbundenen Socket
recvfrom()	Datenempfang von einem verbundenen oder unverbundenen Socket
select()	Durchführung eines synchronen I/O-Multiplexing
send()	Datenversand zu einem verbundenen Socket
sendto()	Datenversand zu einem verbundenen oder unverbundenen Socket
setsockopt()	Festlegung von Socket-Optionen
shutdown()	Deaktivieren eines Teils einer Vollduplex-Verbindung
socket()	Generierung eines „KommunikationsEndpunktes", also eines Sockets
gethostbyaddr()	Informationen über einen Host werden über die IP-Adresse ermittelt.
gethostbyname()	Informationen über einen Host werden über den Hostnamen ermittelt.
gethostname()	Ermittelt den lokalen Hostnamen.
getprotobyname()	Ermittelt das Protokoll über den Namen.
getservbyname()	Ermittelt den Service durch Übergabe eines Namens.
getservbyport()	Ermittelt den Service durch Übergabe der Portnummer.

A.2   RPC-Aufrufe

RPC-Aufruf	Beschreibung
auth_destroy()	Löscht Authentifizierungsinformation.
authnone_create()	Ein NULL-RPC-Authentifizierungs-Handle wird generiert und zurückgegeben.
authunix_create()	Ein UNIX-basiertes Authentifizierungs-Handle wird generiert und zurückgegeben.
authunix_create_default()	Aufruf von *authunix_create* mit Default-Parameter
ncallrpc()	Aufruf von *Remote Procedures*
clnt_call()	Ruft die mit dem *Client-Handle* verbundene *Remote Procedure* auf.

RPC-Aufruf	Beschreibung
clnt_broadcast()	Ruft *Remote Procedures* auf und versendet Broadcasts.
clnt_destroy()	Löscht das RPC-Handle des Client.
clnt_freeres()	Dealloziert die für eine RPC-Dekodierung verwendeten Ressourcen.
clnt_geterr()	Kopiert die Fehlerstruktur vom Client-Handle zur lokalen Adresse.
clnt_pcreateerror()	Übergibt Fehlercode, warum ein Client-Handle nicht generiert werden konnte.
clnt_perrno()	Zeigt Fehlermeldung an, warum RPC nicht gelang.
clnt_perror()	Zeigt Fehlermeldung an, warum RPC nicht gelang.
clnttcp_create()	Generiert einen für die TCP-Kommunikation erforderlichen RPC-Client.
clntudp_create()	Generiert einen für die UDP-Kommunikation erforderlichen RPC-Client.
get_myaddress()	Ermittelt die lokale IP-Adresse.
pmap_getmaps()	Empfängt eine Liste von Programmen, die dem entfernten Portmapper bekannt sind.
pmap_getport()	Empfängt eine Portnummer, die einem bestimmten Programm zugewiesen ist.
pmap_rmtcall()	Veranlaßt einen entfernten Host, einen RPC-Call auf Initiative des Client durchzuführen.
pmap_set()	Ein Serverprogramm wird einem Port der lokalen Maschine zugeordnet.
pmap_unset()	Neutralisiert die lokale Portzuordnung des Serverprogramms.
registerrpc()	Prozedur wird dem lokalen RPC-Portmapper bekanntgemacht.
svc_destroy()	Löscht das *RPC-Service-Transport-Handle*
svc_freeargs()	Setzt Speicher, der für die Allozierung von Parametern benutzt wurde, wieder frei.
svc_getargs()	Dekodiert Argumente von einem *RPC-Service-Transport- Handle*.
svc_getcaller()	Erhält die Netzwerkadresse des mit dem *RPC-Service- Transport-Handle* verbundenen Client.
svc_getreq()	Realisiert eine asynchrone Ereignisverarbeitung; die Programmsteuerung wird nach Socket-Zuordnung wieder an das aufrufende Programm zurückgegeben.
svc_register()	Prozedurregistrierung beim Portmapper
svc_run()	Akzeptiert RPC-Requests und aktiviert den geeigneten Service.
svc_sendreply()	Übermittelt das Ergebnis eines RPC an die aufrufende Instanz.
svc_unregister()	Aufhebung der Prozedurregistrierung beim Portmapper
svcerr_auth()	Gibt Fehlermeldung aus, da ein RPC aus Authentifizierungsgründen nicht ausgeführt werden darf.

RPC-Aufruf	Beschreibung
svcerr_decode()	Gibt Fehlermeldung aus, da die übertragenen Parameter nicht aufgelöst werden können.
svcerr_noproc()	Gibt Fehlermeldung aus, da die gewünschte Prozedur nicht aufgerufen werden kann.
svcerr_noprog()	Gibt Fehlermeldung aus, da das gewünschte Programm nicht aufgerufen werden kann.
svcerr_progvers()	Gibt Fehlermeldung aus, da die gewünschte Programmversion nicht aufgerufen werden kann.
svcerr_systemerr()	Gibt Fehlermeldung aus, da ein unvorhergesehener Systemfehler aufgetreten ist.
svcerr_weakauth()	Gibt Fehlermeldung aus, da ein RPC wegen unzureichender Authentifizierung nicht ausgeführt werden darf.
svctcp_create()	Generiert einen TCP-Service (Transportverbindung).
svcudp_create()	Generiert einen UDP-Service (Transportverbindung).
xdr_accepted_reply()	Übersetzt RPC-Reply-Messages.
xdr_array()	Übersetzt eine Feldstruktur in sein XDR-Format.
xdr_authunix_parms()	Übersetzt UNIX-basierte Authentifizierungsinformationen.
xdr_bool()	Übersetzt boolesche Daten in ihr XDR-Format.
xdr_bytes()	Übersetzt Byte-Ketten.
xdr_callhdr()	Übersetzt einen RPC-Message-Header.
xdr_callmsg()	Übersetzt RPC-Call-Messages.
xdr_double()	Übersetzt Werte des Datentyps *double* in ihr XDR-Format.
xdr_enum()	Übersetzt Werte des Datentyps *enum* in ihr XDR-Format.
xdr_float()	Übersetzt Werte des Datentyps *float* in ihr XDR-Format.
xdr_init()	Übersetzt Werte des Datentyps *int* in ihr XDR-Format.
xdr_long()	Übersetzt Werte des Datentyps *long* in ihr XDR-Format.
xdr_opaque()	Übersetzt Werte des Datentyps *opaque* in ihr XDR-Format.
xdr_opaque_auth()	Übersetzt RPC-Authentifizierungsdaten.
xdr_pmap()	Übersetzt Elemente des Portmappers.
xdr_pmaplist()	Übersetzt eine Liste von Portmapper-Einträgen.
xdr_rejected_reply()	Übersetzt zurückgewiesene RPC-Reply-Messages.
xdr_replymsg()	Übersetzt RPC-Reply-Messages.
xdr_short()	Übersetzt Werte des Datentyps *short int* in ihr XDR-Format.
xdr_string()	Übersetzt Zeichenketten in ihr XDR-Format.
xdr_u_int()	Übersetzt Werte des Datentyps *unsigned int* in ihr XDR-Format.

RPC-Aufruf	Beschreibung
xdr_u_long()	Übersetzt Werte des Datentyps *unsigned long* in ihr XDR-Format.
xdr_u_short()	Übersetzt Werte des Datentyps *unsigned short in* ihr XDR-Format.
xdr_union()	Übersetzt Werte des Datentyps *union* in ihr XDR-Format.
xdr_void()	Gibt den Returncode 1 zurück.
xdr_wrapstring()	Übersetzt Zeichenketten in ihr XDR-Format.
xdrmem_create()	Initialisiert das *stream object*, auf das durch XDR gezeigt wird; greift schreibend oder lesend auf den Arbeitsspeicher zu.
xdrrec_create()	Initialisiert das *stream object*, auf das durch XDR gezeigt wird; greift schreibend oder lesend auf einen Buffer zu.
xdrrec_endofrecord()	Kennzeichnet die im Ausgabebuffer befindlichen Daten als vollständigen Datensatz.
xdrrec_eof()	Kennzeichnet das Dateiende nachdem alle Daten aus dem aktuellen Datensatz vollständig bearbeitet worden sind.
xdrrec_skiprecord()	Verwirft alle restlichen Daten des aktuellen Datensatzes innerhalb des Eingabebuffers.
xdrstdio_create()	Initialisiert das *stream object*, auf das durch XDR gezeigt wird; greift schreibend oder lesend auf den Standard-Input/Output-Buffer zu.
xprt_register()	Registriert die *RPC-Service-Transport-Handles* beim *RPC- Service-Package*.
xprt_unregister()	Nimmt die Registrierung des *RPC-Service-Transport-Handles* zurück, bevor dieses gelöscht wird.

A.3   Abkürzungen aufgelöst

ACK	Acknowledgement
ACL	Access Control List
API	Application Program Interface
APPC	Advanced Program to Program Communication
APPN	Advanced Peer to Peer Network
ARF	Application Registration File
ARP	Address Resolution Protocol
ASRT	Adaptive Source Routing Transparent

BRI	Basic Rate Interface
CSMA/CD	Carrier Sense Multiple Access / Collision Detection
DES	Data Encryption Standard
DISC	Disconnect
DLC	Data Link Control
DLSw	Data Link Switching
DNS	Directory Name System
DOS	Disk Operating System
DSAP	Destination Service Access Point
DSS	Distributed Sniffer Server
EGP	External Gateway Protocol
FDDI	Fiber Distributed Data Interface
FRMR	Frame Reject
FTP	File Transfer Protocol
HDLC	High Level Data Link Control Protocol
HPR	High Performance Routing
HTML	HyperText Markup Language
HTTP	HyperText Transfer Protocol
ICMP	Internet Control Message Protocol
ICP	Interconnect Control Program
IEEE	Institute of Electrical and Electronic Engineers
IFCM	Independent Flow Control Message
IGP	Interior Gateway Protocol
IP	Internet Protocol
Ipng	Internet Protocol next generation
IPX	Inter Packet eXchange
IRC	Internet Relay Chat
ISDN	Integrated Services Digital Network
ISP	Internet Service Provider
ISP	Iterative Server Process
LAN	Local Area Network
LAT	Local Area Transport Protocol
LLC	Logical Link Control
LU6.2	Logical Unit 6.2
MAC	Media Access Control
MIB	Management Information Base
MIME	Multipurpose Internet Mail Extension
MSP	Multi Server Process
MTU	Maximum Transfer Unit
MVS	Multiple Virtual Storage
NetBIOS	Network Basic Input Output System
NFS	Network File System
NMA	Network Management Agent
NMS	Network Management Station

NNTP	Network News Transfer Protocol
OF/2	Operator Facility / 2
OOB	Out-Of-Band-Access
OPCON	Operator Console Process
OS/2	Operating System / 2
OSF	Open Software Foundation
OSPF	Open Shortest Path First
PGP	Pretty Good Privacy
PU	Physical Unit
RARP	Reverse Address Resolution Protocol
RFC	Request For Comment
RIF	Routing Information Field
RIP	Routing Information Protocol
RMON	Remote Network Monitoring
RPC	Remote Procedure Call
RR	Receive Ready
SABM	Set Asynchronous Balanced Mode
SABME	Set Asynchronous Balanced Mode Extended
SAP	Service Access Point
SDLC	Synchronous Data Link Control
SGID	Set Group Id Bit
SMI	Structure and Identification of Management Information
SMTP	Simple Mail Transfer Protocol
SNA	Systems Network Architecture
SNAP	Subnetwork Access Protocol
SNMP	Simple Network Management Protocol
SNRM	Set Normal Response Mode
SRB	Source Route Bridging
SRT	Source Routing Transparent
SSCP	System Services Control Point
SSP	Switch-to-Switch Protocol
SUID	Set User Id Bit
SVTX	Save Text Bit
TB	Transparent Bridging
TCP	Transmission Control Protocol
TN3270	Telnet 3270
TTL	Time To Live
UDP	User Datagram Protocol
URL	Uniform Resource Locator
UUCP	Unix to Unix Copy Program
VERONICA	Very Easy Rodent-Oriented Net-wide Index to Computerized Archives
VTAM	Virtual Telecommunications Access Method
WAIS	Wide Area Information Server

WAN	Wide Area Network
WWW	World Wide Web
X	XWindows
XDMCP	X Display Manager Control Protocol
XDR	External Data Representation
ZIP	Zone Information Protocol

A.4   Literaturverzeichnis

Borowka, P. – **Brücken und Router – Wege zum strukturierten Netzwerk**
DATACOM, 1992

Borowka, P. – **Data Link Switching zeichnet sich als ein offener Standard ab**
Computerwoche 44/1995

Gladis, R., Eberlein, H. – **Virtueller Marktplatz**
PC Professional 10/1995, Ziff-Verlag, München

Goldmann, M. – **HTML-Publisher im WEB**
Vogel-Verlag, PC-ONLINE 10/1995

Kauffels, F.-J. – **Moderne Datenkommunikation – Eine strukturierte Einführung**
DATACOM, 1994

Kuschke, M. – **Bunt Gemischt – Marktübersicht: Internet-Anbieter in Deutschland**
IX-Magazin 10/1995, Verlag Heinz Heise, Hannover

Lienemann, G. – **TCP/IP-Grundlagen – Protokolle und Routing**
Verlag Heinz Heise, 1996

Martin, J., Leben, J. – **TCP/IP-Netzwerke**
Prentice Hall, 1994

Meuser, P. – **Firewall-Techniken im Überblick**
Awi LANline Verlagsgesellschaft mbH – Ausgabe 10/1995

Niemann, F. – **Verwaltung im Wandel – Übergang vom Netzwerk- zum Systemmanagement** GATEWAY-Magazin 10/1995, Verlag Heinz Heise, Hannover

Quercia, V., O'Reilly, T. – **X Window System User's Guide – OSF/Motif 1.2 Edition**
O´Reilly & Associates, Inc., 1993

Scheller, M., Boden, K.-P., Geenen, A., Kampermann, J. – **Internet: Werkzeuge und Dienste** Springer-Verlag, 1994

Washburn, K., Evans, J.T. – **TCP/IP Running a Successful Network** Addison-Wesley, 1993

Auszüge der Sample-Files des Produktes **IBM TCP/IP MVS Version 3 Release 1**

Auszüge des Web-Servers von Cisco Systems, Inc.: **http://www.cisco.com** zum Thema: **Produktinformationen**

Auszüge des Web-Server von PROTEON, Inc.: **http://www.proteon.com** zum Thema: **Central Site Routing – CNX 500 Bridging Router**

Bridging Router Command Guide – 42-040241-00 PROTEON, Inc., April 1992

Distributed Sniffer System: Expert Sniffer Network Analyzer Operations Version 3.0 Network General, March 1995

FTP-Server MICROSOFT, ftp.microsoft.com, Auszüge aus den Dateien **WINSOCK.H** und **WINSOCK.TXT**

Installation and Configuration NetView for AIX, Version 3 (IBM Best.Nr. SC31-6237-00) IBM Corporation, September 1994

PC Professional – **500 Online-Adressen** Beilage zur PC Pro 10/1995, Ziff-Verlag, München

Programmer´s Guide NetView for AIX, Version 3 (IBM Best.Nr. SC31-6238-00) IBM Corporation, September 1994

TCP/IP Tutorial and Technical Overview IBM International Technical Support Centre, Raleigh, December 1992

TCP/IP Version 2.1.1 for DOS: **Programmer´s Reference** (IBM Best.Nr. SC31-7046-01) IBM Corporation, January 1994

T-Online & Internet COM! – **Alles über Homebanking** Ausgabe 03/1996

UniverCD – **The interactive, online library of product information from Cisco Systems** Cisco Systems, Inc., 1993

User's Guide for Beginners NetView for AIX, Version 3 (IBM Best.Nr. SC31-6232-00) IBM Corporation, September 1994

A.5   Register